韓國史研究叢書 90

초기 한국천주교회사의 쟁점 연구

－성교요지 / 십계명가 / 만천유고 /

이벽전 / 유한당 언행실록은 사기다－

윤민구

국학자료원

이 도서의 국립중앙도서관 출판시도서목록(CIP)은 서지정보
유통지원시스템 홈페이지(http://seoji.nl.go.kr)와 국가자료공동목
록시스템(http://www.nl.go.kr/kolisnet)에서 이용하실 수 있습니다.
(CIP제어번호: CIP2014018050)

책을 내면서

나는 외가로 4대째, 친가로 3대째 천주교 신자인 집안에서 태어나 초등학교에 들어가기 전부터 주일이면 성당에 가 열심히 미사를 드리곤 하였다. 당시 나의 고향 수원에는 성당이 북수동에 하나밖에 없었다. 집이 지금의 고등동 성당 가까이 있었기 때문에 어린 나이에 성당에 가려면 1시간 이상 걸어야 했다. 그것도 팔달산을 넘어가야 시간이 단축되었다.

그러던 중 행운이 찾아왔다. 집 근처에 성당이 생긴 것이다. 성당 가까이에 산 덕에 초등학교 2학년 때 첫 영성체를 하고 곧바로 미사 복사가 되었다. 그리고 본당 신부님과 수녀님의 사랑을 듬뿍 받으며 초등학교 시절을 보냈다. 아마도 이것이 내가 사제가 된 계기가 되었던 것 같다.

당시 초등부 주일학교는 수녀님 혼자 담당하셨다. 교사는 없었다. 전학년을 한 교실에 넣고 주일학교를 했는데 학년이 서로 달라서 진도 나가기가 어려워서 그랬는지 수녀님은 교리 설명보다는 성경에 나오는 이야기나 성인성녀 이야기를 많이 들려주셨다. 그리고 전례주년에 따라 성가를 가르쳐 주셨다. 성가책은 따로 없었다. 큰 종이에 성가 가사를 적어 궤도에 걸고 한 장씩 넘겨가며 성가를 배웠고 미사 때도 그것을 보며 성가를 불렀다.

성가를 새로 배워야 될 때는 수녀님이 나를 미리 부르셨다. 나는 음악에 소질이 조금 있어 처음 배우는 곡도 몇 번만 들으면 쉽게 익혔다. 그래서 수녀님은 나에게 먼저 가르치시고 주일학교 시간에는 나에게 선창을 시켜서 다른 친구들이 나를 따라 부를 수 있도록 하셨다. 그래서 수녀님 덕분에 나는 거의 모든 성가곡을 외울 수가 있었다.

이런 어렸을 때의 기억들이 이 책을 쓰게 된 계기가 되었다. 나의 어릴 적 기억과 이벽이 썼다고 알려진 「성교요지聖敎要旨」 속에 나오는 용어들이 서로 충돌하였기 때문이다.

50여 년 전 주일학교 다닐 때 사순시기면 언제나 부르던 성가가 있었다. "지극한 근심에 짓눌리는 예~수 오리와 동산에 깊은 침묵 속에…"라는 가사를 가진 성가다. 지금도 이 성가는 성가책에 나온다. 그런데 가사가 조금 달라졌다. "오리와 동산"이 "올리브 동산"으로 바뀌었다.

올리브Olive가 많이 있는 동산을 가리키는 것이니까 "올리브 동산"이라고 고치는 것이 당연하겠지만 내가 주일학교 다닐 때는 "오리와 동산"이라고 하였다. 이것은 대신학교大神學校에 들어가고 신부가 된 후에도 마찬가지였다. 그러다 언제부터인가 "올리브 동산"으로 가사가 바뀐 것이다. 처음 가사가 달라졌다는 것을 알았을 때 왜 예전에는 "올리브 동산"을 "오리와 동산"이라고 했었는지 궁금해 하지는 않았다. 그저 주일학교 때부터 머릿속 깊이 자리 잡고 있던 "오리와 동산"에 대한 아쉬움만 가졌을 뿐이다.

그러다 한참 시간이 흐른 후 초기 한국천주교회 대표적인 인물인 이벽이 지었다고 알려진 「성교요지」를 읽게 되었다. 「성교요지」는 고故 김양선金良善(1907~1970) 목사가 수집하여 숭실대학교 한국기독교박물관에 기증한 초기 천주교 관련 자료 중에 하나인 『만천유고蔓川遺稿』 속에 들어있는 글이었다. 「성교요지」는 원래 한문으로 되어 있는데 내가 읽은 것은 한문과 우리말 번역을 함께 실은 것이었다. 그런데 그 「성교요지」를 읽으면서 이상한 점을 발견하였다.「성교요지」에는 올리브가 "감람橄欖"이라고 되어 있다는 사실이었다.

나는 그 후 내내 이 단어가 마음에 걸렸다. 초등부 주일학교 때부터, 아니 그 전부터 신부가 된 이후까지도 성당에서는 올리브를 "감람"이라고한 적이 없었기 때문이다. 개신교에서 "감람"이라는 용어를 쓴다는 것은 많이 알려진 사실이다. 그런데 왜 초기 한국천주교회의 대표적 인물인 이벽이 지었다는「성교요지」에 이런 개신교 용어가 들어가 있는지 늘 마음에 걸렸다.

걸리는 것은 그것만이 아니었다.「성교요지」에 등장하는 "노아"와 "방주"라는 말도 마음에 걸렸다. 초등부 주일학교 때 담당 수녀님은 성경에 나오는 이야기를 많이 들려주셨다. 그 중에는 "노에의 궤"에 대한 이야기도 있었다.

지금은 천주교에서도 "노아"니 "방주"니 하는 말들을 쓰지만 내가 주일학교에 다닐 때 천주교에서는 "노아"라고 하지 않고 "노에"라고 하였다. "방주"란 말도 쓰지 않고 "궤"라고 하였다. 그래서 당시 주일학교에서는 "노아의 방주"라고 하지 않고 "노에의 궤"라고 하였다. 이것은 내가 대신학교에 들어간 뒤에도 그랬고, 신부가 된 후에도 한동안 그랬다. 그러다 1977년에 개신교와 공동번역한『성서』가 나온 뒤부터 개신교 영향을 받아서 천주교에서도 "노아의 방주"란 말을 쓰게 된 것이다.

주일학교 꼬마였던 나는 수녀님에게서 "노에의 궤" 이야기를 처음 들었을 때 너무나 놀라웠다. 홍수가 40일 동안 계속되어 온 세상이 물로 가득찼다는 이야기도 놀라웠지만, 많은 짐승들을 거대한 "궤" 속에 넣었다는 것이 너무나 신기했다.

그런데 몇 학년 때였는지 잘 기억이 안 나지만 학교에서 이런 일이 있었다. 개신교에 다니는 친구가 교회에서 "노아의 방주"에 대한 이야기를 듣고 와서는 다른 친구들에게 침을 튀겨가며 이야기를 해줬다. 친구들은 모두 놀라 입을 벌리고 들었다. 나는 수녀님한테서 들었던 이야기를 개신교 다니는 그 친구도 안다는 사실이 너무 신기했다. 그런데 그 친구가 이야기 도중에 "방주"라는 말을 했다. "노에"를 "노아"라고 하는 것도 이상했지만 "방주"라는 말은 더 신기했다. 곤충 방개와 비슷한 "방주"란 말은 처음 듣는 말이었기 때문이다. 그래서 그 친구에게 물었다. "방주가 뭐냐?" 그 친구는 그것도 모르느냐는 듯 우쭐댔지만 그 친구도 정확한 뜻은 잘 몰랐던 것 같다. "방주? 방주는 그냥 방주야!" 개신교에서 말하는 "방주"가 "궤"를 가리키는 말이라는 것을 알게 된 것은 한참 뒤였다.

아직도 어린 시절의 "노아의 방주"에 대한 이런 기억들이 생생하게 남아 있는 나로서는 초기 한국천주교회의 대표적 인물인 이벽이 지었다는 「성교요지」에 개신교 용어인 "노아"와 "방주"라는 말이 나오는 것이 너무나 이상했다.

이렇게 처음 「성교요지」를 읽었을 때부터 "감람"이니 "노아"니 "방주"니 하는 용어들이 마음에 걸렸지만 그것을 심도 있게 따져볼 생각은 하지 못 하였다. 그때는 아직 교회사에 대해 본격적인 관심을 기울이지 않은 때였기 때문에 그럴 엄두도 못 냈지만 무엇보다도 교회사를 연구하는 사람들에 대한 막연한 믿음이 있었다. 그들이 어련히 알아서 했겠거니 생각하였던 것이다. 그래서 이벽이 쓴 게 확실하니까 그렇다고 했겠지 아닌걸 그렇다고 했겠나 하고 생각하였다.

그러던 어느 날 이번엔 「십계명가+誡命歌」를 읽게 되었다. 그런데 거기에서도 이상한 점이 발견되었다. 「십계명가」 역시 고 김양선 목사가 수집하고 기증한 『만천유고』 속에 들어 있는 글로서 정약전 혹은 정약종이 권상학 등과 함께 지은 글이라고 알려져 있었다. 그런데 한글로 짧게 되어 있는 「십계명가」의 내용을 자세히 보니 그 「십계명가」는 천주교식으로 분류된 십계명을 노래한 것이 아니라 개신교식으로 분류된 십계명을 노래한 것이었다.

정말 이상했다. 「성교요지」뿐만 아니라 「십계명가」에서까지 개신교적인 냄새가 난다는 것은 정말 이상한 일이 아닐 수 없었다. 그래서 시간이 날 때마다 거기에 대한 연구와 조사를 조금씩 하기 시작하였다. 하지만 본당 사목이나 성지 사목을 담당하고 있던 나로서는 눈앞에 놓인 급한 일들을 처리하는 데 급급해 깊이 있는 조사와 연구를 하는 것이 여간 힘든 일이 아니었다.

그러던 중 2002년에 『한국 천주교회의 기원』이라는 책을 내게 되었다. 그리고 거기에서 「성교요지」와 「십계명가」 및 두 작품이 들어 있는 『만천유고蔓川遺稿』와 고 김양선 목사가 발견하고 기증한 또 다른 초기 천주교 관련 자료 『이벽전』에 대해 언급하였다. 그때는 아직 깊이 있는 결론을 내리지 못 한 상태였기 때문에 충분한 비판을 할 수 없었다. 그래도 중요한 몇 가지 문제점들과 의문점들을 지적하면서 이런 자료들이 모두 중대한 문제를 안고 있으니 좀 더 심도 있는 사료비판이 필요하다고 역설하였다.

그 후 곧 또 다른 성지 사목을 담당하게 되었고 그와 관련된 다른 자료집과 책들을 출판하느라 많은 시간을 쏟아야 했다. 하지만 아직 풀지 못한 의문들은 여전히 목에 가시처럼 걸려있었다. 그러다 2011년 가을 학기에 서강대학교 사학과 대학원 석·박사 과정 학생들과 "한국근세사특수연구"라는 제목으로 한국천주교회사에 대한 세미나를 하게 되었다. 세미나를 하면서 학생들의 발표문에 『만천유고』가 많이 언급되었다. 나는 주제발표를 하는 학생들에게 사료비판의 필요성을 강조하였다. 그러면서 다른 한편으로는 나 자신도 더 이상 미루지 않고 본격적으로 「성교요지」와 「십계명가」에 대한 사료비판 작업에 돌입하기로 마음먹었다.

사실 어떤 자료가 새롭게 세상에 나오면 그 진위부터 밝히고 최종적으로 사료로서 가치가 있다는 결론이 나왔을 때 거기에 대한 본격적인 연구를 진행하는 것이 바른 순서다. 하지만 고 김양선 목사가 수집하고 기증한 초기 천주교 자료들에 대한 사료비판은 아직까지도 제대로 이루어지지 않은 채 어느새 교회 안팎에서는 그것들이 진짜 천주교 자료라고 인정되는 분위기다. 그리고 그것들을 근거로 새로운 초기 한국천주교회 역사가 만들어지고 그것을 기념하는 요란한 행사들이 끊임없이 열리고 있는 상황이다. 게다가 이벽은 「성교요지」를 쓴 대성현으로 거의 우상 수준으로 받들어지고 있다.

처음에는 이런 일들이 교회 일각에서만 일어났다. 하지만 시간이 지날수록 그런 주장들의 목소리는 점점 커져갔고 점점 진짜 역사인 것처럼 퍼져나갔다. 그리고 그런 주장들을 신봉하는 사람들은 누군가 거기에 대해 다른 의견을 제기하면 거의 히스테리적인 반응을 나타내며 심한 거부 반응을 보이거나 심지어 이단 취급을 하기도 했다. 자신들의 의견에 반대하는 의견과 주장들은 자랑스런 초기 한국천주교회 역사를 폄훼하고 교회의 명예를 추락시키는 것이라고 혐오하였다. 그런가하면 처음에 이런 주장과 행태에 반대를 하던 사람들도 어느새 알게 모르게 오염되어 갔다.

이런 분위기 속에서 또 다시 초기 한국천주교회 역사를 비판하고 반기를 든다는 것은 결코 쉬운 일이 아니다. 하지만 사제이기 이전에 64년 동안 천주교 신자로 살아온 나로서는 무엇보다도 어찌하여 나의 어릴 적 주일학교 시절의 기억과 이벽이 썼다고 알려진 「성교요지」가 서로 충돌하는지 그 의문을 풀고 싶었다.

나는 처음으로 의문을 가지게 했던 「성교요지」에 나오는 용어들, 즉 "감람", "노아", "방주" 등에 대한 검토부터 하기 시작하였다. 그런데 검토하다 보니 문제가 되는 것은 단순히 그 세 가지 용어만이 아니었다. 마치 고구마 줄기에 고구마들이 매달려 나오듯 검토하면 할수록 문제가 되는 용어들이 줄줄이 쏟아져 나왔다. 그래서 「성교요지」에 나오는 성서 용어 전체를 검토하기 시작하였다. 그 과정에서 이번에는 내용에도 많은 문제가 있다는 것을 발견하게 되었다. 많은 정도가 아니라 총체적으로 문제가 있었다. 성서 내용이나 예수님의 생애와 안 맞는 것은 물론 황당하기 이를 데 없는 내용들이 줄줄이 쏟아져 나왔다. 한국천주교회의 역사와 안 맞는 내용도 있었다.

더 큰 문제는 이것이 「성교요지」만의 문제가 아니라는 것이었다. 고 김양선 목사가 수집하고 기증한 다른 초기 천주교 관련 자료들 대부분이 마찬가지였다. 더욱이 하나의 자료는 또 다른 자료의 근거가 되는 것이었기에 하나가 무너지니 줄줄이 다른 자료들도 모두 무너져 내리기 시작하였다.

결국 이렇게 해서 처음에 「성교요지」와 「십계명가」만 조사하려던 작업이 『만천유고』와 그 안에 들어 있는 「천주공경가」, 「천주실의발」, 「경세가」로 확대되었다. 그리고 고 김양선 목사가 수집하고 기증한 또 다른 초기 천주교 관련 자료인 『이벽전』과 『유한당 언행실록』까지 확대되었다. 더 나아가 숭실대학교 한국기독교박물관에 전시되어 있지만 이제까지 천주교 연구자들이 다루지 않았던 소위 초기 천주교 신자들의 『영세명부』, 정약종의 「영세명장」, 「경신회 규범」, 「경신회 서」까지 조사하기에 이르렀다.

그 과정에서 뜻밖의 발견이 있었다. 이제까지 천주교 안에 전혀 알려지지 않았던 또 다른 한문본 「성교요지」가 있다는 놀라운 사실을 알게 된 것이다. 그런 사실은 이미 2007년에 숭실대학교 한국기독교박물관에서 펴낸 『한국기독교박물관 소장 기독교자료해제』에 실려 있었다. 그 자료 역시 고 김양선 목사가 수집한 것이었다. 하지만 어찌된 일인지 천주교 측에서는 이제까지 거기에 대해 아무런 언급도 하지 않고 있다. 그래서 어쩔 수 없이 거기에 대해서도 조사하고 기존의 「성교요지」와 비교분석하는 작업을 하지 않을 수 없었다.

그러다 보니 처음 6개월 정도면 끝날 줄 알았던 작업이 꼬박 3년이 걸렸다. 결과는 너무나 허망하고 참담하였다. 그 모든 자료들이 모두 거짓 자료였다. 사기를 목적으로 지어낸 것으로, 어떤 것은 개신교와 직간접으로 관련된 사람들이 지은 것이고, 어떤 것들은 성서에 대해 전혀 알지 못하는 사람들이 지은 것이다. 그런 사람들이 성서와 초기 한국천주교회의 주요 인물들에 대한 내용들을 적당히 얼버무려 지어낸 것들이다. 그러다 보니 개신교 용어들과 개신교식 표현들도 쏟아져 나오고, 성서나 한국천주교회사와 전혀 안 맞는 황당한 내용들이 많이 등장한다.

문제는 그동안 이런 거짓된 자료들을 근거로 초기 한국천주교회 역사를 끝없이 부풀려 왔으며, 이벽을 비롯한 초기 한국 천주교 인물들의 행적과 영성을 과대포장하였다는 사실이다. 조금만 자세히 들여다보면 그것이 얼마나 잘못된 자료들인지 알 수 있는데도 무비판적으로 무조건 거기에 있는 내용들을 받아들여 그것을 근거로 허황된 역사들을 만들어왔던 것이다.

초기 한국천주교회 역사는 그것이 아니어도 자랑스러운 점들이 많다. 그런데도 거짓된 자료들을 근거로 거짓된 역사를 계속 고집하는 것은 한국천주교회의 얼굴에 먹칠하는 것이다. 이제 거짓 사료를 근거를 만들어진 잘못된 초기 한국천주교회 역사를 바로잡아야 할 때다.

그동안 많은 대학 도서관과 고문서고를 찾아 다녀야 했고 찾은 것을 정리하느라 많은 시간이 걸렸다. 그 과정에서 여러 사람들의 도움을 받았다. 먼저 모교(Alma mater)인 서울 대신학교(가톨릭대학교 성신교정) 도서관에 감사한다. 너무나 큰 편의를 주었다. 한국교회사연구소, 서강대도서관, 연세대도서관, 숭실대기독교박물관에도 감사드린다. 고어를 타이핑해준 매제 김봉서 수원영덕고등학교 국어 선생님께도 감사드린다. 아울러 책을 만드느라 고생하신 국학자료원 사장님과 직원들에게도 감사드린다.

2014. 5. 6
103위 시성 30주년 기념일에
손골에서

목차

서문

지금부터 47년 전인 1967년 8월 27일자 『가톨릭시보』(제582호)[1]에 놀라운 기사가 실렸다. 고 김양선 목사가 그동안 자신이 수집하여 소장하고 있던 개신교, 천주교, 경교 관련 자료들과 한국 고대사 관련 자료들과 유물들을 한 달 전인 7월 21일에 숭실대학교 부속 한국기독교박물관에 모두 기증하였다는 것이다. 그런데 고 김양선 목사가 기증한 천주교 관련 자료들과 유물들 중에는 한국천주교회가 탄생하는 데 지대한 역할을 하였던 이벽李檗, 세례자 요한(1754~1785), 이승훈李承薰, 베드로(1756~1801) 등과 관련된 초기 천주교 자료들이 포함되어 있다는 것이었다.

한국 천주교 초창기의 귀중한 자료들이 한 프로테스탄 목사에 의하여 귀중하게 보관되어 오다가 이제야 햇빛을 보게 되어 교계에 화제를 던져주고 있다. 이벽(李檗)이 저술한 「성교요지」를 비롯해서 열두 점의 귀중한 천주교 자료가 이번에 새로 개관하게 될 프로테스탄계의 숭실대학부속 한국기

---

1) 천주교 대구 대교구에서는 『가톨릭신문』이라는 주간지를 발행하고 있다. 그런데 『가톨릭신문』은 여러 번 이름을 바꾸었다. 첫 이름은 『천주교회보(天主教會報)』로 1927년 4월 1일부터 발행하였다. 그러다가 1953년 3월 7일에 『가톨릭신보』로 이름을 바꾸었고 1954년 1월 15일부터는 『가톨릭시보』라는 이름을 가졌다. 그 후 1980년 4월 6일 창간 53주년을 맞아서 이름을 『가톨릭신문』으로 바꾼 후 오늘에 이르고 있다.

독교박물관에 비치된다는 사실이 알려졌다. 김양선(숭실대교수) 목사가 부인과 딸을 희생해가며 수집해온 소장품 2천점을 지난 7월 21일 모교인 숭실대학에 기증했다. …(중략)…

그 기사에서는 고 김양선 목사가 기증한 초기 한국 천주교 관련 자료와 유물들 목록도 공개하였다. 그 대표적인 것이 『만천유고』였다.

『만천유고』는 이승훈과 그의 지인들이 쓴 글을 묶은 것이라고 알려졌는데 그 안에는 이벽이 썼다는 「성교요지」와 「천주공경가」, 정약전丁若銓(1758~1816) 혹은 정약종丁若鍾, 아우구스티노(1760~1801)과 권상학權相學(1761~?) 등이 지었다는 「십계명가」가 들어 있으며, 그밖에도 「천주실의발」과 「경세가」 등이 들어 있다.

『가톨릭시보』에서는 고 김양선 목사가 수집하고 기증한 초기 천주교 유물 중에는 이벽과 그의 처가 세례를 받을 때 받았다는 영세명패도 있다고 하면서 그 사진까지 크게 실었다. 초기 천주교 자료와 유물 목록에는 정약종과 그의 부인이 세례를 받을 때 이승훈에게서 받았다는 영세증명서인 「영세명장」도 있었으며 『이벽전』과 이벽의 부인 권씨가 썼다는 『유한당 언행실록』도 있었다.

아울러 첫 번째 대박해였던 신유박해(1801년) 이전에 천주교 세례를 받은 사람들의 이름과 그 가족들의 이름이 적힌 「영세 명부」와 신유박해가 일어나기 1년 전인 경신년(1800)에 천주교 신자들이 만들었다는 "경신회"의 설립 목적을 적은 「경신회 서」와 경신회의 규칙을 적은 「경신회 규범」도 포함되어 있었다.

한마디로 입이 쩍 벌어지는 대사건이었다. 약 100년 동안 이어진 극심한 박해로 인해 초기 한국 천주교 관련 자료는 별로 남아 있지 않다. 그런 상황에서 초기 천주교 관련 자료들이, 그것도 이름만 들어도 대단한 인물들이 남긴 글들과 유물들이 발견되었다고 하니 이만저만 놀라운 일이 아닐 수 없었다.

더욱이 한국천주교회에서 그 초창기 때부터 영세증명서나 영세명패를 발급하였다는 것은 금시초문의 일이었다. 그리고 세례받은 신자들의 명단과 가족관계를 기록해 두었다는 것은 물론 초기 천주교 신자들이 경신회를 만들었다는 것도 모두 금시초문의 일이었다. 따라서 고 김양선 목사가 수집하고 기증한 초기 천주교 관련 자료와 유물들은 한국천주교회의 역사를 다시 쓰게 할 수도 있는 대단한 것이었다. 그런데 그런 대단한 자료와 유물들이 한꺼번에, 그것도 한 사람의 손에 의해 무더기로 수집되고 기증되었다고는 사실은 참으로 놀라운 일이 아닐 수 없었다.

이러한 소식은 당연히 한국천주교회 측에 엄청난 충격과 관심을 불러일으켰다. 그리고 얼마 지나지 않아 몇몇 천주교 측 연구자들이 앞다투어 거기에 대한 연구 결과물들을 쏟아내기 시작하였다. 거기에는 흥분과 환호성만 넘쳐흘렀다. 김양선 목사가 기증한 초기 천주교회 자료들이 모두 틀림없는 진짜라는 것이다. 따라서 그것을 통해 초기 천주교 신자들의 사상과 영성을 알 수 있게 되었다는 것이다.

그 중에서도 특히 주목을 받은 것은 『만천유고』에 나오는 한문본 「성교요지」였다. 이벽이 지었다고 알려진 그 한문본 「성교요지」를 정약종의 『주교요지』와 더불어 한국천주교회 최초의 호교론이라고 평가하였다. 심지어 마태오 리치M. Ricci, 利瑪竇(1552~1610)의 『천주실의天主實義』에 버금갈 정도로 대단하다는 극찬을 하는가하면,[2] 단테의 『신곡神曲』이나 밀턴의 『실락원失樂園』에 비유될 정도로 대단한 작품이라는 엄청난 찬사를 쏟아내기도 하였다.[3]

한글로 된 「천주공경가」와 「십계명가」, 그리고 한글본 「성교요지」역시 정약종의 『주교요지』보다 앞서서 한국천주교회 최초로 한글로 지어

---

2) 김옥희, 「미발표 이벽 성교요지」, 『창조』 제26권, 제11호, 1972, 122쪽.
3) 하성래 역, 『성교요지』(이하에서는 『하성래 역』이라고 한다), 성황석두루가서원, 1986, 9쪽.

진 신앙고백서이자 교리서라고 극찬하였다. 또한 『이벽전』을 통해 이벽이「성교요지」를 지었다는 것이 다시 한 번 증명되었다고 감격해 하였다. 그리고 『이벽전』과 『유한당 언행실록』은 그동안 잘 알려지지 않았던 이벽과 그 부인의 삶과 활동을 제대로 알려주고 있다고 찬사를 보냈다.

그들은 이러한 주장들을 토대로 마침내 새로운 역사를 만들어가기 시작하였다. 즉 한국천주교회가 탄생한 후 한 번도 등장하지 않았던 새로운 역사가 만들어지기 시작하였던 것이다. 한국천주교회가 1779년에 탄생하였다는 것이다. 하지만 이것은 한국천주교회의 전통이나 전승과는 전혀 다른 것이었다.

그동안 전통적으로 한국천주교회에서는 우리나라에 천주교회가 탄생한 것은 1784년이라고 생각하고 기념해 왔다. 이것은 일찍이 1811년(신미년)에 조선천주교회 신자들이 교황에게 보낸 편지에서도 잘 드러나 있다. 그 편지를 쓴 사람들은 우리나라에 처음으로 천주교회를 세우는 데 기여했던 사람들이거나 그들에게서 가르침을 받은 사람들이었다. 그런 사람들이 첫 대박해인 신유박해(1801)에서 살아남은 후 10년이 지났을 때 힘을 모아 교황께 간곡히 도움을 청하는 편지를 썼던 것이다. 그런데 거기에서 조선천주교회 신자들은 우리나라에 천주교회가 언제, 어떻게 시작되었는지에 대해 교황에게 자세하게 설명하였다.

> 처음에는 책을 통하여 교회를 시작하였으며, 그로부터 10년 후에 비로소 칠성사의 은혜를 받기 시작하였습니다.[4]

우리나라 사람들이 칠성사의 은혜를 받기 시작한 것은 1794년에 주문모周文謨, 야고보(1752~1801) 신부가 입국한 후다. 그런데 신미년 편지를 쓴

---

4) 而初以書籍開敎 纔十年 始蒙七迹之恩,「신미년에 교황에게 보낸 편지」, 2~3행(교황청 인류복음화성 고문서고, SC Cina, vol. 3, 837쪽); 윤민구, 『한국 천주교회의 기원』, 국학자료원, 2002, 26쪽.

조선천주교회 신자들은 그것이 바로 우리나라 사람들이 처음으로 책을 통해 천주교회가 시작한 지 10년 후의 일이라고 하였다. 이것은 곧 우리나라에 천주교회가 시작된 것이 1784년의 일이라는 뜻이다. 즉 1784년에 이승훈이 북경에서 가져온 책들을 읽은 조선 사람들이 그 책들을 통해 천주교 교리를 배우고 신앙생활을 하게 됨으로써 천주교회가 시작되었다는 것이다. 이 편지를 쓴 조선천주교회 신자들은 이런 사실에 대해 대단한 자긍심을 나타냈다.

> 성교회가 온 천하에 전파되기는 하였지만 이렇듯 사제가 아니라 오로지 책을 통해서 성교회의 도리를 찾아구한 것은 우리나라 뿐입니다.[5]

즉 사제가 우리나라에 오기 전인 1784년부터 우리나라 사람들 스스로가 책을 통해 천주교 교리를 배우고 신앙생활을 하면서 천주교회를 탄생시키고 그 후에도 사제가 올 때까지 10년 동안이나 스스로 교회를 유지하고 발전시킨 것에 대해 신미년 편지를 쓴 사람들은 무한한 자부심을 느끼고 있었던 것이다.

이렇듯 신미년에 교황에게 편지를 쓴 조선천주교회 신자들은 우리나라에 천주교회가 시작된 것은 1784년이라고 하면서 사제가 없는 가운데서도 스스로 천주교회를 시작하고 그 후에도 무려 10년 동안이나 책을 통해 신앙생활을 유지하며 교회를 지켜간 것에 대해 대단히 자랑스러워하였다.

이처럼 한국천주교회가 1784년에 탄생되었다고 생각한 것은 비단 신미년 편지를 쓴 사람들만이 아니었다. 그보다 10년 전인 1801년에 일어난 신유박해 속에서도 북경 교회에 보내는 『백서帛書』를 썼던 황사영黃嗣

---

5) 普天下聖教初入之地 不由司鐸傳教 只憑文書訪道 惟有我東國. 「신미년에 교황에게 보낸 편지」, 7~8행(교황청 인류복음화성 고문서고, SC Cina, vol. 3, 837쪽); 윤민구, 앞의 책, 같은 쪽.

永, 알렉시오(1775~1801)도 그렇게 생각하였으며,6) 그 후 김대건金大建, 안드레아(1821~1846) 신부도 우리나라에 천주교회가 시작된 것은 1784년이라고 말하였다.7)

잘 알다시피 김대건 신부는 초기 교회 때부터 신앙생활을 하다 순교한 분들의 후손이다. 김대건 신부의 증조부 김진후金震厚, 비오(1738~1814)는 1814년에 순교하였고 124위 시복 대상자다. 증조모 이멜라니아는 내포의 사도 이존창李存昌, 루도비꼬(1752~1801)과 최양업崔良業, 토마스(1821~1861) 신부의 이성례李聖禮, 마리아(1800~1840)의 친척으로 천주교 신자였다. 작은할아버지 김종한金宗漢, 안드레아(1768~1816)은 1816년에 순교하였으며 역시 124위 시복 대상자다. 아버지 김제준金濟俊, 이냐시오(1796~1839)은 1839년에 순교하였으며 103위 성인 중 한 분이다. 김대건 신부의 당고모 김데레사(1796~1840)는 1840년에 순교하였으며 103위 순교자 중 한 분이다.

한마디로 김대건 신부 집안 전체가 초기 한국천주교회의 산 중인들이었던 것이다. 게다가 김대건 신부님은 초기 천주교회의 유명한 순교자 정약종의 아들 정하상丁夏祥, 바오로(1795~1839)에게 선발되어 그 밑에서 사제가 되기 위한 준비를 하다 중국으로 갔던 분이다. 이런 배경을 가진 김대건 신부님이 한국천주교회가 시작된 것은 1784년이라고 말하였다는 것은 그것이 곧 초기 천주교회 때부터 이어져 내려온 전통이자 전승이었다는 단적인 증거다.

한국천주교회가 1784년에 시작되었다고 생각한 것은 조선에서 활동했던 서양 선교사들도 마찬가지였다. 조선에 온 서양 선교사들 중에서 가장 오랜 기간(약 21년)을 조선에 머물며 선교활동을 하였던 다블뤼M. N. Daveluy, 安敦伊(1818~1866) 주교도 우리나라에 천주교회가 시작된 것은 1784년이

---

6) 『백서』, 44~45행; 윤민구, 앞의 책, 46~47쪽.
7) 김대건, 정진석 역, 『성 김대건 안드레아 신부의 서한』, 한국교회사연구소, 1996, 223쪽, 227쪽, 229쪽, 235쪽; 윤민구, 앞의 책, 47~48쪽.

라고 말하였다.[8] 그리고 다블뤼 주교의 보고서를 본 달레Ch. Dallet(1829~1878)도 우리나라에 천주교회가 시작된 것은 1784년이라고 역설하였다.[9]

이렇듯 한국천주교회가 1784년에 시작되었다는 것은 한국천주교회의 초기부터 면면히 이어져 오는 전통이자 전승이었다. 그래서 아직 천주교 신앙의 자유를 얻기 전인 1884년에도 교회 탄생 100주년 기념을 하였던 것이고, 일제강점기인 1934년에는 150주년 기념행사를 하였던 것이다.

그런데 고 김양선 목사가 수집하고 기증한 자료들이 세상에 알려지게 된 직후인 1970년대에 접어들면서 한국천주교회 내에서 새로운 주장과 새로운 역사가 등장하기 시작한 것이다. 한국천주교회가 1784년이 시작된 것이 아니라 그보다 훨씬 전인 1779년에 시작되었다는 것이다.

즉 이승훈이 1784년에 북경에서 세례를 받기 훨씬 전부터 이승훈의 동료인 이벽과 정약전, 정약종, 권철신, 권상학 등은 이미 천주교 신앙을 받아들여 열렬히 신앙생활을 하고 있었다는 것이다. 그 중에서도 특히 이벽은 이미 1778년에 한문으로 「성교요지」를 지어 동료 학자들에게 전해주었을 뿐만 아니라 나중에는 한문을 잘 모르는 부녀자들을 위해서 한글로 된 「성교요지」를 짓기까지 할 정도로 그때 이미 천주교에 대해 해박한 지식을 가지고 있었고 신앙심도 뛰어났다는 것이다.

그래서 이벽은 이듬해 1779년에 강학이 열린다는 소식을 듣고 한걸음에 달려가서 그곳에 모인 권철신, 정약전, 권상학 등과 같은 학자들에게 천주교를 전하면서 천주교의 가르침을 일갈하였으며 타오르는 신앙심으로 「천주공경가」를 지어 불렀다는 것이다. 이러한 이벽의 가르침을 듣고 깊이 감화받은 정약전과 권상학, 이총억은 천주교를 받아들였을 뿐만 아니라 강학이 끝난 후에는 「십계명가」를 지어 이승훈에게 전해주었다는

8) 한국교회사연구소 편, 『다블뤼 문서』 IV(일명 "조선 순교사 비망기"), 1994, 34쪽; 윤민구, 앞의 책, 50~54쪽.
9) 달레, 최석우 안응렬 역주, 『한국천주교회사』(이하에서는 『달레』라고 한다) 상, 한국교회사연구소, 1980, 299쪽; 윤민구, 앞의 책, 54~55쪽.

것이다. 그들은 그 강학을 계기로 신앙 공동체를 이루며 열심히 신앙생활을 하였으며, 마침내 1784년에 이승훈을 북경교회에 파견해서 정식으로 세례를 받고 돌아오게 하였다는 것이다.

이런 이유로 해서 고 김양선 목사가 기증한 자료를 진짜라고 믿는 이들은 이벽과 그 동료들이 「천주공경가」와 「십계명가」를 지었던 1779년이 한국천주교회가 시작된 창립연도라고 주장하였다.[10] 그리고 1779년 강학이 열린 장소가 천진암이라고 하면서 천진암을 한국천주교회의 발상지라고 주장하였다.[11]

더 나아가 한국천주교회의 자발성이란 바로 1779년 강학을 통해 천주교를 받아들이고 신앙 공동체를 이루며 열렬히 신앙 생활을 하면서 이승훈을 북경에 파견하여 세례를 받고 돌아오게 한 것을 가리키는 것이라고 주장하였다. 그리고 그런 자신들의 주장을 인정하지 않으면 마치 한국천주교회의 자발성은 사라지는 것처럼 말하였다.

다시 말해서 1811년(신미년)에 교황에게 쓴 편지에서 '사제가 없는 가운데서도 1784년에 이승훈이 북경에서 가져온 한문서학서들을 통해 교리를 배우고 신앙생활을 함으로써 천주교회가 시작되었으며 그 후에도 사제가 올 때까지 10년 동안이나 스스로 신앙생활을 하며 교회를 지켜온 것이 전 세계에서 유례가 없는 일'이라고 하며 조선천주교회의 자발성과 자율성을 대단히 자랑스러워하였던 조선천주교회 신자들의 생각과는 전혀 다른 주장을 하였던 것이다.

그들이 만들어 낸 새로운 역사는 그것만이 아니었다. 이벽의 부인인 안동 권씨는 1784년에 이승훈이 북경에 갔다가 돌아오면서 가지고 온 한문서학서들을 읽은 후 그것을 우리말로 번역하고 필사하는 일에 전념하면서 열심히 천주교 신앙생활을 하였다는 것이다. 그리고 자신이 번역하고

---

10) 변기영, 『한국천주교회 창립사 논증』, 한국천주교회창립사연구원, 1998, 177~183쪽.
11) 변기영, 앞의 책, 160~162쪽.

필사한 천주교 서적들을 다른 부녀자들에게도 내어주면서 천주교를 전하였을 뿐만 아니라 일반 부녀자들에게 천주교 신앙생활에 대한 지침을 주기 위해 『유한당 언행실록』을 썼다는 것이다. 그리고 거기에 깊은 감동을 받은 안동 권씨의 숙부인 권철신權哲身(1736~1801)이 책으로 만들었다는 것이다. 이러한 이벽의 부인 안동 권씨 덕분에 초기 천주교에서 많은 동정녀들과 동정부부, 그리고 여성 신자들과 노비 출신 신자들이 배출될 수 있었으며 1801년(신유년)에 일어난 대박해에서도 끝까지 신앙을 지키다 순교할 수 있었다는 것이다.

새로운 역사만 창조된 것이 아니었다. 이벽의 위상도 급격하게 치솟았다. 「성교요지」와 같은 대단한 걸작과 「천주공경가」를 지은 이벽은 한국천주교회의 창립자가 되었으며 서양의 그리스도교 사상과 동양의 사상을 새롭게 독창적으로 발전시킨 위대한 영성가로 부각되었다.12) 심지어 『이벽전』에 나오는 표현대로 이벽은 그야말로 "위대한 도사이자 종교 창시의 큰 스승"으로 선전되기 시작하였다.13) 그리고 "한국천주교회의 창립 성조聖祖" 혹은 "한국천주교회의 창립 교조敎祖"라는 호칭으로 불리기 시작하였다.

결국 이 모든 것들은 마침내 이벽의 시복諡福과 시성諡聖을 추진해야 하는 중요한 이유가 되기에 이르렀다. 달레가 쓴 『한국천주교회사』에서는 이벽이 천주교를 반대하는 아버지의 압력으로 인해 천주교를 떠났으며 그 후 출세길을 도모하다가 병에 걸려 세상을 떠난 것으로 되어 있다.14) 그런데도 이벽이 「성교요지」와 「천주공경가」를 썼다고 주장하는 사람들은 거기에 극렬하게 반기를 들었다. 이벽은 그토록 심오한 영성이 깃들어

---

12) 이성배, 『유교와 그리스도교』(이하에서는 『유교와 그리스도교』라고 한다), 분도출판사, 1979, 127쪽, 152~153쪽; 김옥희, 『한국서학사상사연구』, 국학자료원, 1998, 197~198쪽; 변기영, 『한국천주교회 창립사 논증』, 한국천주교회창립사연구원, 1998, 133~135쪽.

13) 변기영, 앞의 책, 147~151쪽.

14) 『달레』상, 320~321쪽.

져 있는 「성교요지」와 「천주공경가」를 지은 대단한 신앙인이었기 때문에, 그가 죽었다면 그 죽음이 어떤 것이든 간에 무조건 순교로 봐야 하며, 그를 성인으로 공경해야 마땅하다고 주장하기 시작하였던 것이다.[15]

더 나아가서 그런 대단한 작품을 지은 이벽이 갑자기 죽었다면 그것은 분명 자연사일 리가 없으며 누군가에 의해 독살당한 것이 분명하다고 주장하기까지 하였다. 그리고 이벽을 죽인 사람은 가문의 명예와 남편의 출세에 눈이 먼 이벽의 형수나 제수씨일 것이라고 주장하기도 하였다.[16] 한마디로 이벽을 순교자로 만들기 위하여 명확한 근거도 없이 이벽의 형수와 제수씨를 살인자로 만든 것이다.

물론 여기에 반론이 없었던 것은 아니다.[17] 필자 역시 2002년에 『한국천주교회의 기원』이라는 책을 통해 고 김양선 목사가 기증한 초기 천주교회 자료들은 신빙성이 없는 자료들이므로 그것들을 근거로 섣부른 결론을 내려서는 안 된다고 역설하였다.[18]

하지만 이 같은 우려의 목소리들은 한국천주교회와 이벽의 위상을 폄훼하고 모독하는 행위로 치부되었다. 그런데 필자가 그동안 다시 조사하고 연구한 결과 고 김양선 목사가 수집하고 기증한 초기 천주교 관련 자료들 대부분이 거짓 자료라는 것이 드러났다.

그것들은 모두 이벽을 비롯한 초기 천주교 신자들이 쓴 글들이 아닌 것

---

15) 이성배, 「광암 이벽에 대한 신학적 고찰」, 『한국 천주교회 창설주역의 천주신앙』 I, 천주교 수원교구 시복시성추진위원회, 2011, 98쪽.

16) 이성배, 앞의 글, 87쪽.

17) 최석우, 「한국천주교회의 기원 문제」, 『한국 교회사의 탐구 II』, 2000, 20쪽; 서종태, 「성호학파의 양명학과 서학」, 서강대학교 대학원 박사논문, 1995, 81~83쪽; 차기진, 「니벽선생몽회록」, 『교회와 역사』 제188호, 한국교회사연구소, 1991. 1, 2~3쪽; 「유한당 언행실록」, 『교회와 역사』 제190호, 1991. 3, 2~3쪽; 「성교요지」, 『교회와 역사』 제191호, 1991. 4, 2~3쪽; 「광암 이벽 관련 자료의 종합적 검토」, 『한국 천주교회 창설주역과 이벽』, 천주교 수원교구, 2007, 184~186쪽. 차기진은 처음에는 고 김양선 목사가 기증한 자료들을 인정하였다가 나중에는 신중론으로 입장을 바꿨다.

18) 윤민구, 앞의 책, 263~277쪽.

은 물론 박해시기 천주교 신자들이 쓴 글들도 아니다. 한마디로 천주교 자료가 아닌 것이다. 심지어 그 후의 천주교 신자가 쓴 글들도 아니다. 그 것들은 모두 개신교가 우리나라에 들어온 이후에 쓰여진 글들이다. 더 정확히 말하면 1930년대를 전후하여 누군가 의도적으로 초기 한국천주교회의 중요 인물들의 이름을 빙자하여 만들어 낸 거짓 자료다. 그 중에는 개신교와 직간접으로 관련된 이들이 만들어 낸 자료들도 있고 성서와 그리스도교의 가장 기초적인 지식이나 개념조차 없는 사람들이 만들어 낸 자료들도 있다. 그것도 모르고 많은 사람들이 지난 반세기 동안 그런 자료들을 근거로 만들어 낸 소설 같은 허황된 역사에 현혹되어 있었던 것이다.

이제 더 이상 눈먼 꼭두각시 놀음을 해서는 안 된다. 냉정한 시각으로 고 김양선 목사가 기증한 소위 초기 천주교 관련 자료들의 실상을 제대로 살펴보아야 한다. 그리고 그것들을 근거로 만들어진 초기 한국천주교회의 역사를 다시 바로잡아야 한다.

이를 위해 이 책에서는 무엇보다도 먼저, 고 김양선 목사가 기증한 소위 초기 천주교 관련 자료들을 초기 한국천주교회 신자들이 읽었던 다양한 한문서학서들과 그것을 우리말로 번역한 책들, 그리고 초기 천주교회와 박해시기 신자들이 신앙의 지침으로 삼았던 전례서와 교리서들 및 그들이 썼던 글들, 아울러 박해가 끝난 후 지금까지 한국천주교회에서 사용하였던 성서들과 교리서 및 회장들을 위한 지침서 등에 나오는 용어와 내용들과 비교분석하는 작업을 할 것이다.

이제까지 알려진 『만천유고』의 한문본 「성교요지」와 한글본 「성교요지」가 이번에 새롭게 발견한 또 다른 한문본 「성교요지」와 어떻게 다른지 비교분석하는 작업도 할 것이다.

더 나아가 이 세 종류의 「성교요지」가 중국과 일본 및 한국 개신교에서 사용하는 성서 용어들과 어떤 관련이 있는지 한눈에 확인할 수 있도록 할 것이다. 그리고 언제, 왜, 누가 그런 거짓 자료들을 만들었는지에 대해서도 추적해 볼 것이다.

동서양 그리스도교에서 사용하는 천주교 십계명과 개신교 십계명의 역사와 내용 및 구성을 살펴봄으로써 천주교의 십계명과 개신교의 십계명의 차이에 대해서도 비교검토할 것이다. 그리고 그것을 다시「십계명가」와 비교검토하는 작업을 함으로써「십계명가」의 실체에 대해서도 밝힐 것이다.

고 김양선 목사가 수집하고 기증한 그밖의 초기 천주교 자료들, 즉『만천유고』안에 들어 있는「천주공경가」,「천주실의발」,「경세가」와『이벽전』,『유한당 언행실록』을 비롯하여 이제까지 천주교 연구자들이 다루지 않았던 소위 초기 천주교 신자들의『영세명부』, 정약종 등의「영세명장」,「경신회 규범」,「경신회 서」등에 대해서도 모두 분석하는 작업을 하게 될 것이다.

그런 자료들을 초기 천주교 신자들의 인적 사항과 신상명세, 중국과 초기 한국천주교회의 상황 및 천주교의 전통적인 관례와 다른 천주교 자료 등과 비교검토함으로써 고 김양선 목사가 수집하고 기증한 초기 천주교 관련 자료들이 얼마나 거짓된 자료인지 밝힐 것이다.

이런 작업들이 그동안 소설처럼 부풀려지고 과장되게 만들어진 초기 한국천주교회 역사를 바로잡는 데 미흡하나마 도움이 되기를 바란다.

제1부

「성교요지」는 천주교 신자가 쓴 글이 아니다

1장
개신교 용어로 가득한 「성교요지」

1. 세 종류의 「성교요지」

1967년에 고 김양선 목사가 「성교요지」를 숭실대학교 한국기독교박물관에 기증하기 전까지는 이벽이 「성교요지」를 썼다고 하는 기록이나 전승은 어디에도 없었다. 그런데 고 김양선 목사의 기증으로 인해 「성교요지」의 존재가 세상에 알려지게 된 것이다.

그동안 고 김양선 목사가 기증한 「성교요지」는 한문본과 한글본 두 종류가 있다고 알려져왔다. 한문본 「성교요지」는 『만천유고』 속에 들어 있다. 『만천유고』는 이승훈의 동료나 친지들이 쓴 글을 모은 문집이라고 알려져 있는데 그 안에 한문본 「성교요지」가 들어 있는 것이다. 한글본 「성교요지」는 『만천유고』에 들어 있지 않고 별도로 존재하는 글이다.[1]

그동안 천주교 내에 알려진 「성교요지」는 이 두 가지뿐이었다. 그런데

---

[1] 한문본은 「聖教要旨」라 되어 있고 한글본은 「성교요지」라 되어 있는데 여기에서는 특별한 경우가 아니면 편의상 「성교요지」라 한다.

7년 전인 2007년에 숭실대학교 한국기독교박물관에서 펴낸『한국기독교박물관 소장 기독교자료해제』를 통해 새로운 사실이 드러났다. 고 김양선 목사가 수집하고 기증한「성교요지」가 또 있다는 것이다. 그것은 또 다른 종류의 한문본「성교요지」였다.

새롭게 드러난 한문본「성교요지」는『당시초선唐詩鈔選』이라는 책자 속에 들어 있다. "당시초선"이란 '당나라 시를 모은 것' 혹은 '당나라 시 중에서 뽑아 모은 문집'이라는 뜻이다. 그런데 그런 문집 속에 또 다른 한문본「성교요지」가 실려 있는 것이다.2) 박물관 측에 따르면, 고 김양선 목사는 1967년에 천주교 관련 자료들을 기증할 때 이것도 함께 기증하였는데, 2007년에야 비로소 자료 정리가 마쳐져서 공개하게 된 것이라고 하였다.

결국 이제까지 알려진 것과는 달리「성교요지」는 모두 세 가지 종류가 있으며, 그 모두를 고 김양선 목사가 수집하고 기증하였던 것이다. 그런데 어찌된 일인지 천주교 측에서는 그런 사실이 공개된 후 지금까지 7년이 다 되도록 여기에 대해 어떤 언급도 하지 않고 있다.

하지만 새로운 한문본「성교요지」가 발견된 이상「성교요지」의 실체를 제대로 파악하기 위해서는 당연히 기존에 알려진『만천유고』의 한문본「성교요지」와 한글본「성교요지」는 물론 새로운 한문본「성교요지」, 즉『당시초선』의 한문본「성교요지」에 대해서도 검토하고 비교분석해야 한다.

따라서 여기에서는『만천유고』의 한문본「성교요지」와 한글본「성교요지」를 집중적으로 검토하는 동시에 그것을『당시초선』의 한문본「성교요지」와 비교분석하는 작업을 하게 될 것이다.

---

2) 숭실대학교 한국기독교박물관,『한국기독교박물관소장 기독교자료해제』, 2007, 384쪽.

2. 『만천유고』의 한문본 「성교요지」를 이벽이 썼다는 근거는 애초에 없었다

『만천유고』의 한문본 「성교요지」를 이벽이 지었다는 언급이나 단서는 그 본문이나 주석에서는 전혀 찾을 수 없다. 그런데도 그 한문본 「성교요지」가 이벽이 쓴 글이라고 알려진 것은 오직 제목 밑에 나오는 부기附記 내용 때문이었다. 부기에 그 한문본 「성교요지」가 이벽이 쓴 것이라고 되어 있는 것이다.

讀天學初函 李曠菴作註記之[3]

→(천학초함을 읽고 이광엄이 짓고 거기에 대한 주를 달았다.)

즉 그 시기가 언제인지는 모르나 "이광엄"이란 사람이 『천학초함』[4]을

---

3) 원문에는 띄어쓰기 없이 모두 붙여 써 있으나 여기에서는 읽는 사람들의 편의를 위해 현대식으로 띄어쓰기를 하였다.

4) 『천학초함』은 중국의 이지조(李之藻, 1565~1630)가 1629년 엮은 한문서학서 시리즈다. 이 시리즈는 천주교와 관련된 책자들인 이편(理編) 10종과 서양과학서인 기편(器編) 10종을 합한 20종으로 구성되어 있다. 이 중 이편에는 『서학범(西學凡)』, 『당경교비부(唐景教碑附)』, 『기인십편(畸人十篇)』, 『교우론(交友論)』, 『25언(二十五言)』, 『천주실의(天主實義)』, 『변학유독(辨學遺牘)』, 『칠극(七克)』, 『영언려작(靈言蠡勺)』, 『직방외기(職方外紀)』 등이 수록되어 있다. 『서학범』은 1623년 이탈리아 출신의 예수회 선교사 알레니(G. Aleni, 艾儒略, 1582~1649) 신부가 신학교육을 포함한 유럽의 교육제도를 소개한 책이다. 『서학범』의 범(凡)은 개요(槪要) 또는 개론(槪論)이라는 뜻이다. 『당경교비부』는 1623년에 발굴된 경교비(景教碑)에 대한 책이다. 경교비는 635년 경교의 또 다른 이름인 대진교(大秦教)의 성직자(大秦寺僧) 경정(景淨, Adam)이 기술한 내용을 새긴 비석이다. 『기인십편』은 1608년 북경에서 마태오 리치(M. Ricci, 利瑪竇, 1552~1610) 신부가 쓴 대화체로 된 교리서로 불교의 폐해와 사람의 도리(道理) 그리고 사후의 심판 등을 다루고 있다. 『교우론』도 리치 신부가 1595년 남창(南昌)에서 1권 1책으로 간행하였는데 주로 서구인들의 우정(友情)에 대한 책이다. 『25언』 역시 리치 신부의 저서로 1604년 북경에서 간행되었는데 천주교 윤리의 가장 중요한 핵심을 25가지로 요약한 책이다. 『천주실의』도 리치 신부가 쓴 책으로 중국인 학자와 서양인 학자가 서로 질문 대답하는 대화체로 서술된 교리서이다. 『변학유독』 역시 리치 신부가 쓴 책으로 불교 스님과 주고받은 서한을 편집한 교리서이다. 『칠극』은 스페인 출신의 예수회 선교사 판토하(D. Pantoja, 龐迪我, 1571~1618) 신부가 쓴 『칠극대전(七克大全)』의 약칭이다. 이 책은 죄악의 근원이 되는 일곱 가지 뿌리와 이를

읽고나서 그「성교요지」를 짓고 거기에 대한 주석도 붙였다는 것이다. 그
런데 여기에 눈에 띄는 이상한 점이 있다. 이벽의 호號는 한자로 "曠菴(광
암)"이다. 그런데도 이「성교요지」부기에는 "曠奄(광엄)"이라고 되어 있는
것이다. 이런 사실은 숭실대학교 한국기독교박물관에서 출간한 도록에서
도 쉽게 확인할 수 있다.5)

좌: 만천유고의「성교요지」/ 우: 부기(확대)

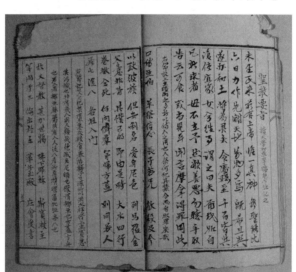

  그동안 연구자들은 이런 사실에 전혀 주목하지 않았다. 그저 실수로 이
벽의 호가 잘못 쓰여진 것으로 생각하였는지 "曠奄(광엄)"이라고 되어 있

극복하는 일곱 가지 덕행을 다룬 수덕서(修德書)이다.『영언려작』은 이탈리아 출신의 예수회
선교사 삼비아시(F. Sambiasi, 畢方濟, 1582~1649) 신부가 영혼에 관하여 논한 종교 철학서이
다. 그리고『직방외기』는 알레니 신부가 지은 세계지리에 대한 책이다.
5) 숭실대학교박물관,『숭실대학교 부설 한국기독교박물관』, 1988, 92쪽(이 책에서 고 김양선 목
사 기증한 초기 천주교 관련 자료의 사진들 거의 대부분은『숭실대학교 부설 한국기독교박물관』
과『한국기독교박물관 소장 기독교자료해제』에 나오는 사진들을 이용하였다).

는 것을 연구자 마음대로 "曠菴(광암)"으로 고쳐서 소개하기도 하였다.[6] 하지만 어떤 경우에는 그마저도 틀리게 써서 한자를 "曠庵(광암)"이라고 잘못 고쳐놓기도 하였다.[7]

이것은 대단히 중요한 문제다. 나중에 제2부에서 『만천유고』를 본격적으로 다룰 때 다시 말하겠지만, 『만천유고』의 「발跋」문에 따르면 『만천유고』에 들어 있는 모든 글들은 '이승훈의 동료이거나 그를 흠모하던 인물인 무극관인無極觀人이라는 사람이 이승훈이 가지고 있던 글들을 베낀 것'이라고 되어 있다.[8] 이 대목을 번역해 소개하면 다음과 같다.[9]

> 만천공(蔓川公)의 행적과 아름다운 글이 적지 않았으나 불행히도 불에 타 버려 한 편의 글도 얻어 보기가 어렵더니 천만 뜻밖에도 시고(詩藁)와 잡록(雜錄)과 몇 조각의 글이 남아 있기에 비록 재주가 없어 시원찮은 글씨이지만 베껴 적고 만천유고(蔓川遺稿)라 하였다.

> 동방(東方)이(혹은 동풍에) 해동하려 하니, 마른 나무가 봄을 만나 싹과 잎사귀가 소생하는 격으로, 이 또한 하느님(上主)의 넓고 크고 가없는 섭리라. 우주의 진리는 이와 같이 태극(太極)이 곧 무극(無極)인데, 깨달은 사람은 하느님의 뜻을 만나는도다. 무극관인

이것은 결국 『만천유고』 안에 들어 있는 한문본 「성교요지」 역시 '이승훈의 동료이거나 그를 흠모하던 인물인 무극관인이라는 사람이 베껴 쓴 것이라는 이야기다. 하지만 이것은 믿을 수 없는 이야기다. 이승훈의 동료이거나 그를 흠모하던 사람이었다면 이벽의 호를 "曠菴(광암)"이 아닌 "曠奄(광엄)"이라고 쓸 리가 없기 때문이다.

---

6) 김옥희, 『한국 천주교사상사 I』, 도서출판 순교의 맥, 1990, 37쪽.
7) 『유교와 그리스도교』, 70쪽; 『하성래 역』, 14~15쪽.
8) 『만천유고』, 54쪽 앞뒷면.
9) 이이화, 「이승훈 관계문헌의 검토-『만천유고』를 중심으로」, 『교회사 연구』 제8집, 1992, 114쪽 참조.

물론 "曠菴(광암)"을 "曠奄(광엄)"으로 쓴 것이 뭐가 그리 대단한 문제냐고 생각할 수 있을 것이다. 하지만 이승훈과 이벽이 살던 시대의 남인 학자들 중에는 "菴(암)"자가 들어간 호를 가지고 있는 사람들이 많았다. 예를 들면 순암順菴 안정복, 녹암鹿菴 권철신, 직암稷菴 권일신 등도 모두 "菴(암)"자를 썼다. 따라서 이벽의 호를 "曠菴(광암)"이 아닌 "曠奄(광엄)"이라고 쓴 것은 단순한 실수라고 보기 어렵다. 게다가 이것은 『만천유고』의 한문본 「성교요지」에만 나타나는 현상이 아니다. 『만천유고』 안에 들어 있는 「천주공경가」의 부기에서도 이벽의 호가 "曠奄(광엄)"이라고 틀리게 써져 있다.

이런 사실을 볼 때 『만천유고』의 한문본 「성교요지」 부기에서 이벽의 호를 "曠菴(광암)"이 아닌 "曠奄(광엄)"이라고 쓴 것은 결코 단순한 실수가 아니라는 것을 알 수 있다. 이것은 기본적으로 그 부기를 쓴 사람이 "암"자를 잘못 알고 있다는 것을 의미한다. 따라서 그 한문본 「성교요지」의 부기를 쓴 사람이 이승훈의 동료이거나 그를 흠모하던 인물일 수가 없다.

게다가 『만천유고』의 한문본 「성교요지」 본문의 글씨체와 부기의 글씨체가 확연히 다르다. 이것은 결국 『만천유고』의 한문본 「성교요지」 제목 밑에 붙어 있는 부기는 그 한문본 「성교요지」의 본문이 쓰여진 후에 나중에 누군가 덧붙인 것이라는 뜻이다. 따라서 그 부기는 전혀 믿을 만한 것이 못 된다는 이야기다.

한 번 생각해 보자. 이제까지 이벽이 「성교요지」를 썼다는 기록은 어디에도 전혀 없었다. 그런 상황에서 『만천유고』의 한문본 「성교요지」가 발견되었다. 그런데 그 한문본 「성교요지」의 본문과 주석 내용에는 그것이 이벽이 쓴 글이라는 언급이 전혀 없다. 오직 제목 밑에 붙어 있는 부기에서만 그 한문본 「성교요지」를 이벽이 썼다고 되어 있다. 그런데 알고보니 그 부기를 쓴 사람은 본문을 쓰거나 베낀 사람이 아니며 나중에 다른 사람이 첨부한 것이다. 게다가 이벽의 호도 잘못 써져 있다. 그렇다면 그 부기 내용을 어찌 믿을 수 있겠는가. 이것은 결국 그 부기 내용이 전혀 믿을수 없는 것이라는 이야기가 된다. 더 나아가서 『만천유고』의 한문본 「성교요지」를 이벽이 썼다는 근거는 어디에도 없다는 이야기가 된다.

부기가 믿을 수 없는 것이라는 증거는 또 있다. 바로 부기 내용 중에 이벽이 '『천학초함』을 보고 「성교요지」를 썼다'는 내용이다. 하지만 『만천유고』의 한문본 「성교요지」 본문과 주석에는 『천학초함』에 나오지 않는성서 내용들도 나온다. 따라서 '이벽이 『천학초함』을 보고 한문본 「성교요지」를 썼다'는 부기의 내용도 안 맞는 이야기인 것이다.

이렇듯 『만천유고』의 한문본 「성교요지」 제목 밑에 붙어 있는 부기는애초에 이래저래 도무지 믿을 수 없는 것이었다. 그래서 『만천유고』의 한문본 「성교요지」를 이벽이 지었다는 근거는 애초에 없었던 것이다. 그런데도 그동안 이런 믿을 수 없는 부기 내용을 그대로 받아들여 『만천유고』에 나오는 한문본 「성교요지」를 이벽이 쓴 글이라고 주장하였던 것이다.

한편 이렇게 부기에 문제가 있다는 것을 알게 되자 그래도 『만천유고』의 한문본 「성교요지」가 이벽이 쓴 글이라고 믿고 싶어하는 사람들은 또 다시 궁색한 논리를 펼쳤다. 부기의 내용을 그대로 받아들여서는 안 되고 다르게 해석해야 한다는 것이다. 그러면서 이벽이 『천주성교 사자경문天主聖教四字經文』10)의 영향을 받아 한문본 「성교요지」를 지은 것 같다고 주장하기도 하고,11) 이벽이 『천학초함』과 『성경광익聖經廣益』을 읽고 「성교요지」를 썼다고 주장하기도 하였다.12) 더 나아가서는 이벽이 『천학초함』이외에도 『성경직해聖經直解』나 『성경광익』과 같은 다른 천주교 서적들을 두루 읽고 썼다고 주장하기도 하였다.13)

---

10) 알레니 신부가 저술한 교리서로 1642년 북경에서 초간되었다. 천지창조 · 강생구속 · 성사 · 사말(四末) 등의 내용이 사언시(四言詩) 문장으로 서술되어 있다. 그래서 『사자경문(四字經文)』, 『사자경(四字經)』으로 불리기도 한다.

11) 하성래, 『천주가사 연구』, 성황석두루가서원, 1985, 133~134쪽.

12) 김동원, 『광암 이벽의 「성교요지」에 따른 영성의 길, 해설』, 유림문화사, 2007, 10쪽.

13) 『유교와 그리스도교』, 67쪽.

하지만 안타깝게도 이런 주장들은 그와 같은 한문서학서들을 조금이라도 주의깊게 살펴보았더라면 결코 할 수 없는 주장들이다. 왜냐하면 이벽이 그런 책들을 읽었다면 결코 쓸 수 없는 성서 용어들이 『만천유고』의 한문본 「성교요지」에 대거 등장하기 때문이다. 잠시 후에 자세히 살펴보겠지만, 『만천유고』의 한문본 「성교요지」에는 『천학초함』은 물론 『천주성교 사자경문』, 『성경직해』, 『성경광익』 등에 나오는 성서 용어들과는 전혀 거리가 먼 성서 용어들이 많이 등장한다. 또한 다른 한문서학서들에서도 나오지 않는 성서 용어들이 대거 등장한다. 따라서 그런 주장들은 근본적으로 말이 안 되는 근거없는 주장들이다.

그런 주장들이 말이 안 된다는 것을 보여주는 증거가 또 있다. 그것은 다름아닌 『만천유고』 한문본 「성교요지」의 내용이다. 즉 그 한문본 「성교요지」의 본문과 주석 내용 자체가 그런 주장들이 잘못된 것이라는 것을 증명해주는 또 다른 증거인 것이다. 본문과 주석의 내용들을 보면 성서 내용과도 안 맞을 뿐만 아니라 천주교의 가장 기본적인 교리에도 맞지 않는 내용들이 많이 나온다. 심지어 황당무계한 내용까지 나온다.

그뿐만이 아니다. 『만천유고』의 한문본 「성교요지」 본문과 주석 내용에는 당시로서는 알 수 없는 성서 내용들이 나온다. 다시 말해서 박해가 끝난 후 천주교회에서 구약성서 창세기 전체를 번역한 이후에나 알 수 있는 내용들이 나오는 것이다.

한마디로 『만천유고』에 나오는 한문본 「성교요지」는 이벽은 물론 박해시기 천주교 신자나 그 이후의 천주교 신자들도 결코 쓸 수 없는 글이다. 따라서 그런 글을 이벽이 『천학초학』을 읽고 썼다고 되어 있는 부기 내용은 거짓일 뿐만 아니라 불순한 의도를 가지고 붙인 것이라고 보지 않을 수 없다. 그런데도 그동안 제대로 된 조사나 분석도 하지 않은 채 근거없는 주장들을 남발하면서 허황된 초기 한국천주교회 역사를 만들어갔던 것이다.

3. 한글본 「성교요지」를 이벽이 썼다는 근거도 애초에 없었다

한글본 「성교요지」는 『만천유고』의 한문본 「성교요지」와는 달리 주석이 없다. 즉 본문 내용만 있으며 그 내용 흐름은 『만천유고』의 한문본 「성교요지」를 거의 그대로 따르고 있다. 그래서 한글본 「성교요지」의 본문 내용에도 그것이 이벽이 쓴 글이라는 언급이나 단서가 전혀 등장하지 않는다. 유일한 단서는 이 경우에도 역시 부기 내용뿐이다. 한글본 「성교요지」에는 제목 밑에 다음과 같은 부기가 붙어 있다.

이 성교요지는 옛 리벽션싱씌옵셔 텬학쵸함 닐그신 후 쟉ᄒ 심어라[14]
→(이 성교요지는 옛 이벽선생께옵서 천학초함 읽으신 후 지으신 것이니라.)

한글본 「성교요지」에는 글 말미에도 한글본 「성교요지」가 이벽이 쓴 글이라는 것을 다시 한 번 강조하고 있다.

챠 성교요지칙ᄌᆞᄂ 옛 니벽션싱 만드신 구결이라
임신년 뎡아오스딩 등셔 우약현 셔실이라
→(이 성교요지 책자는 옛 이벽 선생이 만드신 구결(口訣)이라
임신년 정아오스딩이 약현 서실(書室)에서 베껴썼다.)

즉 한글본 「성교요지」는 이벽이 직접 쓴 것이 아니라 이벽이 쓴 것을 "뎡아오스딩(정아오스딩)"이라는 사람이 베껴 쓴 것이라는 것이다. 여기에서 한 가지 이상한 점은 제목 밑에 있는 부기에서는 이벽을 "리벽"이라고 하고 글 말미에 나오는 부기에서는 "니벽"이라고 하였다는 것이다. 이런 사실을 볼 때 제목 밑의 부기와 글 말미의 부기를 쓴 사람이 서로 다른 사람일 가능성도 배제할 수 없다.

---

14) 원문에는 띄어쓰기 없이 모두 붙여 써 있으나 여기에서는 읽는 사람들의 편의를 위해 현대식으로 띄어쓰기를 하였다.

하지만 그보다 더 중요한 것은 한글본 「성교요지」의 이런 부기 내용도 믿을 수가 없다는 사실이다. 『만천유고』의 한문본 「성교요지」에서처럼 한글본 「성교요지」 본문 내용에도 『천학초함』에는 나오지 않는 내용들이 나오기 때문이다. 그리고 이벽이 『천주성교 사자경문』, 『성경직해』, 『성경광익』 등과 같은 한문서학서들을 읽었다면 결코 쓸 수 없는 성서 내용들이 나오기 때문이다. 또한 박해시기가 끝난 후 천주교회에서 구약성서 창세기 전체를 번역한 이후에나 알 수 있는 내용들이 등장하기 때문이다.

무엇보다도 그 부기 내용이 믿을 수 없다는 것을 보여주는 증거는 한글본 「성교요지」 본문 내용 그 자체다. 한글본 「성교요지」의 본문 내용을 언뜻 보면 한문본 「성교요지」 본문 내용을 우리말로 번역한 것처럼 보인다. 하지만 조금만 자세히 들여다보면 그 내용들 대부분이 성서나 천주교 교리와는 전혀 안 맞는 황당한 내용들이라는 것을 알 수 있다. 심지어 가장 기본적인 성서 내용이나 천주교의 가장 기본적인 교리에도 어긋나는 내용들이 무수히 등장한다. 심지어 코미디 같은 내용들도 부지기수다.

이런 한글본 「성교요지」를 이벽이 썼다는 것은 말이 안 된다. 정말로 이벽이 한글본 「성교요지」를 썼다면 이벽에 대한 평가를 다시 해야 한다. 그것을 정말 이벽이 썼다면 이벽은 천주교의 가장 기본적인 성서 내용이나 교리도 알지 못 한 채 그런 글을 쓴 한심한 사람이 된다. 게다가 그런 어처구니없는 지식을 바탕으로 초기 천주교회의 지도자 역할을 하였다는 이야기가 된다.

그런데도 한글본 「성교요지」 부기에 '이 글을 이벽이 쓴 것'이라고 두 번이나 앞뒤로 강조하고 그것도 모자라 "뎡아오스딩"이라는 사람이 베껴 썼다고 되어 있는 것은 그 부기 내용이 얼마나 거짓된 것인지를 보여주는 증거다. 그리고 그런 거짓된 부기를 붙이고 거짓된 한글본 「성교요지」를 만들어 낸 의도가 무엇인지 여실히 보여주는 증거다. 하지만 그동안 제대로 된 조사나 분석도 하지 않은 채 부기 내용을 그대로 받아들여 한글본 「성교요지」를 이벽이 쓴 글이라고 흥분하면서 심지어 한글본 「성교요지」

야말로 한글로 된 최초의 천주교 교리서라고 하였던 것이다.

『만천유고』의 한문본 「성교요지」와 한글본 「성교요지」가 이벽이 쓴 글이 아니라는 것은 새롭게 발견된 『당시초선』의 한문본 「성교요지」와 비교해보면 더욱 잘 드러난다.

4. 『당시초선』의 한문본 「성교요지」에는 "이벽이 모아 편집한 글"이라고 되어 있다

필자가 직접 한국기독교박물관에 가서 확인한 결과 『당시초선』은 총 15쪽 분량의 아주 얇은 책인데 그 안에 총 4편의 한문으로 된 글들이 들어 있다. 즉 「성교요지聖敎要旨」, 「수서록隨書錄」, 「성씨속해姓氏俗解」, 「김안덕리아자서록金安德利亞自書錄」 등의 제목을 가진 글들이 나온다.

『당시초선』의 표지

그 중 「성교요지」가 제일 처음에 있다. 이 「성교요지」의 한자도 『만천유고』의 한문본 「성교요지」와 똑같은 "聖教要旨"다. 그런데 『당시초선』의 한문본 「성교요지」는 본문만 있고 주석이 없다. 놀라운 것은 그 본문 내용이 『만천유고』의 한문본 「성교요지」 본문 내용과 거의 같다는 것이다. 즉 『만천유고』의 한문본 「성교요지」에서 주석을 뺀 본문이 바로 『당시초선』의 한문본 「성교요지」 내용인 것이다.

다른 것이 몇 가지 있기는 하다. 하나는 형식의 차이다. 『만천유고』의 한문본 「성교요지」의 본문은 4 · 4조로 되어 있는 글들이 총 49절로 되어 있다. 그런데 『당시초선』의 한문본 「성교요지」는 거의 대부분 4 · 5조로 구성되어 있으며 절의 구분이 없다. 단지 전체 내용이 총 4부로 나뉘어져 있을 뿐이다.

또 하나 다른 점이 있다. 『당시초선』의 한문본 「성교요지」 내용 중에는 『만천유고』의 한문본 「성교요지」 본문의 글자와 다른 것이 몇 개 있다. 그리고 앞뒤 글자가 바뀐 경우도 간혹 있다. 그 결과 그 내용이 더 황당하게 된 경우도 있지만 반대로 조금 더 말이 되게 된 것도 있다.

가장 눈에 띄게 다른 점은 부기 내용이다. 『만천유고』의 한문본 「성교요지」 본문과 같은 내용으로 되어 있는 『당시초선』의 한문본 「성교요지」에 다음과 같은 부기가 붙어 있는 것이다. 띄어쓰기까지 되어 있는 그 내용을 소개하면 다음과 같다.

朝鮮國人李蘗 輯
東方大建人 金安德利述[15]
→(조선국사람 이벽이 모아 편집한 것을
동방대건인 김안덕리가 쓴 것이다.)

---

15) 『당시초선』, 1쪽. 『당시초선』에는 쪽수가 표시되어 있지 않아 여기에서는 앞뒤면 구별없이 순서대로 임의로 붙였다. 부기에 나오는 한자 "述(술)"을 "지었다"는 의미로도 이해할 수 있을 것이다. 그리되면 『당시초선』의 한문본 「성교요지」는 "김안덕리가 짓고 이벽이 편집한 것"이 된다. 하지만 곧 언급되는 글 말미의 부기 내용을 볼 때 여기에 나오는 한자 述(술)"은 "쓰다"라는 의미로 보아야 할 것이다.

『당시초선』의 한문본 「성교요지」에는 그 말미에도 부기가 첨부되어 있는데 그 내용은 다음과 같다.

> 某年 某月 某日
> 朝鮮國 金安德利亞 左手謹手書[16]
> →(모년 모월 모일
> 조선국 김안덕리아 왼쪽 손으로 삼가 쓰다.)

이러한 부기들은 그 글씨체가 본문의 글씨체와 같은 것으로 보아 본문과 부기를 쓴 사람이 동일한 사람으로 보인다. 그런데 무엇보다도 중요한 것은 이 부기들에서는 『당시초선』의 한문본 「성교요지」를 이벽이 쓴 것이 아니고 "조선국 사람 이벽이 모아 편집한 것"이며 그것을 "동방대건인 김안덕리가 베껴썼다"고 되어 있다는 사실이다. 다시 말해서 『만천유고』의 한문본 「성교요지」 본문 내용과 똑같이 되어 있는 글을 『당시초선』의 한문본 「성교요지」에서는 이벽이 쓴 글이 아니라 "이벽이 수집해서 편집한 글"이라고 되어 있는 것이다. 이것은 곧 그 「성교요지」의 원작자는 다른 사람이라는 뜻이다.

좌:『당시초선』의 한문본 「성교요지」 / 우: 제목 밑 부기(확대)

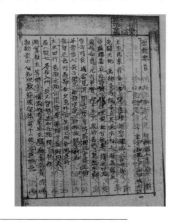

---

16)『당시초선』, 8쪽.

좌: 글 말미 부기 / 우: 글 말미 부기(확대)

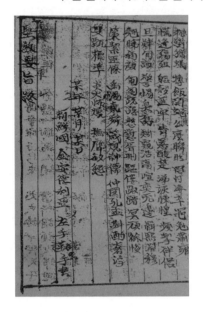

　여기에서 주목되는 점은 그 한문본 「성교요지」가 들어 있는 문집의 표지가 『唐詩鈔選(당시초선)』이라는 사실이다. 앞에서도 말했듯이 "당시초선"이란 '당나라 시를 모은 것'이라는 뜻이다. 더욱이 『당시초선』에 들어 있는 「성씨속해」라는 글은 "중국"의 46개 성씨를 풀이한 것이다. 이런 사실을 볼 때 『당시초선』에 들어 있는 한문본 「성교요지」는 결국 "이벽이 모은 당나라 시인데 그것을 이벽이 편집하였다"는 뜻이다.

　설령 『당시초선』이란 표지가 별 의미 없이 갖다 붙인 것이라고 하더라도 크게 달라지는 것은 없다. 그것이 당나라의 시든 혹은 중국의 다른 왕조대 글이든 혹은 우리나라의 시든 간에 한 가지 분명한 것은 거기에 들어 있는 한문본 「성교요지」는 이벽이 쓴 글이 아니고 다른 사람이 쓴 것을 "이벽이 모아 편집한 것"이라고 되어 있다는 것이다.

　결국 똑같은 내용의 글을 놓고 『만천유고』의 한문본 「성교요지」 부기에서는 그것을 "이벽이 썼다"고 하고,『당시초선』의 한문본「성교요지」 부기에서는 "이벽이 모으고 편집한 것"이라고 되어 있는 것이다. 이런 사실을 볼 때도『만천유고』의 한문본「성교요지」 부기에서 그「성교요지」를 "이벽이 썼다"고 한 것은 근본적으로 믿을 수 없는 이야기다. 이것은 거의 같은 내용으로 되어 있는 한글본「성교요지」도 마찬가지다.

한편『당시초선』의 한문본「성교요지」는『만천유고』의 한문본「성교요지」 본문과 거의 같은 내용으로 되어 있기 때문에 거기에도 역시 가장 기본적인 성서 내용이나 천주교 교리와도 맞지 않는 내용들이 여기저기 등장한다. 그리고 황당무계한 내용도 등장하고 1958년에 한국천주교회에서 구약성서 창세기 전체를 번역한 후에나 알 수 있는 내용도 등장한다. 이것은 곧『당시초선』의 한문본「성교요지」 역시 이벽이 쓸 수도 없고 모을 수도 없는 글이라는 뜻이다. 따라서『당시초선』 한문본「성교요지」의 부기 역시 거짓된 내용이며 불순한 의도로 써놓은 것이라고밖에는 볼 수 없다.

하지만『당시초선』 한문본「성교요지」의 부기에서는 그것이 정말로 이벽이 모은 글이라는 것을 더욱 확고히 하기 위해, 그리고 그것이 천주교와 관련있는 글이라는 것을 확실히 하기 위해 또 다른 장치를 해놓았다. 그 글을 "동방대건인 김안덕리安德利 혹은 김안덕리아金安德利亞가 베껴썼다"고 해놓은 것이다.

여기에서 눈에 띄는 점은 제목 밑에 붙은 부기에서는 "김안덕리"라고 하고 글 말미에 나오는 부기에서는 "김안덕리아"라고 하였다는 것이다. 숭실대학교 한국기독교박물관에서 펴낸『한국기독교박물관 소장 기독교 자료해제』에서는 "東方大建人(동방대건인)"이라는 말이 나오는 것으로 보아 여기에 나오는 "김안덕리金安德利"나 "김안덕리아金安德利亞"는 "김대건 안드레아 신부"를 가리키는 것 같다고 추측하고 있다.[17]

하지만 나중에 자세히 살펴보겠지만 천주교에서는 "안드레아"를 한자로든 한글로든 "安德利(안덕리)" 혹은 "安德利亞(안덕리아)"라고 한 적이 없다. 한문서학서에서는 물론 우리나라 천주교회에서도 그 초기부터 지금까지 한 번도 그렇게 쓴 적이 없다. 그런데도 『당시초선』의 한문본「성교요지」부기에서는 "동방대건인 김안덕리가 베껴썼다"느니 혹은 "조선국 김안덕리아가 썼다"느니 함으로써 그 글을 마치 김대건 신부나 박해시기의 또 다른 천주교 신자인 김안드레아가 베껴쓴 것처럼 생각하도록 만들었다.

다시 말해서 한글본「성교요지」의 부기에서 그것이 정말로 이벽은 물론 초기 천주교와 관계가 있는 것처럼 보이도록 하기 위해 "이벽이 쓰고 뎡아오스딩이 베껴썼다"고 한 것처럼 『당시초선』의 한문본「성교요지」에서도 그것이 이벽과 김대건 신부와 관련이 있는 것처럼 보이기 위해 "이벽"이니 "동방대건인 김안덕리"니 "조선국 김안덕리아"니 같은 말들을 썼던 것이다. 그러면서도 혹시라도 김대건 신부의 필체와 다르다는 의혹을 피하기 위해 오른손이 아닌 "왼손으로 썼다"는 말까지 첨부하였다.

사실『당시초선』에 들어 있는 거의 모든 글에는 이와 유사한 부기들이 붙어 있다. 우선「성씨속해」란 글 말미에는 다음과 같은 부기가 붙어 있다.

> 右記 右手病人 金安得利亞謹書
> 東方大建人謹書也[18]
> →(윗글은 오른쪽 손이 병이 난 사람 김안덕리아가 삼가 쓰다.
> 동방대건인 삼가 쓰다.)

이어서 나오는「김안덕리아자서록」제목 밑에도 다음과 같은 부기가 붙어 있다.

---

17)『한국기독교박물관소장 기독교자료해제』, 385쪽.
18)『당시초선』, 13쪽.

朝鮮國 金安德利亞 著
右手病人 左手謹書[19]
→(조선국 김안덕리아가 저술하다.
　오른손이 병이 난 사람 왼손으로 삼가쓰다.)

그리고「김안덕리아자서록」말미에도 다음과 같은 부기가 나온다.

右手病故左手書也[20]
→(오른손이 병이 나서 왼손으로 쓰다.)

　이렇듯『당시초선』에서는 한문본「성교요지」이외의 글에도 거의 모든 글에 "동방대건인 김안덕리" 혹은 "조선국 김안덕리아"나 "동방대건인 김안덕리아"가 "오른손에 병이나서 왼손으로 쓰거나 저술하였다"는 식의 부기가 붙어 있다. 그리하여『당시초선』에 나오는 한문본「성교요지」뿐만 아니라 다른 글들도 모두 김대건 신부가 쓰거나 베껴쓴 것처럼 보이게 하였다. 그러면서도 김대건 신부의 필체와 다르다는 의혹을 안 받기 위해 "왼손으로 썼다"느니 "오른손이 병이 나서 왼손으로 썼다"느니 하는 말까지 하였던 것이다.
　이런 사실들을 보더라도『당시초선』의 한문본「성교요지」역시『만천유고』의 한문본「성교요지」와 한글본「성교요지」처럼 불순한 의도를 가지고, 즉 다른 사람들을 속이고 기망하기 위해 쓴 글이 분명하다는 것을 다시 한 번 알 수 있다.

---

19) 같은 책, 14쪽.
20) 같은 책, 15쪽.

좌: 「성씨속해」 말미 부기 / 우: 부기(확대)

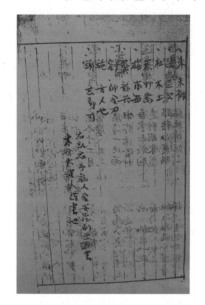

좌: 「김안덕리아자서록」 제목 밑 부기 / 우: 제목 밑 부기(확대)

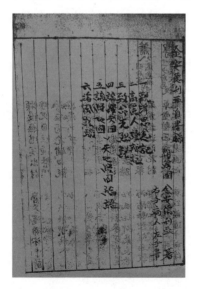

좌: 「김안덕리아자서전」 말미 부기 / 우: 말미 부기(확대)

이렇듯 고 김양선 목사가 수집하고 기증한 세 종류의 「성교요지」는 모두 이벽이 쓸 수 없는 글일 뿐만 아니라 이벽과는 아무 상관이 없는 글이다. 더 나아가 박해시기 천주교 신자나 그 이후의 천주교 신자들도 쓸 수 없는 글이다. 그런데 이것이 사실일 수밖에 없는 또 다른 이유는 무엇보다도 그 세 종류의 「성교요지」에 모두 개신교 성서 용어가 상당수 등장하기 때문이다.

다시 말해서 이벽이 세상을 떠난 후 약 100년이 지난 뒤에 우리나라에 들어온 개신교에서 쓰기 시작한 개신교 성서 용어들이 적지 않게 등장하는 것이다. 그런 성서 용어들은 초기 천주교 신자들은 물론 그 이후 박해시기 천주교 신자들도 써본 적이 없는 용어들이다. 심지어 그 중에는 지금까지 한국천주교회에서 한 번도 써본 적이 없는 용어들도 있다. 따라서 그런 개신교 성서 용어들이 나오는 한문본 「성교요지」들을 이벽이 썼을 리도 없고, 이벽이 세상을 떠난 후 박해시기까지의 천주교 신자들도 썼을 리가 없는 것이다.

어떤 사람들은 이런 의문들을 가질 수도 있을 것이다. 개신교는 우리나라보다 중국이나 일본에 먼저 들어갔을 테니까 혹시나 이벽이 중국 개신교 한문성서들을 접해서 그런 성서 용어들을 쓴 것은 아닌가? 아니면 혹시나 당나라 때 들어간 경교景教에서 「성교요지」에 나오는 것과 같은 개신교 용어들을 쓴 것은 아닌가? 그래서 『당시초선』의 한문본 「성교요지」 부기에서 말하는 것처럼 당나라 시 중에 그런 시가 있어서 이벽이 수집하게 된 것은 아닌가? 등의 의문을 가질 수도 있을 것이다.

하지만 그럴 가능성은 전혀 없다. 우선 당나라 때 경교에서 쓰던 성서에서는 「성교요지」에 나오는 것과 같은 성서 용어들을 쓰지 않았다. 그러니 그런 성서 용어가 쓰여진 당나라 시가 있었을 리가 없다. 그런 성서 용어들은 중국에 개신교가 들어간 다음부터 쓴 개신교 용어들이다. 중국에서 개신교 신약성서가 처음으로 등장한 것은 이벽이 세상을 떠난 지 30년이나 지난 1814년이었다. 그리고 이벽이 세상을 떠난 지 35년이 지난 1819년에야 처음으로 중국 개신교 구약성서가 간행되었다. 게다가 일본과 한국에서 개신교 성서가 등장한 것은 중국 개신교 성서들이 나온 이후의 일이었다. 그리고 일본과 한국에서는 중국 개신교 성서들을 저본으로 한 개신교 성서들을 간행하였다.

따라서 이벽이 죽고 나서도 30년 이상이나 지난 후에야 등장하기 시작한 중국 개신교 성서들을 이벽이 접했을 리가 만무하다. 더욱이 우리나라에 개신교가 들어온 것은 그로부터도 다시 70년 정도 지난 후였다. 즉 이벽이 죽고 나서도 약 100년이 지난 다음에 우리나라에 개신교가 들어온 것이다. 그러니 개신교 용어들이 대거 등장하는 두 개의 한문본 「성교요지」와 한글본 「성교요지」를 이벽이 썼을 가능성은 전혀 없다. 그리고 이벽이 살아 있을 당시 중국에서건 우리나라에서건 그런 「성교요지」를 모을 수도 없었다. 또한 개신교가 우리나라에 들어오기 전까지의 박해시기 천주교 신자들도 그럴 글을 쓰거나 베껴썼을 가능성도 전혀 없다.

따라서 고 김양선 목사가 기증한 세 종류의 「성교요지」의 실체를 제대로 파악하기 위해서는 각각에 어떤 개신교 성서 용어들이 등장하는지 살펴보아야 한다. 아울러 그런 용어들이 우리나라 초기 천주교 신자들이나 박해시기 천주교 신자들이 쓰던 성서 용어들과 어떻게 다른지에 대해서도 살펴보아야 한다.

하지만 이 문제를 해결하기 위해서는 먼저 우리나라 초기 천주교 신자들이나 그 이후 박해시기 천주교 신자들이 어떤 책들을 보고 어떻게 성서를 알게 되고 신앙을 받아들였으며 어떻게 신앙생활을 하였는지 알 필요가 있다. 그것을 알아야 그들이 사용했던 성서 용어와 그들이 배우고 실천했던 복음 말씀들이 무엇이었는지를 알 수 있게 되고 그 세 종류의 「성교요지」의 실체를 알 수 있기 때문이다. 그리고 그것을 알아야 천주교 성서 용어와 개신교 용어의 차이점을 알 수 있기 때문이다. 그래서 여기에서 잠시 우리나라 초기 천주교 신자들이 읽고 사용했던 성서와 전례서, 그리고 교리서와 신앙지침서들에 대해 살펴보기로 하겠다.

5. 초기 천주교 신자들과 박해시기 천주교 신자들이 사용했던 성서 용어와 성서 내용

한국천주교회에서 성서 전체를 번역하는 작업은 상당히 늦게 이루어졌다. 1784년에 한국천주교회가 탄생한 지 120년이나 지나 비로소 신약성서 중 4복음이 먼저 번역되어 소개되었다. 1910년에 한기근韓基根, 바오로(1868~1939) 신부가 4복음서를 완역하여 『四史聖經(사사성경)』이란 이름으로 출간함으로써 이루어진 일이었다. 그 결과 한국천주교회는 처음으로 신약 4복음서 내용 전체를 신자들에게 소개할 수 있게 되었다.

구약성서는 그보다도 훨씬 후에 번역되기 시작하였다. 1958년에 한국천주교중앙협의회에서는 구약성서 중 첫째 권 창세기를 번역하여『창세기』란 이름의 책을 간행하였다. 번역은 선종완宣鍾完, 라우렌시오(1915~1976) 신부가 하였다. 이로써 한국천주교회 신자들은 구약성서 중 창세기에 나오는 내용 전체를 처음으로 접하게 되었다.

한국천주교회에서 신약성서와 구약성서 전체 내용을 완역한 것은 1977년에 이르러서였다. 한국천주교회와 개신교가 공동으로 번역한『성서』가 출판되면서 처음으로 가능하게 되었던 것이다. 순전히 한국천주교회의 힘만으로 신구약성서 전체를 번역한 것은 그보다 30년가량 더 지난 2005년에 이르러서였다. 2005년에 비로소 한국천주교회만의 힘으로 신구약성서 전체를 완역하여『성경』을 간행하였던 것이다. 한국천주교회가 탄생한지 221년만의 일이었다.

그렇다면 성서가 번역되기 이전에 천주교 신자들은 어떻게 성서 내용을 알게 되었을까? 특히 초기 천주교 신자들과 박해시기 신자들은 무엇을 가지고 복음을 실천하고 기도생활을 할 수 있었을까?

우리나라 사람들이 신약성서와 구약성서의 내용들을 단편적으로나마 알게 된 것은『천주실의』,『칠극』,『직방외기』,『주제군징主制群徵』,[21]『성세추요盛世芻蕘』[22] 등과 같은 한문서학서들을 통해서였다. 그런 책들이 출판된 후 얼마 지나지 않아 17세기 중엽부터 중국을 오가던 조선 사신들을 통해 우리나라에 전해졌던 것이다. 하지만 거기에 소개된 성서 내용은 극히 단편적인 것이었다. 그러다가 한문서학서인『성경직해』와『성경광익』,『성년광익聖年廣益』 등이 우리나라에 들어오면서부터 신구약성서의

---

21)『주제군징』은 아담 샬(J. Adam Shall von Bell, 湯若望, 1591~1666) 신부가 1629년에 발간한 한문 교리서이다.
22)『성세추요』는『성경광익』과『성년광익』을 쓴 프랑스 출신 예수회 선교사 마이야 신부가 쓴 한문 교리서로 1733년에 북경에서 출간되었다.

내용들을 구체적으로 어느 정도라도 알 수 있게 되었다.

『성경직해』는 우리나라에 들어온 최초의 복음서이며 상세한 풀이를 곁들인 복음해설서다. 중국에서 활동하던 포르투갈 출신의 예수회 선교사 디아즈E. Diaz, 陽瑪諾(1574~1659) 신부가 1636년에 간행한 책인데 신약성서 전체가 담겨진 복음해설서는 아니었다. 교회전례력에 따라 주일과 축일의 복음 내용들을 발췌하여 수록한 후 주해를 붙였다. 필요에 따라서는 복음 내용과 관련된 구약성서 내용을 언급하기도 하였다.

『성경광익』역시 중국에서 활동하던 프랑스 출신의 예수회 선교사 마이야Mailla, 馬秉正(1669~1748) 신부가 저술한 한문으로 된 복음해설서인 동시에 묵상서다. 교회전례력에 따라 주일과 축일에 관련된 4복음서의 내용들을 발췌하여 제시한 후 그에 따라 묵상과 기도를 할 수 있도록 이끌어주고 있다. 1740년 북경에서 간행되었다.

『성년광익』도 마이야 신부가 쓴 책으로서 교회전례력에 따라 기념하는 성인聖人들과 그 행적들을 소개한 후 묵상을 할 수 있도록 이끌어주는 묵상서다. 성인들에 대해 소개하는 것이 대부분이지만 때로는 전례력의 중요 시기를 설명하기도 한다.

성서 내용들을 구체적으로 소개하는『성경직해』,『성경광익』,『성년광익』등이 우리나라에 전해진 것은 이승훈을 통해서였다. 1784년 초에 이승훈이 북경에서 세례를 받은 후 이런 책들을 조선으로 가져왔던 것이다. 이승훈은 조선에 돌아온 즉시 이런 책들을 이벽에게 보여주었다. 그러자 이벽은 외부와 일체 단절한 채 몇 날 며칠을 그 책들을 읽는 데만 몰두하였다. 그리고 마침내 그런 책들을 통해 비로소 천주교가 어떤 종교인지 그 전체 윤곽을 "대강"이나마 알 수 있게 되었다. 달레는 이때 이벽의 모습을 다음과 같이 전하고 있다.

갑진년(1784) 봄에 이승훈 베드로는 북경에서 얻은 많은 책과 십자고상과 상본과 몇 가지 이상한 물건을 가지고 서울로 돌아왔다. 그에게 제일 급한 것은 이벽에게 자기 보물의 일부를 보내는 것이었다. …(중략)… 이벽은 친구가 보내 준 많은 서적을 받자마자 외딴 집을 세내어 그 독서와 묵상에 전념하기 위하여 들어앉았다.

이제 그는 종교(천주교)의 진리의 더 많은 증거와, 중국과 조선의 여러 가지 미신에 대한 더 철저한 반박과, 7성사의 해설과, 교리문답과 복음성서의 주해와 그 날 그 날의 성인행적과 기도서 등을 가지게 되었다. 그것을 가지고 그는 종교(천주교)라는 것이 무엇인지를 전체적으로 또 세부적으로 대강 알 수 있었다. 그러므로 책을 읽어나가는 데 따라서 새로운 생명이 자기 마음 속에 뚫고 들어오는 것을 느꼈다.[23]

이것은 이승훈도 마찬가지였다. 이승훈은 비록 1784년에 북경에서 세례를 받고 조선으로 돌아왔지만, 천주교에 대한 진리를 비로소 깨닫게 된 것은 자신이 북경에서 가져온 책들을 읽고 나서였다. 그리고 이승훈의 다른 친구들도 바로 그런 책들을 통해 마침내 천주교에 대해 깊이 감동을 받게 되었다. 이러한 사실은 이승훈과 같은 시기에 활동하였으며 인척이었던 황사영이 쓴 『백서』를 보면 잘 알 수 있다.

(이)승훈이 천주당에 가서 세례를 청하자, 여러 신부들은 영세하기에 필요한 도리를 모른다고 영세를 허락하지 않았습니다. 그러나 오직 한 사람 양신부가 세례를 주고 또한 교회 책도 많이 주었습니다. 이승훈이 집에 돌아오자 이벽 등과 함께 전심 전력으로 그 책을 읽어 보고 비로소 진리를 터득하고는 가까운 친구들에게 권유하고 감화시켰습니다.[24]

한마디로 이벽과 이승훈은 물론 그 동료들이 처음으로 성서 내용을 어느 정도라도 구체적으로 알게 된 것은 바로 『성경직해』와 『성경광익』, 『성

---

23) 『달레』 상, 307쪽.
24) 『백서』, 44~45행.

년광익』 등과 같은 한문서학서들을 통해서였던 것이다.

다시 말해서 이벽과 그 동료들은 17세기 중엽부터 중국에서 들어온『천주실의』나『칠극』 등과 같은 한문서학서들을 통해서는 천주교의 가르침에 대해 구체적으로 알 수는 없었는데 1784년에 이승훈이 북경에서 세례를 받고 서양 선교사들에게서 받아온『성경직해』,『성경광익』,『성년광익』 등과 같은 복음해설서와 매일의 성인전 등을 통해 마침내 천주교의 가르침이 구체적으로 무엇인지를 비로소 알 수 있게 되었던 것이다.

그래서 거기에 나오는 복음 말씀을 읽고 적극적으로 천주교를 신앙으로 받아들였으며, 사제가 없는 가운데서도 그런 책들에 나오는 전례주년에 따른 복음말씀과 매일의 성인 행적을 묵상하고 기도하며 신앙생활을 실천하게 되었던 것이다. 그리고 이승훈이 가져온 교리문답 책과 기도서들을 가지고 주모경과 같은 주요 기도문들을 외우며 기도하고 복음을 전파할 수 있게 되었던 것이다. 그리하여 마침내 우리나라에 천주교회가 탄생할 수 있게 되었던 것이다.

1811년(신미년)에 교황에게 편지를 쓴 조선천주교회 신자들이 '1794년에 성직자가 우리나라에 들어와 칠성사를 받기 10년 전인 1784년부터 책을 통해 교회가 시작되었다'고 한 것도 바로 이런 사실을 가리킨 것이다. 그리고 이것을 세계에서 그 유례를 찾을 수 없는 일이라고 대단히 자랑스러워하였던 것이다.

『성경직해』와『성경광익』,『성년광익』 등은 그 후 천주교 신자들의 신앙생활에서도 없어서는 안 될 매우 중요한 역할을 하였다. 을사추조적발사건(1785)25)으로 한 차례 큰 곤욕을 치룬 이후 천주교 신자들은 드러내놓고 신앙생활을 할 수도 없는 상황이 되었다. 그래서 숨어서 천주교

---

25) 조선천주교회가 탄생한 바로 다음해(을사년, 1785) 봄 추조(秋曹), 즉 형조(刑曹)의 금리(禁吏)들이 명례방(明禮坊, 지금의 서울 명동)에서 모임을 갖던 천주교 신자들을 적발 체포한 사건을 말한다.

서적을 읽으며 신앙생활을 이어갈 수밖에 없었다. 그들은 교회전례력과 긴밀히 연관되어 있는 복음서이자 복음해설서인 『성경직해』와 『성경광익』, 그리고 『성년광익』 등을 남몰래 읽으며 거기에 따라 기도하고 묵상하면서 신앙생활을 하였다.

이렇듯 『성경직해』, 『성경광익』, 『성년광익』 등이 초기 우리나라 천주교 신자들에게 없어서는 안 될 매우 중요한 신앙생활의 지침서가 되었다는 것은 초기 천주교 신자들이 남긴 글들을 보면 잘 알 수 있다.

정약종이 쓴 최초의 한글교리서인 『주교요지』, 황사영의 『백서』, 이순이 누갈다의 옥중서한과 최해두崔海斗의 『자책自責』 등을 보면 『성경직해』에 나오는 내용과 유사한 내용들이 많이 나온다.26) 그리고 신유박해(1801)가 일어났을 때 신자들 집에서 『성경직해』와 『성경광익』이 여러 권 압수되었다는 사실에서도 신자들에게 그런 책들이 얼마나 중요하게 생각되었는지 잘 알 수 있다.27)

그렇다면 이벽을 비롯한 초기 천주교 신자들이 성서 내용을 말하거나 글로 쓸 때 무엇을 기준으로 하였을까? 당연히 자신들이 읽었던 한문서학서들에 나왔던 성서 용어들을 쓰고 그런 책들을 통해 알게 되었던 성서 내용들을 말하거나 글로 썼을 것이다. 즉 『천주실의』, 『칠극』, 『직방외기』, 『천주성교 사자경문』, 『주제군징』, 『성세추요』는 물론 『성경직해』, 『성경광익』, 『성년광익』 등에 나오는 성서 용어와 성서 내용들을 말하거나 글로 썼을 것이다.

이것은 신유박해 이후 신앙의 자유를 얻기까지 계속된 박해시기 동안의 천주교 신자들도 마찬가지였다. 신유박해 이전부터 초기 천주교회에서는 한문을 잘 모르는 부녀자들이나 하층민들에게도 복음을 전하고, 그

---

26) 조한건, 『성경직히광익』, 서강대학교대학원 사학과 박사학위 논문, 2011, 68쪽~80쪽.
27) 한국교회사연구소 편, 『사학징의(邪學懲義)』, 불함문화사, 1977, 379~386쪽; 조광, 『조선후기 천주교사 연구』, 고려대학교 민족문화연구소, 1988, 91쪽.

들이 전례주년에 따라 기도와 묵상생활을 할 수 있도록 하기 위한 작업을 시작하였다. 그래서『성경직해』와『성경광익』및『성년광익』등을 우리 말로 번역한 후 그것을 바탕으로 한글로 된 새로운 복음해설서를 만들어 보급하였다. 그것이 바로『성경직회광익』이다.

이런 이유 때문에『성경직회광익』의 내용은 거의 대부분『성경직해』 와 같다. 신유박해 때 천주교 신자들 집에서 압수된 서적 가운데는『성경 광익직회』란 책도 있다. 이것이 바로『성경직회광익』의 초기 형태일 것 으로 추정되고 있다.

『성경직회광익』은『성경직해』,『성경광익』,『성년광익』등과 함께 신 유박해 이전은 물론 그 이후에도 천주교 신자들에게 대단히 중요한 역할 을 하였다. 신자들이 신앙생활을 하는 데 중심 역할을 하였던 것이다. 신 유박해로 인해 주문모 신부와 많은 신자들이 순교한 후 겨우 목숨을 건진 신자들은 수많은 어려움 속에서도 그런 책들을 읽으며 복음내용을 묵상 하고 주일과 축일의 의무를 지켜나가려고 애를 썼다. 이것은 신태보申太甫, 베드로(?~1839)의 사례를 보면 잘 알 수 있다.

박해가 마침내 가라앉기는 하였으나, 우리는 서로 뿔뿔이 헤어져 있었고, 모든 경문책을 잃었었다. 어떻게 신자 본분을 지킬 방법이 있겠는가. 나는 우연히 몇몇 순교자 집안의 유족들이 용인 지방에서 산다는 소문을 듣고, 그들을 찾아내려고 갖은 노력을 다 한 결과 마침내 그들을 만나게 되었다. 그들은 이미 나이 먹은 여인들과 겨우 아이티가 가신 몇몇 소년들뿐이었는 데, 모두 합하여 서로 친척간이 되는 세 집안이었다.

그들은 아무 의지할 것도 아무 재산도 없으며, 외부 사람들과는 감히 말을 건넬 생각도 못하고, 천주교 이야기만 나오면 너무 무서워서 숨이 다 막힐 지경이었다. 그들은 경문책 몇 권과 복음성경해설서를 가지고 있기는 하였 다. 그러나 모두 깊숙이 감추어 두었다. 내가 그 책을 보자고 청하니 내 말 을 막고 '가만히 있으라'고 손을 내저었다. …(중략)…

나는 최근에 생긴 일과 교회의 형편과 또 천주를 섬길 수도, 우리 영혼을 구할 수도 없을, 우리의 공통된 처지에 대하여 약간 이야기하여 주었다. 그 여인들은 매우 감동하여 어떤 이들을 눈물을 흘리기까지 하며, "우리가 서로서로 힘이 되기 위하여 자주 연락을 했으면 좋겠다"는 말을 하였다.

나는 거기에서 40리 되는 곳에 살고 있었는데, 그때부터 8일이나 10일에 한 번씩 서로 찾아 다녔다. 오래지 않아 우리는 한 집안 식구나 다름없이 서로 깊고 진실한 정이 들게 되었다. <u>우리는 성서를 다시 읽기 시작하였고, 주일과 축일의 의무를 지키기 시작하였다.</u>[28]

또 다른 사례도 있다.

(신태보) 베드로가 서울로 올라가 청탁을 하고, 뇌물도 적당히 쓰고 하여, 이요한이 석방되게 하고야 말았다. …(중략)… 신자들은 차츰 얼이 빠진 상태에서 깨어나, 다시 신자의 본분을 지키기 시작하였다. 오랫동안 그들은 집회는 고사하고, 서로 말할 생각조차 못 하였고, 마을 안에서나 한 길에서 만나면, 멀리서 서로 인사하는 것이 고작이었다.

그러다가 그들은 다시 상종을 하고, 서로 찾고, 서로 수를 헤아리고, 서로 모이기 시작하였으며, 죽었거나 귀양을 간 줄로 생각했던 교우를 한 사람 만나던지, 박해의 재난 가운데에서 멀리 헤어졌던 친척이나 지기(知己)들을 해후(邂逅) 상봉하게 되면, 무슨 명절날처럼 즐거워들 하였다.

그들은 서로 위로하고 자기들이 목격한 무서운 광경이나 교훈되는 행적을 이야기함으로써, <u>서로 도와가며 성서 몇 권이나 성물 몇 가지를 찾아내고, 서로서로 격려하며, 전에 지키던 신자의 본분을 새로운 열심으로 다시 지키게 되었다.</u>[29]

『성경직히광익』은 그 후에도 서양 선교사들이 들어올 때까지(1836)

---

28) 『달레』 중, 11~12쪽; 조한건, 앞의 글, 20쪽 참조.
29) 『달레』 중, 16쪽.

35년 동안 거의 성직자 없이[30] 신앙생활을 해야 했던 조선 천주교 신자들에게 신앙의 지침이 되었던 매우 중요한 책이었다. 이것은 프랑스 선교사 모방P. P. Maubant, 羅伯多祿(1803~1839) 신부가 조선에 들어온 후 1837년에 쓴 편지에서 잘 드러난다. 모방 신부는 혹독한 박해 속에서 성직자 없이 면면히 이어온 조선 신앙공동체를 보고 그것을 "하느님의 자비"로 묘사하면서 다음과 같이 전하고 있다.

> 지난 4달 동안 우리는 열심히 성무를 수행하였는데, 우리는 각각 900명 이상이나 되는 사람들에게서 고백을 들었습니다. 그들 대부분은 10년 이상된 신자들이었습니다. 또한 150뢰(lieues)[31] 이상을 돌아다니면서 약 2천 명이나 되는 어른들과 아기들에게 세례를 베풀었습니다. (하느님이) 이 나라에 자비를 베풀어주셨던 것 같습니다. (그동안) 우리 신자들에게 거룩한 교리를 가르쳐줄 사람이 한 사람도 없었는데도, 또한 그들 중 한글을 읽을 줄 아는 사람이 거의 없는데도, 성사를 받기에 충분한 교리를 알지 못하는 사람은 거의 없습니다. 모든 주일과 주요 축일마다 그들은 함께 읽는데, 특별히 교리나 매 주일과 축일에 따른 각각의 복음과 그 해설을 함께 읽습니다. 그런데 보통은 둘 다 읽습니다. 노인들이나 아이들도 모두 거기에 빠지지 않습니다. 어른들은 그렇게 하는 것을 명예로 여기고, 아이들은 자기들도 그렇게 할 수 있기를 동경합니다.[32]

여기에 나오는 "매 주일과 축일에 따른 각각의 복음과 그 해설"이란 『성경직히광익』을 가리킨다. 한글로 되어 노인과 아이들을 불문하고 이용할 수 있었던 것은 『성경직히광익』이기 때문이다. 이렇게 신자들은 성직자가 없는 가운데서도 『성경직히광익』을 읽으며 교회전례력에 따라 복음말씀을 묵상하고 신앙의 가르침을 가슴에 새길 수 있었던 것이다.

---

30) 여항덕(余恒德, 조선에서의 이름은 유방제(劉方濟), 빠치피코, 1795~1854) 신부가 1834년에 입국하여 1836년까지 잠시 활동한 적은 있다.
31) 1뢰(lieue)는 약 4km이다.
32) 모방 신부가 1837년 자신의 출신지역 바씨(Vassy)의 본당 신부 모파(Maupas)에게 보낸 편지.

『성경직히광익』이 박해시기 신앙생활의 중심이었다는 것은 여러 순교자들의 증언에서도 잘 드러난다. 조선 최초의 사제인 김대건 신부의 작은 할아버지 김종한이 순교하기 전에 쓴 편지나 기해박해(1839) 때 순교한 김대권金大權, 베드로(?~1839)이 법정에서 한 증언, 그리고 순교자 이재행李在行, 안드레아(1775~1839)의 증언을 보면, 그들이 『성경직히광익』에 나오는 내용들을 평소에 완전히 익히고 외웠던 흔적들이 많이 보인다.[33]

『성경직히광익』은 그 이후 병인박해(1866)를 거치는 동안에도 천주교 신자들의 신앙생활의 중심이었다. 신자들은 거듭되는 혹독한 박해로 이리저리 피해 다니면서도 『성경직히광익』을 일일이 손으로 베껴가면서 한편으로는 복음을 중심으로 한 신앙생활을 하고자 하였으며 다른 한편으로는 그 복음을 전파하려고 애썼다.

그러다 마침내 병인박해가 끝나고 신앙의 자유를 찾은 후인 1897년 뮈텔G. Ch. M. Mutel, 閔德孝(1854~1933) 주교에 의해서 『성경직히광익』이 활자본으로 인쇄되기 시작하였다. 뮈텔 주교는 그때까지 남아 있던 한글필사본 『성경직히광익』을 근거로 약간의 수정과 보충을 거친 후 『성경직히』라는 이름의 활자판 한글 성서와 성서해설서를 만들었다.[34] 그 결과 더 많은 사람들이 더 쉽게 복음을 배우며 신앙생활을 할 수 있게 되었다.

이처럼 『성경직히광익』은 『성경직해』와 『성경광익』 이상으로 박해시기 천주교 신자들의 신앙생활에 지대한 영향을 미쳤던 복음서이자 복음해설서였다. 박해가 끝난 후에는 『성경직히』가 한국천주교회에서 정식으로 신약성서와 구약성서가 번역되어 출간될 때까지 천주교 신자들의 신앙생활을 이끌어준 복음서이자 복음해설서 역할을 하였다.

이러한 사실을 볼 때, 신유박해 이전부터 신앙의 자유를 얻을 때까지 천주교 신자들이 성서 내용들을 말하거나 한글로 글을 쓸 때는 당연히

---

33) 조한건, 앞의 글, 80~84쪽.
34) 같은 글, 13~15쪽, 31~39쪽.

『성경직히광익』에 나오는 성서 용어들을 거의 대부분 그대로 받아들여 썼을 것이다. 그리고 박해가 끝난 후 한국천주교회에서 정식으로 신약성서와 구약성서를 번역하여 출간할 때까지는 『성경직히』에 나오는 성서 용어들을 그대로 받아들여 썼을 것이다.

문제는 고 김양선 목사가 기증한 세 종류의 「성교요지」에 등장하는 성서 용어들 중 많은 것들이 『성경직해』, 『성경광익』, 『성년광익』과 같은 한문서학서들은 물론 『성경직히광익』과 『성경직히』에 나오는 성서 용어들과 전혀 다르다는 것이다. 다시 말해서 초기 천주교 신자들은 물론 박해시기 천주교 신자들이나 그 이후의 천주교 신자들도 결코 쓸 수 없는 성서 용어들이 많이 등장한다는 것이다.

세 종류의 「성교요지」에 등장하는 성서 용어들은 초기 한국천주교회나 박해시기, 또는 그 이후 천주교회에서 간행된 다른 교리서들에서 사용하던 성서 용어와도 전혀 다르다. 대표적으로 정약종의 『주교요지』나 블랑G. M. J. Blanc, 白圭三(1844~1890) 주교의 『성교감략聖教鑑略』에 나오는 성서 용어들과 완전히 다른 용어들이다.

잘 알다시피 정약종의 『주교요지』는 한글로 된 최초의 천주교 교리서다. 정약종이 한문을 모르는 부녀자와 아이들을 위해 한글로 지은 이 책을 주문모 신부는 극찬하였다고 한다. 황사영은 『백서』에서 이 책에 대해 다음과 같이 말하였다.

> 그(정약종)는 일찍이 무식한 교우들을 위하여 이 나라의 한글로 『주교요지』 두 권을 저술하였는데, 성교의 여러 책을 널리 인용하고 자신의 의견을 보태서 아주 쉽고 명백하게 썼으므로 어리석은 부녀자와 어린아이들이라도 책을 펴보기만 하면 훤히 알 수 있고 한 군데도 의심스럽거나 모호한 데가 없었습니다. (주문모) 신부는 이 책이 이 나라에서 꼴과 땔나무보다도 더 요긴하다고 하여 그 간행을 인준하였습니다.[35]

---

35) 『백서』, 36~37행.

이러한 내용으로 보아 정약종이 쓴 『주교요지』는 신유박해(1801) 이전에 이미 신자들 사이에서 널리 애용되었다는 것을 알 수 있다. 이것은 신유박해 이후에도 마찬가지였다. 신유박해가 일어난 지 10년 후인 1811년(신미년)에 「조선 신자들이 북경주교에게 보낸 편지」에서도 정약종의 『주교요지』에 대해 다음과 같이 말하였다.

> 정약종 아우구스티노는 신앙생활을 20년 동안 하였습니다. 그런데 부친한테서 박해를 받으며 이루 말할 수 없이 고초를 겪었지만 끝까지 마음을 바꾸지 않았습니다. 그리고 그러는 가운데서도 쉬지 않고 부지런히 교리를 가르치고 교회 책을 번역하였습니다. 그리고는 마침내 한글로 된 『주교요지』란 책을 저술하여 상·하권으로 펴냈습니다. <u>그리하여 지금까지도 신입교우들이 그 책을 읽음으로써 많은 것을 배우고 있습니다.</u>[36]

즉 신유박해가 끝나고 10년이 지난 1811년까지도 『주교요지』는 조선 천주교 신자들에게 중요한 신앙교리서이자 신앙안내서 역할을 하고 있었던 것이다. 『주교요지』는 그 이후에도 계속 신자들의 손에 의해 필사되어 전해졌으며 1932년까지 계속 목판본과 활판본으로 간행되었다.[37]

이렇듯 『주교요지』는 신유박해 이전 초기 교회 때부터 박해가 끝난 이후까지도 천주교 신자들에게 널리 읽혀진 매우 중요한 교리서였다. 그래서 각 시기마다 필사되고 출판된 『주교요지』에는 초기 천주교회부터 신자들이 사용하던 성서 용어들이 고스란히 반영되어 있다. 그런데 그 성서 용어들은 모두 『성경직해』, 『성경광익』, 『성년광익』은 물론 『셩경직히광익』과 『셩경직히』에 나오는 성서 용어들과 맥을 같이 하고 있다.

『셩교감략』은 『셩경직히』가 나오기 14년 전인 1883년에 당시 조선대

---

36) 윤민구, 『한국 초기 교회에 관한 교황청 자료집』(이하에서는 『교황청 자료집』이라고 한다), 가톨릭출판사, 2000, 245쪽.
37) 서종태 엮음, 『쥬교요지』 상, 서강조선시대사연구회한국천주교회사자료총서 1, 국학자료원, 2003, 196쪽.

목구 부주교였던 블랑 신부가 간행한 간략한 한글 복음해설서이자 교리 문답서다. 이것은 1866년 중국 북경교구장인 들라플라스L. G. Delaplace, 田 類斯(1820~1884) 주교가 신구약성서의 중요한 대목을 뽑아서 해설하고 이에 대한 문답을 붙여서 저술하고 간행한 『聖教鑑略(성교감략)』을 한글로 번역한 것이다.38) 비록 프랑스 선교사 블랑 신부의 이름으로 간행되었지만 『성교감략』에 등장하는 성서 용어들 역시 당시 우리나라 천주교 신자들이 사용하던 성서 용어들을 거의 대부분 그대로 반영하고 있다.

문제는 고 김양선 목사가 기증한 세 종류의 「성교요지」에 등장하는 많은 성서 용어들은 이렇게 초기 천주교 신자들과 박해시기 신자들과 박해가 끝난 후의 천주교 신자들 모두에게 깊은 영향을 주었던 천주교 교리서 『주교요지』와 『성교감략』에 나오는 성서 용어들과도 전혀 다르다는 것이다.

한마디로 고 김양선 목사가 기증한 세 종류의 「성교요지」에 등장하는 많은 성서 용어들이 이벽은 물론 초기 천주교 신자들과 박해시기 천주교 신자들이 한 번도 사용한 적이 없는 성서 용어들인 것이다. 더 정확히 말하면 우리나라에 개신교가 들어오기 전까지는 한 번도 쓴 적이 없는 개신교 용어들인 것이다.

물론 1977년 한국천주교회가 개신교와 공동으로 번역한 『성서』를 사용하기 시작한 이후 천주교에서 사용하는 성서 용어들이 많이 개신교풍으로 바뀌었다. 하지만 그 전까지 천주교에서는 천주교 고유의 성서 용어들만 사용해 왔다.

그렇다면 이제부터 고 김양선 목사가 발견하고 기증한 세 개의 「성교

---

38) 이 책은 상·하 두 권으로 나누어져 있다. 상권은 구약성서 중에서 중요한 대목을 소개한 것이고, 하권은 신약성서 중에서 중요한 대목을 소개한 것이다. 상권은 43장으로 되어 있고 하권은 32장으로 되어 있는데 각 장마다 끝에 '문답란'을 두어 그 장에서 다룬 성서내용을 문답식으로 다시 풀이하고 있다. 그것은 이 책을 보는 사람으로 하여금 내용을 쉽게 기억하고 이해하도록 하기 위한 것이다. 그래서 어린이들까지도 쉽게 교리를 터득할 수 있게 하였다.

요지」에 등장하는 개신교 용어들이 어떤 것인지 그 하나하나를 소개하도록 하겠다. 그런 다음 그것들이 천주교 성서 용어와 어떻게 다른지 비교 검토해 보도록 하겠다. 아울러 그런 용어들이 한국과 중국, 일본의 개신교 용어들과는 어떤 유사성을 가지고 있는지에 대해서도 비교검토해 보도록 하겠다. 이 과정에서 자연스럽게 각 「성교요지」가 가지고 있는 내용상의 문제점들도 드러나게 될 것이다.

6. 「성교요지」에 등장하는 개신교 용어들

『만천유고』의 한문본 「성교요지」 본문과 주석에는 성서와 관련된 인명이나 지명 등 고유명사들이 많이 등장한다. 그런데 그 중 많은 것들이 개신교에서 쓰는 방식으로 표기된 개신교 용어들이다. 『만천유고』 한문본 「성교요지」에 등장하는 개신교 성서 용어들은 다음과 같다.

① 橄欖(감람)*
② 猶太(유태)*
③ 約但(약단)
④ 以賽亞(이새아)
⑤ □法□利□賽(법리새)*
⑥ 希律(희률)
⑦ 亞伯(아백)*
⑧ 挪亞(나아)
⑨ 方舟(방주)
⑩ 以色列(이색렬)
⑪ 耶和華(야화화)

이외에도 정식 개신교 용어는 아니지만 개신교 성서 용어를 줄여서 쓴 용어와 개신교의 영향을 크게 받은 용어, 그리고 개신교 교리에 바탕을 둔 표현 등도 등장한다. 또한 개신교에서 구약성서가 번역된 이후에나 알 수 있는 표현도 등장한다. 그것을 정리하면 다음과 같다.

① 賽(새)*
② 割禮(할례)
③ 約匭(약궤)
④ 母氏瑟妻(모씨슬처)*
⑤ 從八者 所有携潔畜 牝牡各八也(종팔자 소유휴결축 빈모각팔야)

앞에서 말하였듯이 『당시초선』의 한문본 「성교요지」는 『만천유고』의 한문본 「성교요지」와 본문 내용이 거의 같다. 그래서 『만천유고』의 한문본 「성교요지」 본문에 나오는 개신교 용어가 『당시초선』 한문본 「성교요지」에도 그대로 나온다.

물론 『당시초선』의 한문본 「성교요지」에는 주석이 없기 때문에 개신교 성서 용어의 수가 『만천유고』의 한문본 「성교요지」보다 적지만 그래도 적지 않은 수의 개신교 용어가 등장한다는 것은 변함없는 사실이다. 위에 소개한 개신교 성서 용어들 중에 *표를 한 것이 『당시초선』의 한문본 「성교요지」에 나오는 개신교 용어들이다.

『당시초선』의 한문본 「성교요지」에는 『만천유고』 한문본 「성교요지」처럼 정식 개신교 용어는 아니지만 개신교 성서 용어를 줄여서 쓴 용어들과 개신교 교리를 바탕으로 쓴 표현도 등장한다. 『만천유고』의 한문본 「성교요지」에 등장하는 약식 개신교 용어와 개신교식 표현 중에서 *표를 한 것들이 바로 여기에 해당한다.

한글본 「성교요지」에도 개신교 성서 용어들이 등장한다. 그것들을 소개하면 다음과 같다.

① 감람
② 유틔국
③ 약탄강

　나중에 자세히 살펴보겠지만 한글본「성교요지」에 이 정도의 개신교 용어만 등장한 이유는 한문본「성교요지」본문에 나오는 나머지 개신교 용어들을 전혀 이해하지 못 하였기 때문이다. 그래서 슬금슬쩍 넘어갔거나 전혀 다른 말로 옮겼기 때문이다.

　이제부터 고 김양선 목사가 기증한「성교요지」들에 등장하는 개신교 성서 용어들을 하나하나 살펴볼 것이다. 그런데 한문본의 경우 여기에서는 편의상『만천유고』의 한문본「성교요지」를 중점적으로 살펴볼 것이다. 그것은 거기에 등장하는 개신교 용어가 가장 많을 뿐만 아니라 그 본문의 내용이『당시초선』의 한문본「성교요지」와 거의 같기 때문이다. 그리고 이미 이런저런 경로를 통해 가장 많이 알려진 것이『만천유고』의 한문본「성교요지」이기 때문이다.

　하지만 예문으로 제시된『만천유고』의 한문본「성교요지」본문 내용이『당시초선』의 그것과 특별하게 차이가 나는 경우에는 따로 설명을 하거나 각주를 붙여 설명할 것이다. 아무런 설명이 없으면 두 글의 예문 내용이 같거나 별다른 차이가 없다는 것을 의미한다. 단, 두 글에서 공통적으로 등장하는 개신교 성서 용어인 경우에는 제목으로 등장하는 용어 옆에 *를 첨부해서 쉽게 알아볼 수 있도록 할 것이다.

1) 橄欖(감람)*

『만천유고』와 『당시초선』의 한문본 「성교요지」에서는 모두 예수님의 수난과 죽음에 대한 이야기를 하면서 한자로 "橄欖(감람)"이라는 말을 썼다.

索騎橄欖 到郇管吹[39]
→ ([예수님이] 나귀를 타고 감람산을 지나
  순나라에 도착하니 피리를 불었도다.)

그런데 『만천유고』 한문본 「성교요지」에서는 그 "橄欖(감람)"에 대해 다음과 같이 주석을 붙여 부연 설명하였다.

右節…橄欖 山名…[40]
→(윗글에서…감람은 산 이름이다…)

한글본 「성교요지」에도 이 대목에서 "감람"이라는 말이 등장한다.

감람 나모를 츠즈려고 타고굴 나귀를 구ᄒ엿스미 신나라에 니르러 피리 소리 울렷도다[41]
→(감람나무를 찾으려고 타고갈 나귀를 구하였으매 신나라에 이르러 피리 소리 울렸도다.)

문제는 이처럼 두 개의 한문본 「성교요지」 모두에 나오는 한자 용어 "橄欖(감람)"과 한글본 「성교요지」에 나오는 "감람"이란 말이 천주교에서 쓰던 용어가 아니라는 것이다.

---

39) 『만천유고』, 18쪽 앞면; 『당시초선』, 6쪽; 『유교와 그리스도교』, 102쪽; 『하성래 역』, 101쪽.
40) 『만천유고』, 18쪽 뒷면; 『유교와 그리스도교』, 103쪽; 『하성래 역』, 101쪽.
41) 14쪽 앞면; 『하성래 역』, 101쪽.

원래 감람나무는 중국 남부에서 자라는 나무다. 하지만 개신교 성서에 등장하는 감람나무는 중국에서 자라는 감람나무와는 전혀 다른 종류의 나무로서 물푸레나무과(Oleaceae)에 속하는 올리브Olea Europaea를 말한다. 그런데 중국에서 자라는 감람나무 열매가 올리브 열매와 비슷하여, 중국 개신교에서 올리브나무를 감람나무로 잘못 번역한 것이다.[42]

하지만 천주교에서는 올리브를 "橄欖(감람)"이라고 하지 않았다. 지금도 그런 표현을 쓰지 않는다. 한국천주교회에서는 그 초기부터 전혀 다른 표현을 썼다. 우선, 중국에서 들어온 한문서학서로『천학초함』에 들어 있는『직방외기』를 보면 올리브에 대해 아주 자세하게 설명하고 있다. 그러면서 올리브를 한자로 "阿利襪(아리말)"이라고 하였다. 중국식으로 발음하면 [aliwa]이다.

  其膏油之類 味美而用多者曰阿利襪 是樹頭之果…[43]
  →(그 기름진 땅에서 나는 기름은 맛도 좋고 여러 가지로 이용되는데 그것
    을 이름하여 올리브라 부른다. 이것은 나무의 꼭대기에 열리는 열매로
    서…)

심지어 『직방외기』에서는 올리브와 "감람橄欖"을 구별해서 설명하기까지 한다.

  (阿利襪) 最饒風味 食之齒頰生津 在橄欖馬金囊之上[44]
  →([올리브]는 맛이 최고로 풍미로워 먹을 때 치아 사이에서 침이 쏟아지
    니 [맛이] 감람이나 마금낭보다 낫다.)

따라서 『만천유고』 한문본 「성교요지」의 부기 내용처럼 이벽이『천학

---

42)『브리태니커』I, 한국브리태니커 회사, 1992, 185쪽.
43) 알레니, 천기철 역,『직방외기』, 일조각, 2005, 134쪽.
44) 같은 책, 134쪽.

초함』을 읽고 쓴 것이라면 마땅히 올리브를 한자로 "阿利襪(아리말)"이라고 썼지 결코 "橄欖(감람)"이라고 쓰지 않았을 것이다. 또한 한글본「성교요지」에서처럼 우리말로 "감람"이라고 쓰지도 않았을 것이다. 이것은 결국『만천유고』의 한문본「성교요지」와 한글본「성교요지」의 부기 내용이 모두 거짓이라는 뜻이다.

문제는 그것만이 아니다. 올리브산과 예수님의 수난기를 연결지은 성서 내용은『천학초함』에는 나오지 않는다는 것이다.『직방외기』에서 올리브에 대한 설명이 장황하게 나오지만 그것은 올리브 자체에 대한 설명일 뿐 올리브와 예수님의 수난기를 연결시키지는 않았다. 따라서 설령 이벽이『천학초함』을 읽었더라도 그것을 바탕으로『만천유고』의 한문본「성교요지」나 한글본「성교요지」를 쓸 수가 없었을 것이다.

1784년 초에 이승훈이 북경에서 가져온『성경직해』와『성경광익』에서는 올리브산과 예수님의 수난을 연결시킨 성서 내용이 나온다. 하지만 그런 책에서도 모두 올리브를 "橄欖(감람)"이라고 하지 않았다.

『성경직해』와『성경광익』에서는 모두 올리브를 한자로 "河理瓦(하리와)"라고 하였다. 그리고 올리브산을 "河理瓦山(하리와산)"이라고 하였다. "河理瓦(하리와)"를 중국식으로 발음하면 [heliwa]이다. 우선『성경직해』를 보면 다음과 같이 되어 있다.

維時耶穌 幾近日路撒冷 至白法熱於河理瓦山－河理瓦取油樹名 斯山廣生
謂之河理瓦山故
→(유시에 예수님이 예루살렘 가까이 와서 올리브산에 있는 벳파게에 이르자－올리브는 기름을 짤 수 있는 나무 이름이다. 그 산에 널리 자라고 있어 그 산을 올리브산이라고 한다.)
　　－『성경직해』제5권, 봉제후제6주일, 성지첨례지경(聖枝瞻禮之經)[45]

---

45)『성경직해(聖經直解)』I, 한국교회사연구소영인본, 1984, 526~527쪽(여기에서 소개하는『성경직해』는 모두 한국교회사연구소영인본이다. 원문에는 띄어쓰기가 되어 있지 않으나 여기에

『성경광익』에도 예수님이 제자를 데리고 올리브 산에 가는 장면이 나오는데 거기에서도 올리브를 한자로 "河理瓦(하리와)"라고 하였다.

維時耶穌幾近日路撒冷 至白法熱於河理瓦山⋯

→(유시에 예수님이 예루살렘 가까이 와서 올리브산에 있는 벳파게에 이르자⋯)

－『성경광익』상권, 봉제후제6주일, 성지첨례의(聖枝瞻禮儀)[46]

『성년광익』에서는 올리브를 한자로 "阿理瓦(아리와)"라고 하였다. 그리고 올리브 동산을 "阿理瓦園(아리와원)이라고 하였다. "阿理瓦(아리와)"를 중국식으로 발음하면 [aliwa]다.

耶穌受難 在阿理瓦園中 憂悶至極 血汗流地⋯

→(예수께서 수난을 받으며 올리브 동산에 계실 때 근심과 번민이 지극하여 피땀이 땅에 흘렸는데⋯)

－『성년광익』춘계, 제삼편[47]

따라서 정말로 이벽이 『성경직해』나 『성경광익』 혹은 『성년광익』 등과 같은 한문서학서들을 읽고 『만천유고』의 한문본 「성교요지」와 한글본 「성교요지」를 썼다면 올리브를 한자로든 한글로든 "橄欖(감람)" 혹은 "감람"이라고 쓸 수 없다.

이런 사실을 보더라도 '이벽이 『천학초함』이나 『성경직해』, 『성경광익』과 같은 천주교 서적들을 보고 『만천유고』의 한문본 「성교요지」를 썼다'

서는 편의상 띄어쓰기를 하여 소개할 것이다).

46) 『성경광익(聖經廣益)』 상하(上下), 한국교회사연구소영인본, 1984, 143쪽(여기에서 소개하는 『성경광익』은 모두 한국교회사연구소영인본이다. 원문에는 띄어쓰기가 되어 있지 않으나 여기에서는 편의상 띄어쓰기를 하여 소개한다).

47) 『성년광익(聖年廣益)』 춘계, 79쪽 앞면(원문에는 띄어쓰기가 되어 있지 않으나 여기에서는 편의상 띄어쓰기를 하여 소개한다).

는 주장들이 얼마나 말이 안 되는 것인지 다시 한 번 알 수 있다.『천학초함』이나『성경직해』,『성경광익』등을 조금만 주의 깊게 읽었어도 그런 허망한 주장들은 하지 않았을 것이다.

　우리나라에 들어온 다른 한문서학서에서도 올리브를 한자로 "橄欖(감람)"이라고 하지 않았다. 예를 들어, 1677년에 베르비스트Ferdinand Verbiest, 南懷仁, (1623~1688)가 지은『교요서론敎要序論』은 신유박해 훨씬 이전에 우리나라에 들어와 오자마자 널리 읽힌 책이다. 그런데 그 책에서도 올리브를『성년광익』처럼 "阿理瓦(아리와)"라고 하였다.

> 耶蘇復活後… 至四十日 携宗徒衆弟子 共一百二十人 前至阿理瓦山…48)
> →(예수께서 부활하신 후… 40일이 되자 종도와 많은 제자들 모두 120인과
> 함께 앞서 올리브산에 이르시니…)

　한마디로 이벽을 비롯한 초기 천주교 신자들이 읽었던 한문서학서에서는 어디에서도 올리브를 한자로 "橄欖(감람)"이라고 한 적이 없었던 것이다. 결국 이런 사실을 볼 때 올리브를 한자로 "橄欖(감람)"이라고 한『만천유고』의 한문본「성교요지」와 그것을 한글로 "감람"이라고 번역한 한글본「성교요지」는 이벽이 쓴 글일 수가 없다. 더 나아가 초기 천주교 신자들이 쓴 글일 수도 없다. 자신들이 읽는 한문서학서에 나오지 않는 용어를, 그것도 '올리브는 감람과 다르다'고 구별까지 해놓은 것을 이벽과 초기 천주교 신자들이 쓸 리가 없는 것이다. 따라서『만천유고』한문본「성교요지」와 한글본「성교요지」의 부기는 모두 거짓인 것이다.

　초기 천주교 신자들은 신유박해 이전부터 올리브를 한글로 쓸 때도 "감람"이라고 하지 않았다. 이러한 사실은 우선, 절두산순교성지에 소장되어 있는 필사본『주교요지』를 보면 잘 알 수 있다. 이것은 신유박해(1801)가

---

48) 베르비스트, 노용필 역,『교요서론』, 한국사학, 2013, 136쪽(이하에서는『교요서론』이라고 할 것이다).

일어나기 전인 1800년에 필사된 원본과 가장 가까운 것으로 추정되는 필사본이다. 그런데 거기에서 올리브산을 "오리봐산"이라고 하였던 것이다.

> 대개 내가 날마다 너희로 더브러 흔 가지로 잇셔 셰샹 뭇출 째시지 잇
> 우리라 ᄒ시고 말슴을 뭇츠시매 뭇뎨ᄌ를 더불고 <u>오리봐산</u>의 가시
> 니…49)
> →(대개 내가 날마다 너희와 더불어 함께 있어 세상 마칠 때까지 있으리라
> 하시고 말씀을 마치시매 뭇 제자를 데리고 오리봐산에 가시니…)
> ―『쥬교요지』(1800)50)

신유박해 이전 초기 천주교회에서부터 올리브를 한글로 쓰거나 말할 때 "감람"이라고 하지 않았다는 사실은 『셩경직히광익』에서도 잘 드러난다. 『셩경직히광익』에서는 올리브를 한글로 "아리와"라고 하였다. 즉 『셩년광익』에 나오는 "阿理瓦(아리와)"를 우리식으로 쓴 것이다.

> 유시에 예수ㅣ 거의 여루사룽의 갓가이 와 븨봐여에 니르러 <u>아리와</u>산에
> 셔―<u>아리와</u>는 기름내는 나무 일홈이니 이 뫼희 만히 나기의 <u>아리와산</u>이
> 라 ᄒ니라
> →(유시에 예수께서 거의 예루살렘에 가까이 와 벳파게에 이르러 아리와산에
> 서―아리와는 기름내는 나무 이름이니 이 뫼에 많이 나기에 아리와산이
> 라 하니라.)
> ―『셩경직히광익』 뎨사권, 봉지후데류쥬일, 셩지레의51)

---

49) 서종태 엮음, 앞의 책, 196쪽.
50) 일반적으로 말할 때는 『주교요지』라고 하지만, 원문 내용을 소개할 때는 원제목대로 『쥬교요지』라고 할 것이다(원문에는 띄어쓰기가 되어 있지 않으나 여기에서는 편의상 띄어쓰기를 하여 소개한다).
51) 『셩경직히광익』 II, 한국교회사연구소영인본, 1984, 136~137쪽. 필사자나 필사 시기가 확실하지 않으나 언표표기법으로 보아 상당히 오래된 것으로 보이며 『셩경직히』의 대본이 된 책으로 추정되고 있다(여기에서 소개하는 『셩경직히광익』은 모두 한국교회사연구소영인본이다. 원문에는 띄어쓰기가 되어 있지 않으나 여기에서는 편의상 띄어쓰기를 하여 소개한다).

베르비스트가 지은 『교요서론』은 우리나라에 들어오자마자 즉시 우리 말로 번역되어 『교요서론』이라는 이름으로 한글을 모르는 사람들이나 부녀자들 사이에 매우 빠르게 전파되었다. 그런데 바로 그 한글본 『교요 서론』에서도 올리브를 우리말로 "아리와"라고 하였다. 한문본 『교요서론』 에 나오는 "阿理瓦(아리와)"를 우리식으로 옮겨 놓은 것이다.

> 예수 ㅣ 부활ᄒ신 후에…ᄉ십일에 니ᄅ러 종도와 모든 뎨ᄌ 도모지 일 빅이십인을 잇그시고 <u>아리와산</u>에 나아가시니…52)
> →(예수께서 부활하신 후에…사십일에 이르러 종도와 모든 제자 도모지 일 백이십인을 이끄시고 아리와 산에 나아가시니…)

이렇듯 초기 천주교 신자들은 한문서학서에 나온 한자 "阿利襪(아리말)" 이나 "河理瓦(하리와)" 혹은 "阿理瓦(아리와)" 등을 우리식으로 음을 따와 표현하려고 노력하였다. 이러한 사실을 보더라도 올리브를 한글로 "감람" 이라고 한 한글본 「성교요지」는 이벽이 쓴 글이 아닌 것은 물론 다른 초기 천주교 신자들이 쓴 글도 아니라는 것을 다시 한 번 확인할 수 있다.

신유박해 이후에도 이러한 전통은 계속 이어졌다. 1883년에 블랑 신부 가 간행한 교리서 『셩교감략』을 보면 거기에서는 올리브 동산을 "오리와 산"이라고 하였다.

> 예수 ㅣ 열ᄒ 종도와 ᄒ가지로 <u>오리와산</u> 옛세마니 동산에 가셔…53)
> →(예수께서 열한 종도와 함께 오리와산 엿세마니[젯세마니] 동산에 가서…)

이것은 1885년에 목판본으로 간행된 정약종의 『주교요지』와 1887년

---

52) 『교요서론』, 136쪽, 354쪽.
53) 『셩교감략』, 한국교회사연구소영인본, 1986, 377쪽(여기에서 소개하는 『셩교감략』은 모두 한국교회사연구소영인본이다. 원문에는 띄어쓰기가 되어 있지 않으나 여기에서는 편의상 띄 어쓰기를 하여 소개한다).

에 간행된 활판본 『주교요지』에도 이어졌다.

> 예수 ㅣ 셩밧 <u>오리와 동산</u>에 가샤…
> →(예수께서 성밖 오리와 동산에 가사…)
> —목판본 『쥬교요지』(1885)[54] / 활판본 『쥬교요지』(1887)[55]

1897년에 뮈텔 주교가 간행한 『셩경직히』에서도 올리브를 "오리와" 라고 하였다.

> 유시에 예수 ㅣ 임의 예루사름에 갓가이 ㅎ샤 벳파졔에 와 <u>오리와산</u>에 니
> ᄅ러—<u>오리와</u>는 기름내는 나무 일홈이니 이 뫼희 만히 나기로 <u>오리와</u>
> 산이라 ㅎ니라
> →(유시에 예수께서 거의 예루살렘에 가까이 와서 벳파게에 와 오리와산에
> 이르러—오리와는 기름내는 나무 이름이니 이 뫼에 많이 나기에 오리와
> 산이라 하니라.)
> —『셩경직히』 권사, 봉졔후뎨륙쥬일셩경셩지례의[56]

이것은 언제 간행되었는지 그 시기가 불분명한 한글본 『셩년광익』에 서도 마찬가지였다.

> 예수 수난하실 쌔 오리와 동산의 계셔 근심되고 민망ㅎ심이…
> →(예수 수난하실 때 오리와 동산의 계셔 근심되고 민망하심이…)
> —『셩년광익』 춘계, 뎨삼편, 십팔일셩가브리엘대뎐신[57]

---

54) 서종태 엮음, 『쥬교요지』 하, 600쪽.
55) 같은 책, 771~772쪽.
56) 『셩경직히』 II, 한국교회사연구소영인본, 1986, 5~6쪽(여기에서 소개하는 『셩경직히』는 모두 한국교회사연구소영인본이다. 원문에는 띄어쓰기가 되어 있지 않으나 여기에서는 편의상 띄어쓰기를 하여 소개한다).
57) 『셩년광익』 춘계, 75쪽 뒷면(원문에는 띄어쓰기가 되어 있지 않으나 여기에서는 편의상 띄어 쓰기를 하여 소개한다).

한국천주교회의 이러한 전통은 그 이후에도 이어져 1910년에 간행된 한기근 신부의 『사사성경』에서도 올리브를 "오리와"라고 하였다. 1922 년과 1939년, 1956년에는 4복음서에 종도행전이 첨부된 『사사성경』이 간행되었는데 거기에서도 올리브를 모두 "오리와"라고 하였다. 그리고 1932년에 간행된 활판본 『주교요지』에서도 올리브를 "오리와"라고 하였다.

예수ㅣ문뎨들과 흠씌 예루사름에 가까이 오샤 <u>오리와산</u> 근쳐에 잇는…
→(예수께서 문제들과 함께 예루살렘에 가까이 오사 오리와산 근처에 있는…)
−1910년판 / 1922년판 『사사성경』58)

수난 전날 밤에 예수ㅣ성밧 <u>오리와</u> 동산에 가샤 천주 성부께 세 번을 빌으실새…
→(수난 전날 밤에 예수께서 성밖 오리와 동산에 가서 천주 성부께 세 번을 빌으실새…)
−1932년판 『쥬교요지』59)

예수 문제들과 함께 예루사렘에 가까이 오사 <u>오리와산</u> 근처에 있는…
−1939년판 『사사성경』 / 1956년판 『사사성경』60)

이것은 그 후에도 계속되었다. 1971년에 나온 『복음성서』는 『사사성경』처럼 4복음서와 종도행전을 번역한 것이다. 그런데 거기에서도 올리브는 "오리와"였고, 올리브산은 "오리와산"이었다.61)

한국천주교회에서는 1977년에 개신교와 공동번역한 『성서』가 나온

---

58) 『사사성경』(1910), 85쪽; 『사사성경』(1922), 84쪽(원문에는 띄어쓰기가 되어 있지 않으나 여기에서는 편의상 띄어쓰기를 하여 소개한다. 『사사성경』의 쪽수는 모두 원문의 쪽수다).
59) 서종태 엮음, 앞의 책, 889~890쪽.
60) 『사사성경』(1939), 87쪽; 『사사성경』(1956), 87쪽(원문에는 띄어쓰기가 되어 있지 않으나 여기에서는 편의상 띄어쓰기를 하여 소개한다).
61) 『복음성서』, 가톨릭출판사, 1971, 81쪽.

후부터 원어를 살려 "올리브"라고 하였다. 하지만 교회 내에서는 여전히 전통 방식대로 "오리와"란 용어도 병행하여 사용하였다. 이것은 특히 천주교 성가책을 보면 잘 알 수 있다.

한국천주교회에서 성가책에도 "올리브"란 용어를 사용하기 시작한 것은 1985년부터다. 즉 1985년에 개정된 성가책인 『가톨릭 성가』를 간행하면서부터 "올리브"란 용어를 사용하기 시작하였던 것이다. 그 전까지는 『가톨릭 성가집』이란 이름의 성가책을 사용하였다. 그런데 그 『가톨릭 성가집』의 108번 성가에 "오리와 동산에…"란 노랫말이 나온다.

> 지극한 근심에 짓눌리는 예수
> <u>오리와 동산</u>에 깊은 침묵 속에
> 간절한 기도를 성부께 드리시네
> 성부여 구하오니 이 잔 거두소서.[62]

이 성가는 천주교회에서 사순시기 때마다 거의 매주 미사 때 불렀던 성가다. 그런데 이렇듯 "오리와 동산에~"라는 노랫말이 들어 있는 『가톨릭 성가집』을 1985년에 개정된 성가책이 나올 때까지 한국천주교회에서는 계속 사용하였다.

다시 말해서 한국천주교회에서는 1977년에 공동번역 『성서』가 나온 후에도 1985년까지 약 10년 동안이나 "오리와"란 옛 용어를 사용하며 예수님의 수난을 묵상하고 기도하였던 것이다. 그래서 나는 주일학교 때부터 신부가 된 이후까지도 한동안 사순절이면 "오리와 동산에~"를 열심히 불렀던 기억이 있었던 것이다. 필자뿐만 아니라 그 시절 열심히 성당을 다녔던 사람들이라면 모두 이런 기억이 있을 것이다.

이 성가는 개정된 『가톨릭 성가』에서는 117번으로 되어 있다. 그리고 거기에서는 "올리브 동산"이라고 되어 있다. 즉 개정되기는 하였지만 그

---

62) 『이성부(二聲部) 가톨릭 성가집』, 경향잡지사, 1961, 128쪽.

렇다고 하여 결코 "감람橄欖"이라고는 하지 않았던 것이다.

　이제까지 살펴보았듯이, 한국천주교회에서는 그 초기부터 지금까지 올리브를 한자로 "橄欖(감람)"이라고 하지 않았고 한글로도 "감람"이라고 하지 않았다. 이벽을 비롯한 우리나라 사람들에게 처음으로 천주교 신앙을 전해준 한문서학서에는 올리브를 한자로 "阿利襪(아리말)"이나 "河理瓦(하리와)" 혹은 "阿理瓦(아리와)"라고 하였다. 그래서 그런 한문서학서들을 읽고 신앙을 받아들이고 신앙생활을 하였던 이벽과 초기 천주교 신자들이 올리브를 한자로 쓸 때는 당연히 "阿利襪(아리말)"이나 "河理瓦(하리와)" 혹은 "阿理瓦(아리와)"라고 썼을 것이다. 그렇기 때문에 초기 천주교 신자들이 올리브를 우리말로 표현할 때도 "아리와"나 "오리봐"라고 하였던 것이다.

　그 중 "오리봐"는 "오리와"로 바뀌어 최근까지 한국천주교회에서 사용하였다. 그래서 한국천주교회에서는 1967년에 고 김양선 목사가 『만천유고』의 한문본 「성교요지」와 한글본 「성교요지」를 기증할 때까지도, 그리고 심지어 그 이후 거의 20년이 지난 1985년까지도 "오리와 동산에~"라는 노랫말이 나오는 성가를 부르며 예수님의 수난을 묵상하고 기도하였던 것이다.

　이런 사실들을 볼 때 올리브를 "橄欖(감람)"과 "감람"이라고 표현한 『만천유고』의 한문본 「성교요지」와 한글본 「성교요지」는 모두 기본적으로 이벽이 쓴 글일 수가 없는 것은 물론 박해시기 천주교 신자가 쓴 글일 수도 없는 것이다. 천주교에서 올리브를 어떻게 표현하였는지를 종합해서 도표로 정리한 다음 이를 「성교요지」와 비교하면 다음과 같다.

천주교와 「성교요지」의 용어 비교

한문본 성교요지	橄欖(감람)
한글본 성교요지	감람

천학초함 중 직방외기	1623년	阿利襪(아리말)
성경직해	1636년	阿理瓦(하리와)
교요서론	1677년	阿理瓦(아리와)
성년광익	1738년	阿理瓦(아리와)
성경광익	1740년	河理瓦(하리와)
쥬교요지	1800년 필사본과 가장 가까움	오리바
교요서론	1801년 이전	아리와
성경직히광익	1801년[63]	아리와
성교감략	1883년	오리와
주교요지	1885년	오리와
주교요지	1887년	오리와
성경직히	1897년	오리와
셩년광익	미상	오리와
사사성경	1910년	오리와
사사성경	1922년	오리와
성교감략	1931년	오리와
주교요지	1932년	오리와
사사성경	1939년	오리와
신약성서 상편	1948년	오리와[64]
사사성경	1956년	오리와
가톨릭 성가집	1957년판	오리와
복음성서	1971년	오리와
가톨릭 성가집	1974년판	오리와
공동번역 성서	1977년	올리브
200주년 성서	1991년	올리브
성경	2005년	올리브

『만천유고』의 한문본 「성교요지」와 『당시초선』의 한문본 「성교요지」, 그리고 한글본 「성교요지」 모두에 등장하는 "橄欖(감람)"이라는 용어는 중국 개신교에서 쓰던 말이었다. 중국 개신교에서 성서를 간행하면서 올리브를 "橄欖(감람)"이라고 번역하였다.

---

63) 이 책에서는 편의상 1801년이라고 하지만 『셩경직히광익』이 신유박해(1801) 이전에 있었을 것으로 추정할 뿐 정확한 출판연도는 알 수 없다.
64) 『신약성서 상편』, 한국교회사연구소영인본, 1986, 102쪽(여기에서 소개하는 『신약성서 상편』은 모두 한국교회사연구소영인본이다).

중국에서 처음으로 개신교 한문성서가 나온 것은 1814년이었다. 스코틀랜드의 개신교 선교사로서 런던선교회 소속이었던 모리슨Robert Morrison(1782~1834)과 밀른William Milne(1785~1822)이 1807년 중국에 도착하자마자 성서를 한문으로 번역하는 작업에 착수하여 마침내 1814년에 신약성서를 출판한 것이다. 그리고 1819년에는 구약성서 번역을 완성하였다. 이것이 중국 최초의 개신교 성서였다. 이것을 이른바 모리슨밀른 역본Morrison and Milne's Version이라고 부른다.

이후 중국에서는 여러 가지 버전의 한문성서들이 등장하였다. 그것은 모리슨과 밀른 이후 다양한 국적과 다양한 선교회 소속의 개신교 선교사들이 중국에 들어와서 성서에 대한 서로 다른 신학적 관점들을 바탕으로 성서 번역을 하였기 때문이다.

이것이 바로 천주교와 다른 점이다. 천주교에서는 교황청에서 결정한 하나의 통일된 라틴어 성서를 사용하였고 중국에 간 천주교 선교사들도 그것을 토대로 한문으로 된 성서를 번역 출간하였다. 그리고 다른 선교사들이나 신자들은 거의 대부분 그 번역을 사용하였다.

반면 개신교에서는 여러 교파가 있고 그 교파마다 성서에 대한 해석과 관점의 차이가 있다. 이것은 선교지에서도 마찬가지였다. 중국에 온 선교사들의 출신 국적과 런던선교회, 미국공리회, 미국침례회 등 소속 선교회에 따라 저본底本으로 삼는 성서의 언어도 다르고, 신학적 소견과 선교지 상황을 바라보는 의견도 조금씩 달랐다. 그래서 여러 가지 버전의 성서가 나왔다.

하지만 다양한 버전의 개신교 성서가 나왔다 하더라도 한 가지 공통점이 있었다. 그것은 성서에 등장하는 인명이나 지명들 대부분을 천주교에서 쓰는 것과는 전혀 다르게 표현하였다는 것이다. 아마도 그것은 천주교와 차별을 두기 위해서였던 것 같다. 중국 개신교의 성서들은 이후 일본과 조선에서 자국어로 된 개신교 성서를 탄생시키는 데 큰 영향을 주었다.

그런데 개신교 성서에 다양한 버전이 있다 하더라도 중국 개신교 성서에서는 거의 대부분 올리브를 "橄欖(감람)"이라 하고 올리브산을 "橄欖山(감람산)"이라 하였다. 즉 "橄欖(감람)"은 미국선교회와 영국선교회에서 출간한 중국 개신교 한문성서에서 거의 모두 함께 쓰던 용어였던 것이다. 중국에서 간행된 개신교 한문성서들의 표현과 「성교요지」에 등장하는 성서 용어를 비교해 보면 다음과 같다.

중국 개신교 성서와 「성교요지」의 용어 비교

新約全書 (신약전서)	1866년	香港英華書院 (연세대학교 소장)	橄欖
新約全書 (신약전서)	1886년	上海美華書館 (大美國聖經會 託印) (연세대학교 소장)	橄欖
路加傳福音書 (로가전복음서)	1887년	上海美華書館 (한국교회사연구소 소장)	橄欖
新約全書 (신약전서)	1891년	上海美華書館 刊行 (大英聖書公會 託印) (연세대학교 소장)	橄欖
新約全書 (신약전서)	1893년	英漢書館 (陽格非 重譯) (연세대학교 소장)	橄欖
新約全書: 文理 (신약전서: 문리)	1895년	英漢書館 (陽格非 重譯) (연세대학교 소장)	橄欖
新約全書 (신약전서)	1896년	上海大美國聖經會 (연세대학교 소장)	橄欖
新舊約聖書: 文理 (신구약성서: 문리)	1904년	中國聖書公會 (연세대학교 소장)	橄欖
新舊約聖書: 文理 (신구약성서: 문리)	1905년	上海聖書公會 (연세대학교 소장)	橄欖

한문본 성교요지	橄欖(감람)
한글본 성교요지	감람

이러한 영향은 그 후 일본 개신교 성서에도 그대로 반영되었다. 아래 표에서 보듯이, 1872년에 미국인 개신교 선교사 헵번J. C. Hepburn(1815~1911)과 브라운S. R. Brown(1810~1880)이 간행한 일본 개신교 성서『馬可傳福音書(마가전복음서)』와 1879년에 미국성서회사에서 간행한 일본 훈점성서[65]『馬可傳福音書(마가전복음서)』, 그리고 1880년에 간행된 이른바 명치明治역 성서인『新約全書馬可傳福音書(신약전서마가전복음서)』에서도 올리브를 한자로 쓸 때는 모두 한결같이 "橄欖(감람)"이라고 썼다. 그리고 일본어로 읽을 때는 "かんらん(강랑)" 혹은 "カンラン(강랑)"이라고 한다고 표기하였다.

일본 개신교 성서와 「성교요지」의 용어 비교

馬可傳福音書 (마가전복음서)	1872년	헵번&브라운 역 성서	橄欖(かんらん)[66]
馬可傳福音書 (마가전복음서)	1879년	일본 훈점성서	橄欖(カンラン)[67]
新約全書馬可傳福音書 (신약전서마가전복음서)	1880년	일본 명치역 성서	橄欖(かんらん)[68]

---

65) 일본은 8세기 이후로 한문을 훈독해왔다. 한문훈독(漢文訓讀)이란 일본어와 어법이 다른 한문을 일본어의 어순에 따라 읽을 수 있도록 고안된 한문 독법이다. 한문 본문 위에 어순지시 부호를 기입하기도 하고, 한자에 훈을 달고 활용하는 단어의 경우는 활용어미를 적어주기도 하며, 조사나 조동사류를 기입하기도 한다. 훈점성서는 1878년부터 1898년까지 여러 차례 간행된 것으로 보인다(오미영,『한일 초기번역성서의 어학적 연구』, 제이앤씨, 2011, 34쪽).

66) 오미영, 앞의 책, 416쪽, 422쪽.

67) 같은 책, 340쪽, 340쪽.

68) 같은 책, 496쪽, 502쪽.

한문본 성교요지	橄欖(감람)
한글본 성교요지	감람

이것은 우리나라 개신교 성서에서도 마찬가지였다. 우리나라에서 처음으로 개신교 성서가 등장한 것은 1882년이었다. 즉 우리나라에 천주교가 탄생한 지 거의 100년이 지나서였다. 개신교 성서를 한글로 번역하는 작업은 개신교 선교사가 아직 우리나라를 밟기도 전에 이미 만주에서 이루어졌다.

스코틀랜드 선교사인 로스John Ross(1842~1915)와 매킨타이어John MacIntyre (1837~1905)가 이응찬, 백홍준, 서상륜 등 우리나라 사람의 도움을 받아 1882년에 처음으로 한글로 된 개신교 성서를 만주 심양서원에서 출간하였다. 그것은 중국에서 나온 개신교 한문성서를 저본으로 하고 1881년 영국에서 발간된 그리스어 성서 옥스퍼드판을 참고로 하여 우리말로 번역한 것이었다.

먼저 1882년에 『예수성교 누가복음젼셔』와 『예수성교 요안ᄂᆡ복음젼셔』를 비롯하여 총 9종류의 한글성서를 출간하였다. 이것을 소위 "로스역"이라고 한다. 1887년에는 마침내 신약성서 전체의 번역을 완성하여 『예수성교젼셔』라는 이름으로 최초의 개신교 한글 신약전서를 출간하였다.[69] 그런데 이런 최초의 개신교 한글성서들에서 이미 올리브를 "감남"이라고 표기하고 있었다. 그리고 올리브산도 "감남산"이라고 하였다.

> [예수] 말을 다ᄒ고 압푸로 힝ᄒ여 예루사렴에 올나가 나즘한 산에 닐
> 으니 일음은 <u>감남산</u>인데…
> →([예수] 말을 다하고 앞으로 행하여 예루사렴에 올라가 나즘한 산에 이

69) 오미영, 「초기 한일성서번역에 나타난 중국한문성서의 영향」, 『일본연구』 제23호, 2004. 12, 547~553쪽, 557쪽; 이만열 등 공저, 『대한성서공회사』(이하에서는 『대한성서공회사』라고 한다) I, 대한성서공회, 1993, 23~74쪽.

르니 이름은 감남산인데…)

　　　　　　　－『예수성교 누가복음전서』 누가데습구쟝 (루카 19, 28)

예수 나가 전과 갓티 감남산에 가미 데자 좃추니…

→(예수 나가 전과 같이 감남산에 가매 제자 좇으니…)

　　　　　　　－『예수성교 누가복음전서』 누가데이습이쟝 (루카 22, 39)

　만주에서 최초의 개신교 한글성서가 나온 직후 일본에서도 우리말 개신교 성서가 출간되었다. 수신사修信使[70) 박영효朴泳孝의 비공식 수행원으로서 일본에 갔던 이수정李樹廷(1842~1886)은 요코하마 주재 미국성서협회 일본지부 총무 루미스H. Loomis의 권유로 성서 번역을 시작하였다.

　이수정은 한문 신약성서 본문에 당시 조선 지식층 사이에서 널리 이용되던 토吐를 다는 방법으로 번역하였다. 그리고 마침내 1884년 요코하마에서 개신교 한문성서에 이두식 토吐를 붙인『현토성서懸吐聖書』5권을 간행하였다. 그것이 바로『新約聖書馬太傳(신약성서마태전)』,『新約聖書馬可傳(신약성서마가전)』,『新約聖書路可傳(신약성서로가전)』,『新約聖書約翰傳(신약성서약한전)』,『新約聖書使徒行傳(신약성서사도행전)』이다. 이수정은 1년 후인 1885년에는 한글과 한문을 혼용한『신약마가젼복음셔언히』를 간행하였다.[71)

　그런데 이와 같은 이수정의 현토성서들과『신약마가젼복음셔언히』에서도 모두 올리브를 한자로 "橄欖(감람)"이라고 하고 올리브산은 "橄欖山(감람산)"이라고 하였다. 단지 한글과 한문을 혼용한『신약마가젼복음셔언히』에서는 올리브산을 한자로 "橄欖山(감람산)"이라고 한 다음 한글로는 "엘닉온산"이라고 표기하였을 뿐이다(마르꼬 11, 1 / 13, 3 / 14, 26).[72)

---

70) 임오군란의 뒤처리를 위해 일본에 파견된 조선 사절단. 정사(正使) 박영효, 부사(副使) 김만식, 밀사(密使) 김옥균 등 대부분 개화파로 구성되어 있었다(『대한성서공회사』 I, 126쪽).

71)『대한성서공회사』 I, 135~170쪽; 오미영, 「초기 한일성서번역에 나타난 중국한문성서의 영향」, 559쪽; 오미영,『한일 초기번역성서의 어학적 연구』, 21~22쪽.

한국 개신교의 성서 번역 사업은 그 이후에도 계속되었다. 한국에서도 중국에서처럼 선교사들의 출신 국적과 소속 선교회에 따라 성서 번역에 대한 의견이 달랐고, 그에 따라 끊임없이 새로운 성서 번역과 수정 작업이 이루어졌다. 하지만 그토록 다양한 한글 개신교 성서들에서도 올리브를 한자로 쓸 때는 모두 "橄欖(감람)"이라고 하였다. 그리고 한글로 쓸 때는 "감남" 혹은 "감람"이라고 하였다.

예외가 있다면 미국 선교사인 아펜젤러Henry Gerhard Appenzeller(1858~1902)와 언더우드Horace Grant Underwood(1859~1916)가 한국에 온 이후 1887년에 번역한 『마가의젼흔복음셔언히』뿐이다. 거기에서는 이수정의 『신약마가젼복음셔언히』처럼 올리브산을 한글로 "엘나욘산"이라고 하였다. 하지만 1892년에 아펜젤러가 번역한 『마태복음젼』에서는 "엘닉온산"과 "감람산"을 같이 썼다.

이것은 아펜젤러와 언더우드가 한국에 오기 전에 일본에서 이수정이 간행한 『신약마가젼복음셔언히』를 가지고 한국어를 공부하고 한국에 들어올 때도 가지고 들어왔기 때문에 이수정의 영향을 많이 받아서였다.73) 하지만 아래 표에서 보듯이 아펜젤러와 언더우드도 그 후 점차 "감람산"이라는 용어를 쓰기 시작하였다.

1882년에 나온 우리나라 최초의 개신교 성서인 『예수셩교 누가복음젼서』부터 고 김양선 목사가 「성교요지」를 기증하였다고 발표하기 전인 1956년까지 간행된 한국 개신교 성서에서 올리브와 올리브산을 어떻게 표현하였는지 살펴보면 다음과 같다.

---

72) 오미영, 『한일 초기번역성서의 어학적 연구』, 618쪽, 623쪽.
73) 『대한성서공회사』 I, 154~155쪽.

한국 개신교 성서와 「성교요지」의 용어 비교[74]

한문본 성교요지	橄欖(감람)
한글본 성교요지	감람

예수성교 누가복음젼셔	1882년	로스	감남산
예수성교성셔 요안닉복음	1882년	로스	감남산
예수성교성셔 누가복음데자힝젹	1883년	로스	감남산
예수성교성셔 맛듸복음	1884년	로스	감남산
예수성교성셔 말코복음	1884년	로스	감남산
신약성셔 마태젼(현토성셔)	1884년	이수정	橄欖山
신약성셔 마가젼(현토성셔)	1884년	이수정	橄欖山
신약성셔 로가젼(현토성셔)	1884년	이수정	橄欖山
신약성셔 약한젼(현토성셔)	1884년	이수정	橄欖山
신약성셔 사도행젼(현토성셔)	1884년	이수정	橄欖山
신약마가젼복음셔언히	1884년	이수정	橄欖山 (엘닉온산)
예수성교성셔 요안닉복음이비쇼셔신	1885년	심양 문광셔원	감남산
예수성교성셔 맛듸복음	1886년	심양 문광셔원	감남산
예수성교젼셔	1887년	경셩 문광셔원	감남산
마가의 젼흔 복음셔언히	1887년	아펜젤러 / 언더우드	엘나온산
누가복음젼	1890년		감남산
보라달로마인셔	1890년	아펜젤러	감람나무
요한복음젼	1891년	펜윅	감남산 (橄欖山)
마태복음젼	1892년	아펜젤러	감남산 / 엘닉온산
예수성교성셔 맛듸복음	1892년	심양 문광셔원	감남산
약한의 긔록흔 듸로복음	1893년	펜윅	감남산
누가복음젼	1893년		감남산
마태복음	1895년		감남산
스도힝젼	1895년		감남이라

74) 이 책에 나오는 한국 개신교 성서들에 대한 연구는 한국교회사문헌연구원에서 2002년에 편집하여 출간한 『한국성경대전집』을 참고하였다. 단, 1911년에 출간된 『국한문 신약전셔』와 1926년에 출간된 『션한문 신약젼셔』는 연세대학교에 소장되어 있는 것을 참고하였다.

			ᄒᆞ는 산
누가복음	1895년		감남산
마가복음	1895년		감람산
ᄉᆞ도ᄒᆡᆼ젼	1896년		감남이라 ᄒᆞ는 산
마태복음	1896년		감람산
요한복음	1896년		감남산
야곱의 공번된 편지	1897년		감람
마태복음	1898년		감남산
마가복음	1898년		감남산
누가복음	1898년		감남산
신약젼셔	1900년		감남산
국한문 신약전서	1906년		橄欖山
마태복음	1906년		감람산
요한복음	1906년		감남산
ᄉᆞ도ᄒᆡᆼ젼	1906년		감람산
신약젼셔	1907년		감람산
국한문 신약전서	1911년	조선경성 대미국성경회 (연세대학교 소장)	감람산
관쥬 신약젼셔	1912년	죠선경성 대영셩셔공회	감람산
신약젼셔	1919년	펜윅 / 대한긔독교회	감람산
국한문 신약전서	1922년	조선경성 대영성서공회	橄欖山
부표관주 신약전서	1922년		감람산
션한문 신약전서	1926년	조선경성 대영성서공회 (연세대학교 소장)	橄欖山
션한문 관주 신약전서	1926년		橄欖山
기일신역 신구약전서(하)	1925년	조선경성 대영성서공회	橄欖山
관쥬 신약전셔	1930년	죠선경성 대영성셔공회	감람산
간이 션한문 신약	1935년	조선경성 대영성서공회	橄欖山
신약성셔 요한복음	1936년	조선경성 대영성셔공회	감람산
개역 신약	1939년	성서공회	감람산
간이 션한문 신약(개역)	1940년	조선성서공회	橄欖山
영한대조 신약전서	1947년	서울 뉴라이프 프레스	감람산
영한대조 신약전서	1956년	대한성서공회	감람산
간이 국한문 신약전서(개역)	1956년	대한성서공회	橄欖山

이제까지 살펴보았듯이, 한중일 개신교 성서에서는 올리브를 한자로 쓸 때 모두 "橄欖(감람)"이라고 하였다. 그리고 우리나라 개신교 성서 중

이수정이 번역한 성서와 아펜젤러와 언드우드가 번역한 일부 한글 성서를 제외하고는 한글로 쓸 때 모두 "감남" 혹은 "감람"이라고 하였다.

이러한 사실을 볼 때 『만천유고』와 『당시초선』의 한문본 「성교요지」와 한글본 「성교요지」에 나온 "橄欖(감람)"과 "감람"이라는 말은 철저하게 개신교 용어였던 것이다. 따라서 『만천유고』의 한문본 「성교요지」와 한글본 「성교요지」를 이벽이 썼다는 것은 말이 안 된다. 이것은 박해시기 천주교 신자가 쓴 글도 아니며 개신교가 우리나라에 들어온 이후에 개신교 배경을 가진 사람이 쓴 글이다. 아울러 그런 개신교 용어가 나온다는 사실은 『당시초선』의 한문본 「성교요지」도 이벽이 편집하고 김대건 신부가 베껴쓸 수도 없다는 것을 의미한다. 한마디로 고 김양선 목사가 기증한 세 종류의 「성교요지」는 모두 이벽이나 천주교와는 아무런 상관이 없는 글인 것이다.

2) 猶太國(유태국)*과 유틔국

『만천유고』와 『당시초선』의 한문본 「성교요지」에는 모두 "猶太國(유태국)"이라는 한자 용어가 나온다.

> …冷迦城邑 巴米道路 猶太國也[75]
> →(냉가성읍과 파미도로를 가다보면 유태국이니라…)

한글본 「성교요지」에서는 이 대목을 우리말로 옮기면서 "유틔국"이라고 하였다.

> 닝가국 성읍과 파미로 가는 길이 니르면 <u>유틔국</u>이라 ᄒᆞᄂᆞ니…[76]

---

75) 『만천유고』, 11쪽 뒷면; 『당시초선』, 1~2쪽; 『유교와 그리스도교』, 75쪽; 『하성래 역』, 45쪽.
76) 3쪽 앞면; 『하성래 역』, 45쪽.

→(냉가국 성읍과 파미로 가는 길이 니르면 유태국이라 하나니…)

두 개의 한문본 「성교요지」에 나오는 "冷迦城邑(냉가성읍)"과 "巴米道路(파미도로)"가 무엇을 의미하는지는 알 수 없다. "冷迦城邑(냉가성읍)"이 예루살렘 성읍을 나타내는 말이라고 생각하는 사람들도 있다.[77] 하지만 천주교에서는 예루살렘을 한자로 표현할 때 전혀 다른 표현인 "日路撒冷(일로살냉)"이란 말을 썼다.[78] 그리고 개신교에서는 "耶路撒冷(야로살냉)"이라고 하였다.[79] 따라서 "冷迦城邑(냉가성읍)"은 예루살렘을 뜻하는 말도 아닌 정체불명의 단어다.

그런데 여기에서 가장 문제가 되는 것은 한자 "猶太國(유태국)"과 한글 "유틱국"이다. 이것은 예수님이 태어난 나라인 "유다(Judea)"를 가리키는 말이다. 하지만 한국천주교회에서는 그 초기부터 지금까지 예수님이 태어난 나라를 "猶太國(유태국)"이나 "유틱국"이라고 표현한 적이 없다. 전혀 다르게 표현하였다. 우선, 『천학초함』에 들어 있는 『직방외기』에서는 유다를 한자로 "如德亞(여덕아)"라고 하였다.

亞細亞之西 近地中海 有名邦曰如德亞 此天主開闢以後 肇生人類之邦[80]

---

77) 『유교와 그리스도교』, 74쪽; 『하성래 역』, 44~45쪽.
78) 『성경직해』 II, 117쪽.
79) 『로가전복음서(路加傳福音書)』(1887), 2쪽.
80) 알레니, 앞의 책, 105쪽. 알레니 신부는 『직방외기』외에도 「만국전도(萬國全圖)」를 출간하였다. 1630년(인조 8) 사신으로 간 정두원(鄭斗源, 1581~?)이 북경에서 이『직방외기』와 「만국전도」를 들여왔다. 우리나라에 들어온 「만국전도」 실물은 소실되었으나, 그것을 베껴 그린 「천하도지도(天下都地圖)」가 서울대학교 규장각에 남아 있다. 한편 우리말 번역본『직방외기』에는 이 「천하도지도」에 대해 소개하고 있다. 그리고 「만국전도」라는 이름의 지도가 첨부되어 있다. 그런데 번역본『직방외기』에 나와 있는 「만국전도」는 알레니 신부의 「만국전도」가 아니다. 또한 「천하도지도」도 아니다. 거기에 나오는 「만국전도」에는 유다가 한자로 "如得亞國(여득아국)"이라고 되어 있다(71쪽). 그런데 알레니 신부는 『직방외기』에서 유다를 "如德亞(여덕아)"라고 하였다. 그리고 마태오 리치가 그린『곤여만국전도(坤輿萬國全圖)』에도 "如德亞(여덕아)"라고 되어 있다. 따라서 우리말 번역본『직방외기』에 소개된 「만국전도」에 문제가 있어 보인다. 필자는 번역본『직방외기』에 나와 있는 「만국전도」는 더 확실한 검증이 될 때까

→(아시아 서쪽 지중해 가까운 곳에 유명한 나라가 있는데 이름하여 여덕 아다. 이곳은 하느님이 세상을 만드신 후에 처음으로 인류가 살 수 있도 록 한 나라다.)

아담 샬J. Adam Shall von Bell, 湯若望(1591~1666)이 지은『주제군징』에서는 유다를 한자로 "如德亞國(여덕아국)"이라고 하였다.

又紀後洪水四百歲 如德亞國有一方 怠忽前儆 男色宣淫…[81]
→(홍수가 난지 다시 사백년 후 여덕아국 한쪽 지방에서는 천주께서 전에 내리셨던 경계를 태만히 하고 소홀하게 여겨 남색과 같은 음란한 짓을 공공연하게 저질렀다…)

이것은『성세추요』와 베르비스트가 지은『교요서론』에서도 마찬가지 였다.

降生天主 係第二位天主聖子…降誕於如德亞國…[82]
→(강생하신 천주는 제2위이신 천주 성자로서 … 여덕아국에 탄생하셨다.)

二 天主降生…卽如德亞本國 雖從古以來 相傳奉 天主之敎…[83]
→(이 천주강생하사…즉 여덕아 본국이 비록 옛날부터 천주교의 가르침을 서로 전하고 받들었어도…)

예수회 선교사 알레니G. Aleni, 艾儒略(1582~1649) 신부가 지은 한문서학

지는 사료로 채택할 수 없다고 생각한다. 물론 설령 어떤 선교사가 그 지도를 그리면서 유다를 "如得亞國(여득아국)"이라고 했다 하더라도 이 글의 주제에는 전혀 영향을 주지 않는다. 그 역 시 유다를 결코 "猶太(유태)"라고 하지 않았다는 것만은 분명하기 때문이다.

81)『주제군징』하권, 22쪽 앞면(원문에서는 띄어쓰기가 되어 있지 않으나 여기에서는 편의상 띄 어쓰기를 하여 소개한다).

82)『성세추요』권2, 구속편, 4쪽 앞뒷면(원문에서는 띄어쓰기가 되어 있지 않으나 여기에서는 편 의상 띄어쓰기를 하여 소개한다).

83)『교요서론』, 120쪽.

서『천주성교 사자경문』에서도 유다를 한자로 "如德亞(여덕아)"라고 하였다.

歲次庚申 生如德亞 親身救世 命號耶穌…84)
→(경신년에 여덕아에서 태어나 친히 육신을 취하시고 세상을 구속하였으니 그 이름이 예수니라.)

이처럼 예수님이 태어난 나라인 유다를 한자로 "如德亞(여덕아)"라고 한 것은『성경직해』와『성경광익』에서도 마찬가지였다.

維時 如德義－85) 本國人共名也 國曰如德亞 人曰如德義
→(그때 여덕의는－이 나라 이름은 "여덕아"라고 하고 이 나라 사람은 "여덕의"라고 한다.)
－『성경직해』 제2권, 오주탄생전 제2주일86)

耶穌在如德亞國中 國人皆不之知
→(예수께서 여덕아국에 계시지만 그 나라 사람들은 모두 그 사실을 모르고 있었다.)
－『성경광익』 상권, 야소탄생전 제2주일87)

한편『성경직해』에서는 유다를 한자로 "如大(여대)"라고 하기도 하는데 이때 유다는 나라 이름이 아니고 지방 이름이다. 즉 유다국 안에 "갈릴레아" 지방이 있듯이 유다국 안에 "유다"라는 지방이 있는 것이다. 그런데 이 유다 지방을 한자로 표기할 때는 "如大(여대)"라고 한 것이다.

---

84)『천주성교 사자경문』, 9쪽 뒷면.
85) 원래는 "－" 표가 없으나 독자들의 이해를 돕기 위해 첨가하였다.
86)『성경직해』I, 203쪽.
87)『성경광익』상하, 50쪽.

耶穌旣降誕<u>如大</u>白冷郡…瑪日來…對曰 <u>如大</u>白冷郡誕生處…
→(예수가 이미 "여대" 베틀레헴에서 탄생하였는데… 동방에서 삼왕이 와
서… 대답하기를 [예수가] 탄생한 곳이 "여대" 베틀레헴이라고 하였다…)
　　　　　－『성경직해』제9권, 삼왕내조야소첨례(三王來朝耶穌瞻禮)[88]

『성년광익』에서는 조금 다른 한자를 썼다. 거기에서는 예수님이 태어
난 나라인 유다를 "如達國(여달국)"이라고 하였다.

三王來朝耶穌時 <u>如達國</u>君…一聞降生新主生於所屬之白零縣…
→(삼왕이 예수를 찾아왔을 때 "여달국"의 왕이… 새로운 주님이 그 나라
　소속 베틀레헴현에서 태어날 것이라는 이야기를 듣고…)
　　　　　－『성년광익』동계, 제12편, 28일제성영해치명(諸聖嬰孩致命)[89]

　이처럼『직방외기』와『주제군징』,『성세추요』,『교요서론』,『천주성교
사자경문』,『성경직해』와『성경광익』등과 같은 한문서학서에서는 모두
나라 이름 "유다"를 한자로 "如德亞(여덕아)" 혹은 "如德亞國(여덕아국)"이
라고 하였다.『성년광익』에서는 "如達國(여달국)"이라고 하였지만 어디
에서도 유다를 "猶太(유태)" 혹은 "猶太國(유태국)"이라고 한 적은 없다.
　따라서 이런 한문서학서들을 통해 천주교를 접하고 이해하였던 이벽
이나 초기 천주교 신자들 역시 예수님이 태어난 나라인 유다를 그런 책에
나오는 용어로 표현하였을 것이라는 것은 너무도 당연하다.
　흥미로운 것은『성경직해』와『성경광익』,『성년광익』과 같은 책들이
우리나라에 들어오기 전에도 이미 다른 한문서학서들을 읽은 조선 사람
들이 유다를 "如德亞(여덕아)" 혹은 "如德亞國(여덕아국)"이라고 하였다
는 것이다. 이것은 성호星湖 이익李瀷(1681~1763)의 경우를 보면 잘 알 수

---

88)『성경직해』II, 279~280쪽.
89)『성년광익』동계, 93쪽 뒷면.

있다. 성호 이익은『천주실의』를 읽고 거기에 대한 내용을 소개하고 비평을 한『천주실의발天主實義跋』을 썼다. 그런데 거기에서 성호는 유다를 한자로 "如德亞(여덕아)"라고 하였던 것이다.

> 其教遂流及歐羅巴諸國 蓋天下大洲五 中有亞細亞 西有歐羅巴 即今中國
> 乃亞細亞十分居一 而如德亞 亦其西邊一國也…[90]
> →(그 가르침은 구라파 여러 나라에까지 미쳤다. 천하는 5개 큰 땅어리로
>   되어 있는데 중앙에 아시아가 있고 서쪽에는 구라파가 있다. 즉 지금의
>   중국은 아세아의 십분의 일을 차지하고 있으며 여덕아 역시 아세아의
>   서쪽 변방에 있는 하나의 나라다.)

이처럼 천주교 신자가 아니었던 성호 이익조차 이미『천학초함』속에 든『천주실의』를 읽고 유다를 한자로 "如德亞(여덕아)"라고 쓴 사실만 보더라도 '이벽이『천학초함』를 읽은 후에 한문본「성교요지」를 썼다'는『만천유고』한문본「성교요지」의 부기 내용이 얼마나 거짓인지 잘 알 수 있다. 더 나아가 '『만천유고』의 한문본「성교요지」를 이벽이『천학초함』은 물론『천주성교 사자경문』,『성경직해』,『성경광익』,『성년직해』등과 같은 천주교 서적들을 두루 읽고 쓴 것이다'고 한 주장들도 얼마나 말이 안 되는 것인지 잘 알 수 있다.

재미있는 것은 고 김양선 목사가 수집하여 숭실대학교 한국기독교박물관에 기증한「양의현람도兩儀玄覽圖」와「곤여전도坤輿全圖」에도 예수님이 탄생한 나라인 유다를 "如德亞(여덕아)"라고 표시되어 있다는 사실이다.

「양의현람도兩儀玄覽圖」는 원래 1603년에 마태오 리치가 그린「곤여만국전도坤輿萬國全圖」를 이응시李應試가 판각한 세계지도다.「곤여전도」는

---

90) 이익,『성호선생전집(星湖先生全集)』하, 권55, 도서출판 경인문화사, 1974, 28쪽 상; 이우성 편,『성호전서』2, 여강출판사, 1987, 40쪽 상하(원문에서는 띄어쓰기가 되어 있지 않으나 여기에서는 편의상 띄어쓰기를 하여 소개한다).

1674년에 중국에서 활동하던 예수회 선교사 베르비스트가 그린 지도다. 그런데 거기에 모두 유다를 "如德亞(여덕아)"라고 표시되어 있는 것이다. 다시 말해서 김양선 목사가 기증한 지도들에서는 유다가 "如德亞(여덕아)"라고 되어 있는데, 김양선 목사가 기증한 초기 천주교 관련 자료인 『만천유고』와 『당시초선』의 한문본 「성교요지」에는 유다가 엉뚱하게 "猶太國(유태국)"이라고 되어 있는 것이다.

한편 한국천주교회에서는 우리말로도 "유틱국"이나 "유태국"이라고 한 적이 없다. 우선, 한글본 『성세추요』에서는 유다를 한글로 "유더아국"이라고 하였다. 한자 "如德亞(여덕아)"의 중국식 발음이 [rudeya]이기 때문에 그것을 우리식 발음으로 전환하여 사용하였던 것이다.

> 강싱ᄒ신 텬쥬는 곳 텬쥬 데이위 셩ᄌ시라 ··· <u>유더아국</u> 베룽골 들밧긔
> 산무통이 븬 막에서 탄싱ᄒ시고···
> →(강생하신 천주는 곧 천주 제2위 성자시라 ··· 유더아국 베룽골 들밖의
> 산무통이 빈 막에서 탄생하시고···)
> —『성세추요』[91]

신유박해 이전부터 천주교 신자들이 신앙생활의 지침으로 삼았던 『성경직히광익』에서도 유다를 한글로 "유더아"라고 하였다.

> 유시에 <u>유더이</u>−유더이는 본국 사름을 ᄒ가지로 닐ᄅ는 일홈이니라
> 나라흔 <u>유더아</u>−라 닐ᄋ고 사람은 <u>유더이</u>라 닐ᄋ나니라
> →(유시에 유더이−유더이는 이 나라 사람을 다 함께 이르는 이름이니라.
> 나라는 유더아−라 이르고 사람은 유더이라 이르나니라.)
> —『성경직히광익』데일권 상편, 예수성탄뎐 데이주일성경[92]

---

91) 『성세추요』권2, 21·-22쪽.
92) 『성경직히광익』1, 82쪽(원래 원문에는 이음줄("−")이 나오지 않으나 편의상 첨가하였다).

유다를 "유더아국" 혹은 "유더아"라고 한 것은 그 후에도 계속되었다. 아직 박해시기였던 1883년에 나온 교리서『성교감략』이나 1885년에 나온 목판본『주교요지』, 그리고 1887년에 간행된 활판본『주교요지』에서도 모두 "유더아국" 혹은 "유더아"라고 하였던 것이다.

> 「문」구셰쥬ㅣ어느 따희 탄싱ᄒ시뇨「답」<u>유더아국</u> 벳드름 고을이니라
> →(「문」구세주께서 어느 땅에 탄생하시뇨.「답」유더아국 벳드름 고을이니라.)
>
> ─1883년판『셩교감략』[93]

> 텬쥬ㅣ<u>유더아</u> 사ᄅᆷ으로 ᄒ여곰 구셰쥬ㅣ임의 탄싱ᄒ심을 알게코져 ᄒ심이오
> →(천주께서 유더아 사람으로 하여금 구세주께서 이미 탄생하심을 알게코저 하심이오.)
>
> ─1883년판『셩교감략』[94]

> 텬쥬ㅣ…서국 <u>유더아</u> 디방에 ᄂ리심은…
> →(천주께서…서국 유더아 지방에 나리심은…)
>
> ─1885년 목판본『쥬교요지』[95] / 1887년 활판본『쥬교요지』[96]

박해가 끝난 다음에도 마찬가지였다. 1897년에 간행된『셩경직히』에서도 여전히 예수님이 탄생하신 나라는 "유더아"였다. 그것은 간행연도가 불확실한『셩년광익』에서도 마찬가지였다.

> 오쥬예수강싱 삼십년후에 <u>유더아국</u>에 두루 ᄃ니샤…
> →(오주예수강생 삼십년후에 유더아국에 두루 다니사…)
>
> ─『셩경직히』권슈, 예수슈난쳠례셩경[97]

---

93)『셩교감략』, 308~309쪽.
94) 같은 책, 318쪽.
95) 서종태 엮음, 앞의 책, 641쪽.
96) 같은 책, 809쪽.

성요셉은 유더아국 가리릭아의 속흔 나자릿 고을 사름이라…
→(성요셉은 유더아국 갈릴레아에 속한 나자렛 고을 사람이라…)
－『성년광익』춘계, 뎨삼편, 십구일셩요셉셩모졍빅[98]

1910년에 출간된 『사사성경』 이후에는 "유더아"가 "유데아"로 바뀌었다.[99] 이것은 1922년, 1939년, 1956년에 간행된 『사사성경』, 1931년에 출간된 『성교감략』, 1932년에 출간된 『주교요지』, 1948년에 간행된 『신약성서 상편』, 1971년에 간행된 『복음성서』까지 그대로 이어졌다.[100] 그러나 어디에도 "猶太國(유태국)"이나 "유틱국"이란 용어는 등장하지 않았다.

1977년에 개신교와 공동번역한 『성서』에서는 개신교의 영향을 받아 천주교에서 "유다"라는 표현을 쓰기 시작하였다. 그리고 『200주년 신약성서』에서는 "유대"라고 하였다. 그러다 2005년에 나온 『성경』에서는 다시 "유다"라고 하였다. 하지만 어떤 경우에도 예수님이 태어난 나라를 한자로 "猶太國(유태국)"이라고 하거나 한글로 "유틱국" 혹은 "유태국"이라 한 적이 없다.

이처럼 이벽이 처음으로 천주교 신앙을 알고 복음을 받아들이기 시작할 때부터 지금까지 천주교에서는 "猶太(유태)" 혹은 "猶太國(유태국)"이라는 한자 용어를 쓴 적이 없었다. 그리고 한글로도 "유틱국" 혹은 "유태국"이라는 말을 쓴 적이 없다. 따라서 "猶太國(유태국)"이란 한자 용어가 등장하는 『만천유고』와 『당시초선』의 한문본 「성교요지」와 "유틱국"이란 한글 용어가 등장하는 한글본 「성교요지」는 모두 기본적으로 이벽은 물론 천주교와 아무 상관이 없는 글이다.

---

97) 『성경직히』 II, 51쪽.
98) 『성년광익』 춘계, 76쪽 앞뒷면.
99) 『사사성경』(1910), 77쪽.
100) 『사사성경』(1922), 76쪽; 『사사성경』(1939), 78쪽; 『사사성경』(1956), 78쪽; 『성교감략』 (1931), 704쪽; 서종태 엮음, 앞의 책, 888쪽; 『신약성서 상편』, 21쪽; 『복음성서』, 19쪽.

한문본 성교요지	猶太國(유태국)
한글본 성교요지	유틱국

직방외기	1623년	如德亞(여덕아)
주제군징	1629년	如德亞國(여덕아국)
성경직해	1636년	如德亞(여덕아) 如德亞國(여덕아국)
천주성교 사자경문	1642년	如德亞(여덕아)
교요서론	1677년	如德亞國(여덕아국)
성세추요	1733년	如德亞國(여덕아국)
성년광익	1738년	如達國(여달국)
성경광익	1740년	如德亞(여덕아) 如德亞國(여덕아국)
천주실의발(성호 이익)	1763년 이전	如德亞(여덕아)
성세추요	1791년	유더아국
성경직히광익	1801년	유더아
성교감략	1883년	유더아국
주교요지	1885년	유더아
성경직히	1897년	유더아국
성년광익	미상	유더아국
사사성경	1910년	유데아
사사성경	1922년	유데아
주교요지	1932년	유데아
사사성경	1939년	유데아
신약성서 상편	1948년	유데아
사사성경	1956년	유데아
복음성서	1971년	유데아
공동번역 성서	1977년	유다
200주년 신약성서	1991년	유대
성경	2005년	유다

『만천유고』와 『당시초선』의 한문본 「성교요지」모두에 나오는 "猶太國(유태국)"이라는 말은 개신교 용어다. 중국 개신교 성서에서 "유다"를 한자로 "猶太(유태)"라고 하였다. 이것의 중국식 발음은 [youtai]다.

중국 개신교 성서와 한문본 「성교요지」 용어 비교

한문본 성교요지		猶太國(유태국)	
新約全書 (신약전서)	1866년	香港英華書院 (연세대학교 소장)	猶太(유태)
新約全書: 官話 (신약전서: 관화)	1886년	上海美華書館 (大美國聖經會 託印) (연세대학교 소장)	猶太
路加傳福音書 (로가전복음서)	1887년	上海美華書館 (한국교회사연구소 소장)	猶太
新約全書 (신약전서)	1891년	上海美華書館 刊行 (大英聖書公會 託印) (연세대학교 소장)	猶太
新約全書 (신약전서)	1893년	英漢書館 (陽格非 重譯) (연세대학교 소장)	猶太
新約全書: 文理 (신약전서: 문리)	1895년	漢鎭英漢書館 (陽格非 重譯) (연세대학교 소장)	猶太
新約全書 (신약전서)	1896년	上海大美國聖經會 (연세대학교 소장)	猶太
新舊約聖書: 文理 (신구약성서: 문리)	1904년	中國聖書公會 (연세대학교 소장)	猶太
新舊約聖書: 文理 (신구약성서: 문리)	1905년	上海聖書公會 (연세대학교 소장)	猶太
新舊約聖經: 文理 (신구약성경: 문리)	1912년	上海大美國聖經會 (서강대학교 소장)	猶太

이러한 영향은 일본 개신교 성서에도 그대로 전해졌다. 거기에서도 예수님이 탄생하신 곳을 한자로 "猶太(유태)"라고 하였다. 그리고 일본어로는 "ユダヤ(유다야)"라고 하였다.

일본 개신교 성서와 「성교요지」 용어 비교

한문본 성교요지	猶太國(유태국)		

馬可傳福音書 (마가전복음서)	1872년	헵번&브라운역 성서	ユダヤ101)
馬可傳福音書 (마가전복음서)	1879년	훈점성서	猶太(ユダヤ)102)
新約全書馬可傳福音書 (신약전서마가전복음서)	1880년	명치역 성서	ユダヤ103)
訓點 舊約全書 (훈점 구약전서)	1883년	美國聖書會社 (연세대학교 소장)	猶太

　　이것은 한국 개신교에서도 마찬가지였다. 한국 개신교 성서 중에서 "유다"를 한자로 쓴 것은 이수정의 현토성서들과 『신약마가젼복음셔언히』, 그리고 1891년에 간행된 『요한복음젼』이다. 그런데 거기에서 모두 "유다"를 한자로 "猶太(유태)"라고 하였다. 이수정이 번역한 『신약마가젼복음셔언히』와 『요한복음젼』에서는 유다를 한글로 쓸 때는 "유듸야", "유듸아" 혹은 "유대"라고 하였다.

한국 개신교 성서와 한문본 「성교요지」의 용어 비교

한문본 성교요지	猶太國(유태국)		

신약성서 마태전(현토성서)	1884년	이수정	猶太
신약성서 마가전(현토성서)	1884년	이수정	猶太
신약성서 로가전(현토성서)	1884년	이수정	猶太
신약성서 약한전(현토성서)	1884년	이수정	猶太
신약마가젼복음셔언히	1885년	이수정	猶太(유듸야)

---

101) 오미영, 앞의 책, 363쪽, 401쪽.
102) 같은 책, 240쪽, 305쪽.
103) 같은 책, 437쪽, 479쪽.

			猶大(유듸아)
요한복음젼	1891년	펜윅	猶太(유대)

이렇듯 두 개의 한문본 「성교요지」 모두에 나오는 "猶太國(유태국)"이라는 한자 용어는 한중일 개신교 성서 모두에 나오는 개신교 용어다. 한글본 「성교요지」에 나오는 우리말 "유틱국" 혹은 "유태국"이라는 용어도 개신교 용어다. 개신교에서는 우리말로 표현할 때 거의 대부분 "유듸" 혹은 "유대"라고 하였다. 하지만 1892년부터 1896년까지 한동안 "유태"라는 용어를 쓰기도 하였다. "유태"는 중국 개신교 용어인 "猶太"를 우리식으로 읽은 가차문자假借文字다.

한국 개신교 성서와 한글본 「성교요지」의 용어 비교

한글본 성교요지	유틱국

예수성교 누가복음젼서	1882년	로스	유듸국
예수성교성서 요안늬복음	1882년	로스	유듸
예수성교성서 누가복음뎨자힝젹	1883년	로스	유듸
예수성교 요안늬복음젼서	1883년	로스	유듸
예수성교성서 맛듸복음	1884년	로스	유듸
예수성교성서 말코복음	1884년	로스	유듸
예수성교성서 요안늬복음이비쇼셔신	1885년	심양 문광서원	유듸
예수성교성서 맛듸복음	1886년	심양 문광서원	유듸
예수성교젼서	1887년	경셩 문광서원	유듸
마가의 젼흔 복음서언히	1887년	아펜젤러 / 언더우드	유대 / 유대아
누가복음젼	1890년		유듸
보라달로마인서	1890년	아펜젤러	유대
마태복음젼	1892년	아펜젤러	유대 / 유태
예수성교성서 맛듸복음	1892년	심양 문광서원	유듸
약한의 긔록흔 듸로복음	1893년	펜윅	유틱
누가복음젼	1893년		유듸

마태복음	1895년		유태
스도힝젼	1895년		유대
누가복음	1895년		유다 / 유데아
마가복음	1895년		유대 / 유태
스도힝젼	1896년		유대
마태복음	1896년		유태
요한복음	1896년		유대
바울이 갈나대인의게 흔 편지	1897년		유대
마태복음	1898년		유대
마가복음	1898년		유대
누가복음	1898년		유대
스도힝젼	1898년		유대
신약전셔	1900년		유대
국한문 신약젼셔	1906년		유대
마태복음	1906년		유대
요한복음	1906년		유대
스도힝젼	1906년		유대
신약젼셔	1907년		유대
관쥬 신약젼셔	1912년		유대
신약젼셔	1919년	펜윅 / 대한긔독교회	유대
국한문 신약젼셔	1922년	조선경성 대영성서공회	유대
부표관주 신약젼셔	1922년		유대
기일신역 신구약젼셔	1925년		유대
션한문 신약젼셔	1926년	조선경성 대영성서공회 (연세대학교 소장)	유대
션한문 관주 신약젼셔	1926년		유대
관쥬 신약젼셔	1930년	죠션경성 대영성셔공회	유대
간이 선한문 신약	1935년	조선경성 대영성셔공회	유대
신약셩셔 요한복음	1936년	조선경성 대영성셔공회	유대
개역 신약	1939년	셩셔공회	유대
간이 선한문 신약(개역)	1940년	조선성서공회	유대
영한대조 신약젼셔	1947년	서울 뉴라이프 프레스	유대
영한대조 신약젼셔	1956년	대한성서공회	유대
간이 국한문 신약젼셔(개역)	1956년	대한성서공회	유대

이렇듯 분명한 개신교 용어인 한자 "猶太國(유태국)"과 한글 "유틱국"
이 『만천유고』와 『당시초선』의 한문본 「셩교요지」와 한글본 「셩교요지」

에 등장한다는 것만 보아도 그런 글들이 모두 기본적으로 이벽은 물론 천주교와 아무 상관이 없는 글이라는 것을 알 수 있다. 그리고 아무리 빨라도 모두 개신교가 우리나라에 들어온 이후에 쓰여진 글이라는 것도 알 수 있다. 하지만 그렇다고 하여 두 개의 한문본 「성교요지」와 한글본 「성교요지」가 개신교 신자가 쓴 글이라고 단정하기에는 아직 이르다. 그 이유는 앞으로 차차 밝혀지게 될 것이다.

3) 約但河(약단하)와 약탄강

『만천유고』와 『당시초선』의 한문본 「성교요지」에서는 예수님이 세례자 요한에게서 세례를 받은 사건에 대해 다음과 같이 말하고 있다.

> 向野翰呼好 悔改務切 就洗河旁…104)
> →(광야를 향해 "翰(한)"이 "회개하고 힘써 [악행을] 끊어라"고 외칠 때 [예수께서] 강에 이르러 세례를 받으셨다.)

그런데 『만천유고』의 한문본 「성교요지」에서는 여기에 대해 주석을 붙여 본문에 나온 한자 "河(하)", 즉 강이 무엇을 말하는지 부연 설명하였다.

> 右節 記耶穌受洗之事 河約但河也…105)
> →(윗글은 예수께서 세례 받으신 것을 기록한 것인데, 여기에서 "河[하]"란 "약단강"을 말한다…)

한글본 「성교요지」에서는 두 개의 한문본 「성교요지」 본문과는 달리 예수님이 세례받은 강을 처음부터 "약탄강"이라고 하였다.

---

104) 『만천유고』, 12쪽 뒷면; 『당시초선』, 2쪽; 『유교와 그리스도교』, 78쪽; 『하성래 역』, 53쪽.
105) 『만천유고』, 12쪽 뒷면; 『유교와 그리스도교』, 79쪽; 『하성래 역』, 53쪽.

한씨는 벌판을 향호야 쇼리쳣느니 후회호고 기심홀지니르 호시민
야쇼는 약탄강 기슬기 니르러 셩례를 짓키고 과오호심이 업스시도다106)
→(한씨는 벌판을 향하여 소리쳤느니 후회하고 개심할지니라 하시매 예수
는 약탄강 기슭에 이르러 성례를 지키고 과오하심이 없으시도다.)

그런데 여기에서 무엇보다도 먼저 생각하지 않을 수 없는 것이 있다.
천주교에서는 세례자 요한을 한자로 "若翰(약한)"이라고 쓴다. 그리고 개
신교에서는 "約翰(약한)"이라고 한다. 문제는 두 개의 한문본「성교요지」
모두 아무런 설명이나 주석도 없이 세례자 요한을 한자로 그냥 "翰(한)"이
라고만 하였다는 것이다. 그리고 한글본「성교요지」에서는 그것을 그대
로 우리말로 음역하여 "한씨(한씨)"라고 하였다는 것이다. 이것은 대단히
중대한 문제다.

「성교요지聖教要旨」란 그야말로 '거룩한 종교의 핵심 요지'란 뜻이다.
그런데『만천유고』한문본「성교요지」의 부기처럼 그것이 정말로 이벽
이 쓴 글이라고 한다면 천주교를 모르는 사람들에게, 그것도 18세기 조선
사람들에게, 더 정확하게 말하자면 1785년 이벽이 죽기 전 천주교를 모르
는 조선 사람들에게 천주교의 핵심 요지를 알려주기 위해서 쓰여진 글이
라는 뜻이다.

그런데 그런 글에서 성서의 가장 기본적인 인물이며 예수님과 가장 밀
접한 인물 중에 한 사람인 세례자 요한의 이름을 정확하게 알려주지 않고
그냥 한자로 "翰(한)"이라고 하고, 심지어 한글로는 "한씨(한씨)"라고 했
다는 것은 말이 안 된다. 천주교를 전혀 모르는 당시 사람들이 어떻게 그
것을 보고 세례자 요한인 줄 알겠는가. 중국에서 들어온 한문서학서나 초
기 천주교 서적 중에 세례자 요한을 "翰(한)"이라고 표현한 적은 한 번도
없다.『성경직히광익』이나『성경직히』에서도 세례자 요한을 한글로 "한

---

106) 4쪽 뒷면;『하성래 역』, 53쪽.

씨(한씨)"라고 한 적이 없다. 그 외에 어디에서도 한국천주교회에서는 그렇게 표현한 적이 없다.

어떤 사람들은 그 이유가 혹시 지면이 모자라거나 4글자씩 짜여진 본문의 글자 수를 맞추기 위해 그렇게 한 것이 아닐까 생각할 수도 있을 것이다. 하지만「성교요지」에서 성서 내용을 언급한 것은 전체 내용 중에 3분의 1도 안 된다. 나머지는 유교의 가르침과 관련된 내용이거나 글쓴이 자신의 생각을 적은 것이 거의 대부분이다. 그래서 사실 그런 글에다 '거룩한 종교의 핵심 요지'란 뜻의「성교요지」라는 제목을 붙였다는 것 자체도 앞뒤가 안 맞다. 하지만 어떻든 글쓴이가 거룩한 종교의 핵심 요지를 제대로 가르쳐 줄 의지만 있었다면 글자 몇 개를 더 추가하는 것은 문제가 아닐 정도로 지면은 충분하고도 남았다는 이야기다. 글자 수 맞추는 일도 전혀 문제가 아니었다. 이것은 한문서학서인『천주성교 사자경문』을 보면 잘 알 수 있다.

『천주성교 사자경문』도 똑같이 4·4조로 되어 있다. 오히려『만천유고』의 한문본「성교요지」보다도 더 정확하게 4·4조로 되어 있으며 내용도 길지 않게 대단히 압축적으로 되어 있다. 주석이나 부가적인 설명 같은 그 어떤 군더더기도 없이 천주교의 핵심교리만 아주 간단명료하게 전하고 있다. 그런데도 거기에서는 세례자 요한을 정확하게 "若翰(약한)"이라고 하였다. 여기에 대한 예문은 곧 다시 나오므로 그때 소개하도록 하겠다.

이런 사실을 볼 때 두 개의 한문본「성교요지」에서 모두 세례자 요한의 이름을 한자로 그냥 "翰(한)"이라고 하고, 심지어 한글본「성교요지」에서는 "한씨(한씨)"라고 했다는 것은 결국 그 글을 쓴 사람들이 모두 가장 기본적인 성서 인물의 이름도 제대로 모르는 사람일 가능성이 크다는 것을 시사한다. 이러한 사실은 앞으로 점점 더 분명하게 드러나게 될 것이다.

어떻든 위에서 제시한『만천유고』의 한문본「성교요지」주석에 나오는 한자 "約但河(약단하)"와 한글본「성교요지」에 나오는 "약탄강"은 모두 "요르단강"을 의미하는 용어다. 하지만 천주교에서는 요르단강을 이렇게 표현한 적이 없다. 천주교에서는 전혀 다른 용어를 썼다.

우선, 『만천유고』의 한문본 「성교요지」와 똑같이 4·4조로 되어 있는 『천주성교 사자경문』에서는 세례자 요한을 정확히 "若翰(약한)"이라고 말하면서 동시에 "요르단강"을 "若而當河(약이당하)"라고 하였다.

若而當河 受洗若翰
天光閃爍 聖神現頂[107]
→([예수님이] 요르단강에서 요한에게서 세례를 받으시니
하늘에서는 섬광이 빛나고 성신께서 저 높은 꼭대기에 나타나시도다.)

『성경직해』와 『성경광익』, 『성년광익』에서는 모두 이것과 글자 하나만 다른 한자를 썼다. 즉 요르단을 한자로 "若爾當(약이당)"이라 하고 요르단강을 "若爾當河(약이당하)"라고 하였다.

聖若翰避居國都 郊外若爾當河之濱…
→(성 요한이 도성을 떠나 성밖에 있는 요르단강 물가에 머물며…)
　　　　　　　　　　　-『성경직해』제1권, 오주성탄전제2주일[108]

前事悉行於大人倪亞 若爾當河之後 是卽若翰授洗於人處…
→(이 일은 모두 베다니아에서 행해졌는데 그곳은 요한이 사람들에게 세례를 베풀던 요르단강 뒤편에 있다.) (요한 1, 28)
　　　　　　　　　　-『성경직해』제1권, 오주탄생전 제2주일[109]
　　　　　　　　　　-『성경광익』, 야소탄생전 제2주일[110]

聖若翰洗者…行至若爾當濱 以水洗人 時耶穌亦受洗焉

---

107) 『천주성교 사자경문』, 14쪽 앞면.
108) 『성경직해』 I, 203쪽.
109) 같은 책, 207쪽.
110) 『성경광익』 상하, 50쪽.

→(성 요한 세자가…요르단 물가에 이르러 사람들에게 물로 세례를 줄 때 예수께서도 역시 [세례자 요한에게서] 세례를 받으셨도다.)

　　　　　　　　　　　　　　－『성년광익』추계, 제8편, 29일성요한세자치명[111]

　이렇듯 한문서학서에서는 어디에서도 요르단강을 한자로 "約但河(약단하)"라고 하지 않았다. 이런 사실을 볼 때도 요르단강을 한자로 "約但河(약단하)"라고 한 『만천유고』의 한문본 「성교요지」는 기본적으로 이벽을 비롯한 초기 천주교 신자들이 쓴 글이 아니라는 것을 알 수 있다.

　한편 천주교회에서는 그 초기부터 요르단강을 우리말로 표기할 때도 "약탄강"이라고 하지 않았다. 천주교에서는 "욜당" 혹은 "욜당물", "욜단"이라고 하였다. 아마도 한자 "若而當(약이당)"이나 "若爾當(약이당)"의 중국식 발음이 모두 [reerdang]이기 때문인 것 같다. 이러한 사실은 우선 『성경직히광익』을 보더라도 잘 알 수 있다.

　　　요안 셩인이 도셩교외 욜당물ᄀ희 피ᄒ야 잇서…[112]
　　→(요안 셩인이 도셩 교외 욜당물가에 피하여 있어…)

　　　이 일은 버다니아 욜당물 뒤희셔 힝ᄒ엿시니 그곳의셔 요안이 셰ᄅ 주더라.[113]
　　→(이 일은 버다니아 욜당물 뒤에서 행하였으니 그곳에서 요안이 셰를 주더라)

　　　버다니아는…동으로 가 욜당 뒤희 잇ᄉ니 셔울셔 일뵉이십오리라 욜당은 물일홈이니 번역ᄒ야 닐ᄋ면 심판ᄒᄂ 물이라 그 근원이 둘히 잇ᄉ니 ᄒ나흔 일홈이 욜이오 ᄒᄂ흔 일홈이 당이니 합ᄒ야 일홈을 욜당이라 ᄒ니라[114]

111)『성년광익』추계, 64쪽 뒷면~65쪽 앞면.
112)『성경직히광익』1, 81쪽.
113) 같은 책, 93쪽.
114) 같은 책, 94쪽.

→(베다니아는…동으로 가 욜당 뒤에 있으니 서울서 일백이십오리라 욜당
은 물이름이니 번역하여 이르면 심판하는 물이라. 그 근원이 둘이 있으니
하나는 이름이 욜이요 하나는 이름이 당이니 합하여 이름을 욜당이라 하
니라.)
－『성경직히광익』제일권 상편, 예수성탄전뎨이주일성경

이것은 아직 박해가 끝나기 전인 1883년에 출간된 『성교감략』에서도
마찬가지였다.

요안세쟈ㅣ 광야를 떠나 욜당물가에 가 도리를 강론ᄒ야 사름으로 ᄒ
여곰…115)
→(요안세자께서 광야를 떠나 욜당물가에 가 도리를 강론하여 사람으로 하
여금…)

박해가 끝난 후에도 마찬가지였다. 1897년에 간행된 『성경직히』에서
도 여전히 요르단강을 "욜당물" 혹은 "욜당물가"라고 하였다.

요안 성인이 도성을 떠나 욜당물가회 피ᄒ야 잇서…116)
→(요안 성인이 도성을 떠나 욜당물가에 피하여 있어…)

이 일은 베다니아 욜당물 건넌가회 ᄒᆡᆼᄒ엿시니 그곳에서 요안이 셰를
주더라117)
→(이 일은 베다니아 욜당물 건너가에서 행하였으니 그곳에서 요안이 세를
주더라.)
－『성경직히』제1권, 쟝림118)뎨삼쥬일성경

---

115)『성교감략』, 335쪽.
116)『성경직히』I, 77쪽.
117)『성경직히』I, 87쪽.
118) 지금은 대림시기(待臨時期)라고 한다.

한편 언제 간행되었는지 불분명한 『셩년광익』에서는 요르단을 "욜단"이라고 하였다. 그리고 "욜당강"을 "욜단 한슈"라고 하였다.

요한 셰쟈 욜단 한슈 ᄀ희 니르샤…
→(요한 세자 욜단 큰 물가에 이르사…)
　　　　　　　－『셩년광익』 추계, 뎨팔편, 십구일요안셰쟈치명[119]

1910년에 나온 『사사성경』에서도 요르단강이 "욜단"으로 표현되었다. 그리고 요르단강은 "욜단강"이라고 하였다. 그런데 1931년에 나온 『셩교감략』에서는 여전히 "욜당물가"라는 표현이 등장하고 있다. 하지만 1939년에 나온 『사사성경』부터는 1977년에 개신교와 공동번역한 『성서』가 나오기까지 계속 "욜단강"이라고 하였다.

이 일은 요안이 셰주던 욜단강 건너 베타니아에서 되니라…
　　　　　　　－1910년 / 1922년판 『사사성경』 (요한 1, 28)[120]

요안세자ㅣ광야를 써나 욜당물가에 가 도리를 강론하야 사람으로 하여곰…
　　　　　　　－1931년판 『셩교감략』[121]

이 일은 요안이 셰 주든 욜단강 건너 베타니아에서 되니라
　　　　　　　－1939년 / 1956년판 『사사성경』[122]

이에 예루사렘과 온 유데아와 욜단강 근처 모든 지방에서 다 요한에게 나와 제 죄를 고하며 욜단강에서 요안에게 세를 받더라.
　　　　　　　－1948년 『신약성서』 상편[123]

---

119) 『셩년광익』, 114쪽 뒷면~115쪽 앞면.
120) 『사사성경』(1910), 341쪽; 『사사성경』(1922), 335쪽.
121) 『셩교감략』, 723쪽.
122) 『사사성경』(1939), 345쪽; 『사사성경』(1956), 345쪽.
123) 『신약성서』 상편, 21쪽.

1977년에 개신교와 공동번역한 『성서』 이후부터는 변화가 생겼다. 천주교회에서 "요르단강"이라는 표현을 쓰기 시작한 것이다. 이것은 2005년에 나온 『성경』에도 그대로 이어졌다. 그래서 천주교회에서는 현재 "요르단강"이라는 표현을 쓰고 있다. 하지만 그런 경우에도 천주교회에서는 요르단강을 한자로 "約但河(약단하)"라고 하거나 한글로 "약탄강"이라고 하지 않았다.

요컨대 천주교회에서는 한문서학서에서부터 지금까지 한 번도 요르단강을 한자로 "約但河(약단하)"라고 하거나 한글로 "약탄강"이라고 한 적이 없었던 것이다. 이런 사실을 볼 때도 『만천유고』의 한문본 「성교요지」와 한글본 「성교요지」는 모두 이벽이 쓴 글이 아닐 뿐만 아니라 천주교 신자가 쓴 글도 아니다.

천주교와 「성교요지」의 성서 용어 비교

한문본 성교요지	約但河(약단하)
한글본 성교요지	약탄강

성경직해	1636년	若爾當(약이당) / 若爾當河(약이당하)
천주성교 사자경문	1642년	若而當河(약이당하)
성년광익	1738년	若爾當(약이당)
성경광익	1740년	若爾當(약이당) / 若爾當河(약이당하)
성경직히광익	1801년	욜당물 / 욜당물ㄱ
성교감략	1883년	욜당물가
성경직히	1897년	욜당물 / 욜당물ㄱ
성년광익	미상	욜단 / 욜단 한슈
사사성경	1910년	욜단강
사사성경	1922년	욜단강
성교감략	1931년	욜당물가
사사성경	1939년	욜단강

신약성서 상편	1948년	욜단강
사사성경	1956년	욜단강
복음성서	1971년	욜단강
공동번역 성서	1977년	요르단강
200주년 성서	1991년	요르단강
성경	2005년	요르단강

"約但河(약단하)"는 중국 개신교 성서에 등장한 개신교 용어다. 이것은 서로 다른 국적과 선교회에서 만든 개신교 성서라 하더라도 거의 공통적으로 사용하던 개신교 용어였다. "約但"을 중국식으로 발음하면 [yodan] 이다.

중국 개신교 성서와 한문본 「성교요지」의 용어 비교

한문본 성교요지	約但河(약단하)

新約全書 (신약전서)	1866년	香港英華書院 (연세대학교 소장)	約但河
新約全書 (신약전서)	1886년	上海美華書館 (大美國聖經會 託印) (연세대학교 소장)	約但河
路加傳福音書 (로가전복음서)	1887년	上海美華書館 (한국교회사연구소 소장)	約但河
新約全書 (신약전서)	1891년	上海美華書館 刊行 (大英聖書公會 託印) (연세대학교 소장)	約但河
新約全書 (신약전서)	1893년	英漢書館 (陽格非 重譯) (연세대학교 소장)	約但河
新約全書: 文理 (신약전서: 문리)	1895년	漢鎭英漢書館 (陽格非 重譯) (연세대학교 소장)	約但河
新約全書 (신약전서)	1896년	上海大美國聖經會 (연세대학교 소장)	約但河

新舊約聖書: 文理 (신구약성서: 문리)	1904년	中國聖書公會 (연세대학교 소장)	約但河
新舊約聖書: 文理 (신구약성서: 문리)	1905년	上海聖書公會 (연세대학교 소장)	約但河
新舊約聖經: 文理 (신구약성경: 문리)	1912년	上海大美國聖經會 (서강대학교 소장)	約但河

이것은 일본 개신교 성서에서도 그대로 반영되었다. 일본 개신교 성서
에서도 요르단을 한자로 "約但"이라고 하고 요르단강을 "約但河"라고 하
였다. 그리고 그것을 일본어로 읽을 때는 "ヨルダン(요루당)" 혹은 "ヨル
ダネ(요루다에)" 혹은 "ヨルダム(요루다무)"라고 하였다.

일본 개신교 성서와 한문본 「성교요지」의 용어 비교

한문본 성교요지	約但河(약단하)

馬可傳福音書 (마가전복음서)	1872년	헵번&브라운 역 성서	ヨルダン124) ヨルダネ河125)
馬可傳福音書 (마가전복음서)	1879년	일본 훈점성서	**約但(ヨルダン)** **約但河126)**
新約全書馬可傳福音書 (신약전서마가전복음서)	1880년	일본 명치역 성서	ヨルダン127) ヨルダム河128)

이러한 영향은 한국 개신교 성서에도 마찬가지였다. 한국 개신교 성서
중에서 요르단이나 요르단강을 한자로 쓴 것은 이수정의 현토성서들과
1891년에 간행된『요한복음젼』이다. 그런데 거기에서 모두 요르단을 한

---

124) 오미영, 앞의 책, 363쪽, 401쪽.
125) 같은 책, 363쪽, 371쪽.
126) 같은 책, 240쪽, 241쪽, 305쪽.
127) 같은 책, 438쪽.
128) 같은 책, 437쪽.

자로 "約但(약단)"으로, 요르단강은 "約但河(약단하)"로 표기하였다.

단지 국한문으로 쓰여진 『신약마가전복음셔언히』에서는 똑같이 한자로 "約但"과 "約但河"로 쓴 다음 그것을 각각 우리말로 "얄덴"과 "얄덴하"로 읽는다고 하였을 뿐이다. 1891년에 간행된 『요한복음젼』에서는 요르단을 한자로 쓸 때는 똑같이 "約但"이라고 한 다음 그것을 우리말로는 "욜단"이라고 표기하였다.

요컨대 한국 개신교 성서에서도 요르단강을 한자로 쓸 때는 『만천유고』의 한문본 「성교요지」에 나오듯이 "約但河(약단하)"라고 썼던 것이다. 그리고 이것은 한중일 개신교 성서 모두에서 쓰는 공통된 개신교 용어였던 것이다.

한국 개신교 성서와 한문본 「성교요지」의 용어 비교

한문본 성교요지			約但河(약단하)
신약성서 마태전(현토성서)	1884년	이수정	約但河
신약성서 마가전(현토성서)	1884년	이수정	約但河
신약성서 로가전(현토성서)	1884년	이수정	約但
신약성서 약한전(현토성서)	1884년	이수정	約但
신약마가전복음셔언히	1885년	이수정	約但(얄덴) 約但河(얄덴하)
요한복음젼	1891년	펜윅	約但(욜단)

한국 개신교 성서에서는 요르단강을 우리말로 쓸 때 처음에는 이수정의 『신약마가전복음셔언히』를 제외하고는 "約但"의 중국식 발음인 [yodan]을 우리식으로 전환하여 "요단기굴", "요단기울", "요단강", "요단하", "여단강"이라고도 했지만 천주교처럼 "욜단" 혹은 "욜단기굴"이라고 하기도 하였다. 그러다 1895년 이후부터는 "요단강"으로 굳혀지기 시작하였다.

예수성교 누가복음젼셔	1882년	로스	요단기굴
예수성교셩셔 요안늬복음	1882년	로스	율단
예수성교셩셔 누가복음데자힝젹	1883년	로스	율단기굴
예수성교 요안늬복음젼셔	1883년	로스	율단
예수성교셩셔 맛듸복음	1884년	로스	율단
예수성교셩셔 말코복음	1884년	로스	율단기굴
예수성교셩셔 요안늬복음이비쇼셔신	1885년	심양 문광셔원	율단
예수성교셩셔 맛듸복음	1886년	심양 문광셔원	율단기굴
예수성교젼셔	1887년	경셩 문광셔원	율단기굴
마가의 젼흔 복음셔언히	1887년	아펜젤러 / 언더우드	요르단
누가복음젼	1890년		율단기울
마태복음젼	1892년	아펜젤러	여단강
예수성교셩셔 맛듸복음	1892년	심양 문광셔원	율단기굴
약한의 긔록흔 듸로복음	1893년	펜윅	**약탄강**
누가복음젼	1893년		율단기울
마태복음	1895년		요단강
누가복음	1895년		여단강
마가복음	1895년		요단강 / 요단하 / 요단하슈
마태복음	1896년		요단강
요한복음	1896년		요단강
마태복음	1898년		요단강
마가복음	1898년		요단강
누가복음	1898년		요단강
신약젼셔	1900년		요단강
국한문 신약전서	1906년		요단江
마태복음	1906년		요단강
요한복음	1906년		요단강
신약젼셔	1907년		요단강
국한문 신약전서	1911년	조선경셩 대미국셩경회 (연세대학교 소장)	요단강
관쥬 신약젼셔	1912년		요단강
신약젼셔	1919년	펜윅 / 대한긔독교회	약단
국한문 신약전서	1922년	조선경셩 대영셩셔공회	요단江
부표관주 신약전서	1922년		요단江
기일신역 신구약전서(하)	1925년		요단江
션한문 신약전셔	1926년	조선경셩 대영셩셔공회	요단江

		(연세대학교 소장)	
선한문 관주 신약전서	1926년		요단江
관쥬 신약전서	1930년	죠션경셩 대영셩셔공회	요단강
간이 선한문 신약	1935년	조선경성 대영성서공회	요단江
신약성서 요한복음	1936년	조선경성 대영셩셔공회	요단강
개역 신약	1939년	성서공회	요단강
간이 선한문 신약(개역)	1940년	조선성서공회	요단江
영한대조 신약전서	1947년	서울 뉴라이프 프레스	요단강
영한대조 신약전서	1956년	대한성서공회	요단강
간이 국한문 신약전서(개역)	1956년	대한성서공회	요단江

한국 개신교 성서에서 요르단강을 "약탄강"이라고 한 것은 딱 한 번 1893년에 펜윅M. C. Fenwick(1863~1935)이 번역하여 간행한 『약한의 긔록 흔 듸로복음』뿐이다. 하지만 한글본 「성교요지」가 그 영향을 받거나 그 것을 보고 "약탄강"이라고 썼다고 단정하기에는 아직 이르다.

나중에 차츰 드러나겠지만 한글본 「성교요지」에서 "약탄강"이라고 한 것은 그것과는 전혀 다른 이유에서다. 그것은 한문본 「성교요지」에 나오 는 한자 "約但河(약단하)"를 우리말로 옮기는 과정에서 한자를 잘못 읽어 "약탄강"이라고 하였을 가능성이 매우 크다. 즉 "但(단)"을 "탄坦"으로 잘 못 읽은 결과 "약탄강"으로 쓴 것이다. 이와 유사한 사례는 앞으로도 계속 나온다.

여기에서 또 한 가지 생각할 점은 한글본 「성교요지」에서는 두 개의 한 문본 「성교요지」 본문과는 달리 처음부터 "약탄강"이라는 말을 썼다는 것이다. 이것은 곧 한글본 「성교요지」를 쓴 사람이 『만천유고』 한문본 「성 교요지」의 주석까지 다 보고 그것을 우리말로 옮긴 것이라는 증거다. 그 래서 『당시초선』의 한문본 「성교요지」에는 나오지 않는 "약탄강"이라는 표현을 할 수 있었던 것이다.

어떻든 『만천유고』의 한문본 「성교요지」에 개신교 용어인 "約但河"란 한자가 등장한다는 것만 보아도 그 글이 이벽이 쓴 글이 아닌 것은 물론 다른 천주교 신자가 쓴 글도 아니라는 것을 다시 한 번 알 수 있다. 그리고 한글본「성교요지」에도 천주교에서는 한 번도 쓴 적도 없을 뿐만 아니라 개신교에서도 딱 한 번 등장한 적이 있는 "약탄강"이라는 용어가 등장한다는 것은 그것 역시 결코 이벽이 쓴 글일 수도 없고 다른 천주교 신자가 쓴 글도 아니라는 것을 다시 한 번 말해준다.

4) 以賽亞(이새아)

두 개의 한문본「성교요지」에는 다음과 같은 내용이 나온다.

> 散編賽說 錄久兆伊…129)
> →(여기저기에 기록되어 있는 "賽(새)"의 이야기는 오래 전에 예언한 것을 기록한 것인데…)

그런데『만천유고』의 한문본「성교요지」에서는 여기에 나오는 한자 "賽(새)"에 대해 다음과 같은 주석을 붙여 부연 설명하였다.

> 右節…賽 <u>以賽亞</u> 古之預言者也130)
> →(윗글에서 賽[새]는 이사야를 말하는데 옛 예언자다.)

즉 본문에 나오는 "賽(새)"가 바로 "以賽亞(이새아)"라는 것이다. "以賽亞(이새아)는 이사야 예언자를 가리키는 말이다. 이것은 결국 본문에 나오는 한자 "賽(새)"가 예언자 이사야를 가리키는 말이라는 뜻이다. 한글본「성교요지」에서는 이 대목을 다음과 같이 말하고 있다.

> 녯젹 쇽듬이 ᄀᆞᆯ샤ᄃᆡ 이 말ᄉᆞᆷ 기리 젹어 두어야 ᄒᆞᄂᆞ니…131)
> →(옛적 속담에 가라사대 이 말씀 길이 적어두어야 하나니…)

---

129)『만천유고』, 14쪽 앞면;『당시초선』, 3쪽;『유교와 그리스도교』, 85쪽;『하성래 역』, 67쪽.
130) 14쪽 앞면,『유교와 그리스도교』, 86쪽;『하성래 역』, 67쪽.
131) 8쪽 앞면;『하성래 역』, 67쪽.

즉 한글본 「성교요지」에서는 "이사야"란 이름조차 언급하지 않았을 뿐만 아니라 "예언자"라든가 "예언"이란 말도 하지 않았다. 대신 엉뚱하게 '옛적 속담에 가라사대'라고 하였다. 다시 말해서 한문본의 내용과는 다르게 되었을 뿐만 아니라 그 내용도 이상하기 짝이 없다.

이렇듯 두 개의 한문본 「성교요지」에서 모두 이사야를 그냥 "賽(새)"라고 한 것이나 한글본 「성교요지」에서 이사야 예언자에 대한 아무런 언급 없이 그냥 '옛적 속담에 가라사대'라고 한 것은 모두 문제가 있다. 이것은 앞에서 세례자 요한을 한자로 "翰(한)"이라고 하고 한글로는 "한삐(한씨)"라고 한 것과 같은 맥락의 문제다. 이와 비슷한 사례는 앞으로도 계속 나오므로 나중에 종합적으로 다루기로 하겠다.

여기에서 무엇보다도 문제가 되는 것은 바로 예언자 이사야를 뜻하는 한자다. 두 개의 한문본 「성교요지」에 나오는 한자 "賽(새)"와 『만천유고』 한문본 「성교요지」에 등장하는 "以賽亞(이새아)"는 모두 천주교에서 쓴 적이 없는 용어다. 『성경직해』와 『성경광익』을 보면 예언자 이사야를 전혀 다르게 표현하고 있다. 거기에서는 모두 한자로 "義撒義亞(의살의아)"라고 하였다.

> 如前知者 <u>義撒義亞</u>書訓云…
> →(이것은 예전에 선지자 이사야가 기록한 말씀대로 였다.) (루카 3, 4)
> ─『성경직해』 제1권, 오주탄생전 제1주일[132]
> ─『성경광익』 상권, 야소탄생전 제1주일[133]

『성년광익』에서는 예언자 이사야를 한자로 "依撒衣亞(의살의아)"라고 하였다.

---

132) 『성경직해』 1, 221쪽.
133) 『성경광익』 상하, 53쪽.

<u>依撒衣亞先知云 主乎…</u>

→(이사야 선지자가 말씀하시길 주여…)

　　　　　　　　　　　　－『성년광익』동계, 제12편, 장림시[134]

　“義撒義亞(의살의아)”와 “依撒衣亞(의살의아)”를 중국식으로 발음하면 모두 똑같이 [yisayiya]다. 그래서 초기 천주교 신자들은 이사야 예언자를 우리말로 표기할 때 “이사이아”라고 하였다. 초기 신자들뿐만 아니라 그 이후 1977년에 개신교와 공동번역한 『성서』가 나오기 전까지 천주교에서는 내내 “이사이아”라고 하였다. 그러다 공동번역 『성서』가 나온 이후부터는 개신교의 영향을 받아 “이사야”라고 하였다.

　따라서 『만천유고』의 한문본 「성교요지」에서 천주교에서 한 번도 쓴 적이 없는 “以賽亞(이새아)”라는 용어가 등장한다는 것은, 그리고 심지어 본문에서는 그것마저 줄여서 “賽(새)”라고 하였다는 것은 『만천유고』의 한문본 「성교요지」가 기본적으로 이벽이 쓴 글이 아닌 것은 물론 다른 천주교 신자가 쓴 글도 아니라는 증거다. 그리고 초기 천주교회에서 이사야 예언자를 우리말로 “이사이아”라고 하였는데도 그냥 우리말로 ‘옛 속담에 가라사대…’라고 얼버무린 한글본 「성교요지」도 이벽이 쓴 글일 수가 없다. 아울러 아무런 부연 설명조차 없이 “賽(새)”란 용어만 등장하는 『당시초선』의 한문본 「성교요지」 역시 천주교와는 아무 상관이 없는 글이라는 증거다.

천주교와 한문본 「성교요지」의 용어 비교

한문본 성교요지	以賽亞(이새아)

---

134) 『성년광익』동계, 97쪽 뒷면.

성경직해	1636년	義撒義亞(의살의아)
성년광익	1738년	依撒衣亞(의살의아)
성경광익	1740년	義撒義亞(의살의아)
성경직히광익	1801년	이사이아[135]
성교감략	1883년	이사이아[136]
성경직히	1897년	이사이아[137]
성년광익	미상	이사이아[138]
사사성경	1910년	이사이아[139]
사사성경	1922년	이사이아[140]
성교감략	1931년	이사이아[141]
사사성경	1939년	이사이아[142]
신약성서 상편	1948년	이사이아[143]
사사성경	1956년	이사이아[144]
복음성서	1971년	이사이아[145]
공동번역 성서	1977년	이사야
200주년 성서	1991년	이사야
성경	2005년	이사야

『만천유고』의 한문본 「성교요지」에 등장하는 "以賽亞(이새아)"는 개신교 용어다. 중국 개신교 성서에서 예언자 이사야를 "以賽亞(이새아)"라고 하였던 것이다.

중국 개신교 한문성서와 한문본 「성교요지」 용어 비교

한문본 성교요지	以賽亞(이새아)

---

135) 『성경직히광익』 1, 110쪽.
136) 『성교감략』, 214쪽.
137) 『성경직히』 1, 83쪽.
138) 『성년광익』 동계, 뎨십이편, 120쪽 뒷면.
139) 『사사성경』(1910), 10~11쪽.
140) 『사사성경』(1922), 10쪽.
141) 『성교감략』, 691쪽.
142) 『사사성경』(1939), 11쪽.
143) 『신약성서 상편』, 324쪽.
144) 『사사성경』(1956), 11쪽.
145) 『복음성서』, 19쪽.

모리슨 역본 성서	1823년	홍콩 浸信대학 Star교수 소장	以賽亞[146]
대표역본 성서	1852년	미국성서공회 소장본	以賽亞[147]
新約全書 (신약전서)	1866년	香港英華書院 (연세대학교 소장)	以賽亞
新約全書 (신약전서)	1886년	上海美華書館 刊行 (大美國聖經會 託印) (연세대학교 소장)	以賽亞
路加傳福音書 (로가전복음서)	1887년	上海美華書館 刊行 (한국교회사연구소 소장)	以賽亞
新約全書 (신약전서)	1891년	上海美華書館 刊行 (大英聖書公會 託印) (연세대학교 소장)	以賽亞
新約全書 (신약전서)	1893년	英漢書館 (陽格非 重譯) (연세대학교 소장)	以賽亞
新約全書: 文理 (신약전서: 문리)	1895년	漢鎭英漢書館 (英牧師 陽格非 重譯) (연세대학교 소장)	以賽亞
新約全書 (신약전서)	1896년	上海大美國聖經會 (연세대학교 소장)	以賽亞
新舊約聖書: 文理 (신구약성서: 문리)	1904년	中國聖書公會 (연세대학교 소장)	以賽亞
新舊約聖書: 文理 (신구약성서: 문리)	1905년	上海聖書公會 (연세대학교 소장)	以賽亞
新舊約聖經: 文理 (신구약성경: 문리)	1912년	上海大美國聖經會 (서강대학교 소장)	以賽亞

이러한 영향은 일본 개신교 성서에도 그대로 반영되었다. 일본 개신교 성서에서도 예언자 이사야를 한자로 쓸 때는 똑같이 "以賽亞"라고 하였다. 그리고 일본어로는 "ユザヤ(이자야)" 혹은 "イザヤ(이자야)"라고 썼다.

---

146) 한미경, 「초기 한국성서와 중국성서의 인명 비교 연구」, 『서지학연구』 17, 서지학회, 1999, 327쪽.
147) 한미경, 앞의 글, 같은 쪽.

일본 개신교 성서와 한문본 「성교요지」 용어 비교

한문본 성교요지	以賽亞(이새아)

馬可傳福音書 (마가전복음서)	1872년	헵번&브라운 역 성서	ユザヤ148)
馬可傳福音書 (마가전복음서)	1879년	일본 훈점성서	以賽亞149)
新約全書馬可傳福音書 (신약전서마가전복음서)	1880년	일본 명치역 성서	イザヤ150)

한국 개신교 성서에서도 예언자 이사야를 한자로 쓸 때 "以賽亞(이새아)"라고 하였다. 한국 개신교 성서 중 예언자 이사야를 한자로 쓴 것은 이수정의 현토성서들과 『신약마가전복음셔언히』, 그리고 1891년에 나온 『요한복음젼』이다. 그런데 거기에서 모두 예언자 이사야를 한자로 "以賽亞(이새아)"라고 하였던 것이다.

한국 개신교 성서와 한문본 「성교요지」의 용어 비교 I

한문본 성교요지	以賽亞(이새아)

신약성서 마태전(현토성서)	1884년	이수정	以賽亞
신약성서 마가전(현토성서)	1884년	이수정	以賽亞
신약성서 로가전(현토성서)	1884년	이수정	以賽亞
신약성서 약한전(현토성서)	1884년	이수정	以賽亞
신약성서 사도행전(현토성서)	1884년	이수정	以賽亞
신약마가전복음셔언히	1885년	이수정	以賽亞(혜사아스)
요한복음젼	1891년		以賽亞(이싀야)

---

148) 오미영, 앞의 책, 388쪽.
149) 같은 책, 284쪽.
150) 같은 책, 456쪽.

한국 개신교 성서에서는 예언자 이사야를 한글로 쓸 때 주로 "이사야"라고 하였다. 그리고 때때로 "이시아", "이시야"라고 하기도 하였다. 즉 한자 "以賽亞(이새아)"의 음을 최대로 그대로 살린 개신교식 가차문자를 쓴 것이다.

한국 개신교 성서와 한문본「성교요지」의 용어 비교 II

한문본 성교요지			以賽亞(이새아)

예수셩교 누가복음젼셔	1882년	로스	이사야
예수셩교셩셔 요안닉복음	1882년	로스	이사야
예수셩교셩셔 누가복음뎨자힝젹	1883년	로스	이사야
예수셩교 요안닉복음젼셔	1883년	로스	이사야
예수셩교셩셔 맛디복음	1884년	로스	이사야
예수셩교셩셔 말코복음	1884년	로스	이사야
예수셩교셩셔 요안닉복음이비쇼셔신	1885년	심양 문광셔원	이사야
예수셩교셩셔 맛디복음	1886년	심양 문광셔원	이사야
예수셩교젼셔	1887년	경성 문광셔원	이사야
마가의 젼흔 복음셔언히	1887년	아펜젤러 / 언더우드	이사이아
누가복음젼	1890년		이샤야
보라달로마인셔	1890년		이사야
마태복음젼	1892년	아펜젤러	이사야
예수셩교셩셔 맛디복음	1892년	심양 문광셔원	이사야
약한의 긔록흔디로복음	1893년	펜윅	니시아
누가복음젼	1893년		이사야 / 이샤야
마태복음	1895년		이시아
누가복음	1895년		이사야
마가복음	1895년		이시아
스도힝젼	1895년		이시아
마태복음	1896년		이시아
요한복음	1896년		이시야
스도힝젼	1896년		이시아
마태복음	1898년		이시야

마가복음	1898년		이사야
누가복음	1898년		이사야
사도힝젼	1898년		이사아
신약젼셔	1900년		이사야
국한문 신약전서	1906년		이사야
마태복음	1906년		이사야
요한복음	1906년		이사야
스도힝젼	1906년		이사야
신약젼셔	1907년		이사야
관쥬 신약젼셔	1912년		이사야
신약젼셔	1919년	펜윅 / 대한긔독교회	이사아
국한문 신약전서	1922년	조선경성 대영성서공회	이사야
부표관주 신약전서	1922년		이사야
기일신역 신구약전서(하)	1925년		이사야
선한문 신약전서	1926년	조선경성 대영성서공회 (연세대학교 소장)	이사야
선한문 관주 신약전서	1926년		이사야
관쥬 신약젼셔	1930년	죠션경셩 대영셩셔공회	이사야
간이 선한문 신약	1935년	조선경성 대영성셔공회	이사야
신약셩셔 요한복음	1936년	조선경성 대영셩셔공회	이사야
개역 신약	1939년	성서공회	이사야
간이 선한문 신약(개역)	1940년	조선성서공회	이사야
영한대조 신약전서	1947년	서울 뉴라이프 프레스	이사야
영한대조 신약전서	1956년	대한성서공회	이사야
간이 국한문 신약전서(개역)	1956년	대한성서공회	이사야

이렇듯 『만천유고』의 한문본 「성교요지」에 등장하는 "以賽亞(이새아)"란 한자 용어는 천주교에서 한 번도 쓴 적이 없는 개신교 용어다. 그것도 한중일 개신교에서 공통으로 쓰는 용어다. 그리고 두 개의 한문본 「성교요지」 모두에 등장하는 한자 "賽(새)"는 바로 여기에서 따온 말이다. 따라서 이런 개신교 용어들이 등장하는 『만천유고』와 『당시초선』의 한문본 「성교요지」는 모두 천주교와는 아무 상관이 없는 글이다.

여기에서 한 가지 주목되는 점이 있다. 이제까지 살펴보았듯이, 『만천유고』와 『당시초선』의 한문본 「성교요지」에는 모두 "橄欖(감람)", "猶太國(유태국)"과 같은 개신교 용어들이 등장한다. 그것만 보아서는 그 두 개의 한문본「성교요지」는 개신교 신자가 쓴 개신교 글이라고 생각할 수 있다. 하지만 세례자 요한을 그냥 "翰(한)"이라고 하는가 하면, 예언자 이사야를 "賽(새)"라고 표현하기도 하였다는 것은 분명 이상한 일이다. 물론『만천유고』의 한문본「성교요지」에서는 나중에 주석을 붙여 그것이 예언자 "以賽亞(이새아)"를 뜻하는 말이라고 설명하기는 했지만 매우 이상한 일이 아닐 수 없다. 처음부터 그냥 본문에서 "以賽亞(이새아)"라고 하면 될 것을 번거롭게 본문에서는 "賽(새)"라고 하고 거기에 다시 주석을 붙여 '여기서 "賽(새)"는 예언자 "以賽亞(이새아)"를 가리키는 말이다'라고 설명하고 있으니 너무나 부자연스러운 일인 것이다.

이것은 결국『만천유고』한문본「성교요지」의 본문을 쓴 사람과 주석을 쓴 사람이 서로 다른 사람일 가능성이 크다는 것을 보여주는 증거 중에 하나다. 처음부터 "以賽亞(이새아)"란 용어를 알았다면 본문에서부터 그렇게 썼을 것이다. 그런데 정확하게 알지 못 하였기 때문에 본문에서는 그냥 "賽(새)"라고 한 것이다. 그런데 나중에 다른 사람이 거기에 주석을 붙여 그 "賽(새)"가 "以賽亞(이새아)"를 뜻하는 것이라고 부연 설명을 하였던 것이다.

만일 지면상의 문제 때문이라면 오히려 그렇게 길게 부연 설명하는 주석을 따로 첨부하지 말았어야 했다. 처음부터 본문에서 제대로 "以賽亞(이새아)"라고 썼더라면 지면도 훨씬 절약되고 글자 수도 줄었을 테니 말이다. 그런데도 굳이 그렇게 번거롭게 되어 있다는 것은 결국 본문을 쓴 사람과 주석을 붙인 사람이 다르다는 것을 말해주는 증거다.

그런데 본문에서 세례자 요한을 그냥 "翰(한)"이라고 하고 예언자 이사야를 "賽(새)"라고 한 것으로 볼 때 본문을 쓴 사람은 개신교 신자도 아니고 그리스도교에 대한 기본 상식도 매우 부족한 사람이 분명하다. 그런 사람이 개신교 성서를 보고 대충 글을 쓴 것이라고 볼 수 있다. 이것은『만천유고』한문본「성교요지」의 본문과 거의 같은 내용으로 되어 있는『당시초선』한문본「성교요지」의 저자도 마찬가지다.

반면『만천유고』한문본「성교요지」의 주석을 단 사람은 그들보다는 개신교에 대한 지식이 꽤 있는 것 같아 보인다. 그래서 이런저런 허점이 많은『만천유고』한문본「성교요지」의 본문 내용을 완벽하게 보이게 하려고 여러 가지 보충 설명해주는 주석을 달았다. 하지만 그 역시 개신교 신자라고 단정하기에는 아직 이르다.

한글본「성교요지」도 마찬가지다. 거기에도 "감람"이나 "유틱국" 같은 개신교 용어들이 등장하기는 하지만 그 글을 개신교 신자가 쓴 글이라고 보기는 어렵다. 세례자 요한을 "한삐(한씨)"라고 한 것이나 개신교에서 예언자 이사야를 우리말로 "이사야", "이시아" "이시야" 등으로 다양하게 표현하고 있는데도 적당히 '옛 속담에 가라사대'라고 얼버무린 것으로 볼 때 한글본「성교요지」를 쓴 사람 역시 개신교 신자라고 보기 어렵다. 오히려 개신교와 그리스도교에 대한 기본 상식이 많이 부족한 사람일 가능성이 매우 크다. 그런 사람이 한문본「성교요지」를 보고 대충 우리말로 옮겼기 때문에 거기에 나오는 "以賽亞(이새아)"가 무엇을 말하는지 제대로 이해하지 못 해 적당히 얼버무렸을 가능성이 크다. 이것은 앞으로 계속 나오는 다른 사례들을 통해 더욱 확실하게 드러나게 된다.

5) □法□利□賽(법리새)

『만천유고』와『당시초선』의 한문본「성교요지」에는 다음과 같이 바리사이파 사람들을 비난하는 내용이 나온다.

> 尸爵曠官 貪祐祀佛 □法□利□賽朋 輪傾鑒覆[151]
> →(썩은 벼슬과 허망한 관직을 누리며 복을 탐하여 부처에게 제사를 지내

---

151)『만천유고』, 15쪽 뒷면;『당시초선』, 14쪽;『유교와 그리스도교』, 92쪽;『하성래 역』, 81쪽.

는 바리사이파 무리들은 그 권좌가 기울어지고 그 찬란한 영화도 뒤집
어지리라.)

여기에서 주목해야 할 것은 무엇보다도 "口法口利口賽朋(법리새붕)"이란
한자 용어다. 이것은 "바리사이파 사람들"이란 뜻이다. 이 중에 "朋(붕)"
은 "사람들 혹은 무리들"을 가리키는 일반명사다. 그런데 "口法口利口賽(법
리새)"는 "바리사이" 또는 "바리사이파"를 가리키는 고유명사다. 문제는
바로 이 한자 고유명사 "口法口利口賽(법리새)"다.

이성배는 『만천유고』의 한문본 「성교요지」에서 바리사이파를 한자로
"法利賽(법리새)"라고 하지 않고 각 글자 앞에 입을 뜻하는 "구口"자를 붙
여 "口法口利口賽(법리새)"라고 한 것은 다음과 같은 이유가 있었기 때문이라
고 주장한다.

> 口法口利口賽朋. 성서에서 말하는 바리사이파 사람들을 중국의 발음에 따라서
> 한문으로 옮겨적는데, 이벽은 그들의 말만 많고 실천 없음을 드러내는 뜻
> 으로 글자마다 "입" 또는 "말"이란 뜻인 구(口)자를 덧붙였다. 이것은 그 당
> 시 복잡하고 내용없는 말만 지껄이며 백성들을 돌보지 않고 자기 스스로도
> 일을 할 줄 모르는 주자학자들, 즉 조선 사회의 선비들을 바리사이파 사람
> 들에 비겨 비판한 것이라고 볼 수도 있다.[152]

하지만 천주교에서는 바리사이파를 한자로 입 "口(구)"자가 빠진 "法利
賽(법리새)"나 입 "口(구)"자가 들어 있는 "口法口利口賽(법리새)"라고 쓴 적
이 없다. 전혀 다른 표현을 썼다.

바리사이파 사람들에 대해 나오는 신약의 복음 말씀은 『성경직해』와 『성
경광익』, 『성년광익』 등에 나온다. 그런데 『성경직해』와 『성경광익』에
서는 바리사이파를 한자로 "法利色義(법리색의)"라고 하였다. 이것을 중

---

152) 『유교와 그리스도교』, 92쪽.

국식으로 발음하면 [faliseyi]다.

> 暨罪人親就耶穌廳訓 法利色義暨斯基巴 咸誹曰…
> →(죄인들이 예수께 나아가 가르침을 들으려 하자 바리사이파와 스그리파
> 사람들이 입을 모아 비방하기를…) (루카 15, 1~2)
> ―『성경직해』 제7권, 성신감림후 제3주일[153]

> 維時 法利色義迫耶穌 明經一士試之曰…
> →(그때 바리사이들이 예수께 다가왔는데 그 중 경[율법]에 밝은 한 학자
> [율법학자]가 예수를 시험하려고 이렇게 말하였다.) (마태 22, 35)
> ―『성경광익』 상권, 성신강림후 제17주일[154]

『성년광익』에서는 바리사이파를 한자로 "法利叟(법리수)"라고 하였다.
이것을 중국식으로 발음하면 [falisou]다.

> 保祿亦入法利叟之當…
> →(바오로 역시 바리사이파 당에 들어가서…)
> ―『성년광익』 춘계, 25일성보록종도귀화[155]

따라서 『만천유고』의 한문본 「성교요지」가 정말로 이벽이나 초기 천
주교 신자들이 쓴 글이라면 당연히 바리사이(파)를 한자로 "法利色義(법
리색의)"나 "法利叟(법리수)"라고 썼지 "□法□利□賽(법리새)"나 "法利賽(법
리새)"로 쓸 수 없다.

한편 초기 천주교 신자들은 바리사이(파)를 우리말로 표기할 때 "바리
서이"라고 하였다. 이것은 박해시기 내내 이어졌으며 박해가 끝난 다음에
도 마찬가지였다.

---

153) 『성경직해』 II, 21쪽.
154) 『성경광익』 상하, 317쪽.
155) 『성년광익』 춘계, 제일편, 24쪽.

유시에 예수 │ 비유를 <u>바리서이</u>들ᄃ려 닐ᄋ샤디 사람이 잇서 져녁잔치를…
→(유시에 예수께서 비유를 바리서이들에게 이르시되 사람이 져녁잔치를…)
－『셩경직히광익』뎨칠권 상편, 강림후뎨이쥬일셩경156)

엇지ᄒᆞ야 스그리바와 <u>바리서이</u>들이 ᄒᆞᆫ가지 예수를 ᄒᆞᆫᄒᆞ엿ᄂᆞ뇨
→(어찌하여 스그리바와 바리서이들이 한가지로 예수를 한하였느뇨.)
－1883년판『셩경감략』157)

유시에 예수 │ 비유를 <u>바리서이</u>들ᄃ려 닐ᄋ샤디 엇던 사람이 져녁잔치
를…
→(유시에 예수께서 비유를 바리서이들에게 이르시되 어떤 사람이 져녁잔
치를…)
－『셩경직히』권류, 강림후뎨이쥬일셩경158)

이에 학쟈들과 <u>바리서이</u>들 즁 몃히 예수ᄭᅴ 말ᄒᆞ야 닐ᄋ디…
→(이에 학자들과 바리서이들 중 몇이 예수께 말하여 이르대…) (마태 12, 38)
－1910년판 / 1922년판『사사셩경』159)

엇지하야 스그리바와 <u>바리서이</u>들이 한가지로 예수를 한하엿나뇨
－1931년판『셩경감략』160)

이에 학지들과 <u>바리서이</u>들 중 몇이 예수께 말하야 이르되…
－1939년판 / 1956년판『사사셩경』161)

간혹 "파리셔이",162) "바리셰이",163) "파리세이"164)란 표현도 등장하였

---

156)『셩경직히광익』Ⅲ, 31쪽.
157)『셩교감략』, 370쪽.
158)『셩경직히』Ⅱ, 532쪽.
159)『사사셩경』(1910), 49쪽;『사사셩경』(1922), 48쪽.
160)『셩교감략』, 747쪽.
161)『사사셩경』(1939), 49쪽;『사사셩경』(1956), 49쪽.
162)『셩년광익』춘계, 뎨일편, 90쪽 앞면.

지만 천주교에서는 1977년에 개신교와 공동번역한 『성서』가 나오기 전까지 거의 대부분 "바리서이"라고 하였다. 그러다 공동번역 『성서』가 나온 이후에는 "바리사이"라고 바뀌었다.

이렇듯 천주교에서는 우리나라에 바리사이와 관련된 복음 말씀이 전해진 이후 지금까지 한 번도 바리사이파를 한자로 "□法□利□賽(법리새)"라고 한 적이 없었다. 심지어 입 구□자를 뺀 "法利賽(법리새)"라는 말도 쓴적이 없다. 이것은 고 김양선 목사가 『만천유고』의 한문본 「성교요지」를 기증하기 전이나, 기증할 때나, 기증한 후 많은 사람들이 한문본 「성교요지」에 대한 극찬을 쏟아낼 때도 변함없는 사실이었다.

이런 사실을 볼 때도 두 개의 한문본 「성교요지」에서 바리사이파를 한자로 모두 "□法□利□賽(법리새)"라고 썼다는 것은 두 개의 한문본 「성교요지」가 모두 기본적으로 결코 이벽은 물론 천주교와 아무 상관이 없는 글이라는 것을 알 수 있다.

천주교와 한문본 「성교요지」 용어 비교

한문본 성교요지		□法□利□賽(법리새)
성경직해	1636년	法利色義(법리색의)
셩년광익	1738년	法利叟(법리수)
성경광익	1740년	法利色義(법리색의)
성경직히광익	1801년	바리서이
셩교감략	1883년	바리서이
성경직히	1897년	바리서이
셩년광익	미상	파리셔이
사사성경	1910년	바리서이
사사성경	1922년	바리서이
셩교감략	1931년	바리서이

---

163) 『신약성서 상편』, 57쪽.
164) 『복음성서』, 49쪽.

사사성경	1939년	바리서이
신약성서 상편	1948년	바리서이 / 바리새이
복음성서	1971년	바리서이 / 파리세이
공동번역 성서	1977년	바리사이
200주년 성서	1991년	바리사이
성경	2005년	바리사이

두 개의 한문본 「성교요지」 모두에 나오는 한자 "□法□利□賽(법리새)"는 개신교 용어다. 중국 개신교 성서에서부터 그런 용어를 사용하였다. 중국 개신교 성서에서는 "바리사이" 혹은 "바리사이파"를 한자로 "法利賽(법리새)"라고 쓰기도 하고 "□法□利□賽(법리새)"라고 쓰기도 하였다.

중국 개신교 성서와 한문본 「성교요지」 용어 비교

한문본 성교요지			□法□利□賽(법리새)
新約全書 (신약전서)	1866년	香港英華書院 (연세대학교 소장)	法利賽
新約全書 (신약전서)	1886년	上海美華書館 刊行 (大美國聖經會 託印) (연세대학교 소장)	法利賽
路加傳福音書 (로가전복음서)	1887년	上海美華書館 刊行 (한국교회사연구소 소장)	□法□利□賽
新約全書 (신약전서)	1891년	上海美華書館 (大英聖書公會 託印) (연세대학교 소장)	□法□利□賽
新約全書 (신약전서)	1893년	英漢書館 (陽格非 重譯) (연세대학교 소장)	法利賽
新約全書: 文理 (신약전서: 문리)	1895년	漢鑯英漢書館 (陽格非 重譯) (연세대학교 소장)	法利賽
新約全書 (신약전서)	1896년	上海大美國聖經會 (연세대학교 소장)	法利賽

新舊約聖書: 文理 (신구약성서: 문리)	1904년	中國聖書公會 (연세대학교 소장)	☐法☐利☐賽
新舊約聖書: 文理 (신구약성서: 문리)	1905년	上海聖書公會 (연세대학교 소장)	☐法☐利☐賽
新舊約聖經: 文理 (신구약성경: 문리)	1912년	上海大美國聖經會 (서강대학교 소장)	法利賽

일본 개신교 성서에서도 바리사이 혹은 "바리사이파"를 한자로 쓸 때 입 구☐ 자를 넣은 "☐法☐利☐賽(법리새)"라고 하였다. 그리고 일본어로 쓸 때는 "パリサイ(바리사이)"라고 하였다.

일본 개신교 성서와 한문본 「성교요지」 용어 비교

한문본 성교요지	☐法☐利☐賽(법리새)

馬可傳福音書 (마가전복음서)	1872년	헵번&브라운 역 성서	パリサイ 165)
馬可傳福音書 (마가전복음서)	1879년	일본 훈점성서	☐法☐利☐賽166)
新約全書馬可傳福音書 (신약전서마가전복음서)	1880년	일본 명치역 성서	パリサイ 167)

한국 개신교 성서에서도 마찬가지였다. 한국 개신교 성서에서는 바리사이 혹은 바리사이파를 한자로 쓸 때 처음부터 "☐法☐利☐賽(법리새)"라고 하였다. 즉 이수정의 현토성서에서 모두 각 글자마다 입 구☐자를 넣은 "☐法☐利☐賽(법리새)"로 썼던 것이다. 이수정이 번역한 『신약마가전복음 셔언히』에서는 한자로 "☐法☐利☐賽(법리새)"라고 쓴 다음 한글로 "바리새 오스"라고 하였다. 1891년에 나온 『요한복음젼』에서는 한자로 "法利賽

---

165) 오미영, 앞의 책, 388쪽, 401쪽.
166) 같은 책, 283쪽, 305쪽.
167) 같은 책, 480쪽, 465쪽.

(법리새)"라고 쓰고 한글로 "바리싀"라고 하였다.

한국 개신교 성서와 한문본「성교요지」의 용어 비교 Ⅰ

한문본 성교요지			□法□利□賽(법리새)
신약성서 마태전(현토성서)	1884년	이수정	□法□利□賽
신약성서 마가전(현토성서)	1884년	이수정	□法□利□賽
신약성서 로가전(현토성서)	1884년	이수정	□法□利□賽
신약성서 약한전(현토성서)	1884년	이수정	□法□利□賽
신약성서 사도행전(현토성서)	1884년	이수정	□法□利□賽
신약마가젼복음셔언히	1885년	이수정	□法□利□賽(바리새오스)
요한복음젼	1891년	펜윅	法利賽(바리싀)

한마디로『만천유고』의 한문본「성교요지」에서 바리사이파를 "□法□利□賽(법리새)"라고 한 것은 이벽이 말많은 조선 선비들을 비판하기 위해 쓴 독창적인 표현이 아니라 한중일 개신교에서 공통적으로 썼던 개신교 용어였던 것이다. 심지어 입 "구口"를 뺀 "法利賽(법리새)"도 중국과 한국 개신교에서 쓰는 개신교 용어였던 것이다.

이런 개신교 용어가 등장하는『만천유고』의 한문본「성교요지」를 이벽이 썼다는 것은 말이 안 된다. 마찬가지로 그런 개신교 용어가 나오는『당시초선』의 한문본「성교요지」를 이벽이 당나라 시에서 찾아내 수집하였다는 것도 말이 안 되며 아직 개신교가 들어오기 전에 순교한 김대건 안드레아 신부가 그 글을 베껴썼다는 것도 말이 안 된다. 이런 사실만 보아도 그 두 개의 한문본「성교요지」가 어떤 의도로 만들어졌는지 충분히 짐작하고도 남는다.

한편 한국 개신교 성서에서는 바리사이 혹은 바리사이파를 한글로 쓸 때 되도록 한자음을 살려서 썼다. 그래서 한자 "□法□利□賽(법리새)"나 "法

利賽(법리새)"를 그대로 음역하여 "법리새", "법리식", "법니식" 혹은 "바리식", "바리새"라고 하였다.

한국 개신교 성서와 한문본 「성교요지」의 용어 비교 II

한문본 성교요지		□法□利□賽(법리새)	
예수성교 누가복음젼서	1882년	로스	바리식
예수성교성셔 요안늬복음	1882년	로스	바리식
예수성교성셔 누가복음데자힝젹	1883년	로스	바리식
예수성교 요안늬복음젼서	1883년	로스	바리식
예수성교성셔 맛듸복음	1884년	로스	바리식
예수성교성셔 말코복음	1884년	로스	바리식
예수성교성셔 요안늬복음이비쇼셔신	1885년	심양 문광셔원	바리식
예수성교성셔 맛듸복음	1886년	심양 문광셔원	바리식
예수성교젼셔	1887년	경셩 문광셔원	바리식
마가의 젼흔 복음셔언히	1887년	아펜젤러 / 언더우드	바리새오
누가복음젼	1890년		바리식
마태복음젼	1892년	아펜젤러	파리식
예수성교성셔 맛듸복음	1892년	심양 문광셔원	바리식
약한의 긔록흔 듸로복음	1893년	펜윅	법니식
누가복음젼	1893년		바리식
마태복음	1895년		법리식
누가복음	1895년		법리식 / 바리샤이
마가복음	1895년		법리식
스도힝젼	1895년		법리식
마태복음	1896년		법리식
요한복음	1896년		법리식
스도힝젼	1896년		법리식
마태복음	1898년		파리식
마가복음	1898년		파리식
누가복음	1898년		파리식 (바리식)
사도힝젼	1898년		파리새
신약젼셔	1900년		바리식

국한문 신약전서	1906년		바리시
마태복음	1906년		바리시
요한복음	1906년		바리시
ᄉᆞ도힝젼	1906년		바리시
신약젼셔	1907년		바리시
국한문 신약전서	1911년	조선경성 대미국성경회 (연세대학교 소장)	바리시
관쥬 신약전서	1912년		바리시
신약젼셔	1919년	펜윅 / 대한긔독교회	법리시
국한문 신약전서	1922년	조선경성 대영성서공회	바리시
부표관주 신약전서	1922년		바리시
기일신역 신구약전서(하)	1925년		바리새
션한문 신약전서	1926년	조선경성 대영성서공회 (연세대학교 소장)	바리시
선한문 관주 신약전서	1926년		바리새
관쥬 신약전서	1930년	죠션경셩 대영셩셔공회	바리새
신약셩셔 요한복음	1936년	조선경성 대영셩셔공회	바리새
개역 신약	1939년	셩셔공회	바리새
간이 선한문 신약(개역)	1940년	조선성서공회	바리새
영한대조 신약전서	1947년	서울 뉴라이프 프레스	바리새
영한대조 신약전서	1956년	대한성서공회	바리새
간이 국한문 신약전서(개역)	1956년	대한성서공회	바리새

하지만 이렇듯 바리사이파에 대한 우리말 개신교 용어가 있는데도 한글본 「성교요지」에서는 한문본에 나온 "□法□利□賽(법리새)"를 우리말로 제대로 번역하지 않은 채 다음과 같이 말하였다.

> 공샤이 림ᄒᆞ야 죽은 ᄌᆞ와 ᄀᆞᆺ고 관리ᄒᆞ야 녹을 ᄐᆞᄂᆞ듸도 무능ᄒᆞ기 그
> 지업스니 구복ᄒᆞ기를 틈녹이 과ᄒᆞ고 부쳐 셕ᄀᆞ 졔물 듸ᄂᆞ니 모두 <u>위션
> 된 사톰</u>이라 그들이 보는 수릭복귀 인연을 ᄭᆡ우쳐 업싞 주어야 ᄒᆞᄂᆞ
> 니라168)
> →(공사에 임하여 죽은 자와 같고 관리하여 녹을 타는 데도 무능하기 그지
> 없으니 구복하기를 탐욕이 과하고 부처 석가 제물 되나니 모두 <u>위선된</u>
> <u>사람</u>이라. 그들이 보는 수레바퀴 인연을 깨우쳐 없애 주어야 하나니라.)

---

168) 10쪽 뒷면; 『하성래 역』, 81쪽.

즉 그냥 "위선된 사람"이라고만 하였던 것이다. 이것 역시 앞에서 예언자 이사야를 나타내는 개신교 한자 용어를 제대로 번역하지 않고 그냥 '옛 속담에 가라사대'라고 얼버무린 것과 같은 맥락의 사례다. 그러니까 한글본 「성교요지」에는 일부 개신교 용어가 등장하기는 하지만 그 글을 쓴 사람이 개신교 신자가 아닌 것은 물론 성서와 그리스도교의 기본 상식조차 없는 사람이기 때문에 어떤 경우는 한자 성서용어를 제대로 이해하지 못 해 대충 얼버무려 우리말로 옮긴 것이다. 이러한 사례는 앞으로도 계속 나올 것이다.

6) 希律(희률)

두 개의 한문본 「성교요지」에서는 예수님이 탄생한 후 헤로데를 피해 도망갔다가 헤로데가 죽은 후 다시 돌아오는 마태오 복음 3장 3절의 내용을 다음과 같이 전하고 있다.

后皇最忍 按戶戮刑 挪負投遠 避境藏形
治君沒卒 率眷返止 仰恐勒召 夜深脫去
畜老革荒 龍現首擧 免黴幸哉 原麽終始[169]
→(후황이 너무나 잔인하여 집집마다 참형을 내리니 (아기를) 등에 업고 먼 곳으로 가 국경 너머로 피하여 몸을 숨겼네.
임금이 죽자 가족을 데리고 돌아왔으나 강제로 소환을 당하게 될까 두려워 깊은 밤에 도망을 갔네.
짐승이 늙어 몸에 털이 빠져 가죽이 드러나 보이고 용이 나타나 고개를 드니
다행히도 재앙을 면하게 되었네. (그 용은) 본래 끝도 시작도 없는 분이로다.)

---

169) 『만천유고』, 12쪽 앞면;『당시초선』, 6쪽;『유교와 그리스도교』, 77쪽;『하성래 역』, 51쪽.

그런데 『만천유고』 한문본 「성교요지」에서는 여기에 대해 다음과 같은 주석을 붙여 보충 설명을 해주고 있다.

右節 …(중략)… 荒空也 畜老卽毛脫而皮空 喩希律旣髦而行惡也 龍謂耶穌也[170]
→(윗절에서 …(중략)… "황(荒)"이란 횡하니 비어있는 것을 말한다. 짐승이 늙으면 털이 빠져 가죽이 횡하게 비게 되니, 이것은 헤로데(希律)가 이미 털이 빠졌는데도 악행을 저지르는 것을 말하는 것이다. "용(龍)"은 예수를 말한다.)

위 내용은 너무도 난해하고 복잡하게 되어 있다. 정말로 이벽이 천주교를 전혀 모르는 18세기 조선 사람들에게 천주교의 핵심요지를 가르쳐주기 위해 『만천유고』의 한문본 「성교요지」를 썼다면 당연히 그 내용이 간결하면서도 명확해야 할 것이다. 그래야 처음 듣는 사람도 금방 알아들을 수 있을 테니 말이다. 하지만 『만천유고』의 한문본 「성교요지」는 전혀 그렇지 않다. 그 대표적인 예가 바로 이 경우다.

위 내용을 보면 그냥 처음부터 "헤로데왕" 혹은 "헤로데 임금" 혹은 "당시 유다의 왕 헤로데"라고 하면 금방 알아들을 수 있는데도 너무도 복잡하게 되어 있다. 본문에서는 한 번도 "헤로데"를 언급하지 않았다. 그저 "后皇(후황)"이니 "治君(치군−임금)"이니 하다가 나중에는 "畜(축−짐승)"이라고 하였다. 그리고는 나중에 따로 주석을 붙여 그 '짐승'이 바로 '헤로데(希律)'라고 말하고 있다.

이것은 "예수"의 경우도 마찬가지다. 그냥 처음부터 본문에서 "예수"라고 하면 될 것을 본문에서는 전혀 "예수"라는 말을 하지 않다가 나중에 가서 "용龍"이라고 하였다. 그리고는 거기에 대해 따로 주석을 붙여 '여기에서 용이란 예수耶穌를 말한다'고 하였다.

---

170) 12쪽 뒷면; 『유교와 그리스도교』, 78쪽; 『하성래 역』, 51쪽.

만일 천주교를 전혀 모르는 18세기 조선 사람들이 이런『만천유고』의 한문본「성교요지」를 읽었다면 그 내용을 제대로 이해하기 어려웠을 것이다. 이것은『당시초선』의 한문본「성교요지」를 보면 잘 알 수 있다. 거기에서는 아무런 보충 설명해주는 주석이 없기 때문에 천주교를 모르는 사람들은 그것이 무엇을 말하는지 전혀 알 수 없다.

이것은 똑같이 4 · 4조로 되어 있으며 아주 짧고 간단명료하게 되어 있는『천주성교 사자경문』과 너무도 비교되는 모습이다.『천주성교 사자경문』에는 주석이나 추가적인 설명이 전혀 붙어 있지 않다. 하지만 본문 내용만 봐도 그것이 무엇을 말하는지 금방 알 수 있도록 되어 있다. 인명이나 지명도 빙빙 돌려서 추상적으로 말하지 않고 아주 구체적으로 정확하게 언급하고 있다. 이것은 잠시 후에 소개하게 될 예문에서 잘 드러나듯이 아기 예수님이 탄생 후 헤로데를 피해 도망갔다가 헤로데가 죽은 후 다시 돌아오는 마태오 복음 3장 3절의 내용의 경우도 마찬가지다.[171]

이런 사실을 보더라도『만천유고』한문본「성교요지」의 본문과 주석을 쓴 사람은 서로 다른 사람이라는 것을 알 수 있다. 본문 내용이 너무나 허점투성이기 때문에 그것을 보완하여 완벽하게 보이게 하려고 나중에 다른 사람이 주석을 붙인 것이다.

여기에서 또 다른 문제는 바로 용어상의 문제다.『만천유고』한문본「성교요지」의 주석을 보면 헤로데를 한자로 "希律(희률)"이라고 하였다.[172] 그런데 이 "希律(희률)"이라는 한자 용어가 천주교에서는 전혀 쓰지 않는 용어라는 것이다.

천주교에서는 헤로데를 한자로 쓸 때 전혀 다르게 썼다. 우선,『천주성교 사자경문』에서는 헤로데를 한자로 "黑落得(흑낙득)"이라고 하였다. 이

---

171)『천주성교 사자경문』, 11쪽 뒷면~12쪽 뒷면.
172) 이상하게도 이성배와 하성래는 한자 "希律"을 헤로데라고 번역하지 않고 그냥 "늙은이"라고만 번역하였다(『유교와 그리스도교』, 78쪽;『하성래 역』, 50쪽).

것의 중국식 발음은 [heiluode]다.

> 王黑落得 如德亞君 因三王朝 心生猜忌 欲殺耶穌…173)
> →(헤로데왕은 여덕아의 임금인데 삼왕이 알현을 하고 간 후 마음에 시기
> 하는 마음이 생겨 예수를 죽여야겠다는 생각이 들었다.)

『성년광익』에서는 헤로데를 이것과 조금 다른 한자인 "黑落德(흑낙덕)"
이라고 표현하였다. 이것의 중국식 발음은 [heiluode]다.

> 三王來朝耶穌時 如達國君黑落德…
> →(삼왕이 예수를 방문하였을 때 여달국의 임금인 헤로데는…)
> ─『성년광익』동계, 제12편, 28일 제성영해치명174)

> 三王知此星非常 又有天主黙示… 入城訪問救世主生於何處 國王黑落德
> 驚甚…
> →(삼왕은 이 별이 보통 별이 아니며 천주의 메시지라는 것을 알았다… [그
> 들은 예루살렘에] 입성하여 구세주께서 어디에서 탄생하셨는지 물었
> 다. 그러자 헤로데왕이 몹시 놀라…)
> ─『성년광익』춘계, 제1편, 6일 삼왕내조175)

그런가하면 『성경직해』와 『성경광익』에서는 아기 예수를 죽이려고
하였던 헤로데를 한자로 "阨落德(액낙덕)"이라고 하였다. 이것을 중국식
으로 발음하면 [eluode]이다.

> 耶穌旣降誕… 阨落德時…
> →(예수께서 마침내 강생하시니… 그때는 헤로데 왕때였다…)
> ─『성경직해』제9권, 삼왕내조야소첨례176)
> ─『성경광익』상권, 삼왕내조177)

---

173) 『천주성교 사자경문』, 11쪽 뒷면.
174) 『성년광익』동계, 93쪽 뒷면.
175) 『성년광익』춘계, 6쪽 앞면.
176) 『성경직해』II, 279쪽.

한편 아기 예수를 죽이려 했던 헤로데가 죽은 후 그 뒤를 이어 왕좌에 오른 아들의 이름도 헤로데다. 그런데 『성경직해』에서는 아들 헤로데에 대해서는 한자로 "阤落德(액낙덕)"이라고 하기도 하고[178] "額落德(액낙덕)"이라고 하기도 했다.[179] 중국식 발음은 둘 다 똑같이 [eluode]이다.

이렇듯 초기 천주교 신자들이 읽었던 한문서학서에서는 어떤 경우에도 헤로데를 한자로 "希律(희률)"이라고 한 적이 없다. 따라서 이러한 한문서학서들을 통해 천주교와 복음 내용을 처음으로 접하였던 이벽과 초기 천주교 신자들이 헤로데를 "希律(희률)"이라고 썼을 리가 없다. 자신들이 들어보지도 못 한 용어를 어찌 쓰겠는가. 이러한 사실을 볼 때 헤로데를 한자로 "希律(희률)"이라고 쓴 『만천유고』의 한문본 「성교요지」는 기본적으로 이벽의 글이 아닐 뿐만 아니라 다른 초기 천주교 신자들이 쓴 글도 아니다.

초기 천주교 신자들은 헤로데를 한글로 쓸 때 "헤로더"라고 하였다. 이러한 사실은 『성경직히광익』을 보면 잘 알 수 있다.

> 예수 …(중략)… <u>헤로더</u> 왕째에 나시매…
> ―『성경직히광익』 데일권 하편, 삼왕릭됴셩경[180]

이것은 그 후 박해시기 때도 마찬가지였다. 1883년에 간행된 『성교감략』에도 여전히 "헤로더"였다.

> 삼왕이 ᄒᆞᆫ 가지로 <u>헤로더</u> 악왕의 죠뎡에 드러가 무러 ᄀᆞᆯ으ᄃᆡ 구셰쥬ㅣ
> 어ᄂᆞ 곳에 탄ᄉᆡᆼᄒᆞ시뇨…
> →(삼왕이 한 가지로 헤로더 악왕의 조정에 들어가 물어 갈아대 구세주께
> 서 어느 곳에 탄생하시뇨…)
> ―1883년판 『성교감략』[181]

---

177) 『성경광익』 상하, 79쪽.
178) 『성경직해』 II, 181쪽.
179) 『성경직해』 I, 552쪽.
180) 『성경직히광익』 I, 270쪽.

박해가 끝난 후에도 마찬가지였다. 1897년에 간행된『셩경직히』와 간행 연도를 잘 알 수 없는『셩년광익』과, 1910년에 간행된『사사성경』에서도 여전히 "헤로더"라고 하였다.

> 예수ㅣ …(중략)… <u>헤로더</u> 왕때에 나시매…
> 　　　　　　　　　　　　　　－『셩경직히』권이, 삼왕릭죠셩경[182]

> 삼왕이… 셩에 드러가 구셰쥬ㅣ 어딕 나심을 무르니 국왕 헤로더ㅣ 심히 놀나고…
> 　　　　　　　　　　　　　　－『셩년광익』춘계, 뎨일편, 류일삼왕릭죠[183]

> 헤로더왕이 듯고 놀나며…
> →(헤로데왕이 듣고 놀라며…)
> 　　　　　　　　　　　　　　－1910년판『사사성경』[184] (마태 2, 1)

그러다 1922년에 나온『사사성경』부터 "헤로데"라고 하였으며 이것은 현재까지도 계속되고 있다.

> 헤로데왕이 듯고 놀나며…
> 　　　　　　　　　　　　　　－1922년판『사사성경』[185]

이렇듯 한국천주교회에서는 그 초기부터 지금까지 헤로데를 한자로나 한글로 "希律" 혹은 "희률"이라고 쓴 적이 없었다. 이러한 사실을 볼 때도 『만천유고』의 한문본「셩교요지」는 이벽이 쓴 글이 아닌 것은 물론 천주

---

181)『셩교감략』, 315~316쪽.
182)『셩경직히』I, 214쪽.
183)『셩년광익』춘계, 29쪽 앞면.
184)『사사성경』(1910), 4쪽.
185)『사사성경』(1922), 4쪽.

교 신자가 쓴 글도 아니다.

천주교와 한문본 「성교요지」의 용어 비교

한문본 성교요지		希律(희률)
성경직해	1636년	阨落德(액낙덕)
천주교 사자경문	1642년	黑落得(흑낙득)
성년광익	1738년	黑落德(흑낙덕)
성경광익	1740년	阨落德(액낙덕)
성경직히광익	1801년	헤로더
성교감략	1883년	헤로더
성경직히	1897년	헤로더
셩년광익	미상	헤로더
사사성경	1910년	헤로더
사사성경	1922년	헤로데
성교감략	1931년	헤로데
사사성경	1939년	헤로데186)
신약성서 상편	1948년	헤로데187)
사사성경	1956년	헤로데188)
복음성서	1971년	헤로데189)
공동번역 성서	1977년	헤로데
200주년 성서	1991년	헤로데
성경	2005년	헤로데

"希律(희률)"은 개신교 용어다. 중국 개신교 성서에서 헤로데를 한자로 "希律"이라고 썼다.

중국 개신교 성서와 한문본 「성교요지」의 용어 비교

한문본 성교요지	希律(희률)

---

186) 『사사성경』(1939), 223쪽.
187) 『신약성서 상편』, 18쪽.
188) 『사사성경』(1956), 223쪽.
189) 『복음성서』, 16쪽.

대표역본 성서	1852년	미국성서공회 소장본	希律[190]
新約全書 (신약전서)	1866년	香港英華書院 (연세대학교 소장)	希律
新約全書: 官話 (신약전서: 관화)	1886년	上海美華書館 刊行 (大美國聖經會 託印) (연세대학교 소장)	希律
路加傳福音書 (로가전복음서)	1887년	上海美華書館 刊行 (한국교회사연구소 소장)	希律
新約全書 (신약전서)	1891년	上海美華書館 (大英聖書公會 託印) (연세대학교 소장)	希律
新約全書 (신약전서)	1893년	英漢書館 (陽格非 重譯) (연세대학교 소장)	希律
新約全書: 文理 (신약전서: 문리)	1895년	漢鎭英漢書館 (陽格非 重譯) (연세대학교 소장)	希律
新約全書 (신약전서)	1896년	上海大美國聖經會 (연세대학교 소장)	希律
新舊約聖書: 文理 (신구약성서: 문리)	1904년	中國聖書公會 (연세대학교 소장)	希律
新舊約聖書: 文理 (신구약성서: 문리)	1905년	上海聖書公會 (연세대학교 소장)	希律
新舊約聖經: 文理 (신구약성경: 문리)	1912년	上海大美國聖經會 (서강대학교 소장)	希律

일본 개신교 성서에서도 헤로데를 한자로 쓸 때 "希律(희률)"이라고 하였다. 그리고 일본어로 쓸 때는 "ヘロデ(에로데)"라고 하였다.

일본 개신교 성서와 한문본 「성교요지」 표현 비교

한문본 성교요지	希律(희률)

---

190) 한미경, 앞의 글, 327쪽.
191) 오미영, 앞의 책, 371, 384쪽.

馬可傳福音書 (마가전복음서)	1872년	헵번&브라운 역 성서	ヘロデ191)
馬可傳福音書 (마가전복음서)	1879년	일본 훈점성서	**希律**(ヘロデ)192)
新約全書馬可傳福音書 (신약전서마가전복음서)	1880년	일본 명치역 성서	ヘロデ193)

한국 개신교 성서에서도 마찬가지였다. 한국 개신교 성서에서는 헤로데를 한자로 쓸 때 처음부터 "希律(희률)"이라고 썼다. 한국 개신교 성서 중에서 헤로데를 한자로 쓴 것은 이수정의 현토성서들과 『신약마가전복음서언희』다. 그런데 거기에서 모두 헤로데를 한자로 "希律(희률)"이라고 하였던 것이다.

한국 개신교 성서와 한문본「성교요지」의 표현 비교

한문본 성교요지	希律(희률)

신약성서 마태전(현토성서)	1884년	이수정	希律
신약성서 마가전(현토성서)	1884년	이수정	希律
신약성서 로가전(현토성서)	1884년	이수정	希律
신약성서 사도행전(현토성서)	1884년	이수정	希律
신약마가전복음서언희	1885년	이수정	希律(헤로데쓰)

그래서인지 한글로 쓴 한국 개신교 성서들은 대부분 헤로데를 "헤롯"이라고 하였다. "希律(희률)"을 중국식으로 발음하면 [xilu]이다. 하지만 개신교 성서 중에는 한자 "希律(희률)"을 그대로 우리말로 음독하여 "희률"이라는 가차문자를 사용한 경우도 있다.

---

192) 같은 책, 253쪽, 275쪽, 276쪽, 277쪽, 291쪽, 322쪽.
193) 같은 책, 446쪽, 461쪽.

한국 개신교 성서들과 한문본 「성교요지」의 용어 비교

한문본 성교요지		希律(희률)

예수성교 누가복음젼서	1882년	로스	혜롯
예수성교성서 누가복음데자힝젹	1883년	로스	혜롯
예수성교성서 맛듸복음	1884년	로스	혜롯
예수성교성서 말코복음	1884년	로스	혜롯
예수성교성서 맛듸복음	1886년	심양 문광서원	혜롯
예수성교젼서	1887년	경성 문광서원	혜롯
마가의 젼흔 복음셔언히	1887년	아펜젤러 / 언더우드	혜로데
누가복음젼	1890년		혜롯
마태복음젼	1892년	아펜젤러	혜롯
예수성교성서 맛듸복음	1892년	심양 문광서원	혜롯
누가복음젼	1893년		혜롯
마태복음	1895년		희률
누가복음	1895년		혜로데
마가복음	1895년		희률
스도힝젼	1895년		희률
마태복음	1896년		희률
스도힝젼	1896년		희률
마태복음	1898년		혜롯
마가복음	1898년		혜롯
누가복음	1898년		혜롯
사도힝젼	1898년		희롯
신약젼서	1900년		혜롯
국한문 신약젼서	1906년		혜롯
마태복음	1906년		혜롯
스도힝젼	1906년		혜롯
신약젼서	1907년		혜롯
관쥬 신약젼서	1912년		혜롯
신약젼서	1919년	펜윅 / 대한긔독교회	희률
국한문 신약젼서	1922년	조선경성 대영성서공회	혜롯
부표관주 신약젼서	1922년		혜롯
기일신역 신구약젼서(하)	1925년		혜롯
선한문 신약젼서	1926년	조선경성 대영성서공회 (연세대학교 소장)	혜롯
선한문 관주 신약젼서	1926년		혜롯
관쥬 신약젼셔	1930년	죠선경성 대영성셔공회	혜롯

간이 선한문 신약	1935년	조선경성 대영성서공회	헤롯
개역 신약	1939년	성서공회	헤롯
간이 선한문 신약(개역)	1940년	조선성서공회	헤롯
영한대조 신약전서	1947년	서울 뉴라이프 프레스	헤롯
영한대조 신약전서	1956년	대한성서공회	헤롯
간이 국한문 신약전서(개역)	1956년	대한성서공회	헤롯

이렇듯 『만천유고』의 한문본 「성교요지」에 등장하는 "希律(희률)"이란 한자 용어는 한중일 개신교 성서 모두에서 사용하는 개신교 용어였다. 따라서 이런 개신교 용어가 등장하는 한문본 「성교요지」가 결코 이벽이 쓴 글일 수가 없다. 그리고 다른 천주교 신자가 쓴 글일 수도 없다.

한편 한글본 「성교요지」에서는 이 대목을 다음과 같이 전하고 있다.

> <u>의 나르 님군</u> 치 알지 못한 수이라 <u>방문을 깁기 줌그고</u> 밤늦기 니르러셔야 비로쇼 누맛시니 홀연 굿치 늘르ㄱ시니 이를 아무도 보는 이 업셧누니라
> <u>퇴즈 문득 죽으니</u> 인턱을 니쓸고 도르 오기를 멈츄고누니 억디 부르시믈 두려워ᄒ야 아히 업고 멀니 피ᄒ 시엿누니라194)
>
> →(<u>이 나라 임금</u> 채 알지 못 한 사이라 <u>방문을 깊게 잠그고</u> 밤늦게 이르러서야 비로소 남았으니 홀연 같이 날라가시니 이를 아무도 보는 이 없었나니라.
> <u>태자 문득 죽으니</u> 인척을 이끌고 돌아오기를 멈추고나니 억지 부르심을 두려워하여 아이 업고 멀리 피하셨나니라.)

이렇듯 한글본 「성교요지」에는 "예수"라든가 "헤로데"와 같은 구체적인 이름이 등장하지 않았을 뿐만 아니라 그 내용도 성서 내용과 전혀 맞지 않다. 심지어 두 개의 한문본 「성교요지」의 내용과도 맞지 않는다. 예수님 가족은 방문을 잠근 적도 없고 홀연히 날아 간 적도 없다. 더욱이 예

---

194) 4쪽 앞뒷면; 『하성래 역』, 51쪽.

수님 가족이 돌아오려고 한 것은 '헤로데가 죽은 후'였지, 헤로데의 아들인 '태자가 죽은 후'가 아니었다. 이런 엉터리 같은 내용만 보더라도 한글본 「성교요지」를 이벽이 썼다는 것은 말이 안 된다.

이런 내용을 보면 한글본 「성교요지」를 쓴 사람이 성서를 전혀 모르는 사람일 가능성이 대단히 크다. 그리고 한문본 「성교요지」를 쓴 사람과는 전혀 별개의 다른 사람일 가능성이 매우 크다. 게다가 한문도 잘 알지 못하는 사람일 가능성이 크다. 그런 사람이 한문본 「성교요지」를 번역하다 보니 심지어 한문본 「성교요지」의 내용과도 맞지 않는 완전히 엉뚱한 내용으로 되어 버린 것이다. 하지만 이것은 시작에 불과하다. 이런 사례는 앞으로도 계속 나올 것이며 그 정도도 갈수록 심해진다.

7) 亞伯(아백)*

『만천유고』와 『당시초선』의 한문본 「성교요지」에는 아벨과 그 형에 대한 이야기를 다음과 같이 전하고 있다.

> 口傳亞伯 羊祭信心˙ 長子苦兄 敵殺及今[195]
> →(아벨의 전승에 따르면 신심을 다하여 양을 제사지냈는데
> 맏아들 되는 그의 형이 적개심을 품고 그를 살해하니 (그 죄가) 오늘에
> 까지 미치고 있도다.)

우리나라 초기 천주교 신자들이 읽었던 『성경직해』에서는 아벨의 형을 한자로 "加因(가인)"이라고 분명하게 말하고 있다. 그런데 여기에서는 아벨의 형 이름을 말하지 않고 그냥 '맏아들 되는 그 형'이라고만 하였다.

하지만 그건 그럴 수 있다치더라도 여기에서 무엇보다도 문제가 되는 것은 아벨을 뜻하는 한자 "亞伯(아백)"이란 용어다. 천주교에서는 아벨을

---

195) 『만천유고』, 10쪽 뒷면; 『당시초선』, 1쪽; 『유교와 그리스도교』, 72쪽; 『하성래 역』, 41쪽.

한자로 그렇게 쓴 적이 없다. 천주교에서는 아벨을 한자로 쓸 때 "亞白爾(아백이)" 혹은 "亞伯爾"(아백이)라고 하였다. 이것은 『성경직해』를 보면 알 수 있다.

亞白爾卽亞黨次子是也 蓋加因其兄 嫉妬弟德 携之出遊而殺之…
→(아벨은 아담의 둘째 아들이다. 가인은 그의 형인데 동생의 덕을 질투하더니 동생을 데리고 나가 죽여버렸다…)
―『성경직해』제5권, 봉제후 제6주일[196]

義血自義亞伯爾…義血 卽聖人爲義 被殺之血也 亞伯爾亞黨元祖次子也.
→(의로운 피가 아벨로부터…의로운 피란 곧 성인이 의로운 일을 하다 죽임을 당해 흘린 피를 말한다. 아벨은 아담 원조의 둘째 아들이다.)
―『성경직해』제13권, 성사덕망수선치명자첨례
(聖斯德望首先治命子瞻禮)[197]

이러한 사실을 볼 때 『만천유고』와 『당시초선』의 한문본 「성교요지」 모두가 아벨을 한자로 "亞伯(아백)"이라고 하였다는 것은 그 두 개의 한문본 「성교요지」 모두가 초기 천주교와는 아무런 상관이 없는 글이라는 것을 의미한다. 그 중에서도 특히 『만천유고』의 한문본 「성교요지」는 이벽이 쓴 글일 수가 없다는 것을 다시 한 번 확인할 수 있다.

한자 "亞白爾(아백이)"나 "亞伯爾(아백이)"의 중국식 발음은 둘 다 [yabaier]이다. 그런데 초기 천주교 신자들은 이것을 우리말로 전환해서 쓰거나 말할 때 "아벌"이라고 하였다. 이것은 『성경직히광익』을 보면 알 수 있다.

올흔 아벌의 피로브터 성뎐 안희 졔딕에서 죽인 바라씨 아들 자가리아의 피짜지…

---

196) 『성경직해』 I, 612쪽.
197) 『성경직해』 II, 666~667쪽.

→(옳은 아벨의 피로부터 성전 안에 제대에서 죽인 바라끼 아들 자가리아
　의 피까지…)
　　　　－『셩경직히광익』 뎨십일권, 셩스데파노슈션치명쳠례셩경198)

　　그러다가 1883년에 나온 『셩교감략』에서는 한글로 "아벨"이라고 하였
다.199) 그 후에는 지금까지 계속 "아벨"이라고 하고 있다. 이렇듯 천주교
에서는 한 번도 아담의 둘째 아들을 한자나 한글로 "亞伯" 혹은 "아백"이
라고 한 적이 없다. 이러한 사실을 보더라도 두 개의 한문본 「성교요지」는
이벽은 물론 천주교와 아무런 상관이 없는 글이다.

천주교와 한문본 「성교요지」의 성서 용어 비교

한문본 성교요지		亞伯(아백)
성경직해	1636년	亞白爾(아백이) / 亞伯爾(아백이)
성경직히광익	1801년	아벌
성교감략	1883년	아벨
성경직히	1897년	아벨200)
사사성경	1910년	아벨201)
사사성경	1922년	아벨202)
성교감략	1931년	아벨203)
사사성경	1939년	아벨204)
신약성서 상편	1948년	아벨205)
사사성경	1956년	아벨206)
복음성서	1971년	아벨207)
공동번역 성서	1977년	아벨
200주년 성서	1991년	아벨
성경	2005년	아벨

---

198)『셩경직히광익』 IV, 375~376쪽.
199)『셩교감략』, 46~53쪽.
200)『셩경직히』 III, 351쪽.
201)『사사성경』(1910), 271쪽.
202)『사사성경』(1922), 266쪽.

한편 아벨에 대한 두 개의 한문본「성교요지」내용에는 또 하나의 문제가 있다. 그것은 바로 '맏아들 되는 형이 아벨을 죽인 죄가 오늘날까지 미치고 있다'고 말함으로써 마치 그것이 원죄인 것처럼 말하고 있다는 사실이다. 즉, 아담과 하와가 에덴동산에서 하느님의 뜻을 어기고 선악과를 따먹은 것이 원죄가 아니라 아벨의 형이 아벨을 죽인 것이 원죄라고 말하고 있는 것이다. 이것은 대단히 중대한 문제가 아닐 수 없다. 하지만 여기에 대해서는 나중에 내용비판을 할 때 본격적으로 다룰 것이다.

분명한 것은 이렇듯 그리스도교 교리의 가장 기본적인 개념 중에 하나인 원죄를 완전히 엉터리로 말하는 것으로 볼 때 두 개의 한문본「성교요지」의 본문을 쓴 사람 역시 성서나 교리를 정확하게 모르는 사람일 가능성이 크다는 것이다. 여기에 대한 증거는 앞으로도 계속 나오게 될 것이다.

두 개의 한문본「성교요지」모두에 나오는 "亞伯(아백)"은 개신교 용어다. 중국 개신교 성서에서는 아벨을 한자로 "亞伯(아백)" 혹은 "亞佰(아백)"이라고 쓴다. 중국식 발음은 [yabo] 또는 [yabai]다.

중국 개신교 성서와 한문본「성교요지」용어 비교

한문본 성교요지			亞伯(아백)
대표역본 성서	1852년	미국성서공회 소장본	亞伯[208]
新約全書 (신약전서)	1866년	香港英華書院 (연세대학교 소장)	亞伯
新約全書 (신약전서)	1886년	上海美華書館 刊行 (大美國聖經會 託印)	亞伯

---

203) 『성교감략』, 533~538쪽.
204) 『사사성경』(1939), 273쪽.
205) 『신약성서 상편』, 101쪽.
206) 『사사성경』(1956), 273쪽.
207) 『복음성서』, 92쪽.

		(연세대학교 소장)	
路加傳福音書 (로가전복음서)	1887년	上海美華書館 刊行 (한국교회사연구소 소장)	亞伯
新約全書 (신약전서)	1891년	上海美華書館 (大英聖書公會 託印) (연세대학교 소장)	亞伯
新約全書 (신약전서)	1893년	英漢書館 (陽格非 重譯) (연세대학교 소장)	亞伯
新約全書: 文理 (신약전서: 문리)	1895년	漢鎭英漢書館 (陽格非 重譯) (연세대학교 소장)	亞伯
新約全書 (신약전서)	1896년	上海大美國聖經會 (연세대학교 소장)	亞伯
新舊約聖書: 文理 (신구약성서: 문리)	1904년	中國聖書公會 (연세대학교 소장)	亞伯
新舊約聖書: 文理 (신구약성서: 문리)	1905년	上海聖書公會 (연세대학교 소장)	亞伯
新舊約聖經: 文理 (신구약성경: 문리)	1912년	上海大美國聖經會 (서강대학교 소장)	亞伯
新舊約聖書: 文理貫珠 (신구약성서: 문리관주)	1920년	上海大美聖書公會 (연세대학교 소장)	亞伯

이것은 일본 개신교 성서에서도 마찬가지다. 거기에서도 아벨을 한자로 표현할 때 두 개의 한문본「성교요지」에 나오는 것과 같은 한자 "亞伯(아백)"을 썼다.

일본 개신교 성서와 한문본「성교요지」용어 비교

한문본 성교요지	亞伯(아백)

---

208) 한미경, 앞의 글, 323쪽.

訓點 舊約全書 (훈점 구약전서)	1883년	美國聖書會社 (연세대학교 소장)	亞伯

이러한 영향은 한국 개신교 성서에도 그대로 반영되었다. 한국 개신교 성서에서도 아벨을 한자로 쓸 때 한문본「성교요지」에 나오는 것과 똑같은 "亞伯(아백)"이라는 한자만 썼다. 한국 개신교 성서 중에서 아벨을 한자로 쓴 것은 이수정의 현토성서들이다. 그 중에서도『신약성서 마태전』과『신약성서 로가전』에 나온다. 마르코 복음, 요한복음, 사도행전에서는 아벨에 대한 이야기가 나오지 않기 때문이다. 그런데 이수정의『신약성서 마태전』과『신약성서 로가전』에서 아벨을 두 개의 한문본「성교요지」에 나오는 것과 똑같이 "亞伯(아백)"이라고 하였던 것이다.

한국 개신교 성서와 한문본「성교요지」의 표현 비교 Ⅰ

한문본 성교요지	亞伯(아백)

新約聖書 馬太傳	1884년	이수정	亞伯
新約聖書 路加傳	1884년	이수정	亞伯

이렇듯 두 개의 한문본「성교요지」모두에 나오는 "亞伯(아백)"이라는 한자 용어는 한중일 개신교에서 공통으로 쓰는 한자 용어인 것이다.

한국 개신교 성서에서는 아벨을 우리말로 쓸 때 "아빌" 혹은 "아벨"이라고 하였다. 하지만 때로는 "亞伯(아백)"의 한자음을 그대로 살려 "아빅"이라는 가차문자를 쓴 경우도 있다. 이러한 사실을 볼 때도 두 개의 한문본「성교요지」에 나오는 "亞伯(아백)"은 철저히 개신교 용어라는 것을 알 수 있다.

한국 개신교 성서와 한문본 「성교요지」의 용어 비교 II

한문본 성교요지		亞伯(아백)	

예수성교 누가복음전서	1882년	로스	아빌
예수성교성서 누가복음데자힝젹	1883년	로스	아빌
예수성교성서 맛딘복음	1884년	로스	아빌
예수성교성서 맛딘복음	1886년	심양 문광셔원	아빌
예수성교젼셔	1887년	경성 문광셔원	아빌
누가복음젼	1890년		아빌
마태복음젼	1892년	아펜젤러	아빌
예수성교성셔 맛딘복음	1892년	심양 문광셔원	아빌
누가복음젼	1893년		아빌
마태복음	1895년		아빅
누가복음	1895년		아벨
마태복음	1896년		아빅
마태복음	1898년		아벨
누가복음	1898년		아벨
신약젼셔	1900년		아벨
국한문 신약젼셔	1906년		아벨
마태복음	1906년		아벨
신약젼셔	1907년		아벨
관쥬 신약젼셔	1912년		아벨
신약젼셔	1919년	펜윅 / 대한긔독교회	아빅
국한문 신약젼셔	1922년	조선경성 대영성서공회	아벨
부표관주 신약젼셔	1922년		아벨
기일신역 신구약젼셔(하)	1925년		아벨
션한문 신약젼셔	1926년	조선경성 대영성서공회 (연세대학교 소장)	아벨
션한문 관주 신약젼셔	1926년		아벨
관쥬 신약젼셔	1930년	죠션경성 대영셩셔공회	아벨
간이 선한문 신약	1935년	조선경성 대영성셔공회	아벨
개역 신약	1939년	성셔공회	아벨
간이 선한문 신약(개역)	1940년	조선성서공회	아벨
영한대조 신약젼셔	1947년	서울 뉴라이프 프레스	아벨
영한대조 신약젼셔	1956년	대한성서공회	아벨
간이 국한문 신약젼셔(개역)	1956년	대한성서공회	아벨

한편 한글본 「성교요지」에서는 아벨의 이야기를 다음과 같이 전하고 있다.

> ᄌᄌ손손 이어ᄀ며 텬쥬를 밋을시라 ᄯᅳᇂ야 <u>양을 주시엿ᄂ딕</u> <u>몃아들</u>
> <u>몃형 되ᄂ 이가 샬의를 품어 구디 양을 죽엿ᄂ니</u> ᄯᅳ시 악ᄒ야 이거시
> 오늘ᄭᅡ지 니어오ᄂ 거시니라209)
> →(자자손손 이어가며 천주를 믿을세라 뜻이 있어 <u>양을 주셨는데 맏아들</u>
> <u>맏형 되는 이가 살의를 품어 굳이 양을 죽였으니</u> 뜻이 악하여 이것이 오
> <u>늘까지 이어오는 것이니라.)</u>

즉, 두 개의 한문본 「성교요지」에서 분명하게 아벨의 개신교식 한자 표현인 "亞伯(아백)"을 언급하고 있는데도, 그리고 초기 한국천주교회에서는 "아벌" 혹은 "아벨"이라는 한글 용어를 사용하였는데도, 또한 한국 개신교에서도 "아빌"이나 "아벨" 혹은 "아빅"이라는 우리말 용어를 사용하였는데도 한글본 「성교요지」에서는 아벨을 가리키는 어떤 용어도 사용하지 않았다. 심지어 그것을 대신해 주는 그 어떤 표현, 예를 들면 "동생" 혹은 "둘째 아들"이란 표현도 등장하지 않는다. 게다가 그 내용을 자세히 들여다보면 두 개의 한문본 「성교요지」 내용과도 전혀 맞지 않을 뿐만 아니라 성서 내용과도 상관없는 엉뚱한 이야기다.

우선, 맏아들 되는 이가 죽인 것은 그의 동생이 아니었다. 앞에서 말했듯이 한글본 「성교요지」에는 "아벨"은 물론 그것을 대신하는 표현인 "동생"이나 "둘째 아들"이라는 표현도 등장하지 않는다. 맏아들이 죽인 것은 "양"이었다. 그리고 그 양을 준 것은 하느님이었다. 그것은 위 내용에서 양을 "주었는데"라고 하지 않고 존칭어를 써서 "주시었는데"라고 하였다는 사실을 보면 알 수 있다. 그런데 양을 누구에게 주었는지는 알 수 없다. "아벨"이나 "동생"이란 말조차 등장하지 않기 때문에 분명 아벨이나 동생

---

209) 2쪽 앞면; 『하성래 역』, 41쪽.

은 아니다. 오히려 말의 흐름상 '자자손손'이나 맏아들에게 주었다고도 볼 수 있다.

한 가지 확실한 것은 맏아들이 살의를 품어서 굳이 죽인 것은 동생이 아니라 "양"이라는 것이다. 그리고 오늘까지 이어져 내려온 죄는 바로 '맏아들이 굳이 양을 죽인 죄'인 것이다. 그리하여 '맏아들이 굳이 양을 죽인 죄'가 바로 원죄인 것처럼 되어 있는 것이다. 완전히 코미디 같은 내용인 것이다.

두 개의 한문본 「성교요지」에서는 '맏아들이 아벨을 죽인 것이 원죄'인 것처럼 말하더니 한글본 「성교요지」에서는 심지어 '맏아들이 양을 죽인 것이 원죄'라고 말하고 있는 것이다. 이것을 보더라도 한문본이든 한글본이든 「성교요지」는 모두 결코 '거룩한 종교의 핵심요지'를 전하는 글이라고 볼 수 없다. 18세기 천주교를 전혀 모르는 사람들이 이런 내용을 본다면 어떻게 생각하겠는가. 용어도 용어지만 천주교의 가장 기본적인 교리에 대해서조차 너무나 엉터리로 묘사한 이런 글들을 이벽이 썼다고 하는 것은 이벽을 모독하는 것이다.

더욱이 헤로데와 아기 예수에 대한 내용과 아벨에 대한 내용을 볼 때, 한글본 「성교요지」를 쓴 사람은 성서를 전혀 모르는 사람이 틀림없다. 성서를 전혀 모르는 사람이 한문본 「성교요지」를 보고 이러저리 꿰맞춰 쓴 것이다. 하지만 한문을 안다 해도 성서 내용을 모르기 때문에 엉뚱한 번역이 나올 수밖에 없었다. 그래서 내용도 엉터리고 성서 관련 용어들도 엉터리가 속출하게 된 것이다. 그리하여 세례자 요한도 "한삐(한씨)"라고 하고 이사야는 "옛 속듬(속담)"이라고 얼버무리고 바리사이파도 "위선된 사람들"이라고 대충 넘어갔던 것이다. 그러다 "亞伯(아백)"에 이르러서는 그것이 무엇을 의미하는지 전혀 알지 못 해서 결국 언급조차 하지 않은 채 황당한 내용으로 전개시켜 버린 것이다.

이런 사실들을 보더라도 두 개의 한문본 「성교요지」와 한글본 「성교요지」는 모두 이벽과는 아무런 상관이 없는 글일 뿐만 아니라 천주교와도 아무 상관이 없는 글이라는 것을 다시 한 번 확인할 수 있다. 더 나아가 그 모든 「성교요지」들이 개신교 용어들을 쓰고는 있지만 개신교 신자가 쓴 것일 가능성은 희박하며, 모두 성서와 그리스도교의 가장 기본적인 교리조차 제대로 알지 못 하는 사람이 개신교 성서를 대충 훑어보고 확인도 하지 않은 채 대충 꿰어 맞춰 쓴 글이라는 것을 알 수 있다.

8) 挪亞(나아)

두 개의 한문본 「성교요지」에는 노아의 홍수와 관련된 이야기가 다음과 같이 나온다.

> 父義非昔 其僕已明 卽由是時 大水四行
> 卷撒全死 何問儕輩 第歸方蓋 則同義人…[210]
> →(아버지의 뜻이 예전과 같이 않아 그 종에게 일찍이 그 뜻을 밝히셨도다.
>   곧이어 그때가 되자 사방에서 큰물이 휘몰아치고 모든 족속들이 죽고
>   말았도다. 살아난 이들이 누구냐 하면 바로 방개안으로 들어간 자들이
>   었으니…)

여기에 대해 『만천유고』의 한문본 「성교요지」에서는 다음과 같은 주석을 달아 부연 설명을 하였다.

> 右節 …僕謂挪亞也 方蓋方舟也…[211]
> →(윗글에서 …"종"이란 "노아"를 가리키고 "방개"란 "방주"를 말한다…)

---

210) 『만천유고』, 11쪽 앞면; 『당시초선』, 1쪽; 『유교와 그리스도교』, 72~73쪽; 『하성래 역』,
    41~43쪽.
211) 11쪽 앞면; 『유교와 그리스도교』, 73쪽; 『하성래 역』, 43쪽.

즉, 본문에 나오는 종(僕)이 노아를 말하는 것이라고 설명하였다. 그러면서 노아를 한자로 "挪亞(나아)"라고 하였다. 하지만 천주교에서는 한 번도 노아를 한자로 "挪亞(나아)"라고 한 적이 없다. 천주교에서는 전혀 다른 용어를 썼다. 우선, 『주제군징』에서는 노아를 한자로 "諾厄(낙액)"이라고 하였다.

> …犯主義怒加罰 大發洪水 湮沒天下 且先百年卽降儆 命聖諾厄 造一巨舟…[212]
> →([인간들이] 천주께 죄를 짓자 천주께서 의로운 분노를 나타내시어 벌을 내리셨으니 세상을 다 물에 잠기게 하셨다. 그런데 그보다 백년 전에 미리 경계를 내셨으니, 성 노아에게 명하여 커다란 배를 한 척 만들라고 하셨다…)

이것은 『천주성교 사자경문』에서도 마찬가지였다. 거기에서도 역시 노아를 한자로 "諾厄(낙액)"이라고 하였다.

> 人多作惡 犯主義怒
> 主命諾厄 豫製一櫃…[213]
> →(인간이 죄를 많이 지어 주의 뜻을 범하니 주께서 노하시었다.
> 주께서 노아에게 명하여 궤 하나를 미리 만들어 놓으라고 하셨다.)

『성경직해』에서도 노아를 한자로 "諾厄(낙액)"이라고 하였다. 그런데 때로 "諾阨(낙액)"이라고도 하였다. 둘 다 중국식 발음은 똑같이 [nuoe]이다.

> 上古洪水將發 天主命諾厄 造舟避之…
> →(아주 옛날에 장차 홍수가 나려고 할 때 천주께서 노아에게 배를 만들어 홍수를 피하라 명하셨다…)
> —『성경직해』 제2권, 삼왕내조후 제2주일[214]

---

212) 『주제군징』 하권, 21쪽 뒷면.
213) 『천주성교 사자경문』, 6쪽 뒷면.

上古世人婬甚 天主罰以洪水 先呼諸厄聖人曰 造舟免患…
→(아주 옛날에 세상 사람들이 음란함이 너무 심하여 천주께서 홍수로써
벌하시니 먼저 노아 성인을 불러 배를 만들어 환란을 피하라 하시었다…)
 —『성경직해』제9권, 심득십자성가첨례(尋得十字聖架瞻禮)215)

이렇듯 우리나라 사람들에게 처음으로 천주교 신앙을 알게 해 준 한문
서학서에서는 모두 노아를 한자로 "諸厄(낙액)"이라고 하거나 "諸阸(낙
액)"이라고 하였다. 결코 "挪亞(나아)"라고 한 적이 없었다. 따라서 성서
에서 가장 유명한 인물 중에 하나인 노아를 한자로 "挪亞(나아)"라고 한『만
천유고』의 한문본「성교요지」는 기본적으로 이벽이 쓴 글일 수가 없다.
　한국천주교회에서는 우리말로 표현할 때도 그 초기 교회 때부터 1977
년에 개신교와 공동번역한『성서』가 나올 때까지 "노아"라는 표현을 쓴
적이 없다. 한국천주교회에서는 처음부터 "노에"라고 하였다.
　노아는 원래 라틴어로 "Noe(노에)"다. 그래서 한문서학서에서도 라틴
어 발음과 유사한 "諸厄(낙액)"과 "諸阸(낙액)"이라는 한자 용어를 택하였
고 우리나라에서도 그것을 우리식으로 음역하여 "노에"라고 한 것이다.

상고 적에 셰샹사름이 음난ᄒ기 심ᄒ매 텬쥬ㅣ 홍슈로써 벌하실ᄉᆡ 몬
져 노에 성인을 불너 갈아샤ᄃᆡ 빈를 지어 환을 면ᄒ라 ᄒ시니…
→(옛날에 세상사람이 음난하기 심하매 천주께서 홍수로써 벌하실새 먼저
노에 성인을 불러 갈아사대 배를 지어 환을 면하라 하시니…)
 —『성경직히광익』쥬셰쳠례뎨구권, 심획십ᄌ셩가쳠례셩경216)
 —『성경직히』권구, 심획십ᄌ셩가쳠례셩경217)

인자ᄒ신 텬쥬…세샹을 멸ᄒ실 은밀ᄒᆫ 뜻을 노에의게 닐ᄋ시고…

214)『성경직해』I, 264쪽.
215)『성경직해』II, 340쪽.
216)『성경직히광익』III, 620쪽.
217)『성경직히』III, 507~508쪽.

→(인자하신 천주…세상을 멸하실 은밀한 뜻을 노에게 이르시고…)

－1883년판『셩교감략』218)

그날과 그시는 ᄒᆞ나히신 셩부외에 아모도 모로고 하ᄂᆞᆯ에 텬신도 모로
ᄂᆞ니라 마치 노에 ᄣᆡ와 ᄀᆞᆺ히 인ᄌᆞ의 림홈도 이와 ᄀᆞᆺᄒᆞ리니 대뎌 마치
홍슈젼 사름들이 먹고 마시고 쟝가들고 싀집가기를 노에가 궤에 들어
가던 날ᄭᆞ지 ᄒᆞ야…
→(그날과 그시는 하나이신 성부외에 아무도 모르고 하늘에 천신도 모르느
니라. 마치 노에 때와 같이 인자의 임함도 이와 같으리니 대저 마치 홍수
전 사람들이 먹고 마시고 장가들고 시집가기를 노에가 궤에 들어가던
날까지 하여…)

－1910년판 / 1922판『사사성경』219)

천주ㅣ 의노를 참지 못하서 세상사람과 만물을 다갓치 멸하려 하실새 다
행히 셋의 자손 중에 노에라 하는 이 잇스니 …(중략)… 세상을 멸하실
은밀한 뜻을 노에에게 닐아시고…
→(천주께서 의노를 참지 못하셔서 세상사람과 만물을 다같이 멸하려 하실
새 다행히 셋의 자손 중에 노에라 하는 이 있으니 …(중략)… 세상을 명
하실 은밀한 뜻을 노에에게 이르시고…)

－1931년판『성교감략』220)

그날과 그시는 하나이신 성부외에 아무도 모르고 천신도 모르나니라.
마치 노에때와 같이 인자의 임함도 이와 같으리니 대저 마치 홍수전 사
람들이 먹고 마시고 장가들고 시집가기를 노에가 궤에 들어가던 날까지
하야…

－1939년판 / 1956년판『사사성경』221)

그날과 그시는 하나이신 성부외에 아모도 모르고 천신도 모르나니라.
마치 노에때와 같이 인자의 임함도 이와 같으리니 대저 마치 홍수전 사

---

218)『성교감략』(1883), 54쪽.
219)『사사성경』(1920), 105쪽;『사사성경』(1922), 103쪽.
220)『성교감략』(1931), 538~539쪽.
221)『사사성경』(1939), 106~107쪽;『사사성경』(1956), 106~107쪽.

람들이 먹고 마시고 장가들고 시집가기를 <u>노에</u>가 궤에 들어가던 날까지
하여…

-『신약성서 상편』(1948년) /『복음성서』(1971년)[222]

한국천주교회에서 "노에"를 "노아"로 바꿔서 사용하기 시작한 것은 19
77년에 나온 공동번역 『성서』가 나오면서부터다. 그때부터 개신교의 영
향을 받아 지금까지 계속 "노아"라는 용어를 사용하고 있다.

이렇듯 한국천주교회에서는 초기 교회부터 1977년까지 한 번도 노아를
한자로 "挪亞(나아)"라고 한 적도 없고 한글로 "노아"라고 한 적도 없었
다. 이것은 곧 고 김양선 목사가 『만천유고』의 한문본 「성교요지」를 기
증했을 때는 물론 그 이후 10년 동안도 천주교 신자들은 성서를 읽을 때
나 노아의 홍수 이야기를 할 때 "노아의 홍수"가 아닌 "노에의 홍수"라고
말하였다는 이야기다. 그래서 나도 주일학교 다닐 때나 사제가 된 이후에
도 한동안 "노에의 홍수"라고 말하였던 것이고, 주일학교 때 개신교 다니
는 친구가 "노아의 홍수"라고 할 때 이상하게 생각할 수밖에 없었던 것이다.

그런데도 고 김양선 목사가 초기 천주교 관련 자료들을 기증한 즉시 천
주교 측 연구자들이 성서의 가장 유명한 인물 중에 하나인 노아를 당시
천주교회에서 쓰지 않는 한자 용어인 "挪亞(나아)"라고 표현한 『만천유
고』의 한문본 「성교요지」를 보고도 이상하게 생각하기는 커녕 조금도 주
저하지 않고 그것이 이벽이 쓴 글이 틀림없다고 열광하였다는 것은 참으
로 기막힌 일이 아닐 수 없다.

천주교와 한문본 「성교요지」의 용어 비교 I

한문본 성교요지	挪亞(나아)

---

222) 『신약성서 상편』, 105쪽; 『복음성서』, 96~97쪽.

주제군징	1629년	諾厄(낙액)
성경직해	1636년	諾厄(낙액) / 諾阨(낙액)
천주성교 사자경문	1642년	諾厄(낙액)
성경직히광익	1801년	노에
셩셰추요	1791년	노익
성교감략	1883년	노에
성경직히	1897년	노에
사사성경	1910년	노에
사사성경	1922년	노에
성교감략	1931년	노에
사사성경	1939년	노에
신약성서 상편	1948년	노에
사사성경	1956년	노에
복음성서	1971년	노에
공동번역 성서	1977년	노아
200주년 성서	1991년	노아
성경	2005년	노아

『만천유고』의 한문본 「성교요지」에 나오는 "挪亞(나아)"라는 한자 용
어는 개신교에서 쓰는 개신교 용어다. 이미 중국 개신교 성서에서부터 노
아를 "挪亞(나아)"라고 하였다.

중국 개신교 성서와 한문본 「성교요지」 용어 비교

한문본 성교요지	挪亞(나아)

대표역본	1852년	미국성서공회 소장본	挪亞[223]
新約全書 (신약전서)	1866년	香港英華書院 (연세대학교 소장)	挪亞
新約全書 (신약전서)	1886년	上海美華書館 刊行 (大美國聖經會 託印) (연세대학교 소장)	挪亞
路加傳福音書 (로가전복음서)	1887년	上海美華書館 刊行 (한국교회사연구소 소장)	挪亞

新約全書 (신약전서)	1891년	上海美華書館 (大英聖書公會 託印) (연세대학교 소장)	挪亞
新約全書 (신약전서)	1893년	英漢書館 (陽格非 重譯) (연세대학교 소장)	挪亞
新約全書: 文理 (신약전서: 문리)	1895년	漢鎭英漢書館 (陽格非 重譯) (연세대학교 소장)	挪亞
新約全書 (신약전서)	1896년	上海大美國聖經會 (연세대학교 소장)	挪亞
新舊約聖書: 文理 (신구약전서: 문리)	1904년	中國聖書公會 (연세대학교 소장)	挪亞
新舊約聖書: 文理 (신구약전서: 문리)	1905년	上海聖書公會 (연세대학교 소장)	挪亞
新舊約聖經: 文理 (신구약성경: 문리)	1912년	上海大美國聖經會 (서강대학교 소장)	挪亞

이것은 일본 개신교 성서에서도 마찬가지다. 일본 개신교 성서에서도 노아를 한자로 쓸 때 "挪亞(나아)"라고 하였다.

일본 개신교 성서와 한문본 「성교요지」 용어 비교

한문본 성교요지	挪亞(나아)

訓點 舊約全書 (훈점 구약전서)	1883년	美國聖書會社 (연세대학교 소장)	挪亞

이것은 한국 개신교에 그대로 이어졌다. 한국 개신교 성서에서도 노아를 한자로 "挪亞(나아)"라고 하였다. 한국 개신교 성서 중에서 노아를 한자로 쓴 것은 이수정의 현토성서들이다. 그런데 거기에서도 모두 노아를

---

223) 한미경, 앞의 글, 321쪽.

한자로 "挪亞(나아)"라고 하였던 것이다.

한국 개신교 성서와 한문본 「성교요지」의 용어 비교

한문본 성교요지	挪亞(나아)

신약성서 마태전(현토성서)	1884년	이수정	挪亞
신약성서 로가전(현토성서)	1884년	이수정	挪亞

이렇듯 『만천유고』의 한문본 「성교요지」에 등장하는 "挪亞(나아)"라는 한자 용어는 한중일 개신교에서 공통적으로 쓰는 한자 성서용어다. 따라서 그런 개신교 한자 성서용어가 나오는 『만천유고』의 한문본 「성교요지」는 이벽은 물론 그 이후 박해시기 신자들도 쓸 수 없는 글이다. 그런데도 그 부기에서 그 한문본 「성교요지」를 이벽이 썼다고 하였으니 얼마나 불순한 의도를 가지고 썼는지 다시 한 번 알 수 있다.

여기에서 또 한 가지 짚고 가지 않을 수 없는 문제가 있다. 앞에서 보았듯이 『만천유고』의 한문본 「성교요지」 본문에서는 "挪亞(나아)"라는 구체적인 이름을 언급하지 않은 채 그냥 "僕(복)", 즉 "종"이라고만 하였다. 그런데 거기에 주석을 붙여 '본문에 나오는 "종"이란 바로 "挪亞(나아)", 즉 노아를 말하는 것이다'라고 설명해주고 있다.

이것 역시 대단히 이상한 일이 아닐 수 없다. 처음부터 본문에서 그냥 "挪亞(나아)"라고 하면 될 것인데, 무엇 때문에 이렇게 지면을 늘려가면서까지 복잡하게 한 것일까? 글자 수를 맞추기 위해 그랬다는 것은 이번에도 이유가 되지 않는다. 왜냐하면 앞에서 보았듯이 『만천유고』의 한문본 「성교요지」 본문처럼 4·4조로 되어 있는 『천주성교 사자경문』에서는 그 내용이 아주 짧고 간결하면서도 노아의 이름을 구체적으로 명확하게 언급하고 있기 때문이다. 즉 "主命諾厄(주명낙액─주께서 노아에게 명하시길)"이라고 깔끔하게 표현하였던 것이다.

이런 사실을 볼 때 글자 수를 맞추기 위해『만천유고』의 한문본「성교요지」본문에서는 "종"이라고 하고 나중에 주석을 달아 '그 종이 바로 노아다'라고 설명하였다는 것은 이유가 되지 않는다. 그것이 더 글자 수가 많이 늘어나고 번거로운 일이기 때문이다. 이것은 결국 본문을 쓴 사람과 주석을 붙인 사람이 다르기 때문에 일어난 일이라고 볼 수밖에 없다. 다시 말해서『만천유고』의 한문본「성교요지」도 원래는『당시초선』의 한문본「성교요지」처럼 본문만 있었는데 그 내용이 허술하고 허점이 많으니까 나중에 다른 사람이 거기에 주석을 붙여 보충 설명을 해 놓은 것이다. 그리하여 더 그럴듯하게 보이도록 한 것이다.

한마디로 이것 역시 앞에서 본 사례들 즉, 본문에서는 "河(하-강)"이라고만 하고 나중에 주석을 붙여 '여기에서 "河(하)"란 바로 "요르단강"을 말한다'고 한 것이라든가, 본문에서는 "후황" 혹은 "치군" 혹은 "짐승이 늙으면 털이 빠진다"라고만 하고 나중에 주석을 붙여 '그것들은 "헤로데"를 말한다'고 부연 설명한 것, 그리고 본문에서는 "賽(새)"라고만 하고 주석에서는 '그것은 예언자 이사야를 가리키는 말이다'라고 부연 설명한 경우와 일맥상통하는 사례인 것이다.

한편 한국 개신교 성서에서는 이수정의 현토성서들을 제외하고는 대부분 우리말로 표현하였다. 그런데 한국 개신교에서는 처음부터 우리말로 "노아"라고 하였다. "挪亞(나아)"의 중국식 발음은 [nuoya]다. 그래서인지 한국 개신교 성서 중에는 "뇨야" 혹은 "노야"라고 한 경우가 두 번 정도 있다. 하지만 그 이외에는 모두 "노아"라고 하였다.

한국 개신교 성서와 한문본「성교요지」용어 비교 II

한문본 성교요지	挪亞(나아)		

예수성교 누가복음젼서	1882년	로스	노아

예수셩교셩셔 누가복음데자힝젹	1883년	로스	노아
예수셩교셩셔 맛듸복음	1884년	로스	노아
예수셩교셩셔 맛듸복음	1886년	심양 문광셔원	노아
예수셩교젼셔	1887년	경셩 문광셔원	노아
누가복음젼	1890년		노아
마태복음젼	1892년	아펜젤러	노야/뇨야
예수셩교셩셔 맛듸복음	1892년	심양 문광셔원	노아
누가복음젼	1893년		노아
마태복음	1895년		노아
누가복음	1895년		노아
마태복음	1896년		노아
베드로젼셔	1897년		노아
베드로후셔	1897년		노아
누가복음	1898년		노아
신약젼셔	1900년		노아
국한문 신약전셔	1906년		노아
창셰긔	1906년		노아
마태복음	1906년		노아
신약젼셔	1907년		노아
국한문 신약젼셔	1911년	조선경셩 대미국셩경회 (연세대학교 소장)	노아
관쥬 신약젼셔	1912년		노아
신약젼셔	1919년	펜윅 / 대한긔독교회	노아
국한문 신약젼셔	1922년	조선경셩 대영셩셔공회	노아
부표관주 신약젼셔	1922년		노아
션한문 신약젼셔	1926년	조선경셩 대영셩셔공회 (연세대학교 소장)	노아
기일신역 신구약젼셔(하)	1925년		노아
션한문 관주 셩경젼셔(상)	1926년		노아
션한문 관주 신약젼셔	1926년		노아
관쥬 신약젼셔	1930년	죠선경셩 대영셩셔공회	노아
간이 션한문 신약	1935년	조선경셩 대영셩셔공회	노아
셩경젼셔(상)	1936년	죠선경셩 대영셩셔공회	노아
간이 션한문 구약(개역)	1937년	죠선경셩 대영셩셔공회	노아
개역 신약	1939년	셩셔공회	노아
간이 션한문 신약(개역)	1940년	조선셩셔공회	노아
영한대조 신약전셔	1947년	서울 뉴라이프 프레스	노아
영한대조 신약전셔	1956년	대한셩셔공회	노아
간이 국한문 신약젼셔(개역)	1956년	대한셩셔공회	노아

이렇듯 "노아"란 말은 중국 개신교 성서에서부터 사용하던 한중일 공통 개신교 용어다. 그런데 한국천주교회에서는 1977년에 개신교와 공동번역한『성서』부터 이 개신교 용어를 그대로 받아들여 사용하고 있는 것이다. 즉 초기 한국천주교회부터 사용해 왔던 "노에"라는 용어를 버리고 개신교 용어인 "노아"를 사용하게 되었던 것이다.

한편 한글본「성교요지」에서는 노아의 홍수 사건을 다음과 같이 전혀 엉뚱하게 전하고 있다.

> 텬쥬 쯧 미양 ㄱ치 아니ㅎ시니 텬쥬의 ㅈ식되는 사름 이쩍로부터 지금까지 니르도록 큰 홍슈를 ᄉ방으로 넘쳐 퍼부엇스니 풍긔박샨 되엿도다[224)
>
> →(천주 뜻 매양 같지 아니하시니 천주의 자식되는 사람 이때로부터 지금까지 이르도록 큰 홍수를 사방으로 넘쳐 퍼부었으니 풍비박산 되었도다.)

이 내용에서 보듯이 한글본「성교요지」에서는 "노아"라는 말을 전혀 언급하고 있지 않다. 즉『만천유고』의 한문본「성교요지」주석에서는 분명 노아의 개신교식 한자 용어인 "挪亞(나아)"를 언급하고 있는데도, 또한 한국 개신교에서는 그 초창기 때부터 그것을 우리말로 "노아"라고 했는데도, 한글본「성교요지」에서는 "노아"라는 말을 일체 언급하지 않았다.

그뿐만이 아니다. 두 개의 한문본「성교요지」본문에서는 모두 노아를 "僕(복－종)"이라고 하였는데도 한글본「성교요지」에서는 그것을 '천주의 자식되는 사람'이라고 번역하였다. 그리고 나머지 내용들도 전부 엉터리로 번역되어 있다.

즉 대홍수를 일으킨 것은 천주가 아니라 "천주의 자식"이라는 것이다. 그것도 "그때부터 지금까지" 사방에 큰 홍수를 퍼부었다는 것이다. 다시 말해서 "천주의 자식"이 그때부터 지금까지 사방에 큰 홍수를 퍼부어 풍

---

224) 2쪽 뒷면;『하성래 역』, 41쪽.

비박산되었다는 것이다. 참으로 우스꽝스러운 내용이 아닐 수 없다.

이러한 사실들을 보더라도 한글본 「성교요지」를 쓴 사람은 때때로 개신교 용어를 쓰기는 하지만 개신교 성서조차 제대로 읽지 않은 사람이다. 더 정확하게 말하면 성서에 대한 가장 기본적인 지식조차 없는 사람이다. 그런 사람이 한문본 「성교요지」를 보고 적당히 우리말로 옮기려다 보니 그 내용이 전혀 엉뚱하게 되어 버린 것이다.

또한 그러다 보니 한문본 「성교요지」에 나오는 "橄欖(감람)", "유태국猶太國" 같은 한자는 그대로 우리말로 읽어 옮겼지만 성서에 나오는 주요 인물들의 이름은 전혀 이해하지 못 하여 아예 언급조차 하지 않거나 적당하게 얼버무려 버렸다. 즉 "헤롯", "야백", "노아"와 같은 성서 인물들의 이름은 아예 언급조차도 안 하고 넘어가버리고 세례자 요한을 뜻하는 "翰(한)"은 "한씨(한씨)"로, "以賽亞(이새아)"는 '옛 속담에 가라사대'로, "□法□利□賽(법리새)"는 '위선된 사람'으로 얼버무려 버린 것이다. 한자 "僕(복−종)"을 '천주의 자식되는 사람'이라고 번역한 것도 결국 이런 이유 때문이었다고 볼 수 있다. 그것이 무엇을 의미하는 것인지 모르기 때문에 대충 말을 만들어 얼버무린 것이다.

결국 이 모든 것을 종합해 보면 앞에서 예수님이 세례를 받으신 강을 "약탄강"이라고 한 것도 개신교에서 딱 한 번 썼던 용어를 보고 썼다기보다는 한문을 잘못 읽어서 쓴 것이라고 보아야 할 것이다. 즉 한자 "約但河(약단하)"의 "但(단)"을 "坦(탄)"으로 잘못 읽어 "약단강"이 아닌 "약탄강"으로 번역한 것이다.

요컨대 "노아"라는 개신교 용어가 들어 있는 『만천유고』의 한문본 「성교요지」와 성서 내용과 전혀 안 맞는 황당한 내용들이 들어 있는 한글본 「성교요지」는 모두 이벽이 쓴 글이 아닐 뿐만 아니라 천주교와도 아무 상관이 없는 글이라는 것을 다시 한 번 알 수 있다.

9) 方舟(방주)

노아의 홍수 이야기에는 개신교 용어가 하나 더 등장한다. 바로 "方舟 (방주)"라는 용어다. 노아의 홍수와 관련된 『만천유고』와 『당시초선』의 한문본 「성교요지」 내용을 다시 한 번 보기로 하자.

> 父義非昔 其僕已明 卽由是時 大水四行
> 卷撒全死 何問儕輩 第歸方蓋 則同義人…225)
> →(아버지의 뜻이 예전과 같이 않아 그 종에게 일찍이 그 뜻을 밝히셨도다.
> 곧이어 그때가 되자 사방에 큰 물이 휘몰아치고 모든 족속들이 죽고 말
> 았도다. 살아난 이들이 누구냐 하면 방개 안으로 들어간 자들이었으니…)

그런데 『만천유고』의 한문본 「성교요지」에서는 여기에 주석을 달아 부연 설명을 하였다. 그 내용도 다시 한 번 살펴보기로 하자.

> 右節 …僕謂挪亞也 方蓋方舟也…226)
> →(윗절에서 …"종"이란 "노아"를 가리키고 "방개"란 "방주"를 말한다…)

위에서 보듯이 두 개의 한문본 「성교요지」 본문에서는 노아가 만든 배를 "方蓋(방개)"라고 하였다. 그런데 『만천유고』 한문본 「성교요지」에서는 주석을 붙여 본문에 나오는 "방개"가 곧 "방주方舟"를 가리킨다고 추가 설명을 하였다.

문제는 천주교에서는 1977년 공동번역 『성서』가 나오기 전까지 한문으로든 한글로든 "방개"라는 말은 물론 "방주"라는 말도 사용한 적이 없다는 것이다. 우선, 앞에서 보았듯이 아담 샬이 지은 『주제군징』에서는

---

225) 『만천유고』, 11쪽 앞면; 『당시초선』, 1쪽; 『유교와 그리스도교』, 72~73쪽; 『하성래 역』, 41~43쪽.
226) 11쪽 앞면; 『유교와 그리스도교』, 73쪽; 『하성래 역』, 43쪽.

노아가 만든 배를 한자로 "舟(주)"라고 하였다.

> …犯主義怒加罰 大發洪水 湮沒天下 且先百年卽降儆 命聖諾厄 造一巨舟…[227]
> →([인간들이] 천주께 죄를 짓자 천주께서 의로운 분노를 나타내시어 벌을 내리셨으니 세상을 다 물에 잠기게 하셨다. 그런데 그보다 백년 전에 미리 경계를 내셨으니, 성 노아에게 명하여 커다란 배를 한 척 만들라고 하셨다…)

그런가하면 『천주성교 사자경문』에서는 노아가 만든 배를 한자로 "櫝(독)"이라고 하였다. "櫝(독)"은 나무로 짠 "궤"란 뜻이다.

> 人多作惡 犯主義怒
> 主命諾厄 豫製一櫝…[228]
> →(인간이 죄를 많이 지어 주의 뜻을 범하니 주께서 노하시었다.
> 주께서 노아에게 명하여 궤 하나를 미리 만들어 놓으라고 하셨다.)

또 다른 한문서학서인 『성세추요』에서도 노아의 홍수에 대해 말하면서 "櫝(독)"이라는 한자 용어를 썼다. 『성세추요』에서는 "노아"라는 직접적인 언급은 없지만 '식구가 여덟인 한 집안이 있었는데 그들이 하느님의 명에 따라 홍수를 대비해 배를 만들었다'고 함으로써 그것이 바로 노아의 홍수 이야기라는 것을 분명하게 알 수 있게 하였다. 그러면서 그 가족이 만든 "배"를 "櫝(독)"이라고 하였다.

> 只有一家八口 係信奉天主之人 天主命造大櫝如船 保存其身…[229]
> →(다만 식구가 여덟인 한 집안이 있었는데 그들만이 천주를 받들어 믿는

---

227) 『주제군징』 하권, 21쪽 뒷면.
228) 『천주성교 사자경문』, 6쪽 뒷면.
229) 『성세추요』 권2, 구속편, 3쪽 뒷면.

계보를 잇는 사람들이었다. 천주께서 그들에게 배처럼 생긴 큰 궤를 만들라고 명하시어 그들의 몸을 보존케 하셨다…)

『성경직해』에서는 노아가 만든 배를 『주제군징』에서처럼 한자로 모두 "舟(주)"라고 하였다.

上古洪水將發 天主命諾厄 造舟避之…
→(아주 옛날에 장차 홍수가 나려고 할 때 천주께서 노아에게 배를 만들어 홍수를 피하라 명하셨다…)
　　　　　　　　　　　　　　　－『성경직해』 제2권, 삼왕내조후 제2주일[230]

上古世人婬甚 天主罰以洪水 先呼諾阨聖人曰 造舟免患…
→(아주 옛날에 세상사람들이 음란함이 너무 심하니 천주께서 홍수로써 벌하시니 먼저 노아 성인을 불러 빨리 배를 만들어 환란을 피하라 하시었다…)
　　　　　　　　　　　　　　　－『성경직해』 제9권, 심득십자성가첨례[231]

이처럼 초기 한국 천주교 신자들이 사용하던 한문서학서에서는 노아가 만든 배를 한자로 "方蓋(방개)"라든가 "방주方舟"라고 한 적이 없다. "櫝(독)"이나 "舟(주)"라고 하였다.

한국천주교회에서는 우리말로 표현할 때도 1977년에 공동번역 『성서』가 나올 때까지 "방개"는 물론 "방주"란 말을 쓴 적이 없다. "빈"나 "배" 또는 "궤"라고 하였다. 우선, 『성경직히광익』과 『성경직히』에서는 노아가 만든 배를 우리말로 모두 "빈" 또는 "배"라고 하였다.

샹고 적에 셰샹사름이 음난ᄒ기 심ᄒ매 텬쥬ㅣ홍슈로써 벌하실ᄉᆡ 몬져 노에 셩인을 불너 갈아샤ᄃᆡ 빈를 지어 환을 면ᄒ라 ᄒ시니…
　　　　　　　　　　　　　　　－『성경직히광익』 쥬셰쳠례뎨구권, 심획십ᄌ셩가쳠례셩경[232]

───────────────

230) 『성경직해』 I, 264쪽.
231) 『성경직해』 II, 340쪽.

상고 적에 세샹사룸이 음난ᄒᆞ기 심ᄒᆞ매 텬쥬ㅣ 홍슈로써 벌하실시 몬
져 노에 셩인을 불너 갈아샤ᄃᆡ 배를 지어 환을 면하라 하시니…
　　　　　　　　　　　　　　　　－『셩경직히』 권구, 심획십ᄌᆞ셩가쳠례셩경233)

　하지만 그 이외의 경우는 모두 "궤"라고 하였다. 노아가 만든 배를 "궤"
라고 한 것은 노아가 만든 배가 그냥 배가 아니라 뚜껑이 있는 상자같이
생긴 배였기 때문일 것이다.

　　　　다만 ᄒᆞᆫ 집 여둛 식구ㅣ 텬쥬를 밋어 밧드ᄂᆞᆫ 셩인이 잇ᄉᆞ니… 텬쥬ㅣ
　　　　명ᄒᆞ샤 큰 비를 궤ᄀᆞᆺ치 지어 그 몸을 보존케 ᄒᆞ시고…
　→(다만 한 집 여덟 식구가 천주를 믿어 받드는 성인이 있으니…천주께서
　　　명하사 큰 배를 궤같이 지어 그 몸을 보존케 하시고…)
　　　　　　　　　　　　　　　　　　　　　　　　　　－「셩셰추요」234)

　　　　인자ᄒᆞ신 텬쥬 …(중략)… 세샹을 멸ᄒᆞ실 은밀ᄒᆞᆫ 뜻을 노에의게 닐ᄋᆞ시
　　　　고 ᄒᆞᆫ 큰 궤를 ᄆᆞᆫ들게 ᄒᆞ실시…
　　　　　　　　　　　　　　　　　　　　　　－1883년판『셩교감략』235)

　　　　그날과 그시는 ᄒᆞ나히신 셩부외에 아모도 모로고 하ᄂᆞᆯ에 텬신도 모로
　　　　ᄂᆞ니라 마치 노에 쌔와 ᄀᆞᆺ히 인ᄌᆞ의 림홈도 이와 ᄀᆞᆺᄒᆞ리니 대뎌 마치
　　　　홍슈젼 사름들이 먹고 마시고 쟝가들고 싀집가기를 노에가 궤에 들어
　　　　가던 날시지 ᄒᆞ야…
　　　　　　　　　　　　　　　　　　　　　　－1910년판『사사성경』236)

　　　　그날과 그시는 하나이신 셩부외에 아모도 모로고 하늘에 텬신도 모로나
　　　　니라 마치 노에 때와 같이 인자의 림함도 이와 같하리니 대져 마치 홍슈
　　　　젼째 사람들이 먹고 마시고 쟝가들고 싀집가기를 노에가 궤에 들어가

232)『셩경직히광익』Ⅲ, 620쪽.
233)『셩경직히』Ⅲ, 507~508쪽.
234)『셩셰추요』2권, 17~18쪽.
235)『셩교감략』(1883), 54쪽.
236)『사사성경』(1910), 113쪽.

던 날까지 하야…

−1922년판『사사성경』237)

천주 l 의노를 참지 못하서 세상사람과 만물을 다갓치 멸하려 하실새 다
행히 셋의 자손 중에 노에라 하는 이 잇스니 …(중략)… 세상을 멸하실
은밀한 뜻을 노에에게 닐아시고 한 큰 궤를 만들게 하실새 …(중략)…
노에 이에 명을 듯고 궤를 시작한지 백년에 바야흐로 일운지라…

−1931년판『성교감략』238)

그날과 그시는 하나이신 성부외에 아무도 모르고 천신도 모르나니라.
마치 노에때와 같이 인자의 임함도 이와 같으리니 대저 마치 혼수전 사
람들이 먹고 마시고 장가들고 시집가기를 노에가 궤에 들어가던 날까지
하야…

−1939년판 / 1956년판『사사성경』239)

그날과 그시는 하나이신 성부외에 아모도 모르고 천신도 모르나니라.
마치 노에때와 같이 인자의 임함도 이와 같으리니 대저 마치 홍수전 사
람들이 먹고 마시고 장가들고 시집가기를 노에가 궤에 들어가던 날까지
하여…

−『신약성서 상편』(1948년) /『복음성서』(1971년)240)

한국천주교회에서 노아가 만든 궤를 "방주"라고 표현하기 시작한 것
역시 1977년에 개신교와 공동번역한『성서』가 나온 이후부터다. 이것은
개신교 영향을 받아서다. 그 전까지는 한자로나 한글로 "방개方蓋"는 물론
"방주方舟"라는 용어도 사용하지 않았다. 그래서 내가 주일학교 다닐 때는
물론 사제로 서품된 이후에도 한동안 성서를 읽을 때나 미사를 드릴 때
노아의 홍수 이야기가 나오면 언제나 예외없이 "궤"라는 말이 등장하였

---

237)『사사성경』(1922), 107쪽.
238)『성교감략』(1931), 538~539쪽.
239)『사사성경』(1939), 106~107쪽;『사사성경』(1956), 106~107쪽.
240)『신약성서 상편』, 105쪽;『복음성서』, 96~97쪽.

다. 그리고 그때까지 천주교 신자라면 당연히 "노아의 방주"가 아닌 "노에의 궤"라고 말하였다. 바로 이런 이유 때문에 어린 시절 개신교 다니던 친구가 "방주"라는 말을 할 때 내가 이해하지 못 했던 것이다.

문제는 이렇듯 1977년에 개신교와 공동번역한 『성서』가 출간되기 전까지 한국천주교회에서는 "노아"라는 말은 물론 "방개"니 "방주"라는 용어도 사용하지 않았다는 것은 곧 고 김양선 목사가 『만천유고』의 한문본 「성교요지」를 기증할 때는 물론 그 이후 10년 동안도 천주교회에서는 그런 용어를 사용하지 않았다는 의미다. 그런데도 그런 용어들이 등장하는 『만천유고』의 한문본 「성교요지」를 보고 그것이 이벽이 쓴 글이 맞다고 하며 열광하였던 것이다. 그리고 거기에 대해 신중론을 펴는 사람들에게 오히려 한국천주교회와 이벽을 폄훼하는 것이라고 맹렬하게 비난하였던 것이다.

천주교와 한문본 「성교요지」의 용어 비교

한문본 성교요지	方舟(방주)

주제군징	1629년	舟(주)
성경직해	1636년	舟(주)
천주성교 사자경문	1642년	櫝(독)
성세추요	1733년	櫝(독)
성세추요	1791년	빅
성경직히광익	1801년	빅
성교감략	1883년	궤
성경직히	1897년	배
사사성경	1910년	궤
사사성경	1922년	궤
성교감략	1931년	궤
사사성경	1939년	궤
신약성서 상편	1948년	궤
사사성경	1956년	궤

공동번역 성서	1977년	방주
200주년 성서	1991년	방주
성경	2005년	방주

노아가 만든 배를 한자로 "方舟(방주)"라고 한 것은 중국에서 개신교 성서가 등장하면서부터다.

중국 개신교 성서와 한문본「성교요지」용어 비교

한문본 성교요지		方舟(방주)	

新約全書 (신약전서)	1866년	香港英華書院 (연세대학교 소장)	方舟
新約全書 (신약전서)	1886년	上海美華書館 刊行 (大美國聖經會 託印) (연세대학교 소장)	方舟
路加傳福音書 (로가전복음서)	1887년	上海美華書館 刊行 (한국교회사연구소 소장)	方舟
新約全書 (신약전서)	1891년	上海美華書館 (大英聖書公會) (연세대학교 소장)	方舟
新約全書 (신약전서)	1893년	英漢書館 (陽格非 重譯) (연세대학교 소장)	方舟
新約全書: 文理 (신약전서: 문리)	1895년	漢鎭英漢書館 (陽格非 重譯) (연세대학교 소장)	方舟
新約全書 (신약전서)	1896년	上海大美國聖經會	方舟
新舊約聖書: 文理 (신구약성서: 문리)	1904년	中國聖書公會 (연세대학교 소장)	方舟
新舊約聖書: 文理 (신구약성서: 문리)	1905년	上海聖書公會 (연세대학교 소장)	方舟
新舊約聖經: 文理 (신구약성경: 문리)	1912년	上海大美國聖經會 (서강대학교 소장)	方舟

이것은 일본 개신교 성서에서도 마찬가지다. 거기에서도 노아가 만든 배를 "方舟(방주)"라고 하였다.

일본 개신교 성서와 한문본 「성교요지」 용어 비교

한문본 성교요지		方舟(방주)	
訓點 舊約全書 (훈점 구약전서)	1883년	美國聖書會社 (연세대학교 소장)	方舟

한국 개신교 성서에서도 노아가 만든 배를 한자로 쓸 때는 모두 "方舟 (방주)"라고 하였다. 극히 예외적으로 "舟(주)"란 표현을 쓰기도 하였다. 한국 개신교 성서에서 노아가 만든 배를 한글로 쓸 때는 처음에는 "빅" 혹은 "배"라고 하였다. 하지만 얼마 안 가 "방쥬" 또는 "방주"라는 표현을 사용하기 시작하였다. 그러다 1936년부터는 한자로든 한글로든 모두 "方舟(방주)" 혹은 "방주", "방쥬"로 통일해서 사용하고 있다.

한국 개신교 성서와 한문본 「성교요지」의 표현 비교

한문본 성교요지		方舟(방주)	
예수셩교누가 복음젼서	1882년	로스 / 심양 문광서원	빅
예수셩교셩셔 누가복음데자힝적	1883년	로스 / 심양 문광서원	빅
예수셩교셩셔 맛딕복음	1884년	로스 / 심양 문광서원	빅
신약셩서 마태전(현토)	1884년	이수정	**方舟**
신약셩서 로가전(현토)	1884년	이수정	**方舟**
예수셩교셩셔 맛딕복음	1886년	심양 문광서원	빅
예수셩교젼서	1887년	경성 문광서원	빅
누가복음젼	1890년		빅
마태복음젼	1892년	아펜젤러	빅
예수셩교셩셔 맛딕복음	1892년	심양 문광서원	빅
누가복음젼	1893년		빅

마태복음	1895년		빈
누가복음	1895년		빈
마태복음	1896년		빈
베드로젼셔	1897년		빈
베드로후셔	1897년		빈
신약젼셔	1900년		빈
국한문 신약전서	1906년		舟
창셰긔	1906년		**방쥬**
마태복음	1906년		빈
신약젼셔	1907년		**방쥬** / 빈
구약젼셔	1911년		**방쥬**
국한문 신약전서	1911년	조선경성 대미국성경회	方舟
국한문 신약전서	1922년	조선경성 대영성서공회	方舟
부표관주 신약전서	1922년		빈
션한문 창셰긔	1925년		**方舟**
기일신역 신구약전서	1925년		**方舟**
션한문 신약전셔	1926년	조선경성 대영성서공회	舟
선한문 관주 성경전서	1926년	조선경성 대영성서공회	**方舟**
선한문 관주 신약전서	1926년	조선경성 대영성서공회	**方舟** / 舟
관쥬 구약전서	1930년	죠션경성 대영성서공회	**방쥬**
관쥬 신약전서	1930년	죠션경성 대영성서공회	빈
선한문 신약	1935년	조선경성 대영성서공회	배
성경전셔	1936년	조선경성 대영성서공회	**방쥬**
간이 선한문 구약(개역)	1937년	조선경성 대영성서공회	**方舟**
개역 신약	1939년	성서공회	**방쥬**
선한문 신약(개역)	1940년	조선성서공회	**方舟**
구약전셔(상)	1940년	조선셩셔공회	**방쥬**
영한대조 신약전서	1947년	서울 뉴라이프 프레스	**방주**
영한대조 신약전서	1956년	대한성서공회	**방주**
간이 국한문 신약전서(개역)	1956년	대한성서공회	**方舟**

　이러한 사실에서 보듯이 『만천유고』 한문본 「성교요지」에 나오는 한자 용어 "방주方舟"는 한중일 개신교에서 공통적으로 쓰는 한자 용어다. 그리고 천주교에서는 초기 한국천주교회 때는 물론 그 이후 박해시기와 1977년까지 사용하지 않았던 용어다.

　한글본 「성교요지」에서는 앞에서 살펴본 대로 "노아"라는 말뿐만 아니라 "방주"라는 말도 등장하지 않는다. 그러면서 성서 내용뿐만 아니라 한문본 「성교요지」와도 전혀 다른 우스꽝스런 내용을 전하고 있다.

한편 여기에서 짚고 가야 할 또 한 가지 중요한 문제가 있다. 『당시초선』의 한문본 「성교요지」와 『만천유고』 한문본 「성교요지」 본문에는 "方舟(방주)"란 말이 등장하지 않는다. 거기에서는 그냥 "方蓋(방개)"라고 하였다. 그런데 『만천유고』의 한문본 「성교요지」에서는 거기에 대한 주석을 따로 붙여서 '본문에 나오는 "方蓋(방개)"란 곧 "方舟(방주)"를 말한다'고 추가적인 설명을 해주었던 것이다.

이것 역시 무척 이상한 일이 아닐 수 없다. 그냥 처음부터 본문에서 "方舟(방주)"라고 하면 될 것을 왜 군이 본문에서는 "方蓋(방개)"라 하고 거기에 대한 주석을 따로 붙여서 '본문에 나오는 "方蓋(방개)"는 곧 "方舟(방주)"를 말한다'고 한 것일까? 지면만 더 늘어나는 것이 될 텐데 말이다.

더욱이 "方蓋(방개)"와 "方舟(방주)"는 글자 수까지 똑같다. 따라서 글자 수를 맞추기 위해서 그렇게 했다는 변명도 통하지 않는다. 그뿐만이 아니다. 위 도표를 보면 알 수 있듯이, "方蓋(방개)"라는 말은 개신교에서조차 한문으로든 한글로든 쓴 적이 없다. 그런데도 왜 한문본 「성교요지」 본문에서는 "方蓋(방개)"란 말을 쓴 것일까?

이것이 바로 그동안 문제가 되었던 의문 중에 하나를 풀 수 있는 열쇠이다. 앞에서 살펴보았듯이, 『만천유고』의 한문본 「성교요지」 본문에서는 세례자 요한를 그냥 "翰(한)"이라고만 하였다. 그리고 본문에서는 예언자 이사야를 "賽(새)"라고만 했는데 뒤에 다시 거기에 대한 주석을 붙여 '본문에 나오는 "賽(새)"는 바로 "以賽亞(이새아)"라고 부연 설명하였다. 또한 본문에서는 그냥 "후황后皇", "치군治君"이라고 했는데 뒤에 다시 거기에 대한 주석을 붙여 그것이 바로 "希律(희률-헤로데)"이라고 하였다. 그리고 본문에서는 "僕(복-종)"이라고만 했는데 뒤에 다시 거기에 대한 주석을 붙여 '본문에 나오는 "僕(복)"은 바로 "挪亞(나아-노아)"를 말한다'라고 부연 설명하였다.

　"方蓋(방개)"는 바로 이것들과 똑같은 맥락의 문제다. 즉 이것은 『만천유고』의 한문본 「성교요지」를 쓴 사람과 주석을 붙인 사람이 서로 다르기 때문에 일어난 문제다. 그런데 본문을 쓴 사람은 비록 개신교 성서에 나오는 용어들을 쓰고는 있지만 개신교 신자도 아니고 성서를 정확하게 알지도 못 하는 사람이다. 그래서 세례자 요한이나 이사야 예언자처럼 성서에서 가장 유명한 인물들조차 제대로 정확하게 알지 못 해 "한翰"이니 "새賽"니 하는 엉뚱한 말을 쓰고, 더 나아가 개신교에서 전혀 쓰지 않는 "方蓋(방개)"라는 말까지 썼다. 이것은 『만천유고』의 한문본 「성교요지」 본문과 『당시초선』의 한문본 「성교요지」를 쓴 사람이 개신교 신자가 아니라는 것을 더욱 확실하게 보여주는 증거다.

　『만천유고』 한문본 「성교요지」의 주석을 붙인 사람은 본문을 쓴 사람보다는 성서에 대한 지식이 조금 더 많아 보인다. 그래서 본문에서 성서에 나오는 기본적인 인물 이름이나 지명들을 언급하지 않고 대충 넘어간 경우나 오해를 살만한 내용이 나올 경우, 거기에 대한 주석을 붙이고 부연 설명을 함으로써 본문의 허점을 덮으려고 무척 애를 썼다. 하지만 주석을 붙인 사람 역시 개신교 신자일 가능성은 매우 희박하다. 그것은 앞으로 곧 나오겠지만 주석에서도 성서에 나오는 기본적인 내용을 잘못 설명하는 경우들이 많기 때문이다.

10) 從八者 所有携潔畜 牝牡各八也(종팔자 소유휴결축 빈모각팔야)

　두 개의 한문본 「성교요지」에 나오는 노아의 홍수 이야기에서 문제가 되는 것은 개신교 용어만이 아니다. 거기에는 1906년에 개신교 구약성서가 출간된 이후에나 알 수 있는 내용도 등장한다. 그것은 바로 홍수에서 살아난 짐승에 대해 설명한 내용이다. 우선, 『만천유고』의 한문본 「성교요지」에 나오는 노아의 홍수 이야기 전체를 소개하면 다음과 같다.

父義非昔 其僕已明 卽由是時 大水四行
卷撒全死 何間儕輩 第歸方蓋 則同義人 居七從八 各拉入門[241]
→(아버지의 뜻이 예전과 같지 않아 그 종에게 일찍이 그 뜻을 밝히셨도다.
곧이어 그때가 되자 사방에서 큰물이 휘몰아치고 모든 족속들이 죽고
말았도다. 살아난 이들이 누구냐 하면 바로 방개안으로 들어간 자들이
었으니 "거주하였던 일곱"과 "뒤따랐던 여덟"이었는데 그들은 각각 [방
개] 문으로 따라들어갔도다.)

그리고는 다음과 같은 주석을 달아 부연 설명을 하였다.

右節 …僕謂挪亞也 方蓋方舟也 居八者 挪亞眷屬 共有八人 從八者 所有
携潔畜 牝牡各八也[242]
→(윗글에서 …"종"이란 "노아"를 가리키고 "방개"란 "방주"를 말한다. "거
주하였던 여덟"이란 노아의 가족 총 여덟 명을 말한다. "뒤따랐던 여덟"
이란 "소유하고 있던 정결한 짐승 암수 각 여덟"을 말한다.)

여기에서 가장 눈에 띄는 것은 무엇보다도 홍수에서 살아난 사람의 숫
자가 본문과 주석이 다르다는 것이다. 즉 본문에는 홍수에서 살아난 사람
이 "거주하였던 일곱(居七)"이라고 되어 있는데 주석에는 "거주하였던 여
덟(居八者)"이라고 되어 있다는 것이다. 그리고 "거주하였던 여덟"이란
곧 "노아의 가족 총 여덟 명을 말한다"고 거듭 "여덟"이란 숫자를 강조하
고 있다.

잠시 후에 소개되는 성서 내용을 보면 알 수 있겠지만 본문에서 "거주
하였던 일곱(居七)"이라고 한 것은 잘못된 것이다. 주석에서 말하듯이 "거

---

241) 11쪽 앞면;『유교와 그리스도교』, 72~73쪽;『하성래 역』, 41~43쪽.
242) 11쪽 앞면;『유교와 그리스도교』, 73쪽;『하성래 역』, 43쪽.

주하였던 여덟(居八)"이라고 해야 맞다. 물론 본문에서 "일곱"이라고 한 것은 노아를 뺀 숫자를 말하는 것이라고 볼 수도 있다. 하지만 나중에 『당시초선』의 한문본 「성교요지」와 비교해 보면 『만천유고』 한문본 「성교요지」 본문에서 "거주하였던 일곱(居七)"이라고 한 것이 단순히 숫자 계산상의 문제라고 보기는 매우 어렵다.

본문 내용과 주석 내용이 서로 다른 것은 홍수에서 살아남은 사람의 숫자만이 아니다. 홍수에서 살아남은 짐승들의 숫자도 서로 다르다. 본문에서는 "뒤따랐던 여덟(從八)"이라고 함으로써 방주에 따라 들어간 짐승 8마리가 홍수에서 살아남았다고 되어 있다. 하지만 주석에서는 그 "뒤따랐던 여덟(從八)"이란 곧 "노아 소유의 정결한 짐승 암수 각 여덟"이라고 하였다. 즉 8마리가 아니라 8쌍이라고 한 것이다. 물론 8마리든 8쌍이든 모두 성서 내용과는 전혀 다르다.

여기에서 무엇보다도 중요한 것은 어떻게 같은 『만천유고』 한문본 「성교요지」에서 같은 사건을 두고 본문과 주석 내용이 완전히 서로 다를 수가 있느냐 하는 점이다. 이것은 결국 본문과 주석을 쓴 사람이 같은 사람이 아니라는 것을 다시 한 번 말해주는 증거라고 할 수 있다. 만일 같은 사람이 쓴 것이라면 어떻게 본문과 주석 내용이 서로 다른 이야기를 할 수 있겠는가. 더욱이 '거룩한 종교의 핵심 요지'를 담았다는 글에서 어떻게 그럴 수 있겠는가. 이것은 결국 본문과 주석을 쓴 사람이 다르기 때문에 일어난 일이라고밖에 볼 수 없다. 그리고 본문이 쓰여진 다음에 나중에 다른 사람이 거기에 주석을 붙인 것이라고밖에 볼 수 없다.

『만천유고』의 한문본 「성교요지」에 나오는 노아의 홍수 이야기의 문제점이 무엇인지 제대로 알기 위해서는 먼저 성서에서 노아의 홍수에 대해 어떻게 말하고 있는지 살펴볼 필요가 있다. 구약성서 창세기 6장과 7장에서는 노아의 방주에 들어간 사람과 짐승들의 숫자에 대해 다음과 같이 말하고 있다.

하느님께서는 노아에게 이렇게 말씀하셨다.

"…(중략)… 너는 네 아들들과 네 아내와 며느리들을 데리고 배에 들어가거라. 그리고 목숨이 있는 온갖 동물도 암컷과 수컷으로 한 쌍씩 배에 데리고 들어가 너와 함께 살아남도록 하여라. 온갖 새와 온갖 집짐승과 땅 위를 기어다니는 온갖 길짐승이 두 마리씩 너한테로 올 터이니 그것들을 살려 주어라."(A)

노아는 모든 일을 하느님께서 분부하신대로 하였다. 야훼께서 노아에게 말씀하셨다.

"너는 네 식구들을 다 데리고 배에 들어가거라. 내가 보기에 지금 이 세상에서 올바른 사람은 너밖에 없다. 깨끗한 짐승은 종류에 따라 암컷과 수컷으로 일곱 쌍씩, 부정한 짐승은 암컷과 수컷으로 두 쌍씩, 공중의 새도 암컷과 수컷으로 일곱 쌍씩 배에 데리고 들어가 온 땅 위에서 각종 동물의 씨가 마르지 않도록 하여라. 이제 이레가 지나면 사십 일 동안 밤낮으로 땅에 비를 쏟아 내가 만든 모든 생물들을 땅 위에서 다 없애 버리리라"(B)

노아는 야훼께서 분부하신 대로 다 하였다. 땅 위에 홍수가 난 것은 노아가 육백 세가 되던 해였다. 노아는 아들들과 아내와 며느리들을 데리고 홍수를 피하여 배에 들어갔다. 또 깨끗한 짐승과 부정한 짐승, 그리고 새와 땅 위를 기어다니는 길짐승도 암컷과 수컷 두 쌍씩 노아한테로 와서 배에 들어갔다. 노아는 모든 일을 야훼께서 분부받은 대로 하였다.(C)

이레가 지나자 폭우가 땅에 쏟아져 홍수가 났다. 노아가 육백 세 되던 해 이월 십칠 일 바로 그 날 땅 밑에 있는 큰 물줄기가 모두 터지고 하늘은 구멍이 뚫렸다. 그래서 사십 일 동안 밤낮으로 땅 위에 폭우가 쏟아졌다.

바로 그날 노아는 자기 아내와 세 아들 셈, 함, 야벳과 세 며느리를 배에 들여보냈다. 그리고 그들과 함께 각종 들짐승과 집짐승, 땅 위를 기는 각종 파충류와 날개를 가지고 나는 각종 새들을 들여 보냈다. 몸을 가지고 호흡하는 모든 것이 한 쌍씩 노아와 함께 배에 올랐다. 그리하여 하느님께서 노아에게 분부하신 대로 모든 짐승의 암컷과 수컷이 짝을 지어 들어갔다. 그리고 노아가 들어가자 야훼께서 문을 닫으셨다.(D) (창세기 6, 18~7, 16)

이렇듯 성서에서는 노아와 함께 방주에 들어간 사람들과 짐승들을 네 가지 유형으로 표현하였다.

유형	노아와 함께 방주에 들어간 사람들	노아와 함께 방주에 들어간 동물들
A	노아 + 노아의 아내 + 아들들 + 며느리들	온갖 동물들 암컷과 수컷 1쌍씩 + 온갖 새와 집짐승과 길짐승 2마리씩
B	노아 + 노아의 식구들	깨끗한 짐승은 종류별로 암수 7쌍씩 + 부정한 짐승은 암수 2쌍씩 + 공중의 새는 암수 7쌍씩
C	노아 + 노아의 아내 + 아들들 + 며느리들	깨끗한 짐승 + 부정한 짐승 + 새 + 길짐승 각각 암수 2쌍씩
D	노아 + 노아의 아내 + 세 아들(셈, 함, 야벳) + 세 며느리	각종 들짐승 + 각종 집짐승 + 각종 파충류 + 각종 새 각각 1쌍씩

이러한 성서 내용은 『만천유고』 한문본 「성교요지」의 노아의 홍수 이야기에서 말하는 내용과 여러 가지 측면에서 매우 다르다.

첫째, 성서에서는 조금씩 달리 표현하기는 했어도 결국 말하고자 하는 것은 방주 안으로 함께 들어간 사람들은 노아를 포함한 그의 가족 총 8명이라는 것이다. 그런데 앞에서 말했듯이 『만천유고』의 한문본 「성교요지」 본문에서는 홍수에서 살아남은 사람이 "거주했던 일곱(居七)"이라고 말하고 있다. 다시 말해서 성서 내용과 다른 이야기를 하고 있는 것이다. 그런데 주석에는 그것이 잘못되었다고 생각하였는지 아무런 언급없이 "거주했던 여덟(居八者)"'이라고 말을 슬쩍 바꾼 다음 이어서 '그것은 노아의 가족 총 여덟 명을 말한다'고 하면서 8명이라는 것을 강조하였다.

둘째, 홍수에서 살아난 짐승들에 대해서도 성서에서는 다양하게 표현하고 있다. 하지만 성서에서 말하고자 하는 것은 결국 노아가 데리고 들어간 짐승들이 "모든 종류의 짐승들"이었다는 것이다. 즉 결코 "깨끗한 짐승만" 데리고 들어갔다고 말한 적이 없다. 성서에서는 깨끗한 짐승은 물론 부정한 짐승과 날아다니는 새들까지 포함한 모든 짐승들이 방주에 들어가 살아남았다고 하였다. 그런데도 『만천유고』의 한문본 「성교요지」 주석에서는 오직 "정결한 짐승들이" 방주로 들어가 살아남았다고 되어 있는 것이다.

셋째, 홍수에서 살아남은 동물의 숫자도 서로 다르다. 『만천유고』의 한문본 「성교요지」 본문에서는 "뒤따랐던 여덟"이라고 함으로써 살아남은 짐승이 모두 8마리인 것처럼 말하였다. 그리고 주석에서는 '그 뒤따랐던 여덟이란 바로 의인이 소유했던 정결한 짐승 암수 각 8마리를 말한다' 하였다. 하지만 성서 어디에서도 방주에 들어간 동물들이 본문처럼 "8마리"라고 한 적이 없다. 겨우 짐승 8마리를 살리려고 하느님이 노아에게 그토록 거대한 방주를 지으라고 한 것이 아니었다. 그렇다고 성서에서는 주석에서처럼 "정결한 짐승 암수 각 8마리"라고 한 적도 없다.

위에서 보듯이 성서에서는 온갖 종류의 모든 동물들이 방주에 들어가도록 하였다고 말하고 있다. 그리고 구체적으로 숫자를 말할 때는 "온갖 동물들 암수 1쌍씩과 온갖 새와 집짐승과 길짐승 2마리씩"이라고 하든가 (위 예문 A) "각종 들짐승과 각종 집짐승과 각종 파충류와 각종 새 1쌍씩"이라고 하였다(위 예문 D). 그리하여 그 숫자가 어머어마하다는 것을 암시하였다.

이것은 "깨끗한 짐승"이란 말을 구체적으로 쓸 때도 마찬가지다. 성서에서는 '깨끗한 짐승을 종류별로 암수 7쌍씩 그리고 부정한 짐승도 암수 2쌍씩과 공중의 새는 암수 7쌍씩'이라고 말하거나 "깨끗한 짐승과 부정한 짐승과 새와 길짐승 각각 암수 2쌍씩"이라고 말함으로써 엄청난 수의 짐승들이 방주에 들어가 살아남았다는 것을 시사하였다.

넷째, 성서에서는 그것이 어떤 짐승이건간에 홍수에서 살아난 짐승들이 "노아가 소유한 짐승"이라고 말한 적이 없다. 성서에서는 오히려 하느님이 노아에게 "온갖 새와 온갖 집짐승과 땅 위를 기어다니는 온갖 길짐승이 두 마리씩 너한테로 올 터이니 그것들을 살려 주어라"고 명하였다고 되어 있다(위 예문 A). 혹은 "깨끗한 짐승과 부정한 짐승, 그리고 새와 땅 위를 기어다니는 길짐승도 암컷과 수컷 두 쌍씩 노아한테로 와서 배에 들어갔다"고 되어 있다(위 예문 C). 이것은 곧 방주로 들어간 동물들이 노아가 소유한 짐승들이 아니라 "하느님의 명을 받고 노아를 찾아온 짐승들"이라는 이야기다. 그런데도 『만천유고』의 한문본 「성교요지」 주석에서는 홍수에서 살아난 짐승들이 곧 "노아가 소유한" 짐승이라고 되어 있는 것이다.

이렇듯 『만천유고』의 한문본 「성교요지」는 언뜻 보면 성서 내용을 전하는 것 같지만 실제로는 성서와 전혀 안 맞는 이야기들을 하고 있다. 문제는 이것만이 아니다. 또 한 가지 문제는 이런 내용들은 초기 한국 천주교 신자들은 물론 박해시기 천주교 신자들이 말할 수 없는 내용이라는 것이다.

우선, 초기 신자들과 박해시기 천주교 신자들이 읽었던 한문서학서나 복음해설서 또는 교리서에는 노아의 홍수에서 살아남은 사람이 『만천유고』의 한문본 「성교요지」 본문처럼 "일곱 명"이라고 말한 적이 없다. 홍수에서 살아남은 사람들의 숫자를 말할 경우에는 "여덟 명"이라고 분명하게 말하거나 "여덟 명"이라는 것을 알 수 있도록 하였다.

또한 홍수에서 살아남은 짐승들이 "8마리"라든가 "암수 각각 8마리" 혹은 "암수 8쌍"이라고 말한 적도 없다. 더욱이 그 짐승들이 "노아 소유의 짐승들이었다"고 말한 곳도 없다.

무엇보다 어디에도 홍수에서 살아남은 짐승들이 "정결한 짐승"였다고 말한 적이 없다. 왜냐하면 성서에 나오는 노아의 홍수 이야기에서 "정결한 짐승"이라는 표현은 1958년에 한국천주교중앙협의회에서 번역하여 간행한『창세기』가 나오기 전까지는 한국 천주교 신자들에게 알려지지 않았기 때문이다.

초기 천주교 신자들과 그 이후 박해시기 신자들이 읽었던 한문서학서와 복음해설서 중 노아의 홍수에 대해 언급한 것은『주제군징』,『천주성교 사자경문』,『성세추요』,『성경직해』,『성경직히광익』,『성세추요』,『성경직히』등이다. 하지만 어디에도 그런 말을 한 곳이 없다.

우선,『주제군징』에는 노아가 만든 배에 들어간 것은 '노아의 가족과 모든 날짐승과 길짐승 한 쌍씩'이라고 되어 있다. 그리고 그러한 날짐승과 길짐승은 "노아가 소유한 짐승들"이 아니라 "천주의 명을 듣고 배로 모여든 짐승들"이라고 말하고 있다.

> …犯主義怒加罰 大發洪水 渾沒天下 且先百年卽降儆 命聖諾厄 造一巨舟 所以處其家人 曁凡禽獸一偶于其中 …鳥獸諸種 有廳命來舟者 人物共處 一舟…243)
> →([인간들이] 천주께 죄를 짓자 천주께서 의로운 분노를 나타내시어 벌을 내리셨으니 세상을 다 물에 잠기게 하셨다. 그런데 그보다 백년 전에 미리 경계를 내리셨으니, 성 노아에게 명하여 커다란 배를 한 척 만들라고 하셨다. 그리고 그 배에 그 가족들을 살게 하였다. 또한 모든 날짐승과 길짐승 한 쌍씩도 함께 들어가게 하였다…각종 날짐승과 길짐승들은 천주의 명을 듣고 배에 모여든 것으로서 사람과 동물이 함께 한 배에 살았다…)

즉 노아와 그의 가족과 모든 날짐승과 길짐승 1쌍씩 방주에 들어갔는데 그 짐승들은 모두 "노아 소유의 짐승들"이 아니라 "천주의 명을 듣고 배에 모여든 짐승들"이었다는 것이다.『천주성교 사자경문』에는 '노아와 그의 처 그리고 세 아들과 며느리들(총 8명) 그리고 모든 종류의 동물들'

---

243)『주제군징』하권, 21쪽 뒷면~22쪽 앞면.

이 노아의 배에 들어갔다고 되어 있다.

主命諾厄 預製一讀 上下三層 置爾及妻 三子三婦 幷諸物種[244]
→(주께서 노아에게 명하시어 상하 3층인 배 한 척을 미리 만들어서 거기에
노아와 그의 처 그리고 세 아들과 세 며느리들, 그와 더불어 모든 종류의
동물들을 들어가 살게 하라고 하셨다.)

『성경직해』에서 노아의 홍수에 대한 이야기가 나오는 것은 제2권 삼
왕내조후 제2주일과 제9권 심득십자성가첨례에서다. 그런데 그 중 제9권
심득십자성가첨례의 내용에는 '노아가 만든 배에 짐승들을 데리고 들어
갔다'는 말조차 하지 않았다. 그저 '노아와 그의 가족 8명이 배에 들어가
살아남았다'는 이야기만 하였다.

上古世人婬甚 天主罰以洪水 先呼諾阨聖人 曰造舟免患
舟工旣畢 諾阨也 家親也 共有八人 進舟而存 餘盡沒 無一得免
→(옛날에 세상사람들이 음란함이 너무 심하여 천주께서 홍수로 벌하시니
먼저 노아 성인을 불러 빨리 배를 만들어 환란을 피하라 하시었다.
이윽고 배가 다 완성되자 노아와 가족을 합한 총 8명이 배에 들어가 살
아남았으나 나머지는 모두 몰살당하고 말았으며 한 사람도 살아남은 자
가 없었다.)
　　　　　　　　　　　　　　－『성경직해』제9권, 심득십자성가첨례[245]

『성경직해』제2권 삼왕내조후 제2주일에는 노아가 만든 배에 '노아의
가족과 날아다니는 새와 달리는 짐승이 들어갔다'는 이야기가 나온다. 하
지만 그 짐승들이 "정결하니 안 하니" 혹은 "깨끗하니 안 하니" 등은 전혀
언급되어 있지 않다. 그리고 짐승의 숫자에 대해서도 전혀 언급되어 있지

---

244)『천주성교 사자경문』, 6쪽 뒷면~7쪽 앞면.
245)『성경직해』II, 340쪽.

않다. 더 나아가 그 짐승들이 "노아가 소유한 짐승들"이었다는 이야기는
전혀 없다.

> 上古洪水將發 天主命諾厄 造舟避之
> 舟有三層 <u>第一最高 乃諾厄及其家人所居</u>
> <u>次居飛鳥 又次居走獸…</u>
> →(옛날에 홍수가 장차 일어나려고 할 때 천주께서 노아에게 명하시기를
> 배를 만들어 홍수를 피하라고 하셨다.
> 배는 3층으로 되어 있는데 <u>1층이 제일 높은 곳으로서 노아와 그 가족들</u>
> <u>이 살았다.</u>
> <u>그 다음층에는 날아다니는 새가 살았고, 또 그 다음층에는 달리는 짐승</u>
> <u>들이 살았다.)</u>
> −『성경직해』제2권, 삼왕내조후 제2주일[246]

『성경직회광익』과『셩셰추요』,『셩경직회』에서는 이마저도 나오지
않는다. 즉 노아의 방주에 들어가 살아난 새나 짐승에 대한 이야기가 전
혀 나오지 않는다. 그저 노아와 그 가족 8명이 배에 들어가 살아남았다는
이야기만 있을 뿐이다.

> 샹고 적에 셰샹사름이 음난ㅎ기 심ㅎ매 텬쥬ㅣ홍슈로써 벌하실시
> 몬져 노에 셩인을 불너 갈ㅇ샤되 빅를 지어 환을 면ㅎ라 ㅎ시니
> 빅를 지으매 <u>노에가족 여듧 사름</u>이 다 빅에 올나 살고
> 그 남아는 다 ᄲᅡ져 ㅎ나도 면ㅎᆫ이 업ᄉᆞᆫ지라
> →(샹고 적에 셰샹사람이 음난하기 심하매 천주께서 홍수로써 벌하실새 먼
> 저 노에 성인을 불러 갈아사대 배를 지어 환을 면하라 하시니
> 배를 지으매 <u>노에가족 여덟 사람</u>이 다 배에 올라 살고
> 그 나머지는 다 ᄲᅡ져 하나도 면한 이 없은지라.)
> −『셩경직회광익』쥬셰쳠례뎨구권, 심획십ᄌ셩가쳠례셩경[247]

---

246)『성경직해』I, 264쪽.
247)『셩경직회광익』III, 620쪽.

다만 흔 집 여둘 식구ㅣ 텬쥬를 밋어 밧드는 셩인이 잇스니… 텬쥬ㅣ
명ᄒ샤 큰 비를 궤ᄀ치 지어 그 몸을 보존케 ᄒ시고 큰 벌을 ᄂ리시니
ᄉ십일 홍슈의 놉흔 산이 잠기고 넘쳐 여둘 사름 외의는 다 ᄲ져 멸ᄒ
니 후릭 인뉴는 다 이 여둘 사름의 손이라…

→(다만 한 집 여덟 식구가 천주를 믿어 받드는 성인이 있으니… 천주께서
명하사 큰 배를 궤같이 지어 그 몸을 보존케 하시고 큰 벌을 내리시니 사
십 일 홍수에 높은 산이 잠기고 넘쳐 여덟 사람 외에는 다 빠져 멸하니
그 이후의 인류는 다 이 여덟 사람의 손이라…)

－『셩셰추요』248)

샹고 적에 셰샹사름이 음난ᄒ기 심ᄒ매 텬쥬ㅣ 홍슈로써 벌하실ᄉ
몬져 노에 셩인을 불너 갈ᄋ샤딕 비를 지어 환을 면ᄒ라 ᄒ시니
비를 지으매 노에가솔 여둛 사름이 다 빈에 올나 살고
그 남아는 다 ᄲ져 ᄒ나도 면ᄒ이 업ᄉ지라

－『셩경직히』 권구, 심획십ᄌ셩가쳠례셩경249)

1883년과 1931년에 나온 일종의 교리서인 『셩교감략』에서는 노아와
함께 방주에 들어가 살아남은 짐승의 숫자에 대해 언급한다. 하지만 거기
에서도 '정결하니 안 하니', '깨끗하니 안 하니' 등과 같은 표현은 전혀 없
다. 그리고 짐승의 숫자도 "각 한 쌍씩"으로 되어 있을 뿐 "여덟 마리"니
혹은 "암수 여덟 마리"니 하는 말이 일체 없다. 더욱이 그것이 "노아가 소
유한 짐승"이라는 이야기도 전혀 없다.

세샹사름이 여러 ᄒ된 악을 곳칠 줄을 모로매 텬쥬ㅣ 노에를 명ᄒ샤 셰
아들과 세 며ᄂ리와 아오로 그 안히 합 여둛 식구와 또흔 새와 즘승과
륙츅의 각 흔 쌍과 또흔 모든 만물의 씨를 가지고 궤 안흐로 드러가게
ᄒ신 후에…

→(세상 사람이 여러 해된 악을 고칠 줄을 모르매 천주께서 노에를 명하사

---

248) 『셩셰추요』 二, 17~18쪽.
249) 『셩경직히』 III, 507~508쪽.

세 아들과 세 며느리와 아울러 그 아내 합해 여덟 식구와 또한 새와 짐승
과 육축의 각 한 쌍과 또한 모든 만물의 씨를 가지고 궤 안으로 들어가게
하신 후에…)

—1883년판『성교감략』250)

세상사람이 여러 해된 악을 곳칠 줄을 모르매 턴쥬ㅣ 노에를 명하샤 <u>세</u>
<u>아들과 세 며나리와 아오로 그 안해 합 여덟 식구와 쏘한 새와 즘승과</u>
<u>륙축의 각 한 쌍과 쏘한 모든 만물의 씨를 가지고 궤 안으로 드러가게</u>
<u>하신 후에…</u>

—1931년판『성교감략』251)

이렇듯 이벽은 물론 초기 천주교 신자들과 박해시기 천주교 신자들이
읽었던 한문서학서와 복음해설서 및 교리서에는 노아의 홍수 이야기를
하면서 "노아 소유의 짐승"이라든가 "짐승 8마리" 혹은 "암수 8쌍"이란
표현이 전혀 안 나온다. 그러니 어찌 이벽을 비롯한 초기 천주교 신자들
과 박해시기 신자들이 그런 표현을 할 수 있겠는가. 머릿속에 그런 개념
들이 없는데 어찌 그런 표현들을 할 수 있겠는가.

특히 천주교 신자들이 노아의 홍수 이야기에서 "정결한 짐승"이라는 표
현이 등장한다는 것을 알게 된 것은 앞에서 이야기한 대로 1958년에 한국
천주교중앙협의회에서 우리말로 번역해서 간행한『창세기』가 나온 후다.
이때부터 천주교 신자들은 비로소 성서에서 노아가 방주에 데리고 들어간
짐승들 중에는 '깨끗한 짐승들과 부정한 짐승들'도 있다는 것을 알게 되
었다.

따라서 설령『만천유고』의 한문본「성교요지」를 천주교 신자가 썼다
하더라도 그것은 아무리 빨라도 1958년 이후의 일이라는 이야기다. 그러
니 당연히 이벽은 물론 다른 초기 천주교 신자들이나 박해시기 신자들은

---

250)『성교감략』(1883), 58쪽.
251)『성교감략』(1931), 541~542쪽.

『만천유고』의 한문본 「성교요지」를 쓸 수 없는 것이다.

그런데 앞에서 이미 여러 사례에서 보았듯이, 그리고 노아의 홍수 이야기 자체에서도 드러났듯이『만천유고』의 한문본 「성교요지」는 개신교 용어들이 많이 등장하는 개신교 성서의 영향을 받은 글이다. 이것은 곧 거기에 나오는 노아의 홍수 이야기가 개신교 구약성서를 읽고 쓴 것이라는 뜻이다. 그런데 개신교에서 구약성서 창세기가 처음으로 우리말로 번역되어 출간된 것은 천주교보다 50년가량 빠른 1906년의 일이다. 이런 사실을 볼 때『만천유고』의 한문본 「성교요지」는 아무리 빨라도 개신교가 우리나라에 들어온 후 중국에서 들어온 중국 개신교 한문성서를 보고 쓴 글이거나 1906년 이후에 간행된 한글 개신교 구약성서를 보고 쓴 글이라고 할 수 있다.

하지만 본문에서 성서 내용과는 달리 홍수에서 살아남은 사람이 "거주하였던 여덟(居八)"이라고 틀리게 말한 것으로 볼 때, 그리고 홍수에서 살아남은 짐승이 "뒤따랐던 여덟(從八)"이라고 한 것으로 볼 때,『만천유고』의 한문본 「성교요지」 본문을 쓴 사람은 비록 개신교 용어들을 쓰고는 있지만 개신교 신자일 가능성이 매우 희박하다는 것을 다시 한 번 알 수 있다. 개신교 신자가 아닌 사람이 개신교 구약성서를 대충 보고 노아의 홍수 이야기를 적당히 쓴 것이라고 할 수 있다.

이것은『만천유고』의 한문본 「성교요지」 주석을 쓴 사람도 마찬가지다. 언뜻 보면 주석 내용이 본문보다 더 성서 내용을 정확하게 풀이한 것처럼 보이지만 실상은 성서 내용과 전혀 안 맞게 되어 있다. 이런 사실을 볼 때 주석을 쓴 사람도 개신교 용어들을 많이 쓰고는 있지만 실제로는 성서 내용을 정확하게 알지 못 하는 사람이라고 할 수 있다.

한편『당시초선』의 한문본 「성교요지」에도 노아의 홍수 이야기가 나온다. 그런데 그 내용은『만천유고』의 한문본 「성교요지」 본문과 똑같다. 그런데 딱 한 곳만 다르다. 바로 홍수에서 살아남은 사람의 숫자와 짐승의 숫자다. 『만천유고』의 한문본「성교요지」본문에서는 "居七從八(거칠종팔)"이라고 되어 있는데 『당시초선』의 한문본「성교요지」에서는 "居八從七(거팔종칠)"이라고 되어 있는 것이다. 그래서 홍수에서 살아남은 사람이 8명이고 짐승이 7마리라고 되어 있는 것이다. 즉 살아남은 사람과 동물의 숫자가 앞뒤로 바뀐 것이다.[252]

이런 사실을 볼 때 『만천유고』의 한문본「성교요지」본문을 쓴 사람은 『당시초선』의 한문본「성교요지」를 보고 썼을 가능성도 배제할 수 없다. 그래서 앞뒤 숫자를 혼동해서 바꿔 쓴 것이라고 볼 수도 있는 것이다. 그런데 주석을 붙인 사람이 아무래도 살아남은 사람이 7명이라는 것은 맞지 않으므로 슬쩍 고쳐서 "거주했던 여덟(居八)"이라고 썼을 가능성이 크다.

어떻든 『당시초선』의 한문본「성교요지」에서는 살아남은 사람의 숫자를 "거주했던 여덟(居八)"이라고 함으로써 성서 내용과 맞게 썼다. 하지만 살아남은 짐승의 숫자를 "뒤따랐던 일곱(從七)"이라고 함으로써 살아남은 짐승의 숫자가 모두 7마리라고 하였다. 더 너그럽게 해석하여 "7쌍"이라고 하더라도 모두 14마리밖에 안 된다. 이것은 성서 내용과 전혀 맞지 않는 이야기다.

성서에서 살아남은 짐승에 대해 말하면서 "7"이란 숫자를 말한 것은 한 번뿐이다. 그것은 '깨끗한 짐승은 종류별로 암수 7쌍씩'이라는 것과 '공중의 새는 암수 7쌍씩'이라고 말할 때였다(위 예문 B). 즉 "7마리"가 아니라 "종류별로 암수 7쌍씩"인 것이다. 그러니까 그 수가 어마어마한 것이다. 그렇게 숫자가 많으니까 노아가 3층짜리 거대한 방주를 지은 것이지 달랑 7마리를 데리고 들어가려고 했다면 그렇게 큰 방주를 짓지도 않았을 것이다.

요컨대 『당시초선』의 한문본「성교요지」에서는 노아의 방주에 들어

---

252) 『당시초선』, 2쪽.

가서 살아남은 사람의 숫자를 "여덟"이라고 함으로써 성서 내용과 맞게 된 것처럼 보이나 살아남은 짐승의 숫자를 "從七(종칠)"이라고 함으로써 성서와 맞지 않기는 마찬가지다. 게다가 아무런 주석이 없기 때문에 그 내용이 무엇을 말하는지 더욱 알 수 없게 되어 있다.

한글본 「성교요지」에서는 홍수에서 살아남은 사람과 짐승에 대해 더욱 엉뚱한 이야기를 하고 있다.

사ᄅᆞᄂᆞ 사름이 여덜비요 니쥼이 닐곱 사름이 즘승을 이끌고 문안으로
인도되야 드러ᄀᆞᄂᆞ니라253)
→(살아난 사람이 여덟이요 이 중에 일곱 사람이 짐승을 이끌고 문안으로
인도되어 들어갔느니라.)

즉 홍수에서 살아난 사람이 8명인데 이 중에 7명이 짐승을 이끌고 문안으로 들어갔다는 것이다. 이것은 성서 내용과 완전히 다른 황당한 내용이다. 게다가 두 개의 한문본 「성교요지」에서 말하는 내용과도 전혀 안 맞는다.

이러한 사실을 볼 때도 한글본 「성교요지」를 쓴 사람은 개신교 신자가 아닐 뿐만 아니라 성서 내용에 대해 거의 무지한 사람이라는 것을 알 수 있다. 그래서 한문본 「성교요지」를 보고도 무슨 뜻인지 감조차 제대로 잡지 못 하여 여기에서도 전혀 엉뚱한 이야기를 하고 있는 것이다.

그런데 여기에서 한 가지 주목할 것이 있다. 한글본 「성교요지」에서 "살아난 사람이 여덟(8)이요 이 중에 일곱(7) 사람이…들어갔도다"라고 되어 있는 것으로 볼 때, 즉 8이라는 숫자가 먼저 등장하고 그 다음에 7이라는 숫자가 나오는 것을 볼 때 한글본 「성교요지」를 쓴 사람은 『당시초선』의 한문본 「성교요지」도 보았을 가능성도 배제할 수 없다. 거기에 나

---

253) 2쪽 뒷면;『하성래 역』, 43쪽.

오는 "居八從七(거팔종칠)"을 보았기 때문에 이렇게 쓴 것이라고 할 수 있다. 그런데 "居八從七(거팔종칠)"을 어떻게 해석해야 할지 몰라서 "살아난 사람이 여덟(8)이요 이 중에 일곱(7) 사람이…들어갔도다"라고 번역하였던 것 같다.

결국 이 모든 사실을 종합해 볼 때 한글본 「성교요지」는 두 개의 한문본 「성교요지」를 모두 참고해서 쓴 것이라고 볼 수 있다. 그래서 『만천유고』의 한문본 「성교요지」의 부기처럼 '성교요지를 이벽이 천학초함을 보고 썼'고 하였으며 『만천유고』의 한문본 「성교요지」 본문에는 안 나오고 부기에만 나오는 "약탄강"이라는 용어를 쓰기도 하였다. 하지만 노아의 홍수 이야기를 할 때는 『당시초선』의 한문본 「성교요지」처럼 등장하는 숫자의 조합을 "8-7"로 하였던 것이다.

11) 以色列(이색열)

『만천유고』와 『당시초선』의 한문본 「성교요지」 본문에는 다음과 같은 내용이 나온다.

> 患遭獄陷 謀亡沙洲 統轄的裔 征途遍周…254)
> →(한때 옥함에 [옥에 갇히고 모함에] 빠질까 두려워하여 사주[사막지방]로 도망가려고 하였다가 적예들을 거느리고 관할하며 두루 사방을 돌아다니셨네.)

그런데 『만천유고』의 한문본 「성교요지」에서는 여기에 대해 다음과 같은 주석을 붙였다.

> 右節…獄訟也 悖教者謀訟 耶穌避去也255)

---

254) 『만천유고』, 13쪽 앞면; 『당시초선』, 2쪽; 『유교와 그리스도교』, 80쪽; 『하성래 역』, 57쪽.

→(윗글에서···옥(獄)은 송사를 말한다. 가르침을 거스리는 자들이 송사를
　꾀했으나 예수님께서 이를 피해 떠나신 것이다.)

　하지만 이러한 내용은 성서에 나오는 예수님의 행적과 전혀 맞지 않는
다. 예수님은 옥에 갇히거나 모함에 빠질까봐 두려워서 사막지방으로 도
망간 적도 없고 후예들을 통치하고 다스리신 적도 없기 때문이다.

　성서에서 예수님은 전혀 다르게 행동하였다. 이것은 바리사이파 사람
들이 예수님을 궁지에 몰아넣고 모함하려고 대답하기 곤란한 질문을 할
때 거기에 대해 예수님이 대응하였던 모습을 보면 잘 알 수 있다.

　예수님은 바리사이파 사람들의 모함을 두려워하거나 도망가지 않았다.
오히려 그들의 속셈을 간파하고는 당당하고 지혜롭게 대답을 하여 그들
의 말문을 막히게 하였다. 바리사이파들은 예수님께 '세금을 카이사르에
게 내는 것이 옳으냐 아니냐'고 물었다. 그러자 예수님은 동전을 가지고
오게 하여 '거기에 새겨진 초상과 글자가 누구의 것이냐' 되물었다. 바리
사이파 사람들이 '카이사르의 것'이라고 대답하자 예수님은 '카이사르의
것은 카이사르에게 돌리고 하느님의 것은 하느님께 돌려라'고 말씀하였
다. 그러자 바리사이파 사람들은 예수님의 말씀을 듣고 경탄하면서 떠나
갔다(마태오 22, 15~22 / 마르코 12, 13~17 / 루카 20, 20~26).

　이러한 성서 말씀은 『성경직해』와 『성경광익』에서 성신강림후 제22
주일 성경에 대단히 충실하게 잘 그려져 있으며 거기에 대한 해설까지 자
세하게 첨부되어 있다.[256] 이것은 『성경직히광익』과 『성경직히』에도
마찬가지다.[257]

　이러한 사실을 볼 때 『만천유고』의 한문본 「성교요지」 본문을 쓴 사람
은 물론 주석을 쓴 사람도 가장 기본적인 성서 내용이나 예수님의 행적에

---

255) 13쪽 앞면; 『유교와 그리스도교』, 81쪽; 『하성래 역』, 57쪽.
256) 『성경직해』 II, 181~188쪽; 『성경광익』 상하, 341~344쪽.
257) 『성경직히광익』 III, 505~521쪽; 『성경직히』 III, 211~225쪽.

대해 정확하게 알지 못 하는 사람이라는 것을 알 수 있다.

문제는 그것만이 아니다. 『만천유고』의 한문본 「성교요지」 본문을 보면 예수님이 사막지방으로 도망가셨다가 다시 '적예들을 거느리고 관할하며 두루 사방을 돌아다니셨다'고 되어 있다. 여기에서 '적예的裔'라는 말은 '후손' 혹은 '후예'라는 뜻의 단어다. 그렇다면 이것은 무슨 의미인가? 예수님의 후예, 즉 예수님의 자손을 말하는 것인가? 이 본문 내용만 보면 예수님이 자손을 가진 것처럼 오해하지 않을 수 없다. 그리고 예수님이 자신의 후예, 즉 자손들을 통치하고 다스렸다는 이야기가 된다. 하지만 이것은 말이 되지 않는다. 예수님은 자손이 없기 때문이다. 그래서인지 『만천유고』 한문본 「성교요지」에는 그 '후예'가 무엇을 의미하는지 보충 설명해주는 주석도 함께 붙여 놓았다.

右節…獄訟也 悖教者謀訟 耶穌避去也 的裔以色列之民也[258]
→(윗글에서…옥(獄)은 송사를 말한다. 가르침을 거리스리는 자들이 송사를 꾀했으나 예수님께서 이를 피해 떠나신 것이다. "적예(的裔)"란 "이스라엘 백성"을 말한다.)

즉 본문에 나오는 "적예"가 "이스라엘 백성"을 말한다는 것이다. 하지만 이러한 주석 내용도 성서 내용과 맞지 않기는 마찬가지다. 예수님은 이스라엘 백성들을 다스리거나 통치한 적이 없기 때문이다. 오히려 성서를 보면 사람들이 억지로라도 예수님을 왕으로 모시려 할 때 예수님이 이를 단호히 거절하셨다고 말하고 있다.

어떤 사람들은 여기에서 예수님이 '이스라엘 백성을 거느리고 관할하였다'고 한 것은 곧 예수님이 새로운 이스라엘 백성인 교회를 거느리고 관할하였다는 것을 의미하는 것이 아니겠냐고 이의를 제기할 수 있다. 하

---

258) 13쪽 앞면;『유교와 그리스도교』, 81쪽;『하성래 역』, 57쪽.

지만 여기에서는 결코 그런 의미로 말한 것이 아니다. 여기에서는 역사상의 예수님께서 지상생활을 하실 때의 행적을 말하고 있는 것이다. 이것은 그 앞뒤 내용을 보면 잘 알 수 있다. 본문을 보면 "[예수님께서] 적예들을 거느리고 관할하며 두루 사방을 돌아다니셨네"라고 되어 있기 때문이다. 따라서 예수님의 지상에서의 행적을 말하면서 이스라엘을 거느리고 관할하였다고 되어 있는 주석의 내용은 당연히 성서 내용이나 예수님의 행적과 전혀 맞지 않는 것이다.

이런 사실들을 보더라도 『만천유고』의 한문본 「성교요지」 본문을 쓴 사람은 물론 주석을 쓴 사람도 가장 기본적인 성서 내용조차 정확하게 알지 못 하는 사람이라는 것을 다시 한 번 확인할 수 있다.

더 큰 문제는 『만천유고』의 한문본 「성교요지」에 나오는 이런 내용이 내용적으로만 문제가 있는 것이 아니라 용어에도 문제가 있다는 점이다. 위에 나오는 『만천유고』의 한문본 「성교요지」 주석을 보면 이스라엘을 한자로 "以色列(이색열)"이라고 하였다. 하지만 천주교에서는 이스라엘을 한자로 "以色列(이색열)"이라고 쓴 적이 없다. 천주교에서는 전혀 다른 한자를 썼다.

초기 천주교 신자들이 읽었던 『성경직해』과 『성경광익』을 보면 이스라엘을 "義臘阨爾(의납액이)" 혹은 "義獵阨爾(의렵액이)"라고 하였다. 이것의 중국식으로 발음은 각각 [yilaeer]과 [yilieeer]다.

西默完…向厥母瑪利亞曰 玆者其允爲義臘阨爾－即 本國本名－[259] 多人淪喪哉 其又爲多人振擧哉…

亦有亞納…於時登殿 頌揚天主 遇玆允望主降求義臘阨爾 乃復向彼讚美吾主…

→(시므온은…그 어머니에게 말하였다. "이 아이는 진실로 이스라엘－즉 이 나라의 원래 이름－의 많은 사람들을 죽음에 빠뜨리기도 하고 많은

---

259) 이음줄("－")은 원문에는 나오지 않으나 편의상 첨가하였다. 그리고 이음줄("－") 안에 든 말은 『성경광익』에는 나오지 않는다.

사람들을 일으키기도 할 것입니다"…
안나도 역시…그때 마침 성전에 나와있다가 천주를 찬송하였다. 그리고
진실로 주님이 강생하시어 이스라엘을 구원하기를 바라는 사람들을 만나
다시 그 아이에 대해 이야기를 해주면서 찬미를 하였다.) (루카 2, 25~38)
　　　　　　　　　　　　　－『성경직해』제2권, 오주탄생후주일[260]
　　　　　　　　　　　　　－『성경광익』, 야소탄생후주일[261]

美哉如大白冷 國內諸城之間 莫爲末城厥大 將總督義獵陁爾吾民 且出于爾
→(유다 베틀레헴아 너는 결코 이 나라에서 가장 작은 고을이 아니고 크게
되리니 장차 내 백성 이스라엘을 다스릴 영도자가 너에게서 나오리라.)
　　　　　　　　　　　－『성경직해』제2권, 삼왕내조야소첨례[262]

　　『성년광익』에서는 이스라엘을 한자로 "依臘爾(의납이)"라고 하였다. 그
것을 중국식으로 발음하면 [yilaer]이다. 그래서인지 『성경직히광익』에
서는 이스라엘을 "이라엘"이라고 하기도 하고 "이스라엘"이라고 하기도
했다.

　　　시메온이…또 그 모친 마리아를 향ᄒᆞ야 ᄀᆞ로ᄃᆡ 뎌긔 둔 이ᄂᆞᆫ－오쥬 셩
　　　영을 ᄀᆞᄅ침이라－이라엘－이라엘은 본국 근본 일홈이라－만혼 사름
　　　의 문허짐이오 다시 살미오…
　　→(시메온이…또 그 모친 마리아를 향하여 갈아대 저기 둔 이는－오주 성
　　　영을 가리킴이라－이라엘－이라엘은 본국 근본 이름이라－많은 사람의
　　　무너짐이오 다시 살림이오…)
　　　　　　　　　－『성경직히광익』 뎨일권 하편, 예수성탄후쥬일셩경[263]

　　　째에 여루사름의 ᄒᆞᆫ 사름이 잇시니 일홈은 시메온이라 그 사름이 덕망
　　　이 잇고 텬쥬를 공경ᄒᆞ고 이스라엘을 안위ᄒᆞ실 쟈를 ᄒᆞᆼ샹 기ᄃᆞ리고…

---

260) 『성경직해』 I, 236~237쪽.
261) 『성경광익』 상하, 71쪽.
262) 『성경직해』 II, 280쪽.
263) 『성경직히광익』 I, 232~233쪽(원문에는 이음줄(－)이 없으나 여기에서는 편의상 넣었다).

→(때에 예루살렘에 한 사람이 있으니 이름은 시메온이라. 그 사람이 덕망
이 있고 천주를 공경하고 이스라엘을 안위하실 자를 항상 기다리고…)
－『성경직히광익』주셰쳠례뎨구권, 성모헌예수어쥬당쳠례셩경264)

그러다 1883년에 나온 『성교감략』 이후 "이스라엘"로 통일되어 지금
까지 사용되고 있다.

이스라엘 빅셩이 광야에 몃히를 잇섯ᄂᆞ뇨
－1883년판 『성교감략』265)

시메온이…또 그 모친 마리아를 향ᄒᆞ야 ᄀᆞᆯᄋᆞ듸 이ᄂᆞᆫ 이스라엘－이스
라엘은 유더아 빅셩이라－ 만혼 사름의 문허짐과 니러남이 되실바…
－『성경직히』권일, 셩탄후쥬일셩경266)

이렇듯 한국천주교회에서는 한 번도 이스라엘을 한자로 "以色列(이색
열)"이라고 쓴 적이 없다. 따라서 이스라엘을 한자로 "以色列(이색열)"이
라고 쓴 『만천유고』의 한문본 「성교요지」는 기본적으로 이벽이 쓴 글일
수도 없고 다른 천주교 신자가 쓴 글일 수도 없다.

천주교와 한문본 「성교요지」의 용어 비교

한문본 성교요지	以色列(이색열)

성경직해	1636년	義臘阨爾(이납액이) / 義獵阨爾(의렵액이)
성년광익	1738년	依臘爾(의납이)
성경광익	1740년	義臘阨爾(이납액이)

---

264) 『성경직히광익』 Ⅲ, 742~743쪽.
265) 『성교감략』, 167쪽.
266) 『성경직히』 I, 182~183쪽(원문에는 이음줄(－)이 없으나 여기에서는 편의상 넣었다).

성경직히광익	1801년	이라엘 / 이스라엘
성교감략	1883년	이스라엘
성경직히	1897년	이스라엘
셩년광익	미상	이스라엘267)
사사성경	1910년	이스라엘
사사성경	1922년	이스라엘
사사성경	1939년	이스라엘
신약성서 상편	1948년	이스라엘
사사성경	1956년	이스라엘
복음성서	1971년	이스라엘
공동번역 성서	1977년	이스라엘
200주년 성서	1991년	이스라엘
성경	2005년	이스라엘

『만천유고』 한문본 「성교요지」에 나오는 한자 "以色列(이색열)"은 개신교 용어다. 중국 개신교 성서에서 이스라엘을 "以色列(이색열)"이라고 썼다. 중국식 발음은 [yiselie]이다.

중국 개신교 성서와 한문본 「성교요지」 용어 비교

한문본 성교요지		以色列(이색열)	
新約全書 (신약전서)	1866년	香港英華書館 (연세대학교 소장)	以色列
新約全書: 官話 (신약전서: 관화)	1886년	上海美華書館 刊行 (大美國聖經會 託印) (연세대학교 소장)	以色列
路加傳福音書 (로가전복음서)	1887년	上海美華書館 刊行 (한국교회사연구소 소장)	以色列
新約全書 (신약전서)	1891년	上海美華書館 (大英聖書公會 託印) (연세대학교 소장)	以色列
舊約全書	1891년	上海美華書館	以色列

---

267) 『셩년광익』 춘계, 데이편, 8쪽 앞면.

		(大英聖書公會 託印)	
(구약전서)		(연세대학교 소장)	
新約全書 (신약전서)	1893년	英漢書館 (陽格非 重譯) (연세대학교 소장)	以色列
新約全書 (신약전서)	1896년	上海大美國聖經會 (연세대학교 소장)	以色列
新舊約聖書: 文理 (신구약성서: 문리)	1904년	中國聖書公會 (연세대학교 소장)	以色列
新舊約聖書: 文理 (신구약성서: 문리)	1905년	上海聖書公會 (연세대학교 소장)	以色列
新舊約聖經	1912년	上海大美國聖經會 (서강대학교 소장)	以色列

이것은 일본 개신교 성서에도 그대로 반영되었다. 일본 개신교 성서에서도 이스라엘을 한자로 쓸 때는 『만천유고』의 한문본 「성교요지」처럼 "以色列(이색열)"이라고 하였다. 그리고 그것을 일본어로 쓸 때는 "イスラエル(이스라에루)"라고 하였다.

일본 개신교 성서와 한문본 「성교요지」 용어 비교

한문본 성교요지	以色列(이색열)

馬可傳福音書 (마가전복음서)	1872년	헵번&브라운 역 성서	イスラエル268)
馬可傳福音書 (마가전복음서)	1879년	일본 훈점성서	以色列 [イスラテル]269)
新約全書馬可傳福音書 (신약전서마가전복음서)	1880년	일본 명치역 성서	イスラエル270)
訓點 舊約全書 (훈점 구약전서)	1883년	美國聖書會社	以色列

---

268) 오미영, 앞의 책, 413쪽, 429쪽.
269) 같은 책, 326쪽, 352쪽.

한국 개신교도 마찬가지였다. 최초의 한국 개신교 성서 중에 하나인 이수정의 현토성서들과 『요한복음젼』(1891)에서는 이스라엘을 한자로 "以色列(이색열)"이라고 하였다. 그래서 한글로 된 개신교 성서 중에는 그것을 그대로 우리말로 음역하여 "이싴렬" 혹은 "니싴렬"이라고 한 것들도 많다.

한국 개신교 성서와 한문본 「성교요지」의 용어 비교

한문본 성교요지			以色列(이색열)

신약성서 마태젼(현토성서)	1884년	이수정	以色列
신약성서 마가젼(현토성서)	1884년	이수정	以色列
신약성서 로가젼(현토성서)	1884년	이수정	以色列
신약성서 약한젼(현토성서)	1884년	이수정	以色列
신약성서 사도행젼(현토성서)	1884년	이수정	以色列
신약마가젼복음셔언히 (마가의 젼한 복음셔언해)	1885년	이수정	以色列(이스라엘)
요한복음젼	1891년	펜윅	以色列(이살일)

예수셩교누가 복음젼서	1882년	로스 / 심양 문광서원	이살일
예수셩교셩서 요안닉 복음	1882년	로스 / 심양 문광서원	이살일
예수셩교셩서 누가복음데자힝적	1883년	로스 / 심양 문광서원	이살일
예수셩교셩셔 맛딕복음	1884년	로스 / 심양 문광서원	이살일
예수셩교셩셔 말코복음	1884년		이살일
예수셩교셩셔 요안닉복음이비쇼셔신	1885년	심양 문광서원	이살일
예수셩교셩셔 맛딕복음	1886년	심양 문광서원	이살일
예수셩교젼셔	1887년	경성 문광서원	이살일
마가의 젼흔 복음셔언히	1887년	아펜젤러 /언더우드	이스라엘
누가복음젼	1890년		이살일
보라달로마인셔	1890년		이살일
마태복음젼	1892년	아펜젤러	이스라엘
예수셩교셩셔 맛딕복음	1892년	심양 문광서원	이살일

270) 같은 책, 493쪽, 511쪽.

누가복음젼	1893년		이살일
약한의 기록흔 딕로복음	1893년		**니쇠녈 /** **이쇠열**
마태복음	1895년		**이쇠렬**
누가복음	1895년		이스라엘
ᄉ도ᄒᆡᆼ젼	1895년		**이쇠렬**
마태복음	1896년		**이쇠렬**
요한복음	1896년		**이쇠렬**
ᄉ도ᄒᆡᆼ젼	1896년		**이쇠렬**
요한복음	1896년		**이쇠렬**
마태복음	1898년		이스라엘
마가복음	1898년		이스라엘
누가복음	1898년		이스라엘
ᄉ도ᄒᆡᆼ젼	1898년		이스라엘
신약젼셔	1900년		이스라엘
국한문 신약젼서	1906년		이스라엘
창셰긔	1906년		이스라엘
사도행젼	1906년		이스라엘
마태복음	1906년		이스라엘
요한복음	1906년		이스라엘
ᄉ도ᄒᆡᆼ젼	1906년		이스라엘
신약젼셔	1907년		이스라엘
관쥬 신약젼서	1912년		이스라엘
신약젼셔	1919년	펜윅 / 대한긔독교회	**이쇠렬**
국한문 신약젼서	1922년	조선경성 대영셩서공회	이스라엘
부표관주 신약젼서	1922년		이스라엘
션한문 창셰긔	1925년		이스라엘
기일신역 신구약젼서	1925년		이스라엘
션한문 신약젼서	1926년	조선경성 대영셩서공회	이스라엘
션한문 관주 신약젼서	1926년		이스라엘
관쥬 신약젼셔	1930년	죠션경셩 대영셩셔공회	이스라엘
간이 션한문 신약	1935년	조선경성 대영셩서공회	이스라엘
개역 신약	1939년	셩서공회	이스라엘
간이 션한문 신약(개역)	1940년	조선셩서공회	이스라엘
간이 국한문 신약젼서(개역)	1956년	대한셩서공회	이스라엘

이러한 사실들을 종합해 보면 알 수 있듯이, 『만천유고』의 한문본 「성교요지」에 나오는 "以色列(이색렬)"이라는 한자 용어는 한중일 개신교에

서 공통적으로 쓰는 개신교 용어인 것이다. 따라서 이런 개신교 용어가 등장하는 『만천유고』의 한문본 「성교요지」는 이벽의 글일 수도 없고 다른 천주교 신자가 쓴 글일 수도 없다.

『당시초선』의 한문본 「성교요지」에는 주석이 없기 때문에 이 대목에서 개신교 용어는 나오지 않는다. 그러나 한자들이 『만천유고』의 한문본 「성교요지」 본문의 한자와 앞뒤가 서로 뒤바뀌거나 새로운 조합으로 되어 있는 것들이 있다.

『만천유고』의 한문본 성교요지	患遭獄陷 謀亡沙洲 統轄的裔 征途遍周…
『당시초선』의 한문본 성교요지	謀陷亡獄 遭患沙洲 統轄的裔 征途遍周…271)

하지만 그 내용은 결국 『만천유고』의 한문본 「성교요지」 본문 내용과 크게 다르지 않다. 그래서 거기에서도 예수님은 모함을 피해 사막으로 도망갔으며 거기에서 적예들을 거느리고 관할한 것으로 되어 있다.

요컨대 『당시초선』 한문본 「성교요지」의 이 대목에서는 비록 개신교 용어가 나오지는 않지만 그 내용이 성서 내용이나 예수님의 행적과 맞지 않기는 마찬가지인 것이다. 오히려 주석과 같은 부연 설명이 전혀 없기 때문에 그 내용만 보면 예수님에게 자손들을 있어서 예수님이 그들을 거느리고 관할한 것처럼 되어 있다. 따라서 이런 내용이 나오는 『당시초선』의 한문본 「성교요지」 역시 천주교와 아무런 상관이 없는 글이다.

한편 한글본 「성교요지」에서는 이 부분을 다음과 같이 말하고 있다.

> 그는 또흔 모홈이 휫쓸리야 형옥이 곳치는 몸 되엿스니 모릭섬 곳온
> 딕 홀로 잇기 되야 온곳 고난을 격고 여러 고을을 도르 드니시며 <u>후숀</u>

271) 『당시초선』, 2쪽.

들을 몸쇼 돌보시엿ᄂᆞ니라[272]

→(그는 또한 모함에 이끌리어 형옥에 갇히는 몸이 되었으니 모래섬 가운
데 홀로 있게 되어 온갖 고난을 겪고 여러 고을을 돌아다니시며 <u>후손들
을 몸소 돌보시었느니라.</u>)

즉 예수님이 모함에 빠져 감옥에도 갇히고 모래섬 한가운데서 홀로 있
으며 온갖 고난을 겪었을 뿐만 아니라 여러 고을을 다니시면서 후손들을
직접 돌보셨다는 것이다. 한마디로 성서 내용과 전혀 안 맞는 황당한 내
용인 것이다. 예수님은 감옥에 갇히셨다가 다시 모래섬으로 간 적도 없고
그 "후손들을" 돌보신 적도 없다. 이 내용대로 하면 정말로 예수님은 자손
을 두신 분이 된다.

따라서 이런 내용이 나오는 한글본 「성교요지」를 이벽이 썼다고 되어
있는 그 부기 내용이 얼마나 거짓인지 잘 알 수 있다. 그리고 그런 거짓 부
기를 붙인 의도가 무엇인지도 잘 알 수 있다.

12) 耶和華(야화화)

두 개의 한문본 「성교요지」에서는 예수님이 돌아가실 때의 모습을 다
음과 같이 표현하고 있다.

慧雨慈雲 震角播示 背架策壇 納匱載器…[273]

→(지혜가 비처럼 내리고 자비가 구름처럼 내리는 가운데
풀들이 마구 흔들리며 사방에 흩뿌려지네.
<u>등에 십자가를 지고 제단을 쌓으며</u>
<u>궤와 제기들을 바치네…</u>)

---

272) 5쪽 뒷면;『하성래 역』, 59쪽.
273)『만천유고』, 14쪽 뒷면;『당시초선』, 4쪽;『유교와 그리스도교』, 87쪽;『하성래 역』, 71쪽.

그런데 『만천유고』의 한문본 「성교요지」에서는 여기에 대해 다음과 같이 주석을 붙여 부연 설명하였다.

右節… 角菰也 匱耶和華之約匱[274]
→(윗절에서…각(角)은 풀을 말하며 "궤"는 "耶和華(야화화)"의 약궤를 말한다.)

이러한 내용은 성서 내용과 거리가 멀다. 예수님은 십자가를 등에 지고 제단을 쌓은 적도 없고 궤와 제기들을 바친 적도 없다. 아무리 시적詩的으로 표현한 것이라고 해도 '예수님이 제단을 쌓고 궤와 제기들을 바친다'는 것은 문제가 있다.

특히 천주교와 성서 내용을 전혀 모르는 18세기 조선 사람들에게 거룩한 교회의 핵심요지를 가르쳐주는 글이라는 데에서 이렇게 잘못된 내용을 말하는 것은 더더욱 문제다. 이런 사실을 보더라도 두 개의 한문본 「성교요지」는 모두 가장 기본적인 성서 내용과 예수님의 삶에 대해 잘 모르는 사람이 쓴 것이라는 것을 알 수 있다.

하지만 여기서 문제가 되는 것은 내용만이 아니다. 용어에도 문제가 있다. 『만천유고』 한문본 「성교요지」의 주석 내용을 보면 "耶和華(야화화)"의 "약궤約匱"라는 말이 나온다. 하지만 천주교에서는 "약궤"라는 표현을 쓰지 않았다. "결약結約의 궤"라고 하였다.

"약궤約匱"는 개신교에서 쓰는 용어다. 게다가 이제까지 보았듯이, 『만천유고』의 한문본 「성교요지」에는 개신교 용어들이 많이 나온다. 이러한 사실을 볼 때 여기에 나오는 "약궤約匱"라는 용어 역시 개신교 용어일 가능성이 거의 백 퍼센트라고 생각한다. 하지만 여기에 나오는 약궤가 "결약의 궤"를 줄인 말이라고 우길 수도 있으니 일단 그냥 넘어가기로 하자.

---

274) 『만천유고』, 14쪽 뒷면; 『유교와 그리스도교』, 88쪽; 『하성래 역』, 73쪽.

그보다 더 큰 문제는 "耶和華(야화화)"라는 한자 용어다. 『만천유고』의 한문본 「성교요지」를 번역한 사람들은 "耶和華(야화화)"를 "야훼"라고 번역하였다.275) 하지만 "耶和華(야화화)"는 "여호와"를 뜻하는 한자 용어다. 물론 천주교에서는 "여호아"라는 말을 쓴 적도 없고 "耶和華(야화화)"라는 한자 용어를 쓴 적도 없다. 그것은 가톨릭교회의 가장 중요한 신학과 관계되는 문제이기 때문이다.

성서에는 "하느님이 이름", 즉 하느님의 존함이 "야훼YHWH"라고 나온다(출애굽기 3, 15 / 34, 5). 구약의 하느님의 백성인 이스라엘 사람들은 "하느님의 이름을 함부로 부르지 말라"는 십계명의 말씀에 따라 그것을 직접적으로 읽지 않았다. 그것은 마치 집안 어른이나 높으신 분의 존함을 함부로 부르지 않는 것과 같은 이치라고 할 수 있다. 그래서 성서를 읽을 때 하느님의 이름을 직접 말하는 대신 '아도나이'라고 하였다. "아도나이"는 "나의 주님"이라는 뜻이다.

이러한 전통은 그리스도교에서도 계승되었다. 그래서 천주교회에서는 구약성서를 라틴어로 번역하면서 꼭 필요한 경우가 아니면 "야훼"라는 말이 들어갈 자리에 대신 "Dominus"란 말을 썼다. "Dominus"는 "주님"이라는 뜻이다. 그리고 "야훼 하느님"이라는 표현을 써야 할 자리에는 "Dominus Deus"라는 말을 대신 썼다. 그것은 "주 하느님"이란 뜻이다.

중국에서 선교한 가톨릭 선교사들도 기본적으로 이런 생각을 가지고 있었다. 그래서 하느님을 한자로 어떻게 표현해야 좋을지 고민을 하게 되었다. 물론 "하느님의 이름"은 함부로 말할 수 없으므로 "하느님의 이름"을 한자로 번역하는 일은 하지 않았다. 그래서 그냥 "主(주)"라고만 하였다. 하지만 가톨릭교회에서 믿는 하느님, 즉 가톨릭교회의 신神을 한자로 어떻게 표현해야 중국 사람들에게 쉽고도 제대로 전달할 수 있는지가 고민이었다.

---

275) 『유교와 그리스도교』, 88쪽; 『하성래 역』, 72쪽.

예수회 선교사들은 1583년에 처음으로 중국에 들어가 선교하기 시작하였을 때 가톨릭교회에서 믿는 신神을 한자로 "天主(천주)"라고도 하고 "上帝(상제)" 또는 "上主(상주)"라고도 표현하였다.

"天主(천주)"라는 용어를 쓴 것은 가톨릭교회의 신이 바로 우주만물의 주인이란 뜻에서다. 그리고 "上帝(상제)"라고 한 것은 중국 원시유교에서 최고의 신을 가리키는 "上帝(상제)"가 바로 가톨릭에서 믿는 신神과 같다는 뜻에서다. "上主(상주)"도 최상의 신이라는 의미로 썼다.

예수회 선교사들은 중국의 조상제사에 대해 적응주의적인 태도를 취하였던 것처럼 가톨릭의 신神을 표현하는 용어문제에 있어서도 중국인들의 정서를 고려한 적응주의적 방책을 썼던 것이다. 그래서 예수회 신부인 마태오 리치가 지은『천주실의』를 보면 그 세 가지 용어가 모두 사용되고 있다.

하지만 마태오 리치를 비롯한 예수회 선교사들의 이러한 생각은 얼마 지나지 않아 큰 반대에 부딪쳤다. 뒤늦게 중국에 들어온 프란치스코회와 도미니꼬회 선교사들이 중국의 조상제사를 용인할 수 없다는 강경론을 펼쳤던 것이다. 용어문제에 있어서도 그들은 중국 유교경전에 나오는 상제를 가톨릭의 신으로 표현하는 것을 받아들일 수 없다는 강경한 입장을 취했다. 그들은 오직 "天主(천주)"라는 용어만 써야 한다고 주장하였다.

이러한 용어논쟁은 조상제사를 둘러싼 중국의례논쟁과 함께 오랜 기간 동안 많은 갈등을 빚으며 팽팽한 공방이 오갔다. 그러다 마침내 1715년 교황 끌레멘스 11세가 칙서『Ex illa die(엑스 일라 디에)』를 발표함으로써 최종 결정이 났다. 교황청에서 프란치스꼬회와 도미니꼬회의 손을 들어주었던 것이다. 그 결과 조상제사를 금하는 것은 물론 용어문제에 있어서도 가톨릭의 신을 한자로 표현할 때는 오직 "天主(천주)"라는 용어만 사용해야 한다는 최종 판결이 났다. 그래서 그 이후 중국 천주교회에서는 가톨릭의 신을 표현할 때 오직 "天主(천주)"라는 용어만 사용하였다.

하지만 우리나라에 처음으로 천주교를 전해준 한문서학서 중에는 교황청의 최종 결정이 나기 전에 쓰여진 한문서학서들도 있었고 그 이후에 쓰여진 것들도 있었다. 그래서 초기 한국천주교회 신자들은 "天主(천주)"라는 용어와 함께 "上帝(상제)"나 "上主(상주)"란 용어도 자연스럽게 썼다. 하지만 곧 중국 천주교회와 연결되고 교황청의 지침을 알게 된 후 "天主(천주)"라는 용어만 사용하게 되었다.

한국천주교회에서 처음으로 "하느님의 이름(존함)"을 직접 거명하게 된 것은 1958년에 이르러서였다. 1958년에 한국천주교중앙협의회에서 출간한 『창세기』에서 처음으로 "하느님의 이름"이 "야훼"라고 하면서 "야훼"라는 말을 사용하게 되었던 것이다.

그 이전까지 한국천주교회에서 이루어진 성서 번역은 중국에서 들어온 한문서학서를 번역하거나 서양 선교사들이 가져온 라틴어 성서를 번역한 것이었다. 그런데 1958년에 한국천주교중앙협의회에서 출간한 『창세기』는 고 선종완 신부가 히브리어본 성서에서 직접 번역한 것이다. 그래서 히브리어본 성서에 나온 "하느님의 이름"을 번역하면서 "야훼"라고 하였던 것이다.

그 후 1977년에 개신교와 공동번역한 『성서』에서도 "야훼"라는 용어는 등장한다. 하지만 원칙적으로 가톨릭교회에서는 "하느님의 이름"을 직접적으로 부르지 않는 것이 오랜 전통이었다. 그래서 한국천주교회에서도 그 원칙에 충실하기 위하여 2005년에 나온 『성경』에서는 기존에 "야훼"라고 되어 있는 것을 아주 특별한 몇몇 경우만 제외하고는 모두 "주"라고 고쳤다. 그리고 "야훼 하느님"이라고 되어 있는 부분도 "주 하느님"이라고 하였다.

요컨대 한국천주교회에서는 1958년 이전에는 한 번도 "하느님의 이름"을 한자로든 한글로든 표현하지 않았던 것이다. 그리고 1958년 이후에 "하느님의 이름"을 직접 거명할 때도 한글로 "야훼"라고 하였지 "耶和華(야화화)"라는 한자 용어를 사용하거나 우리말로 "여호와"라고 한 적이 한 번도 없었던 것이다.

따라서 이와 같은 "하느님의 이름"에 대한 가톨릭 교회의 역사와 한국 천주교회의 역사를 볼 때, 『만천유고』의 한문본 「성교요지」에 하느님의 이름을 "耶和華(야화화)"란 한자 용어로 표현하였다는 것 자체가 가장 큰 문제다. 이것이야말로 『만천유고』의 한문본 「성교요지」가 결코 이벽이 쓴 글일 수가 없는 것은 물론 1958년 이전의 천주교 신자들도 쓸 수 없는 글이라는 가장 확실한 증거인 것이다.

게다가 한문본 「성교요지」에 등장하는 "耶和華(야화화)"는 대표적인 개신교 용어다. 개신교에서는 가톨릭 교회와는 달리 하느님의 이름을 직접적으로 거명하였다. 그래서 서양의 개신교 선교사들이 중국에서 개신교 성서를 펴낼 때도 처음부터 "하느님의 이름"을 한자로 써서 표현하였다. 그렇게 해서 탄생한 개신교식 "하느님의 이름(존함)"이 바로 "耶和華(야화화)"였다.

중국 개신교 성서와 한문본 「성교요지」 용어 비교

한문본 성교요지		耶和華(야화화)	
舊約聖書 (구약성서)	1889년	上海大美國聖經會 (연세대학교 소장)	耶和華
舊約全書 (구약전서)	1891년	上海美華書館 (연세대학교 소장)	耶和華
舊約聖書 (구약성서)	1902년	聖書公會 (연세대학교 소장)	耶和華
新舊約聖書: 文理 (신구약성서: 문리)	1904년	中國聖書公會 (연세대학교 소장)	耶和華
新舊約聖書: 文理 (신구약성서: 문리)	1905년	上海聖書公會 (연세대학교 소장)	耶和華

新舊約聖經: 文理 (신구약성경: 문리)	1912년	上海大美國聖經會 刊行 (서강대학교 소장)	耶和華

이것은 일본 개신교 성서에서도 마찬가지다. 일본 개신교에서도 "하느님의 이름"을 한자로 "耶和華(야화화)"라고 하였다.

일본 개신교 성서와 한문본 「성교요지」 용어 비교

訓點 舊約全書 (훈점구약전서)	1883년	美國聖書會社 (연세대학교 소장)	耶和華

한문본 성교요지	耶和華(야화화)

한편 한자 "耶和華(야화화)"를 중국식으로 발음하면 [yehuohua]이다. 그래서 한국 개신교에서는 이것을 우리말로 "여호와"라고 번역하여 사용하였다. 그런데 한국 개신교 초창기에는 한자 "耶和華(야화화)"를 그대로 우리식으로 읽어 "야화화"라는 가차문자를 사용하기도 하였다. 이러한 사실은 1893년에 펜윅이 간행한 『약한의 긔록흔 듸로복음』을 보면 잘 알 수 있다.

야화화 일흠으로 오신 이가 곳 이싀열 왕이 복 잇도다 ㅎ거늘… (요한 12, 13)

원래 "하느님의 이름"에 대한 언급은 구약성서에만 나오고 신약성서에는 나오지 않는다. 그래서 여기에서도 원래는 "야화화의 일흠으로"가 아닌 "주님의 이름으로"라고 해야 한다. 그런데 펜윅이 간행한 한국 개신교 성서에서 이렇게 "야화화의 일흠으로"라고 한 것이다.

한국 개신교에서 "야화화"란 용어를 사용하였다는 사실은 한국 개신교 교회신문의 효시인 『죠션 크리스도인회보』 창간호에 실린 성서 번역내용에서도 잘 드러난다. 『죠션 크리스도인회보』는 개신교 선교사 아펜젤러에 의해 1897년 2월 2일 창간된 주간 신문이다. 그 창간호부터 성경 본문과 주석이 실렸는데 그 중에 하나가 사무엘서 번역이다. 그런데 거기에 다음과 같은 내용이 나온다.

> 사무엘이 미샤파에서 <u>야화화</u>압혜 빅셩을 모흐고 무리의게 닐너글ㅇ딕 이스라엘 족쇽 하ᄂᆞ님 <u>야화화</u>씌셔 글ㅇ샤딕 녜젼에 내가 너희를 인도 ᄒ야 이급에 나오게ᄒ고 이급사름과 밋 여러나라이 학딕ᄒᄂᆞ이의 손에 너희를 버셔나게 ᄒ얏더니…276)
>
> →(사무엘이 미스바에서 야화화앞에 백성을 모으고 무리에게 일러 가로되 이스라엘 족속 하느님 야화화께서 갈아사대 네 전에 내가 너희를 인도하여 애굽에서 나오게 하고 애굽사람과 여러나라의 학대하는이의 손에서 너희를 벗어나게 하였더니…) (사무엘상 11, 17~18)

『죠션 크리스도인회보』는 이후에도 계속 구약성서 번역문을 실었고 "야화화"란 용어도 계속해서 사용하였다. 『죠션 크리스도인회보』는 그해 12월 8일자로 『대한 크리스도인회보』로 이름을 바꾸어 발행되었다. 그것은 12월에 국호國號가 "대한제국"으로 바뀌었기 때문에 그에 따라 회보의 이름도 바꾼 것이다.277) 하지만 회보의 이름이 바뀌긴 했어도 구약성서 번역문은 계속 실렸고 "야화화"란 용어도 계속 등장하였다. "야화화"란 용어는 1898년(광무 3년) 12월 28일자 『대한 크리스도인회보』까지 계속 등장하고 있다.278) 이렇듯 "야화화"란 용어는 한국 개신교 초기에 사용되었던 용어다.

이런 사실을 종합해 볼 때 "耶和華(야화화)"란 한자 용어는 "하느님의

---

276) 『죠션 그리스도인회보』 I, 한국감리교회사학회, 1986, 2쪽; 『대한성서공회사』 II, 94쪽.
277) 송길성, 「그리스도인 회보 해제」, 앞의 책.
278) 『죠션 그리스도인회보』 II, 79쪽.

이름"을 개신교식으로 표현한 한중일 공통의 용어라는 것을 알 수 있다. 따라서 "耶和華(야화화)"란 한자 용어가 등장하는 『만천유고』의 한문본 「성교요지」는 결코 이벽이 쓴 글일 수가 없는 것은 물론 천주교 신자가 쓸 수도 없는 글이다.

한국 개신교 성서와 한문본 「성교요지」 용어 비교

한문본 성교요지		耶和華(야화화)	
약한의 긔록한 디로복음	1893년	펜윅	야화화
죠션 크리스도인회보	1897년	아펜젤러	야화화
대한 크리스도인회보	1898년		야화화
창셰긔	1906년		여호와
출애굽기	1908년	서울 대영성서공회	여호와
구약젼셔	1911년	죠선경성 대영성성공회	여호와
기일신역 신구약 젼셔	1925년		여호와
션한문 관주 셩경젼셔	1926년	죠선경성 대영성성공회	여호와
셩경젼셔(상)	1936년	조선경성 대영셩셔공회	여호와
간이선한문 구약(개역)	1937년	조선경성 대영셩셔공회	여호와
개역셩경 구약(상)	1939년	셩셔공회	여호와
구약젼셔(상)	1940년	조선셩셔공회	여호와

문제는 이것만이 아니다. 앞에서도 말하였듯이 1893년에 펜윅이 쓴 한국 개신교 성서에 "야화화"란 말이 극히 예외적으로 한 번 등장하기는 하지만, "耶和華(야화화)"란 말은 구약성서에 나오는 말이다. 즉 원칙적으로는 신약성서에는 나오지 않는 말이다. 더욱이 『만천유고』한문본 「성교요지」 주석에 나오는 "야화화의 궤"라는 용어는 신약성서에 등장하지 않는다. 이런 사실을 볼 때 『만천유고』의 한문본 「성교요지」는 개신교에서 구약성서 내용을 소개한 이후에 쓰여진 글이거나 중국에서 들어온 개신교 한문성서를 보고 쓴 글일 가능성이 매우 크다.

한국 개신교에서 구약성서 전체의 번역을 완성하여 『구약젼셔』란 이름으로 출간한 것은 1911년이다. 하지만 그보다 14년 전인 1897년에 아펜젤러가 창간한 최초의 한국개신교회 신문인 『죠션 크리스도인 회보』에서 구약성서의 일부 내용이 번역되어 소개되기도 하였다. 따라서 『만천유고』의 한문본 「성교요지」는 1897년 이후에 소개된 개신교 구약성서 내용을 본 사람이 쓴 것이라고 생각할 수도 있을 것이다.

하지만 앞에서 보았듯이 『만천유고』 한문본 「성교요지」에서는 노아의 홍수 이야기를 하면서 "정결한 짐승"을 운운하였다. 이것은 곧 『만천유고』의 한문본 「성교요지」가 개신교 구약성서 중에서 창세기가 번역되어 소개된 이후에나 쓸 수 있는 글이라는 뜻이다. 그런데 『죠션 크리스도인 회보』에는 구약성서의 내용들이 번역되어 있기는 하지만 그 중에 창세기는 들어 있지 않다. 따라서 『만천유고』의 한문본 「성교요지」는 아무리 빨라도 1906년에 한국 개신교에서 창세기를 처음으로 번역하여 소개한 『창셰긔』가 출간된 이후에 쓰여진 글이거나 개신교가 우리나라에 들어온 이후 중국에서 들어온 개신교 한문성서를 보고 쓴 글이라고 보는 것이 맞다.

한편 한글본 「성교요지」에는 이 대목에서 "야화화"나 "여호아"란 말이 나오지 않는다. 하지만 그 내용은 두 개의 한문본 「성교요지」보다 더욱 엉뚱하게 되어 있다.

> 비 ᄀᆞ흔 지혜와 구름 ᄀᆞᆺ흔 ᄌᆞ비ᄀᆞ 깃드신이 우뢰ᄀᆞᆺ치 진동ᄒᆞᄂᆞᆫ 쓸이 흔들리고 쇼ᄉᆞᆺᄂᆞ니 성가를 지시고 제단 쟉만ᄒᆞ시야 제관이 샹쥬를 들고 제기를 지엿도다[279)
>
> →(비 같은 지혜와 구름 같은 자비가 깃드시니 이 우뢰같이 진동하는 뿔이 흔들리고 솟아나니 성가를 지시고 제단 장만하시어 제관이 상주를 들고 제기를 지었도다.)

---

279) 8쪽 뒷면; 『하성래 역』, 71쪽.

즉 한문본 「성교요지」에 없는 제관도 등장하고 상주도 등장하면서 더 황당한 내용이 되어 버렸던 것이다. 이런 내용을 보더라도 한글본 「성교요지」를 쓴 사람은 성서에 대한 가장 기본적인 지식조차 없는 사람이라는 것을 알 수 있다. 그래서 한문본 「성교요지」에 나오는 내용들이 무슨 뜻인지 이해하지 못 하여 더욱더 엉터리 같은 내용으로 번역한 것이다.

13) 母氏瑟妻(모씨슬처)

『만천유고』와 『당시초선』의 한문본 「성교요지」에는 성서 내용과 맞지 않는 내용이 나올 뿐만 아니라 신학적으로도 중대한 문제가 있는 용어가 또 다시 등장한다. 두 개의 한문본 「성교요지」에서는 예수님의 탄생 과정을 다음과 같이 말하고 있다.

> 母氏瑟妻 少小待字 蓮容素端 蘭性較細
> 會緣夢感 忽産男嗣 東界友師 軍光祥視
> 造室辱臨 伏拜依次[280]
> →(어머니는 요셉의 처이니 어린 나이에 혼인 날짜를 기다릴 때
> 연꽃같은 모습 소박하고 단아하며 난초같은 성품 섬세하시네.
> 꿈속에서 감도하심으로 인연을 만나 갑자기 사내 아기를 낳으셨네.
> 동방 세계의 스승들이 찬란한 빛들을 따라가니
> 급조된 산실에서 초라한 모습으로 탄생하신 것을 보고
> 절차에 따라 엎드려 절하였네.)

이러한 내용은 언뜻 보면 성서 내용과 맞는 것 같아 보인다. 하지만 자세히 보면 성서 내용과 맞지 않을 뿐만 아니라 신학적으로도 천주교의 가르침과 맞지 않다.

성서에서는 예수님의 잉태 과정을 아주 자세하게 설명하고 있다. 동정

---

[280] 『만천유고』, 12쪽 앞면; 『당시초선』, 2쪽; 『유교와 그리스도교』, 76~77쪽; 『하성래 역』, 49쪽.

녀 마리아가 요셉과 정식으로 혼인하기 전에 하느님이 보낸 천사 가브리엘이 마리아를 찾아왔다. 가브리엘 천사는 '장차 사내아이를 잉태할 터인데 그 아이는 하느님의 아들로서 이름을 예수라고 지으라'고 말하였다. 마리아는 처음에 몹시 놀랐지만 천사의 말에 순종하였고 마침내 예수님을 잉태하게 되었다(루카 1, 26~38). 요셉은 마리아가 자신과 결혼하기 전에 아이를 가진 사실을 알고 조용히 파혼을 하려고 하였다. 그런데 천사가 꿈에 나타나 마리아가 예수를 잉태한 것은 성령으로 말미암은 것임을 알려주었다. 요셉은 천사의 말을 듣고 마리아와 결혼하였지만 아기를 낳을 때까지 마리아와 동침하지 않았다(마태오 1, 18~25).

천주교에서는 이처럼 동정녀 마리아가 요셉과 결혼을 하였고 그 후 예수님을 낳았지만, 사실 예수님은 인간인 요셉의 자식이 아니라 마리아가 하느님의 천사의 방문을 받은 후 성령으로 말미암아 잉태하게 된 하느님의 아들이라는 것과 마리아와 요셉이 예수님을 낳기 전에 동정을 지켰다는 것을 대단히 중요한 교리로 간주한다.

더 나아가 천주교에서는 마리아가 예수님을 낳은 후에도 죽을 때까지 동정을 지켰으며 요셉 또한 죽을 때까지 동정을 지켰다고 믿는다. 하지만 마리아는 예수님의 양부인 요셉보다 지위가 높다. 왜냐하면 마리아는 천주 성자이신 예수님을 낳으신 천주의 거룩한 어머니일 뿐만 아니라 천주 성령께서 머무셨던 곳이기 때문이다. 그리고 마리아를 천사들의 모후이고, 모든 성인들의 어머니이며, 착한 이들을 도와주시고 죄인들이 의탁하는 분이라고 믿기 때문이다.

이런 이유로 해서 천주교에서는 마리아를 "예수님의 어머니", "모친이신 마리아", "동정녀 마리아", "성모 마리아", "성모"라고 부르기도 하고 "천주 성모"라는 호칭으로 부르기도 한다. 아울러 "천주 성부의 딸", "성령의 거처", "천사들의 모후", "모든 성인들의 어머니" 등과 같은 호칭으로 부르기도 한다.

이러한 천주교의 신학과 교리는『천주성교 사자경문』,『성세추요』,『교요서론』,『성경직해』,『성경광익』,『성년광익』등과 같은 한문서학서에 고스란히 담겨져 있다. 특히 성모영보첨례와 성모승천첨례, 예수탄생첨례 등의 성경 말씀과 해설을 통해 대단히 자세하게 전하고 있다.

무엇보다도 비그리스도교권인 동양 사람들이 '예수님이 동정녀 마리아를 통해 오신 하느님의 아들'이라는 것을 받아들일 수 있도록 하기 위해 대단히 심혈을 기울여 자세하게 설명하고 강조하였다. 그리고 천주교에서 성모 마리아를 어떻게 생각하고 공경하는지도 자세하게 설명하였다. 그러면서 마리아에게 찾아와 천주의 뜻을 전한 가브리엘 천사 이름이 한자로 "嘉必爾(가필이)"라는 것도 분명하게 말하였다.[281] 하지만 앞에서 소개한『만천유고』와『당시초선』의 한문본「성교요지」에서는 이러한 성서 말씀이나 천주교의 신학과는 전혀 다른 이야기를 하고 있다.

첫째, 그 두 개의 한문본「성교요지」에서는 모두 예수님이 성령의 감도하심으로 태어난 하느님의 아들이 아니라 마치 마리아의 불륜으로 태어난 것처럼 말하였다.

거기에서는 모두 예수님의 어머니가 천사를 만났다거나 천주의 사자를 만난 후에 아이를 낳았다는 이야기가 전혀 없는 것은 물론 성령으로 인해, 혹은 인간과 아무런 교감없이 아이가 태어났다는 이야기도 전혀 없다. 대신 "요셉의 처"인 예수님의 어머니가 "꿈속에서 감도하심으로(혹은 감응하여) 인연을 만나 갑자기 사내 아기를 낳으셨다(曾緣夢感 忽産男嗣)"고 하였다.

이성배는 이것을 "꿈과 감도하심으로 인연을 만나 문득 사내 아기를 낳으시니…"라고 번역하였다.[282] 하지만 어떻게 번역하든 간에 '인연을 만났다'는 것이 대체 무슨 뜻인가? 요셉을 만났다는 것인가? 아니면 다른 남

---

281)『성경직해』II, 207쪽;『성경광익』상하, 363쪽.
282)『유교와 그리스도교』, 76쪽.

자를 만났다는 것인가?

분명한 것은 이것이 결코 예수님의 어머니가 성령으로 말미암아, 혹은 인간과 전혀 교감하지 않고 성령의 힘으로 예수님을 잉태하였다거나 낳았다는 이야기는 아닌 것이다. 이 내용대로라면 예수님의 어머니는 꿈속에서 감도하심으로 혹은 꿈속에서 감응하여 '요셉이나 다른 남자를 만나' 갑자기 사내 아기를 낳은 것이 된다. 다시 말해서 예수님은 요셉이나 다른 남자의 아이이지 성령의 감도하심으로 낳은 하느님의 아이가 아닌 것이다. 아무리 시적으로 표현한 것이라 해도 이것은 분명 성서에 나오는 예수님의 잉태와 탄생 과정과는 전혀 다른 이야기다.

이미 여러 차례 이야기하였지만 "성교요지"란 말의 뜻은 '거룩한 종교의 핵심 요지'를 말한다. 특히 『만천유고』의 한문본 「성교요지」는 '이벽이 천주교를 전혀 모르는 18세기 조선 사람들에게 천주교의 핵심 요지를 가르쳐 주기 위해서 쓴 것'임을 표방하고 있다. 그런데 그런 글 속에서 예수님의 잉태 과정과 탄생 과정을 알려주는 내용은 오로지 이것뿐이다. 그렇다면 과연 성서를 전혀 모르는 당시 조선 사람들이 이런 내용을 보고 어찌 생각하겠는가. 최소한 예수님의 어머니가 성령으로 말미암아 인간의 아이가 아닌 하느님의 아이를 낳았으며, 예수님의 어머니와 요셉은 예수님을 낳기 전까지 동정을 지켰다는 것을 과연 알 수 있겠는가.

지면상의 문제로 길게 쓸 수 없어서 간결하게 썼기 때문에 그 정도로밖에 표현할 수 없었다는 것은 이유가 되지 않는다. 앞에서도 말했지만 두 개의 한문본 「성교요지」는 성서와 관련된 내용이 전체 내용의 3분의 1도 채 안 되고 나머지는 전부 유교 경전의 가르침과 자연을 노래한 내용으로 가득 차 있다. 따라서 진실로 거룩한 종교의 핵심 요지를 사람들에게 제대로 전하겠다는 의지가 있었다면 지면이 문제가 되어 이런 식으로밖에 표현할 수 없었다는 것은 이유가 되지 않는다.

이것은 특히 『만천유고』의 한문본 「성교요지」처럼 4·4조로 되었으면서도 대단히 간단명료하게 성서 내용과 천주교 교리를 전하고 있는『천주성교 사자경문』에서 예수님의 잉태와 탄생 과정에 대해서 어떻게 전하고 있는지를 보면 아주 잘 알 수 있을 것이다.[283]

天主憫世 第二位者	(천주께서 세상을 불쌍히 여기시어 제2위이신)
名曰費畧 因聖神能	(이름하여 "필리우스(아드님)"[284]께서 성신의 능력으로 말미암아)
寄功變化 降孕聖母…	(기묘한 변화를 일으켜 성모에게 내려와 잉태케 하셨으니…)
歲次庚申 生如德亞	(경신년에 유다에서 태어나시어)
親身救世 名號耶穌…	(친히 육신을 취하고 세상을 구하러 오셨으니 그 이름을 예수라 하니라…)
母瑪利亞 卒世童身	(어머니 마리아는 세상을 떠날 때까지 동정의 몸이었다.)

이처럼『천주성교 사자경문』에서는 대단히 간결하면서도 성서 말씀과 천주교 신학에 정확하게 일치하는 내용과 표현으로 되어 있다. 이것을 보면 두 개의 한문본「성교요지」의 내용이 얼마나 어처구니가 없는 것인지 잘 알 수 있을 것이다. 이것은 결국 두 개의 한문본「성교요지」를 쓴 사람이 가장 기본적인 성서 내용과 천주교 교리조차도 제대로 알지 못 해 생긴 결과라고밖에 생각할 수 없다.

둘째, 두 개의 한문본「성교요지」에서는 성모님을 천주교에서 한 번도 쓴 적이 없는 방식으로 표현하였다. 더 정확하게 말하면 개신교 방식으로 표현하였다.

두 개의 한문본「성교요지」에서는 어디에도 예수님의 어머니를 "마리

---

283)『천주성교 사자경문』, 9쪽 앞면~10쪽 앞면.
284) 여기에 나오는 한자 "費畧(비략)"은 라틴어 Filius(아드님)를 중국식으로 읽은 말이다.『교요서론』에서도 "第二位費畧 譯言子"라고 함으로써 "제2위 費畧를 번역하면 아들이라는 말이다"라고 되어 있다(『교요서론』, 101쪽). 費畧의 중국식 발음은 [fei lue]다.

아"나 "동정녀 마리아", "어머니 마리아", "성모 마리아", "성모님", "천주 성모" 등으로 표현한 곳이 없다. 심지어 예수님의 어머니에 대한 내용도 다른 곳에서는 찾아볼 수 없다. 오직 예수님의 잉태와 탄생과정에 대해 이야기하는 이 대목에서만 나온다. 문제는 이처럼 유일하게 예수님의 어머니에 대해 이야기하는 이 대목에서 예수님의 어머니를 "母氏瑟妻(모씨슬처)"라고 표현한 것이다.

여기에서 "瑟(슬)"은 요셉을 나타내는 말이다. 원래 천주교에서는 요셉을 한자로 "若瑟(약슬)"이라고 하고 개신교에서는 "約瑟(약슬)"이라고 한다. 하지만 천주교이건 개신교이건 요셉을 한자로 "瑟(슬)"이라고 한 적이 없다. 그런데도 두 개의 한문본 「성교요지」에서는 모두 요셉을 한자로 "瑟(슬)"이라고만 하였다.

이것은 두 개의 한문본 「성교요지」에서 이사야를 한자로 그냥 "賽(새)"라고만 한다든가 세례자 요한을 한자로 "翰(한)"이라고만 한 것과도 같은 맥락의 문제다. 이것은 두 개의 한문본 「성교요지」 본문을 쓴 사람이 가장 기본적인 성서 지식조차 제대로 알지 못 하는 사람이라는 또 하나의 증거다.

더 큰 문제는 천주교에서는 한 번도 예수님의 어머니를 한자로 "母氏(모씨)"라든가 "瑟妻(슬처)" 혹은 "母氏瑟妻(모씨슬처)라고 한 적이 없다는 것이다. 『천주실의』, 『칠극』, 『직방외기』, 『주제군징』, 『성세추요』, 『천주교 사자경문』, 『성경직해』, 『성경광익』, 『성년광익』 등 우리나라에 들어온 한문서학서 어디에서도 그런 식으로 표현된 적이 없다.

천주교의 신학과 교리가 충실하게 반영되어 있는 한문서학서에서는 모두 예수님의 어머니를 한자로 "瑪利亞(마리아)" 혹은 "母瑪利亞(모마리아―어머니 마리아)", "母親 瑪利亞(모친 마리아)" 혹은 "童貞女 瑪利亞(동정녀 마리아)", "聖母 瑪利亞(성모 마리아)", "聖母(성모)", "天主 聖母(천주성모)"라고 표현하고 있다.

聖母吾主降生前淨潔童身 旣産之後一然

→(성모는 우리 주님께서 강생하시기 전에도 순결한 동정의 몸이었지만 주
님을 낳으신 후에도 마찬가지로 그러하였다.)

－『성경직해』제9권, 성모영보첨례285)

그뿐만이 아니다. 예수님의 어머니를 한자로 "聖父之女(성부지녀－천
주 성부의 딸)", "聖子之母(성자지모－성자의 어머니)", "聖神之殿(성신지
전－성신의 거처)", "天神之后(천신지후－천신들의 모후)", "聖人之主母
(성인들의 어머니)", "善人之祐(선인지우－착한이들의 도우미)", "罪人之
托(죄인지탁－죄인들이 의탁하는 분)"이라고도 표현하였다.286)

(聖母)…斯殿無人之居 天主之居也 聖母之軀 乃天主聖殿 主借其胎 安居
九月

→(성모님의) 몸은 아무도 머문 적이 없으며 천주께서 머무는 곳이다. 성모
님의 몸은 천주께서 머무는 거룩한 성전이기에 주께서 그 몸을 빌어 잉
태되시고 아홉 달 동안 편안히 머무셨도다.)

－『성경직해』제9권, 성모영보첨례287)

요셉과 마리아의 관계에 대해서도 한문서학서에서는 천주교의 신학과
교리를 대단히 충실하게 반영하고 있다. 그래서 성모님과 요셉의 관계를
표현할 때는 항상 "若瑟聖母之淨配(약슬성모지정배－요셉은 성모님의 정
배)"라고 하든가288) "若瑟瑪利亞淨配(약슬마리아정배－요셉은 마리아의
정배)"289)라는 표현을 썼다. 즉 성모님을 요셉보다 우위에 놓았으며 성모
님과 요셉은 죽을 때까지 동정을 지킨 배필이란 뜻에서 "淨配(정배)"라는
표현을 썼다.

---

285)『성경직해』II, 208쪽.
286) 같은 책, 377쪽.
287) 같은 책, 215쪽.
288) 같은 책, 207쪽.
289)『성경광익』상하, 376쪽.

若瑟聖母之淨配也 …卒世童身 因主選賜陞聖母淨配之高位
→(요셉은 성모의 정배로서 …동정의 몸으로 삶을 마쳤다. 그래서 주께서
그를 선택하여 성모의 정배라는 높은 지위에 오를 수 있게 하셨다.)
　　　　　　　　　　　－『성경직해』제9권, 성모영보첨례290)

聖若瑟…故今恭稱爲聖母之淨配云…
→(성요셉은…그래서 지금 성모의 정배라는 공경의 칭호로 부르나니라)
　　　　　　　　－『성년광익』춘계, 제3편, 십구일 성약슬성모정배291)

　　그런데 한 곳에서만은 다른 표현을 썼다. 즉 루카 복음 2장 5~6절의 말
씀을 전할 때만 "新婦(신부) 마리아"란 표현을 썼다.

若瑟達未枝派人 欲往報名携瑪利亞新婦…
→(요셉은 다위지파 사람으로서 신부인 마리아를 데리고 (호적에) 이름을
올리러 가려고 하였다.)
　　　　　　　　－『성경직해』제9권, 야소성탄첨례 자시성경292)
　　　　　　　　－『성경광익』, 야소성탄자시지경293)

　　하지만 어디에도 마리아를 요셉의 "妻(처)"라고 표현한 적이 없다. 성모
마리아에 대한 천주교식 표현은 그 후 한글로 표현될 때도 그대로 반영되
었다. 1883년에 나온『성교감략』에서도 "요셉은 마리아의 정배"라고 되
어 있다.

동정 마리아ㅣ나히 부야흐로 십오세니 그 졍빈 요셉을 더브러…
→(동정 마리아께서 나이 바야흐로 십오 세니 그 정배 요셉과 더블어…)
　　　　　　　　　　　　　　－1883년판『성교감략』294)

---

290)『성경직해』II, 207쪽.
291)『성년광익』춘계, 79쪽 앞뒷면.
292)『성경직해』II, 236~237쪽.
293)『성경광익』상히, 57쪽.
294)『성교감략』, 295쪽.

특히 『셩경직히』에 이르러서는 『셩경직해』나 『셩경광익』에서 딱 한 번 나왔던 "신부新婦 마리아"란 표현마저도 "졍비(졍배)"란 표현으로 바뀌었다.

요셉도… 잉틱ᄒ신 졍비 마리아와 ᄒᆞᆫ가지로 호젹ᄒᆞ려할시…
→(요셉도 본디 다위지파라 잉태하신 졍배 마리아와 한가지로 호적하려 할 새…)
―『셩경직히』 권일, 예수셩탄쳠례 ᄌᆞ시셩경295)

더 나아가 『셩경직히』에서는 마리아를 요셉의 "짝"이라고도 표현하였다. 그리고 요셉은 마리아의 "졍배이자 동무"라고 하였다. 그러면서 마리아와 요셉이 혼인 후에도 죽을 때까지 남매처럼 살면서 동정을 지켰다는 것을 강조하였다.

예수의 모친 마리아ㅣ 임의 요셉으로 더브러 짝마자 동거ᄒᆞ지 아닌 젼에…
→(예수의 모친 마리아께서는 이미 요셉과 더불어 짝으로 맞아 동거하기 전에…)
―『셩경직히』 권팔, 셩요셉보텬하대쥬보쳠례셩경296)

ᄆᆞᆺᄎᆞᆷ 쥬의 텬신이 나타나 뵈여 글ᄋᆞ딕 다위의 ᄌᆞ손 요셉아 네 졍비 마리아 머믈너 두기리를 두리지 말나
→(마침 주의 천신이 나타나 갈아대 요셉아 네 졍배 마리아와 함께 머물러 두기를 두려워하지 말라.)
―『셩경직히』 권팔, 셩요셉보텬하대쥬보쳠례셩경297)

요셉이라 홈은 더ᄒᆞ다 뜻이니 일홈과 힝실이 서로 맛ᄀᆞ자 셩인이 날노 덕힝에 나아가 공로를 더홈이라…셩모 마리아의 졍비와 동모ㅣ니…

---
295) 『셩경직히』 I, 124~125쪽.
296) 『셩경직히』 III, 458쪽.
297) 같은 책, 460쪽.

→(요셉이라 함은 '더하다'는 뜻이니 이름과 행실이 서로 맞아 성인이 날로
덕행에 나아가 공로를 쌓음이라…성모 마리아의 <u>정배와 동무</u>이시니…)
―『셩경직히』권팔, 셩요셉보텬하대쥬보쳠례셩경298)

마리아와 요셉 두 셩인이 텬쥬의 믁계ᄒᆞ심을 밧아 동정직희기를 허원
ᄒᆞ엿시나 쥬의 거룩ᄒᆞ신 명을 슌죵ᄒᆞ기를 위ᄒᆞ야 혼비ᄒᆞ고 남미와 ᄀᆞ
치 서로 디졉ᄒᆞ야 죵신토록 동졍을 직희시니라
→(마리아와 요셉 두 성인이 천주의 묵계하심을 받아 동정지키기로 허원하
였으나 주의 거룩하신 명에 순종하기 위하여 혼배하고 남매와 같이 서
로 대접하며 종신토록 동정을 지키시니라.)
―『셩경직히』권팔, 셩요셉보텬하대쥬보쳠례셩경299)

이렇듯 한국천주교회에서는 그 초기부터 박해가 끝난 후까지 마리아
를 요셉의 "처妻"라고 표현한 적이 없었다. 한자로든 한글로든 "妻(처)"라
는 말은 아무래도 평생 동정이었던 마리아와 요셉의 관계를 표현하기에
는 적절하지 않다고 생각하였던 것 같다. 따라서 그런 한문서학서들을 읽
었던 이벽이나 초기 천주교 신자들이 예수님의 어머니를 가리켜 "요셉의
妻(처)"라고 부르거나 글로 표현하였을 리가 없다. 그리고 그 이후 박해시
기 신자들도 그렇게 했을 리가 없다.

한국천주교회에서는 1910년에 나온 『사사성경』부터 마리아를 요셉의
"아내" 혹은 "안히"라고 하기 시작하였다. 그렇더라도 예수님의 어머니
마리아를 요셉의 "처"라고 한 적은 없었다.

결국 이런 사실들을 종합해 보면 두 개의 한문본 「성교요지」에서 예수
님의 어머니를 "母氏瑟妻(모씨슬처)"라고 표현하였다는 것은 곧 그것들
이 천주교 신자가 쓴 글이 아니라는 것을 의미한다.

두 개의 한문본 「성교요지」에 등장하는 "母氏瑟妻(모씨슬처)"란 개신

---

298) 같은 책, 463쪽.
299) 같은 책, 458쪽.

교 신학의 영향을 받은 표현이다. 잘 알다시피 개신교에서는 마리아를 공경하지 않는다. 그래서 마리아를 "성모(거룩한 어머니)"라고 부르지도 않는다. 또한 "천주의 성모"라는 호칭은 물론 천주교에서 마리아에게 쓰는 어떤 공경의 호칭도 개신교에서는 쓰지 않는다. 개신교에서 마리아는 그저 "예수의 어머니 마리아" 혹은 "어머니 마리아"일 뿐이다.

이러한 개신교 신학이 그대로 반영된 중국 개신교 성서에서도 예수님의 어머니를 한자로 표현할 때 "聖母(성모)"라고 하지 않았다. 그냥 어머니란 뜻의 "母(모)"라는 표현만 썼다. 하지만 개신교에서도 "모씨母氏"라는 표현은 하지 않았다.

其母與約瑟不知也 意必在中同行中
→(그 어머니와 요셉은 알지 못하였다. 필시 동행한 무리 중에 있을 것이라고만 생각하였다.) (루카 2, 43~44)
  —『로가전복음서(路加傳福音書)』(1887)[300]

耶穌之母及兄弟至 人衆不得近
→(예수의 어머니와 형제들이 왔으나 사람들이 많아서 가까이 갈 수 없었다.) (루카 8, 19)
  —『로가전복음서(路加傳福音書)』[301]

개신교에서는 성모님의 동정성도 믿지 않는다. 성모님이 결혼 전까지는 동정을 지켰다고 말하지만 그 이후까지 동정을 지켰다고는 믿지 않는다. 그래서인지 중국 개신교 성서에서는 처음부터 마리아를 요셉의 "妻(처)"라고 하였다.

---

300) 『로가전복음서』, 3쪽.
301) 같은 책, 8쪽.

중국 개신교 성서와 한문본 「성교요지」 용어 비교

한문본 성교요지		妻(처)

新約全書 (신약전서)	1866년	香港英華書院 (연세대학교 소장)	約瑟…與所聘妻登籍時 馬利亞己妊…(루카 2, 4~5) →(요셉이 약혼한 처 마리아와 함께 호적을 올리려 할 때 마리아는 이미 임신하여…)
新約全書: 官話 (신약전서: 관화)	1886년	上海美華書館 (大美國聖經會 託印) (연세대학교 소장)	約瑟…所聘的妻馬利亞一同 報名上册時…(루카 2, 4~5) →(요셉이 약혼한 처 마리아와 함께 호적을 올리려 할 때…)
路加傳福音書 (로가전복음서)	1887년	上海美華書館 刊行 (한국교회사연구소 소장)	約瑟… 與所聘妻馬利亞 登籍時…(루카 2, 4~5)
新約全書 (신약전서)	1891년	上海美華書館 (大英聖書公會 託印) (연세대학교 소장)	約瑟…與所聘妻登籍時 馬利亞己妊…(루카 2, 4~5)
新約全書 (신약전서)	1893년	英漢書館 (陽格非 重譯) (연세대학교 소장)	約瑟…借所聘之妻馬利亞 報名登册時…(루카 2, 4~5) 約瑟旣醒則尊主之使者所命 娶其妻以歸…(마태 1, 24) →(요셉이 깨어나 주의 사자의 명을 받들어 그녀를 처로 취하여 집으로 데려오니…)
新約全書 (신약전서)	1896년	上海大美國聖經會	約瑟…所聘的妻一同　報名上册 那時馬利亞己經懷了孕…(루카 2, 4~5) 約瑟醒了起來就尊著主的

			使者所吩咐的將他妻子娶 過來…(마태 1, 24)
新約聖書 (신약성서)	1902년	聖書公會 (연세대학교 소장)	約瑟…與所聘妻登籍時馬 利亞己…(루카 2, 4~5)
新舊約聖書: 文理 (신구약성서: 문리)	1905년	上海聖書公會 (연세대학교 소장)	約瑟…與所聘妻登籍時馬 利亞己…(루카 2, 4~5)
新舊約聖經: 文理 (신구약성경: 문리)	1912년	上海大美國聖經會 刊行 (서강대학교 소장)	約瑟…欲與所聘妻馬利亞 登籍時馬利亞己孕…(루 카 2, 4~5)

이것은 한국 개신교 성서에서도 마찬가지다. 한국 개신교 성서에서는 처음부터 예수님의 어머니 마리아에게 어떤 공경의 호칭도 붙이지 않았다. 그냥 "母(모)", "母親(모친)" 혹은 "어머니", "어맘"이라 하였다. 그리고 1882년에 나온 한국 최초의 개신교 성서인『예수셩교누가 복음젼셔』와 1884년에 나온『예수셩교셩셔 맛딕 복음』때부터 이미 마리아를 요셉의 "쳐妻"라고 하였다. 또한 1884년에 나온 이수정의『신약성서 마태전(현토성서)』과『신약성서 로가전(현토성서)』에서도 마리아를 요셉의 "妻(처)"라고 하였다.

나중에 "妻(처)" 대신 "안히" 혹은 "안해", "아내"라는 말을 쓰기도 하였으나 개신교에서는 적어도 1926년까지 마리아가 "요셉의 妻(처)"라는 표현을 한자나 한글로 썼다. 마리아를 "요셉의 妻(처)" 혹은 "처"라고 표현한 한국 개신교 성서는 다음과 같다.

한국 개신교 성서와 한문본「성교요지」의 표현 비교

한문본 성교요지	妻(처)

예수셩교 누가복음젼셔	1882년	요셉은 다빗의 족보라…빙문한 빅 쳬(처) 마리암이…(루카 2, 4~5)

예수성교셩서 맛듸복음	1884년	요섭아 너의 쳐 마리암 취ᄒ기를 무셔워말나…요셥이 자고 닐어나 하나님의 사쟈의 명갓치 힝ᄒ여 그 쳐를 취ᄒ여다가…(마태 1, 20~24)
신약성서 마태전 (현토성서)	1884년	約瑟乎 勿以娶爾妻 馬利亞爲懼…(마태 1, 20~24) →(요셉아 너의 처 마리아를 취하는 것을 두려워하지 마라)
신약성서 로가전 (현토성서)	1884년	約瑟…彼偕所聘之妻 馬利亞登籍時…(루카 2, 4~5) →(요셉은…처 마리아와 함께 호적에 이름을 올리려 할 때…)
예수성교셩서 맛듸복음	1886년	요섭아 너의 쳐 마리암 취ᄒ기를 무셔워말나…요셥이 자고 닐어나 하나님의 사쟈의 명갓치 힝하여 그 쳐를 취ᄒ여다가…(마태 1, 20~24)
예수성교젼서	1887년	요섭아 너의 쳐 마리암 취ᄒ기를 무셔워말나…요셥이 자고 닐어나 하나님의 사쟈의 명갓치 힝하여 그 쳐를 취ᄒ여다가…(마태 1, 20~24)
예수성교셩서 맛듸복음	1892년	요섭아 너의 쳐 마리암 취ᄒ기를 무셔워말나…(마태 1, 20~24)
국한문 신약젼서	1906년	요셉아 爾妻 마리아 親迎ᄒ기를 懼치 말나…요셉이 睡를 覺ᄒ야 起ᄒ야 主의 使者의 吩咐대로 行ᄒ야 妻를 親迎來ᄒ엿스나…(마태 1, 20~24) →(요셉아 너의 처 마리아를 맞아들이기를 두려워 말라…요셉이 잠에서 깨어 일어나 주의 사자가 분부한 대로 행하여 처를 맞아데려오나…) 요셉은…定婚한 妻 마리아와 혼가지로 戶籍ᄒ러 往홀식…(루카 2, 4~5) →(요셉은…정혼한 처 마리아와 한가지로 호적하러 갈새…)

국한문 신약전서	1922년	요셉아 爾妻 마리아 親迎ᄒ기를 懼치 말 나…요셉이 睡를 覺ᄒ야 起ᄒ야 主의 使者 의 吩咐대로 行ᄒ야 妻를 親迎來ᄒ엿스나… (마태 1, 20~24) 요셉은…定婚한 妻 마리아와 ᄒ가지로 戶 籍ᄒ러 住홀싀…(루카 2, 4~5)
선한문 신약전서	1926년	요셉아 爾妻 마리아 親迎ᄒ기를 懼치 말 나…요셉이 睡를 覺ᄒ야 起ᄒ야 主의 使者 의 吩咐대로 行ᄒ야 妻를 親迎來ᄒ엿스나… (마태 1, 20~24)
선한문 관주 신약전서	1926년	요셉아 爾妻 마리아 親迎ᄒ기를 懼치 말 나…요셉이 醒覺ᄒ야 起ᄒ야 主의 使者의 吩咐대로 行ᄒ야 妻를 親迎ᄒ야왓스나… (마태 1, 20~24) 요셉은…定婚한 妻 마리아와 ᄒ가지로…(루 카 2, 4~5)

이런 사실을 볼 때 예수님의 어머니를 "母氏瑟妻(모씨슬처)"라고 한 두 개의 한문본 「성교요지」는 모두 개신교 성서의 영향을 받은 사람이 쓴 것이 분명하다. 물론 예수님의 잉태와 탄생 과정이 엉터리로 그려진 것을 보나 요셉을 "瑟(슬)"이라고 한 것으로 보아, 성서와 예수님에 대한 아주 기초적인 사실조차 알지 못 하는 사람이 개신교 성서를 대충 읽어보고 대충 이리저리 엮어서 쓴 것이 틀림없다.

한편 한글본 「성교요지」는 예수님의 잉태와 탄생 과정을 더욱 황당하게 말하고 있다.

> 실비 부인 아직 어리시샤 혼인ᄒ심을 기ᄃ리시니 모습이 쏙 피여ᄂ 련
> 쏫치라 또ᄒ 힝실이 단정ᄒ시며 거룩ᄒ신 성품 디극키 우아ᄒ시니라
> 홀연 몽즁의 홀로 ᄒ임ᄒ시니 ᄒ 아들 어드시도다[302]

---

302) 3쪽 뒷면; 『하성래 역』, 49쪽.

→(실씨 부인 아직 어리시어 혼인하심을 기다리시니 모습이 꼭 피어난 연
꽃이라
또한 행실이 단정하시며 거룩하신 성품 지극히 우아하시니라
홀연 몽중에 홀로 회임하시니 한 아들 얻으시도다.)

위 내용에는 예수님의 "어머니"라는 표현조차 없다. 그리고 곧바로 "실
씨(실씨) 부인"이라는 말이 나온다. 그래서 이 내용대로라면 실씨 부인이
라는 사람이 갑자기 꿈을 꾸다 홀로 회임을 한 것이 된다. 그리고 누구의
자식을 회임한 것인지도 전혀 알 수 없다. 성령으로 인해 회임하거나 천
주의 아들을 회임한 것도 아니라 갑자기 홀로 꿈꾸다가 회임을 한 것이니
실씨 부인이 요술을 부린 것이 된다.

이런 내용을 보더라도 한글본 「성교요지」를 쓴 사람은 성서나 예수님
에 대해 거의 알지 못 하는 사람이라는 것을 다시 한 번 알 수 있다. 이것
은 무엇보다도 예수님의 어머니를 "실씨 부인(실씨 부인)"이라고 한 사실
에서 더욱 극명하게 드러난다.

천주교에서는 물론 개신교에서도 예수의 어머니를 "실씨 부인(실씨 부
인)"이라고 부른 적이 없다. 하지만 한글본 「성교요지」를 쓴 사람은 성서
나 예수님에 대한 기본 지식이 거의 없는 사람이다. 그래서 한문본 「성교
요지」에 나오는 예수님의 잉태와 탄생 과정에 대한 내용을 제대로 이해
할 수 없었다. 더 나아가 한자 "瑟妻(슬처)"의 "瑟(슬)"이 무엇을 뜻하는지
도 전혀 알지 못 하였다. 그래서 한자 "瑟(슬)"을 그대로 우리말로 음역하
여 옮기려 하였다.

마치 한문본 「성교요지」에서 세례자 요한을 "翰(한)"이라고 하자 한글
본 「성교요지」를 쓴 사람은 그것이 무엇을 뜻하는 것인지 알지 못 하여
그냥 우리말로 음역만 하여 "한씨(한씨)"라고 하였듯이 말이다. 그런데
한자 "瑟(슬)"을 그만 "실"이라고 잘못 읽었다. 그 결과 "슬씨 부인(슬씨
부인)"이 아닌 "실씨 부인(실씨 부인)"이라고 된 것이다. 마치 『만천유고』

의 한문본 「성교요지」 주석에서 "約但河(약단하)"라고 되어 있는 것을 우리말로 음역해서 옮기려다 한자를 잘못 읽어 "약단강"이 아닌 "약탄강"이라고 된 것처럼 말이다.

이렇듯 한글본 「성교요지」를 쓴 사람은 성서 내용이나 예수님에 대한 기본 지식이 전혀 없는 사람이다. 그래서 한글본 「성교요지」의 내용 대부분이 황당하기 그지없게 되고 『만천유고』의 한문본 「성교요지」나 『당시초선』의 한문본 「성교요지」에 나오는 가장 기본적인 성서 인물들의 개신교식 한자 이름, 즉 "亞伯(아백)", "以賽亞(이새아)", "挪亞(나아)" 등이 나와도 그것이 무엇을 의미하는지 전혀 알지 못 하였기 때문에 한글본 「성교요지」에서는 그런 이름들을 일체 언급하지 않은 채 슬금슬쩍 넘어갔던 것이다.

이제까지 살펴보았듯이 두 개의 한문본 「성교요지」 모두 개신교 용어를 써가며 예수님의 잉태와 탄생 과정에 대해 말했지만 그 내용은 성서 내용과도 너무나 거리가 먼 것이었다. 그 내용대로라면 성모님은 꿈속에서 감도하심을 받아 요셉이나 다른 남자의 아들을 낳은 것이 된다. 한글본 「성교요지」에서는 이마저도 엉터리로 번역하였다. 그 결과 실씨 부인이 혼자 꿈속에서 요술을 부려 회임한 것이 되었다.

이와 같은 두 개의 한문본 「성교요지」와 한글본 「성교요지」의 내용은 한국 최초의 천주교 교리서인 정약종의 『주교요지』와 너무도 비교된다. 「성교요지」와 정약종의 『주교요지』는 글자 하나 차이밖에 안 나지만 똑같이 천주교를 모르는 사람들에게 천주교의 핵심 요지를 알려주는 글이라는 뜻이다. 그런데 『주교요지』에서 예수님의 잉태와 탄생 과정에 대해 어떻게 말하고 있는지를 보면 「성교요지」의 문제점이 무엇인지 더욱 확실하게 알 수 있을 것이다.

천주께서 강생하시려 하실 때에 한 여인이 계시니 그 이름은 <u>마리아</u>라.

그 성품이 지극히 순전하시고 그 행실이 지극히 아름다우사, 홀로 원죄에 물들지 아니하시고 그 착하신 덕은 천하 만고에 제일이 되시는지라, 평생에 조촐한 덕을 닦으사 아이몸을 지키고자 하시더니 천주께서 특별히 고르시어 어머니로 삼아, 그 배를 빌어 나시려 하실 때에, 먼저 갑열(가브리엘) 대천신을 보내시어 마리아께 이르기를, "그대의 복을 신축하나이다. 성총을 가득히 입으신 마리아여, 주께서 그대와 함께 계시나이다. 그대 장차 잉태하여 아들을 낳을 것이니 예수라 이름지으소서"

마리아께서 그 말씀을 들으시고 아이몸과 조촐하신 덕을 보전하지 못할까 두려워서 놀라 말씀하기를 "내가 이미 종신토록 아이몸을 지키려 하였는데, 자식을 배라는 말씀이 어인 말씀이시오" 천신이 대답하여 말하기를 "천주께서 스스로 무궁한 능이 계시니 염려하지 마옵소서." 마리아께서 허락하여 말씀하시기를 "그럴진대 그대 말씀대로 하소서."

이에 천주의 성신이 신묘하신 힘으로 마리아의 조촐하신 피를 가져 눈깜짝할 사이에 한 육신을 이루시고 아울러 아름다운 영혼을 붙이시니 아홉 달만에 성탄하시니 …나신 후 8일 만에 할손례를 받으시고 예수라 이름하시니…"303)

정약종의 『주교요지』에서는 예수님의 어머니 마리아에 대해서 또 다른 이야기도 하였다.

…말씀을 마치시자 문제(門弟)를 데리고 오리와산으로 가시니, 성모께서도 따라 가시었다.304)
…예수께서 이미 내려와 임하시매, 성모 마리아는 천주의 왼쪽에 가까이 계시고 무수한 천신들은 차례로 옹위하여 뫼시느니라.305)

한마디로 『주교요지』에서는 그 이름에 걸맞게 성서의 말씀과 천주교

---

303) 한국교회사연구소 편, 「주교요지」, 『순교자와 증거자』, 한국교회사연구소, 1982, 45~46쪽.
304) 같은 책, 55쪽.
305) 같은 책, 55쪽.

교리의 핵심요지를 대단히 간결하면서도 정확한 표현을 써가며 확실하게 전달하고 있는 것이다.

이것은 심지어 천주교 신자가 아니었던 성호 이익도 마찬가지였다. 앞에서도 말하였듯이 성호 이익은 이벽보다 훨씬 전에『천주실의』를 읽은 후 그 책의 내용을 소개하고 평을 한「천주실의발」을 썼다. 그런데 거기에서도 예수님의 탄생과정에 대해서 다음과 같이 아주 간결하면서도 명확하게 말하였다.

> 天主實義者利瑪竇之所述也…天主大發慈悲 親來救世 擇貞女爲母 無所交感 託胎降生於如德亞國 名耶蘇[306]
> →(천주실의는 이마두가 쓴 글이다…천주가 크게 자비를 베풀어 친히 세상을 구하러 오시니 [동]정녀를 어머니로 택하고 아무런 교감없이 모태를 빌어 여덕아국에 강생하셨으니 이름을 예수라 하였다.)

이처럼 천주교 신자가 아니었던 성호 이익이 쓴 글과 초기 한국천주교회의 대표적 인물인 이벽이 썼다고 되어 있는『만천유고』의 한문본「성교요지」와 한글본「성교요지」를 비교해보면 무엇이 문제인지 분명하게 알 수 있을 것이다. 그렇게 엉터리 내용으로 되어 있는 글들을, 게다가 개신교 신학에 바탕을 둔 개신교 용어까지 쓰고 있는 글들을 초기 한국천주교회의 대표적 인물인 이벽이 썼다고 그동안 주장해왔다는 것이 얼마나 부끄러운 일인가! 이것은『당시초선』의 한문본「성교요지」도 마찬가지다. 그런 엉터리 내용이 써져 있는 글을 이벽이 모아 편집하고 김대건 안드레아 신부가 베껴쓴 것처럼 되어 있으니 그 의도가 무엇인지 쉽게 짐작하고도 남는다.

---

306) 이익,『성호선생전집』하권55, 27하~28상.

이제까지 살펴보았듯이 『만천유고』의 한문본 「성교요지」와 『당시초선』의 한문본 「성교요지」에는 모두 이벽이 죽은 지 거의 100년 후에 들어온 개신교에서 쓰는 용어들이 상당히 많이 등장한다. 그밖에도 "약궤約匱"나, "할례割禮", "傳道(전도)"와 같이 개신교의 냄새를 짙게 풍기는 용어들도 많이 나온다. 또한 "冷迦城邑(냉가성읍)"이나 "巴米道路(파미도로)"처럼 도대체 무엇을 가리키는 것인지 알 수 없는 정체불명의 용어들도 있다. 더 나아가 성서에 나오는 가장 유명한 인물들인 세례자 요한과 성요셉, 이사야 예언자의 이름을 각각 "翰(한)", "瑟(슬)", "賽(새)"라고 하면서 엉터리로 전하고 있다.

내용도 문제다. 두 개의 한문본 「성교요지」에는 성서 말씀이나 천주교 교리에 맞지 않는 엉터리 내용들이 너무나 많이 들어 있다. 그리고 1906년에 개신교 구약성서가 출간된 이후나 혹은 우리나라에 개신교가 들어온 이후 중국에서 들어온 개신교 한문성서를 통해서나 비로소 알 수 있는 용어와 내용들도 들어 있다.

한글본 「성교요지」도 마찬가지다. 거기에도 개신교 용어들과 정체불명의 용어들이 너무 많이 등장한다. 더 심각한 것은 그 내용이 거의 대부분 너무나 조잡하고 황당하다는 것이다.

이것은 결국 『만천유고』의 한문본 「성교요지」와 한글본 「성교요지」가 근본적으로 이벽이 쓴 글이 아닌 것은 물론 천주교와 아무 상관이 없는 글이라는 것을 의미한다. 그런데도 그 부기에 모두 "이벽이 천학초함을 읽고 썼다"고 되어 있다는 것은 곧 그 두 개의 글이 모두 누군가 의도적으로 다른 사람들을 속이고 기망하기 위해서 쓴 글이라는 이야기다. 다시 말해서 누군가 의도적으로 그 두 개의 글이 이벽이 쓴 글인 것처럼 속이기 위해 쓴 글이다.

이쯤에서 한 가지 사실을 떠올리지 않을 수 없다. 처음에 용어 문제를 다루기 시작하면서 『만천유고』 한문본 「성교요지」의 제목 밑에 붙여진 부기 내용 중에서 이벽의 호가 "광암曠菴"이 아닌 "광엄曠奄"으로 되어 있다는 사실을 지적하였다. 그리고 그것이 단순한 실수일 수가 없는 이유에 대해서도 말하였다. 이제는 왜 그것이 단순한 실수가 아닌지를 충분히 이해할 수 있을 것이다. 『만천유고』의 한문본 「성교요지」를 이벽이 쓴 글이라고 다급하게 위장하려다 보니 그런 일이 벌어진 것이다.

『당시초선』의 한문본 「성교요지」 역시 이벽이나 김대건 신부와 아무 상관이 없는 글이며 천주교와도 아무 상관이 없는 글이다. 그런데도 그 부기에 "이벽이 모으고 김안덕리 혹은 김안덕리아가 베껴썼다"고 되어 있었다는 것은 그것 역시 누군가 의도적으로 다른 사람들을 속이고 사기치려고 쓴 글이 분명하다는 것을 보여준다.

하지만 지금까지 드러난 「성교요지」의 문제는 시작에 불과하다. 두 개의 한문본 「성교요지」와 한글본 「성교요지」에는 이밖에도 기본적인 성서 내용이나 예수님의 행적이나 삶과 너무도 다른 조악한 내용들이 부지기수로 등장한다. 이제부터 그 중 몇 가지를 간추려 소개하고자 한다.

2장

엉터리 성서 내용으로 가득한 「성교요지」

『만천유고』와 『당시초선』의 한문본 「성교요지」에서는 그 글을 쓰게 된 이유를 다음과 같이 밝히고 있다.

備歷苦難 顯成功勞 <u>追厥本初 垂訓汝曹</u>[1]
→([예수님이] 온갖 고난을 받으시며 빛나는 공로를 이루셨으니 <u>그 모든 일의 근본과 시초를 파고 들어가서 너희들에게 알려주려 하니라.</u>)

한글본 「성교요지」에서도 다음과 같이 말하였다.

ᄯᅩᄒᆞᆫ 온ᄀᆞᆺ 괴로운 일을 몸쇼 격으시니 드듸어ᄂᆞᆫ 쟝ᄒᆞ신 보람이 니루어지ᄉᆞ 마ᄯᅡᆼ히 님군 ᄯᅳ슬 ᄯᅡ르ᄂᆞ니 그 셩덕을 니을지니라[2]
→(또한 [예수님이] 온갖 괴로운 일을 몸소 겪으시니 드디어는 장하신 보람이 이루어지사 <u>마땅히 님군 뜻을 따르나니 그 성덕을 이을지니라.</u>)

---

1) 『만천유고』, 11쪽 뒷면; 『당시초선』, 2쪽; 『유교와 그리스도교』, 76쪽; 『하성래 역』, 47쪽.
2) 『하성래 역』, 47쪽.

문제는 이런 목적과 이유를 가지고 썼다고 하는 세 개의 「성교요지」 내용이 거의 대부분 엉터리라는 데 있다. 그것도 특히 "마땅히 따르고 이어가야" 할 성서 말씀과 예수님의 삶과 활동에 대해 거의 대부분이 엉터리로 써놨다는 것이다. 물론 이런 내용들은 우리나라에 들어왔던 한문서학서나 초기 천주교 신자들이 읽었던 복음해설서와 교리서와도 전혀 안 맞는다.

성서 말씀이나 예수님의 삶이나 활동과 안 맞는 내용은 크게 두 가지로 분류할 수 있다. 첫째는 본문 자체가 성서 내용과 전혀 안 맞는 경우다. 둘째는 주석을 붙인 사람이 의도적으로 본문 내용과는 전혀 상관없이 성서적 해설을 붙여 「성교요지」 전체가 성서 내용을 얘기하는 것처럼 보이게 하려고 눈속임한 경우다.

1. 성서는 물론 초기 천주교 신자들이 읽었던 책들과도 안 맞는 내용들

성서는 물론 초기 천주교 신자들이 읽었던 내용들과도 안 맞는 내용들을 본격적으로 소개하기 전에 먼저 앞에서 용어문제를 다루면서 드러난 문제 사례들을 다시 한 번 간략하게 정리해 보도록 하겠다.

1) 아벨의 형이 아벨을 죽인 것이 원죄다 / 맏아들이 양을 죽인 것이 원죄다

두 개의 한문본 「성교요지」에서는 '아벨의 형이 아벨을 죽인 것'이 원죄인 것처럼 말하였다. 한글본 「성교요지」에서는 한 걸음 더 나아가 '천주께서 주신 양을 형이 살의를 품고 죽인 것'이 원죄인 것처럼 말하였다.

2) 노아의 홍수 때 홍수를 일으킨 것은 노아다

한글본 「성교요지」에서는 홍수를 일으킨 것이 천주의 자식되는 사람, 즉 노아라고 하였다. 그리고 노아가 지금까지 사방에 홍수를 일으키고 있다고 하였다.

3) 홍수에서 노아 소유의 정결한 짐승 암수 8마리(4쌍)만 살아남았다

두 개의 한문본 「성교요지」에서는 노아의 홍수에서 살아난 짐승의 숫자를 모두 틀리게 말하였다. 먼저 『만천유고』의 한문본 「성교요지」 본문에서는 "8마리"가 살아남았다고 하였고 주석에서는 "노아 소유의 정결한 짐승 암수 각 8마리"라고 되어 있다. 하지만 성서에는 살아난 짐승이 "8마리"나 "8쌍"이라고 한 적이 없는 것은 물론 그 짐승들이 "노아 소유"라고 말한 적이 없다. 오히려 "하느님의 명을 받고 노아에게 찾아온 짐승들"이라고 하였다. 그리고 "정결한 짐승들만 살아남았다"는 이야기를 한 적도 없다. "깨끗한 짐승은 물론 부정한 짐승도 살아남았다"고 되어 있다.

『당시초선』의 한문본 「성교요지」에서는 아무런 보충 설명없이 홍수에서 살아난 짐승은 "7마리"라고 하였다. 하지만 성서에서는 살아난 짐승의 숫자가 "7마리"라든가 "7쌍"이라는 이야기도 한 적이 없다.

4) 홍수에서 살아남은 사람들의 숫자가 우왕좌왕하다

성서에서는 홍수에서 살아난 사람이 모두 8명이라고 하였다. 즉 노아를 비롯한 그의 가족들이다. 이것은 우리나라 초기 천주교 신자들이 읽었던 많은 한문서학서에서도 분명히 이야기하였다. 그런데도 『만천유고』

의 한문본 「성교요지」 본문에서는 홍수에서 살아난 사람의 수가 7명이라고 했다가 주석에서는 슬금슬쩍 8명이라고 하였다. 이렇듯 『만천유고』의 한문본 「성교요지」에서는 같은 사건을 두고 우왕좌왕하였다.

5) 예수님은 요셉이나 다른 남자의 아이다

예수님의 어머니 마리아가 예수님을 잉태하게 된 것은 성령으로 인한 것이다. 그리고 그것을 하느님의 천사가 마리아에게 알려주었다. 또한 마리아는 예수님을 잉태할 당시 동정녀였으며 요셉과 결혼한 이후에도 죽을 때까지 평생 동정이었다. 이것은 천주교의 가장 중요한 핵심교리다. 그래서 천주교에서는 마리아를 "성모님" 혹은 "동정녀 마리아"라고 부른다.

하지만 두 개의 한문본 「성교요지」에서는 전혀 다르게 말하고 있다. 우선 어디에서도 예수님이 "성령으로 말미암아 예수님을 잉태하였다"는 이야기가 없다. 그래서 그 내용대로라면 예수님의 어머니는 꿈속에서 감도하심으로 다른 인연, 즉 요셉이나 다른 남자를 만나 갑자기 사내 아기를 낳은 것이 된다. 다시 말해서 예수님은 요셉이나 다른 남자의 아이이지 성령으로 인한 아이가 아닌 것이다. 또한 그 내용 어디에도 예수님의 어머니가 예수님을 잉태할 당시 동정녀라는 내용도 없다.

한글본 「성교요지」에서는 더욱 황당하게 말하고 있다. 성령으로 잉태하였다는 내용이 전혀 없는 것은 물론 심지어 예수님의 어머니가 꿈을 꾸다 "홀로" 회임하였다고 되어 있다. 이 내용대로라면 성모님은 누구의 자식을 회임한 것인지 모른다. 예수님은 성령으로 인한 아이도 아니지만 요셉이나 다른 남자의 아이도 아니다. 예수님의 어머니가 요술을 부린 것이다.

더 나아가 한글본 「성교요지」에는 "마리아"는 물론 "예수님의 어머니"라는 말조차 없이 그냥 "실삐(실씨) 부인"이라고 되어 있다. 그 결과 예수님의 어머니가 아닌 "실씨 부인"이 요술을 부려 회임을 한 것처럼 되고 말았다.

6) 아기 예수님이 이집트로 피신하실 때 밤에 날아가 도망치셨으
  며 헤로데의 아들이 죽자 돌아오시려고 하였다

성서를 보면 성모님과 성요셉은 헤로데를 피해 아기 예수님을 데리고
이집트로 도망가셨다. 그리고 헤로데가 죽자 다시 돌아왔다. 그런데 한
글본「성교요지」에서는 예수님이 밤에 "날아가" 도망치셨으며 헤로데가
아니라 "헤로데의 아들 태자가 죽은 뒤에" 돌아오시려고 하였다고 되어
있다.

7) 예수님은 모함에 빠질까봐 광야로 도망가셨고, 거기에서 당신
  의 후예들이나 이스라엘 백성들을 거느리고 관할하였다

성서에는 예수님이 모함에 빠질까봐 두려워서 사막지방으로 도망갔다
고 말한 적이 없다. 그리고 예수님은 자신의 후예를 둔 적도 없고 이스라
엘 백성들을 거느리고 관할한 적도 없다. 그런데도 두 개의 한문본「성교
요지」에는 예수님이 옥에 갇히고 모함에 빠질까봐 두려워 사막지방으로
도망가서 그곳에서 후예들을 거느리고 관할하였다고 되어 있다. 더욱이
『만천유고』의 한문본「성교요지」주석에서는 예수님이 이스라엘 백성들
을 거느리고 관할하였다고 하였다.

한글본「성교요지」에는 더 황당하게 되어 있다. 예수님이 모함에 빠져
감옥에 갇혔는데 그 감옥은 사막에 있어 홀로 고난을 겪으셨다고 하였다.
그리고는 여러 고을을 다니며 "자신의 후손들을 몸소 돌보셨다"고 하였다.
그 결과 예수님이 결혼을 하여 후손들을 낳고 돌보신 것처럼 되고 말았다.

8) 예수님이 십자가를 지고 제단을 쌓고 궤와 제기들을 바치셨다

두 개의 한문본 「성교요지」에서 예수님이 십자가를 지고 가실 때의 모습은 성서 내용과 전혀 다르다. 예수님이 십자가를 지고 제단을 쌓으며 궤와 제기들을 바치셨다는 것이다. 심지어 『만천유고』의 한문본 「성교요지」에서는 개신교의 하느님 "여호아"의 궤와 제기를 바쳤다고 되어 있다.

한글본 「성교요지」에서는 더욱 황당하게 그리고 있다. 예수님이 십자가를 지고 제단을 장만하셨다는 것이다. 게다가 제관까지 있어서 제관이 상주를 들고 제기를 지었다는 것이다.

이제까지 나온 내용들만 볼 때도 두 개의 한문본 「성교요지」는 모두 가장 기초적인 성서 말씀은 물론 예수님의 행적에 대해서도 제대로 알지 못하는 사람이 쓴 글이라는 것을 알 수 있다. 그리고 한글본 「성교요지」는 성서와 예수님에 대해 전혀 알지 못 하는 사람이 한문본 「성교요지」를 읽은 후에 급하게 대충 꿰맞춰 옮긴 글이라는 것을 알 수 있다.

이것은 앞으로 소개될 내용들을 보면 더욱 분명하게 드러나게 된다. 이제부터는 지금까지 소개되지 않았던 문제의 내용들을 소개하고자 한다.

9) 마귀는 예수님으로 하여금 빵을 나눠주게 하려고 애썼다

두 개의 한문본 「성교요지」에는 다음과 같은 내용이 나온다.

嘗遇魔試 指餠爭遺 押登宮屋 崇垣被攟 幷令俯望 尊榮强施[3]
→(일찍이 마귀의 유혹을 만났으니
[마귀가] 손가락으로 빵을 가리키며 [예수님으로 하여금] 빵을 나눠주
게 하려고 애쓰는가 하면

---

[3] 『만천유고』, 12쪽 뒷면; 『당시초선』, 2쪽; 『유교와 그리스도교』, 79쪽; 『하성래 역』, 55쪽.

[예수님을] 높은 궁옥으로 끌고 올라가기도 하고
높은 담으로도 끌고 갔네.
(또한) 명령을 받들고 엎드려 우러러 보면
높고 큰 영광을 베풀리라 [하였네].)

이것은 마태오 복음 4장 1~11절 등에 나오는 예수님이 광야에서 마귀의 시험을 받는 이야기를 보고 쓴 내용일 것이다. 그런데 성서에는 마귀가 예수님께 "돌을 빵으로 바꿔보라"고 하는 내용은 있어도 마귀가 "손가락으로 빵을 가리키며 예수님으로 하여금 빵을 나눠주게 하려고 애썼다"고 말한 적이 없다.

이성배는 "(마귀가) 빵을 가리켜 먹게 하려 애쓰고"라고 번역하였다.[4] 그리고 하성래는 "(예수님이) 떡을 집어 무리에게 나누어 먹이시고"라고 번역하였다.[5] 하지만 성서에서는 마귀가 "빵을 가리켜 먹게 하려 애썼다"고 말한 적도 없고 유혹을 만나 예수님이 "떡을 집어 무리에게 나누어 먹이셨다"고 말한 적도 없다. 따라서 어떻게 번역하든 간에 두 개의 한문본「성교요지」에 나오는 위의 내용은 성서 내용과 전혀 안 맞는 황당한 이야기다.

예수님이 광야에서 마귀의 유혹을 받는 성서 말씀은 『성경직해』와 『성경광익』에 정확하게 나와 있다.

維時神－卽 天主第三位－ 携耶穌赴曠野 欲魔至試誘
主晝夜連四旬 旣齋後餓 乃誘惑者近曰 爾倘爲天主子
<u>命此石變爲餠</u>…
→(그때 신(즉 천주 제3위)[6]께서 예수님을 광야로 가게 하시어 마귀의 시험을 받게 하셨다. 주님께서 먼저 40일 동안 재를 지킨 후 배가 고플 때 마

---

4)『유교와 그리스도교』, 79쪽.
5)『하성래 역』, 54쪽.
6) 성신(聖神)을 말하는데 지금은 성령(聖靈)이라고 한다.

침 유혹하는 자가 가까이 와 말하기를 "네가 만약 천주의 아들이라면 <u>이 돌을 보고 빵으로 변하도록 명하여라</u>"고 하였다…)

　　　　　　　　　　　　　　　　—『성경직해』제4권, 봉제후 제1주일[7]
　　　　　　　　　　　　　　　　—『성경광익』상권, 봉제후 제1주일경[8]

　『성경직해』와 『성경광익』에는 이 성서 말씀에 대한 해설까지도 대단히 자세하게 실려 있다. 이것은 『성경직히광익』과 『셩경직히』에서도 마찬가지다.[9] 따라서 성서와 천주교에 대한 지식이 해박했던 이벽이라면 결코 "마귀가 예수님에게 빵을 가리키며 빵을 먹게 하려고 애썼다"든가 "마귀가 예수님으로 하여금 빵을 나눠주게 하려고 애썼다"든가 하는 이야기를 할 수 없다.

　이런 사실만 보아도 『만천유고』의 한문본 「성교요지」는 이벽이 쓴 글일 수 없다. 그리고 『성경직해』, 『성경광익』, 『성경직히광익』, 『셩경직히』를 읽은 천주교 신자라면 결코 쓸 수 없는 글이다.

　또한 이런 내용을 보더라도 두 개의 한문본 「성교요지」를 쓴 사람은 비록 개신교 용어들을 쓰고는 있지만 성서를 제대로 아는 사람이 아니다. 개신교 성서조차 제대로 읽어보지 않은 사람이 대충 급조해서 만들어 낸 글들이다.

　한편 한글본 「성교요지」에서는 더욱 황당한 이야기를 하고 있다.

　　흔썩는 <u>악마의 꾀임</u>씨 썬지니 썩을 지버셔 뭇사룸들씨 <u>노누쥬랴</u> 의 벗느니 인하야 궁뎐곳치 큰집이 오르지 못하야 <u>담눕고 흔디 이 곳온 디 곳치엿느니라</u>
　　<u>또흔 읍니러 멀리 보기 하엿느니 인하야 영광을 붓기 되엿느니라</u>[10]

　7) 『성경직해』I, 399~401쪽.
　8) 『성경광익』상하, 123쪽.
　9) 『성경직히광익』I, 627~729쪽; 『셩경직히』I, 467~521쪽.
10) 5쪽 앞면; 『하성래 역』, 55쪽.

→(한때는 악마의 꾀임에 빠지니 떡을 집어서 뭇사람들게 나눠주랴 애썼나니 이로 인하여 궁전같이 큰 집에 오르지 못 하여 담높은 집 한가운데 갇혔느니라.
또한 우러러 멀리 보게 하였느니 이로 인하여 영광을 받게 되었느니라.)

즉 예수님이 한때 악마의 꾀임에 빠져서 떡을 집어 사람들에게 나눠주느라 애썼다는 것이다. 그리고 그 때문에 궁전같이 큰 집에도 오르지 못하고 담이 높은 곳 한가운데 갇히게 되었다는 것이다. 하지만 (악마가) 우러러 멀리 바라보게 한 결과 예수님이 영광을 받게 되었다는 것이다. 참으로 어처구니없는 내용이 아닐 수 없다.

이러한 사실을 볼 때도 한글본「성교요지」를 쓴 사람은 성서 내용은 물론 예수님에 대해서도 전혀 모르는 사람이다. 그런 사람이 한문본「성교요지」를 보고 대충 꿰맞춰 쓰다 보니 더욱 황당한 내용이 되어 버린 것이다.

10) 예수님은 항상 뛰어난 인물들을 모으셨다

두 개의 한문본「성교요지」에는 다음과 같은 내용도 나온다.

攻擊速逆 常聚俊英 旨斥氣責 隱暗畢陣[11]
→([예수님께서는] 쉽게 거스르는 자들을 물리치고 항상 뛰어난 인물들을 모으셨으며 혈기를 책하시고 어둡고 감추인 것을 모두 드러내시도다.)

하지만 예수님은 항상 뛰어난 사람들을 모아들인 분이 아니다. 성서를 보면 예수님은 어부와 세리, 창녀 등 잘 배우지 못 했거나 사회적으로 업신여겨지는 사람들을 가까이 하셨다. 그래서 1883년에 나온 일종의 교리서인 『성교감략』에도 다음과 같은 교리문답이 나온다.

---

11) 『만천유고』, 13쪽 앞면; 『당시초선』, 2쪽; 『유교와 그리스도교』, 80쪽; 『하성래 역』, 57쪽.

문: 엇지ᄒᆞ야 예수ㅣ 고기잡ᄂᆞᆫ 질박ᄒᆞᆫ 사ᄅᆞᆷ을 ㅳᆞ종도ᄅᆞᆯ 삼으시뇨
답: 우리 사ᄅᆞᆷ의 전교ᄒᆞᄂᆞᆫ 공이 도모지 텬쥬의 젼능ᄒᆞ신 공부되ᄂᆞᆫ 줄을
　　뵈심이니라12)
→(문: 어찌하여 예수께서는 고기잡는 질박한 사람을 첫째 종도로 삼으시뇨?
답: 우리 사람의 전교하는 공은 모두 천주의 전능하신 능력으로 되는 것
　　이라는 것을 보여주기 위해서니라.)

즉 예수님이 베드로처럼 고기잡는 질박한 사람을 수제자를 삼은 이유
는 그 사람이 얼마나 잘났는가를 보여주기 위해서가 아니라 천주의 전능
하신 능력을 그를 통해 보여주기 위해서였다는 것이다. 이러한 내용을 보
더라도 두 개의 한문본 「성교요지」는 성서 내용이나 예수님의 삶과 전혀
맞지 않는 이야기를 하고 있는 것이다.

한글본 「성교요지」에서는 더욱 엉터리 같은 이야기를 하고 있다.

ᄯᅩᄒᆞᆫ 그릇된 거슬 ᄶᅩ츠ᄂᆞᆫ ᄌᆞᄅᆞᆯ 탓ᄒᆞ시고 ᄲᅴ여ᄂᆞᆫ 영걸을 늘 모으시고
놀기를 칙ᄒᆞ고 로홈을 탓ᄒᆞ시며 감츄고 거짓홈믈 금ᄒᆞ야 진슐ᄒᆞᄅᆞ ᄒᆞ
시니라13)
→(또한 그릇된 것을 좇는 자를 탓하시고 뛰어난 영걸을 늘 모으시고 놀기
　를 책하고 노함을 탓하시며 감추고 거짓함을 금하여 진술하라 하시니라.)

즉 예수님이 늘 뛰어난 인물, 영걸을 모으셨다고 할 뿐만 아니라 거짓
말한 것을 진술하라고까지 하셨다는 것이다. 하지만 예수님은 그런 적이
없다.

---

12) 『성교감략』, 348쪽, 732쪽.
13) 5쪽 뒷면; 『하성래 역』, 57쪽.

11) 예수님은 잎이 무성한 과일을 저주하고, 나귀 타고 순나라에
입성하셨다

두 개의 한문본 「성교요지」에서는 다음과 같이 말하고 있다.

囊綻麻補 菓咒葉肥 索騎橄欖 到郇管吹[14]
→(헤어진 주머니를 삼베로 깁게 하고
입이 무성한 과일을 저주하였으며
나귀를 찾아 타고 감람[산]을 지나
피리불고 환영하는 순나라에 도착하셨네.)

이것은 성서와 처음부터 끝까지 안 맞는 내용이다. 우선, 예수님은 헤
어진 주머니를 삼베로 깁게 한 적이 없다. 예수님은 "아무도 새 옷에서 조
각을 찢어내어 헌 옷에 대고 꿰매지 않는다. 그렇게 하면 새 옷을 찢을 뿐
만 아니라 새 옷에서 찢어낸 조각이 헌 옷에 어울리지도 않을 것이다"(루
카 5, 36)라고 하셨다. 또한 "너희는 있는 것을 팔아 가난한 사람들에게 주
어라. 헤어지지 않는 돈지갑을 만들고 축나지 않는 재물 창고를 하늘에
마련하여라"(루카 12, 32~33)라고 하셨다. 하지만 헤어진 주머니를 삼베
로 깁게 한 적은 없다.

또한 성서에서 예수님은 잎만 무성하고 "과일을 맺지 못 하는 무화과
나무"를 저주하셨다(마태오 21, 18~22 / 마르코 11, 12~14). 하지만 두
개의 한문본 「성교요지」에 나오듯이 "잎이 무성한 과일"을 저주하신 적
은 없다. 언뜻 보면 성서 내용 같지만 전혀 그렇지 않은 내용인 것이다.

여기에서 한 가지 짚고 가지 않을 수 없는 문제가 있다. 이성배와 하성
래는 『만천유고』의 한문본 「성교요지」에 나오는 "菓咒葉肥(과주엽비)"

---

14) 『만천유고』, 18쪽 앞면; 『당시초선』, 6쪽; 『유교와 그리스도교』, 102쪽; 『하성래 역』, 101쪽.

란 구절을 "잎은 무성하나 과일 없는 나무를 저주하시며"라고 번역하였다.15) 하지만 두 개의 한문본「성교요지」본문에는 "과일"을 뜻하는 한자 "菓(과)"는 있지만 "과일이 없는"을 뜻하는 한자는 어디에도 없다. "과일이 없는"이라는 뜻이 되게 하려면 한자로 "無菓(무과)"라고 해야 한다. 하지만 두 개의 한문본「성교요지」에는 그런 말이 전혀 없다. 이것은 번역자가『만천유고』한문본「성교요지」의 내용을 성서에 맞게 하려고 원문에 없는 내용을 집어넣어 짜맞춘 것이라고밖에 볼 수 없다.

한편 예수님은 피리불고 환영하는 "순나라"에 간 적도 없다. 이성배는『만천유고』의 한문본「성교요지」를 쓴 사람이 이런 이야기를 한 것은 '고대 중국의 문왕文王이 도성에 이를 때 환호하며 영접했던 고사를 염두에 두고 쓴 것으로서 "순"나라는 예수님이 영광스럽게 입성하시는 예루살렘성을 가리킨다'고 주장하였다.16)

하지만 이미 여러 차례 말하였지만『만천유고』의 한문본「성교요지」는 천주교를 전혀 모르는 18세기 조선 사람들에게 거룩한 종교인 천주교의 핵심 요지를 가르쳐 주기 위해 이벽이 쓴 글이라고 되어 있다. 그런 글에서 예수님이 중국의 순나라에 도착하셨고 그 나라 사람들이 예수님을 피리불고 환영하였다고 이야기하면 천주교를 전혀 모르는 18세기 조선 사람들이 어떻게 생각하겠는가.

더욱이『성경직해』에서는 예수님의 예루살렘 입성에 대한 성서 말씀을 봉제후제6주일「성지첨례지경聖枝瞻禮之經」에서, 그리고『성경광익』에서는「성지례의聖枝禮義」에서 상세하게 기술하고 있다. 그러면서 예루살렘을 한자로 "日路撒冷(일로살랭)"이라고 분명하게 말하고 있다.17) 그런데도 이벽이 썼다고 되어 있는『만천유고』의 한문본「성교요지」에서 예

---

15)『유교와 그리스도교』, 101쪽;『하성래 역』, 100쪽.
16)『유교와 그리스도교』, 102쪽.
17)『성경직해』I, 526~528쪽.

수님이 예루살렘에 입성하였다는 뜻으로 "예수님이 중국의 순나라로 가셨다"고 하였다는 것은 말이 안 된다. 이런 내용만 보더라도 『만천유고』의 한문본 「성교요지」는 이벽이 쓴 글이 아니라는 것을 알 수 있다.

한글본 「성교요지」에서는 더욱 황당한 이야기를 하고 있다.

> 젼디롤 비러 샴ᄉ머 굿치니 져쥬븟든 나모ᄂᆞ 닢히 ᄂᆞ셔 커것도다 감람나모롤 ᄎᆞᄌᆞ려고 타고골 나귀롤 구ᄒ엿스민 신나라에 니르러 피리소리 울렷도다[18]
> →(전대를 빌어 삼삼어 고치니[19] 저주 받은 나무는 잎이 나서 커졌도다. 감람나무를 찾으려고 타고갈 나귀를 구하였으매 신나라에 이르러 피리소리 울렸도다.)

즉 예수님이 전대를 빌려서 삼베로 고쳤으며 예수님에게서 저주를 받은 나무가 오히려 잎이 더 무성해졌다는 것이다. 그리고 예수님이 나귀를 구한 것도 '감람 나무를 찾기 위해서'였으며, 신나라에 이르러서는 피리소리가 울렸다는 것이다. 완전 코미디 같은 내용이다. 게다가 한문본 「성교요지」에 나오는 "邨(순)"을 "신"으로 잘못 읽었다. 그래서 "순나라"가 아닌 "신나라"가 되어 버렸다. 마치 예수님의 잉태와 탄생 과정을 이야기할 때 마리아를 "슬씨 부인"이 아닌 "실씨 부인"이라고 한 것처럼 말이다.

12) 예수님은 다른 종교를 믿는 사람은 도와주지 않으셨다

두 개의 한문본 「성교요지」에는 다음과 같은 내용이 나온다.

> 助罕賴他 審判咸己 罰犯廣援 重權獨任[20]
> →(다른 것을 믿는 사람들은 거의 도와주지 않으셨으니

---

18) 14쪽 앞면; 『하성래 역』, 101쪽.
19) 원문이 무엇을 의미하는지 정확히 알 수 없다. 따라서 이 번역이 정확한지도 알 수 없다.
20) 『만천유고』, 13쪽 뒷면; 『당시초선』, 3쪽; 『유교와 그리스도교』, 84쪽; 『하성래 역』, 65쪽.

모든 심판이 그에게 속한 것이었다.
또한 <u>죄를 범하면 벌을 내리시는가 하면 널리 구원의 손길을 펼치시기</u>
도 하셨으니
그 모든 권한들이 오직 그분 손에 맡겨졌도다.)

하지만 예수님은 다른 믿음을 가지고 있는 사마리아 여인과 대화를 하며 그 여인이 가지고 있던 완고한 마음을 풀어주셨다. 그리고 그 여인의 말을 듣고 모여든 많은 사마리아인들이 예수님에게 자기들과 함께 머무르기를 청하자 예수님은 그들과 이틀을 함께 머무르셨다(요한 4, 6~42). 또한 착한 사마리아인의 비유에서는 '도둑들에게 모든 것을 빼앗기고 위험에 처한 행인을 도와준 착한 사마리아인이야말로 비록 다른 믿음을 가지고 있다 하더라도 진정으로 하느님의 사랑을 실천한 사람'이라고 말씀하셨다(루카 10, 29~37). 따라서 "다른 것을 믿는 사람을 도와주지 않으셨다"고 되어 있는 두 개의 한문본 「성교요지」는 성서 내용이나 예수님의 행적과 전혀 안 맞는 글이다.

한편 위 내용 중 밑줄 친 한자구절 "助罕賴他(조한뢰타)"는 "다른 것을 믿는 사람들은 거의 도와주지 않으셨으니"라는 뜻이다. 그런데도 이성배는 그것을 "믿음이 없는 자는 도와주지 아니하시니"라고 번역하였다. 하지만 그 한자구절에서 "믿음이 없는 자"를 뜻하는 한자는 전혀 등장하지 않는다. 그런데도 이성배는 지나친 의역을 함으로써 뜻을 완전히 다르게 변질시켰다.

이성배는 또 다른 밑줄 친 한자구절 "罰犯廣援(벌범광원)"도 원래 내용과 전혀 다르게 번역하였다. 그 한자구절은 원래 "죄를 범하면 벌을 내리시는가 하면 널리 구원의 손길을 펼치시기도 하셨으니"란 뜻이다. 그런데도 이성배는 그것을 "죄인을 벌하시기보다는 구원을 널리 펴시니"라고 하였다.[21] 그리하여 뜻이 완전히 반대가 되게 변질시켰다. 하지만 그 한자구절에서 "죄인을 벌하시기보다는"이란 한자말은 전혀 나오지 않는다.

이러한 사례들은 『만천유고』 한문본 「성교요지」의 내용을 성서 내용에 맞게 하려고 원문의 내용을 다르게 변질시키거나 원문에 없는 내용을 집어넣음으로써 뜻을 변형시킨 것이라고밖에 볼 수 없다.

한글본 「성교요지」에서는 두 개의 한문본 「성교요지」와 크게 다르지 않는 이야기를 하고 있다.

> 또흔 쁜 사름 의지ᄒᆞᄂᆞᆫ 즈를 도우지 아니 ᄒᆞ셧ᄂᆞ니 심판ᄒᆞ심이 ᄇᆞ로 뜻과 여ᄒᆞ신지라 범ᄒᆞᄂᆞᆫ 자 벌ᄒᆞ고 널리 구원ᄒᆞ시ᄆᆡ 큰 권셰 여의ᄒᆞ시도다[22)
>
> →(또한 딴 사람을 의지하는 자를 도우지 아니 하셨나니 심판하심이 바로 뜻과 같으신지라 범하는 자 벌하고 널리 구원하시매 큰 권세 여의하시도다.)

13) 떨어진 보리알은 오래 변하지 않고 사람은 곡식을 가꾸기 때문에 걱정하지 않아도 된다

두 개의 한문본 「성교요지」에는 다음과 같은 내용이 나온다.

> 花嫩易敗 麥掃定留 類反鳥獸 穀養弗憂[23)
>
> →(아름다운 꽃은 쉽게 시들지만
> 떨어진 보리알은 반드시 오래 변하지 아니하며
> 사람은 새나 짐승과 달라 곡식을 기르므로 걱정하지 않아도 된다.)

하지만 이런 내용 역시 처음부터 끝까지 성서 내용과 다른 이야기다. 예수님은 "밀알 하나가 땅에 떨어져 죽지 않으면 한 알 그대로 남아 있고

---

21) 『유교와 그리스도교』, 84쪽.
22) 8쪽 앞면; 『하성래 역』, 65쪽.
23) 『만천유고』, 13쪽 앞면; 『당시초선』, 3쪽; 『유교와 그리스도교』, 80~81쪽; 『하성래 역』, 57쪽.

죽으면 많은 열매를 맺는다"(요한 12, 24)라고 말씀하셨다. 그리하여 '밀알이 죽어야 많은 열매를 맺는다'고 하셨다. 그런데 여기에서는 완전히 반대로 말하고 있다. "떨어진 보리알은 반드시 오래 변하지 않는다"고 되어 있는 것이다. 예수님은 또한 이렇게 말씀하셨다.

공중의 새들을 보아라. 그것들은 씨를 뿌리거나 거두거나 곳간에 모아들이지 않아도 하늘에 계신 아버지께서 먹여 주신다. 너희는 새보다 귀하지 않느냐? 또 너희는 어찌하여 옷 걱정을 하느냐? 들꽃이 어떻게 자라는가 살펴보아라. 그것들은 수고도 하지 않고 길쌈도 하지 않는다. 그러나 <u>온갖 영화를 누린 솔로몬도 이 꽃 한 송이만큼 화려하게 차려 입지 못하였다. 너희는 어찌하여 그렇게도 믿음이 약하냐? 오늘 피었다가 내일 아궁이에 던져질 들꽃도 하느님께서 이처럼 입히시거든 하물며 너희야 얼마나 더 잘 입히시겠느냐? 그러므로 무엇을 먹을까 무엇을 마실까, 또 무엇을 입을까 하고 걱정하지 말라.</u> 이런 것들은 모두 이방인들이 찾는 것이다. 하늘에 계신 아버지께서는 이 모든 것이 너희에게 있어야 할 것을 잘 알고 계신다. <u>너희는 먼저 하느님의 나라와 하느님께서 의롭게 여기시는 것을 구하여라. 그러면 이 모든 것도 곁들여 받게 될 것이다. 그러므로 내일 일은 걱정하지 말아라.</u> 내일 걱정은 내일에 맡겨라. 하루의 괴로움은 그 날에 겪는 것만으로 족하다(**마태 6, 26~34, cf. 루카 12, 34**).

다시 말해서 예수님은 "들에 핀 들꽃도 온갖 영화를 누린 솔로몬보다 더 화려하다"고 하셨지 결코 두 개의 한문본 「성교요지」에 나오는 것처럼 "아름다운 꽃이 쉽게 시든다"고 하지 않았다. 예수님이 하신 말씀과 완전히 반대되는 내용을 말하고 있는 것이다.

또한 예수님은 인간이 걱정하지 않아도 되는 이유는 "하느님이 공중의 새나 들꽃보다도 당신의 자녀인 인간을 더 사랑하시어 인간들이 무엇을 필요로 하는지 이미 다 알고 계시기 때문"이라고 하셨다. 결코 두 개의 한문본 「성교요지」에 나오는 것처럼 "인간이 새나 짐승과 달리 곡식을 기르기 때문"이라고 말씀하시지 않았다.

이처럼 두 개의 한문본 「성교요지」에 나오는 내용은 언뜻 보면 성서 내용을 인용한 것 같지만 조금만 더 살펴보면 황당하기 그지없는 내용이다. 한글본 「성교요지」에서도 어처구니없는 이야기를 하고 있기는 마찬가지다.

꽃두은 것은 쉬히 변ᄒ기를 ᄒᄂ 것이ᄂ 닉버린 보리알은 븐드시 싹ᄂ 는 것이니 인간 세샤 금수와 달ᄂ 곡식을 심그고 살지니 근심 딈을 취ᄒ 지 아니 하ᄂ 거시니라[24]

→(꽃다운 것은 쉬이 변하기를 하는 것이나 내버린 보리알은 반드시 싹나 는 것이니 인간 세상일은 금수와 달라 곡식을 심그고 살지니 근심됨을 취하지 아니 하는 것이니라.)

14) 예수님은 개인기도 때나 공적기도 때 포도주를 마셨다

두 개의 한문본 「성교요지」에는 다음과 같은 내용도 나온다.

燔牡割肉 舊例雖存 羔牛特犢 錫獻豈欣
<u>私顧公懵 葡萄飲傾 開堂誠勸 引證宣音</u>[25]

→(번제를 바치고 고기를 가르는 것은 옛날부터 내려오는 예식인데 어린 양과 소와 송아지를 바치는 것이 어찌 [하느님을] 기쁘게 하는 일이리오. [그래서 예수님은] <u>개인 기도 때나 공적인 기도 때 포도주를 마시며 교회문을 활짝 열어</u> 정성을 다해 권면하면서 [하느님을] 증거하고 복음 을 선포하셨도다.)

위의 내용은 많은 문제를 안고 있지만, 여기에서는 그 중 몇 가지만 지 적하기로 하겠다. 우선, 밑줄 친 내용을 보면, 마치 예수님이 최후만찬 때 제자들과 포도주를 나누어 마신 것을 묘사한 것처럼 보인다. 하지만 자세

---

24) 5쪽 뒷면; 『하성래 역』, 59쪽.
25) 『만천유고』, 13쪽 뒷면; 『당시초선』, 3쪽; 『유교와 그리스도교』, 83쪽; 『하성래 역』, 63쪽. 위 내용 중 맨 마지막에 나오는 한자 "音(음)"은 『만천유고』에 나오는 대로다. 『당시초선』에서는 "言(언)"으로 되어 있다.

히 들여다보면 이것 역시 너무나 황당한 내용이다. 예수님이 포도주를 마신 것은 최후의 만찬 때다. 그리고 가나안 혼인잔치에서는 물을 포도주로 변화시키는 기적을 행하셨다. 하지만 여기에 나오는 것처럼 예수님이 "개인 기도 때나 공적인 기도 때 포도주를 마시며" 하느님을 증거하고 복음을 선포하신 적은 없다.

이성배는 "개인 기도와 공동체의 관심사는 포도주를 나누어 마심이니…"라고 번역하였다.[26] 하지만 이것 역시 『만찬유고』의 한문본 「성교요지」를 어떡하든지 성서 내용에 맞게 하려고 지나치게 의역한 것이다. 설령 그 번역이 옳다 하더라도 개인 기도의 관심사가 포도주를 나누어 마시는 것은 아니다. 그러니 어찌 번역하든 간에 두 개의 한문본 「성교요지」에 나오는 위 내용은 성서 말씀이나 예수님의 행적과 전혀 맞지 않는다.

문제가 되는 것이 또 있다. 예수님이 "교회문을 활짝 열어" 하느님을 증거하고 복음을 선포하였다는 내용이다. 예수님은 살아계실 때 교회를 세운 적이 없다. 그리스도교에서는 예수님이 승천하시고 10일 후에 성령께서 제자들에게 내리신 성령강림일을 교회의 출발점으로 생각한다. 이것은 천주교나 개신교 모두 같다. 따라서 예수님이 "교회문을 활짝 열어 복음을 선포하셨다"는 내용 역시 성서는 물론 그리스도교의 기본 교리를 잘 모르는 사람이 쓴 것이라는 또 하나의 증거다.

이밖에도 두 개의 한문본 「성교요지」에는 성서 내용이나 예수님의 삶과 맞지 않는 내용들이 많다. 하지만 일일이 다 열거할 수 없으므로 이 정도에서 그치도록 하겠다. 대신 거의 대부분이 황당한 내용들로 가득찬 한글본 「성교요지」 중에서도 정말 황당하고 코미디 같은 내용들을 몇 가지 더 소개하도록 하겠다.

---

26) 『유교와 그리스도교』, 83쪽.

15) 예수님이 오로지 즐겨하시는 것은 나귀 타고 거니는 일이었다

한글본 「성교요지」에는 다음과 같은 내용이 나온다.

> 오로지 즐겨ᄒ심은 나귀 트고 거니르시는 것시엿스니 현쟈와 우쟈를
> 모두 모이기 ᄒ시야 계률을 믄드시고 널리 펴시는 거시니 ᄂᆡ일은 ᄂᆡ フ
> ᄃᆞ스리라 ᄒ시니라27)
> →(오로지 즐겨하심은 나귀 타고 거닐으시는 것이었으니 현자와 우자를 모
> 두 모이게 하시어 계율을 만드시고 널리 펴시는 것이니 내일은 내가 다
> 스리라 하시니라.)

이 내용대로라면 예수님이 유일하게 좋아하는 취미는 나귀 타고 거니
는 일이었다. 하지만 성서를 보면 예수님이 나귀 타고 가신 것은 예루살
렘 입성할 때뿐이었다.

16) 예수님은 곡식의 씨와 상한 짐승을 간수하는 일을 여러 해 동
안 계속하셨다

한글본 「성교요지」에는 다음과 같은 내용이 나온다.

> 야쇼 말슴 인ᄒ야 모두 긔히 녀기ᄂᆞ니 니어 그 긔적이 ᄯ오흔 일어늘 거
> 시로ᄃᆞ 먹을 슈 잇는 곡식과 그 삐를 간슈ᄒ시고 샹흔 즘승을 갼슈ᄒ
> 시기 여러 히 앗츰 저녁 ᄆᆡ양 ᄒ셧ᄂᆞ니라28)
> →(예수 말씀으로 인하여 모두 귀히 여기나니 이어 그 기적이 또한 일어날
> 것이로다. 먹을 수 있는 곡식과 그 씨를 간수하시고 상한 짐승을 간수하
> 시기 여러 해 아침 저녁 매양 하셨나니라.)

---

27) 5쪽 앞뒷면; 『하성래 역』, 57쪽.
28) 7쪽 앞뒷면; 『하성래 역』, 63쪽.

참으로 황당할 따름이다. 하지만 그 다음에 나오는 내용은 더 황당하다.

17) 예수님은 죽은 자는 그냥 무덤에 내버려두시고, 쉬던 자를 손수 당신의 옷깃으로 닦아내고, 부녀자를 씻어주셨다

한글본 「성교요지」에는 위의 내용 다음에 즉시 아래와 같은 내용이 나온다.

> 마귀를 쏘츠닉고 질병을 곳치고 또흔 더러운 것슨 씨긋시 ᄒ고 하근을 업시ᄒ시엿ᄂᆞ도다 죽은 ᄌᆞᄂᆞᆫ 무덤이 두고 쉬든 ᄌᆞ를 일씌우고 손슈 옷깃스로 쓱ᄀᆞ닉고 부녀ᄌᆞ를 씌츠시엿ᄂᆞᆫ도다[29]
> →(마귀를 쫓아내고 질병을 고치고 또한 더러운 것은 깨끗이 하고 화근을 없이 하시었도다. 죽은 자는 무덤에 두고 쉬던 자를 일깨우고 손수 옷깃으로 닦아내고 부녀자를 씻으셨도다.)

성서를 보면 예수님은 죽어서 무덤에 묻힌 나자로를 다시 살려주시고 하혈로 고생하는 여인이 예수님의 옷깃을 만지자 그 여인의 병을 낫게 해주셨다고 되어 있다. 그런데 한글본 「성교요지」에서는 예수님이 죽은 자는 그냥 무덤에 두었다고 되어 있다. 그리고 손수 옷깃으로 닦아서 부녀자를 씻어주셨다고 되어 있다.

이런 글을 이벽이 썼다고 되어 있으니 참으로 어처구니없다. 하지만 그보다 더 기막힌 것은 천주교 측 연구자들이 이것을 그대로 받아들여 이한글본 「성교요지」가 한국천주교회 최초의 한글 교리서라고 열광하였다는 사실이다.

---

29) 7쪽 뒷면;『하성래 역』, 65쪽.

18) 예수님은 손톱에 못 박히시고, 머리가 벗어졌다

한글본 「성교요지」에는 다음과 같은 내용이 나온다.

> 손톱이 못박힌 아픔을 즈조 싱각홀지니 야쇼는 니어 챵과 검으로 숨졋
> 느니 버슨 머리는 까시관이 쓰여지고 걸친 옷자락이 션혈로 불기 몰드
> 렷는 거시로다[30]
> →(손톱에 못 박힌 아픔을 자주 생각할지니 예수는 이어 창과 검으로 숨졌
> 나니 벗은 머리는 가시관이 쓰여지고 걸친 옷자락이 션혈로 붉게 물들
> 였는 것이로다.)

예수님은 손바닥과 발등에 못 박히셨지, 손톱에 못 박히시지 않았다.
그리고 예수님의 머리가 벗겨졌다는 이야기는 금시초문이다.

19) 예수님의 시체가 소생한 후 보석 방석에 앉아 송사를 맡아보
    셨다

한글본 「성교요지」에는 다음과 같은 내용도 나온다.

> 흔 동굴를 여러보니 그 시톄그 쇼싱ᄒ얏느니 공중을 힛치고 니려셧느
> 니 보석 방석의 안즈시ᄉ 급기야 숑샤를 니룩ᄒ셧느니라[31]
> →(한 동굴을 열어보니 그 시체가 소생하였나니 공중을 헤치고 일어섰나니
> 보석 방석에 앉으시고 급기야 송사를 이룩하시었나니라.)

예수님의 탄생과 활동은 물론 죽음과 부활, 승천에 대한 복음 말씀도
『성경직해』, 『성경광익』, 『성년광익』 등에 자세히 나온다. 그리고『성세

---

30) 13쪽 뒷면; 『하성래 역』, 99쪽.
31) 9쪽 앞면; 『하성래 역』, 73쪽.

주요』에도 간결하면서도 명확하게 나온다. 그런데도 예수님의 부활과 승천에 대해 이렇게 묘사하였다는 것은 한글본 「성교요지」가 이벽의 글이 아닌 것은 물론 성서와 예수님의 삶에 대해 전혀 모르는 사람이 쓴 것이라는 증거다.

20) 창조주가 한 분이 아니라 여럿이다

한글본 「성교요지」에 나오는 황당한 내용 중 가장 압권은 다음과 같은 내용이다.

> 슌셔이 짜라 <u>챵죠ᄌ들의 각긔 그 공로를 찻고 알아주니</u> 싸짐업고 졍ᄒ엿스미 <u>모든 것을 쥬므러 만들기</u> ᄒ야 등급을 뎡ᄒ야 주니 사름 맛쌍히 옷슬 들고 빌어야 홀지니라
> <u>만드신 셩신샹을 ᄌ셰ᄒ게 드려ᄃ보니 심히 만흐니</u> 그져 당황ᄒ 수 잇는 길쑨이로다[32]
> →(순서에 따라 창조자들의 각기 그 공로를 찾고 알아주니 빠짐없고 정하였으매 모든 것을 주물러 만들게 하여 등급을 정하여 주니 사람 마땅히 옷을 들고 빌어야 할지니라.
> 만드신 성신상을 자세하게 들여다보니 심히 많으니 그저 당황할 수 있는 길뿐이로다.)

이 내용대로라면 창조주가 한 분이 아니라 여럿이다. 그들이 모든 것을 주물러 만들었다는 것이다. 또한 그들이 만든 성신상을 보니 심히 많았다는 것이다. 이러한 내용은 결국 한글본 「성교요지」를 쓴 사람의 정신을 알 수 있는 대목이다. 한글본 「성교요지」를 쓴 사람은 예수님에 대해서뿐만 아니라 하느님과 천지 창조에 대해서조차 전혀 개념이 없는 사람인 것이다.

---

32) 14쪽 뒷면;『하성래 역』, 105쪽.

이런 글을 정말 이벽이 썼다면 이벽에 대해 다시 평가해야 할 것이다. 이 내용대로라면 이벽은 천주교에 대한 가장 기본적인 개념조차 없었던 사람이라고 해야 하기 때문이다.

이밖에도 두 개의 한문본 「성교요지」와 한글본 「성교요지」에는 성서 내용과 안 맞는 황당한 내용들이 너무나 많다. 하지만 이 정도 언급하는 선에서 그치려고 한다. 더 이상 거론할 가치가 없기 때문이다.

이런 황당한 내용들과 개신교 용어들이 들어 있는 글들에다 "이벽이 『천학초함』을 읽은 후 썼다"느니 혹은 "이벽이 모아 편집한 글"이라느니 하는 등의 부기를 붙여 놓았으니 그 의도가 무엇인지 충분히 알 수 있다. 의도적으로 다른 사람들을 속이고 사기치기 위해 그런 부기를 써놓은 것이라고밖에 볼 수 없는 것이다.

하지만 『만천유고』의 한문본 「성교요지」는 더 완벽하게 눈속임을 하기 위해 여기에서 한 걸음 더 나아가 또 다른 장치를 해놓았다. 이제부터 거기에 대해 살펴보려고 한다.

2. 주석에 드러난 의도적 속임수들

『만천유고』의 한문본 「성교요지」는 그것이 이벽이 쓴 것처럼 보이도록 하기 위해, 그리고 그것이 천주교와 관련 있는 글처럼 보이게 하기 위해 두 가지 장치를 해놓았다.

첫 번째 장치는 제목 밑에 있는 부기다. 즉 "이벽이 그 「성교요지」를 『천학초함』을 읽고 썼다"는 내용의 부기를 첨부한 것이다.

두 번째 장치는 주석이다. 『만천유고』 한문본 「성교요지」의 본문은 황당한 내용이나 허점이 많은 내용들로 가득하다. 문제는 이미 앞에서 많이 보았듯이 이렇게 본문에 문제가 많다는 것을 감추기 위해 주석을 따로 붙여 온갖 부연 설명을 해놓았다는 것이다. 그리하여 언뜻 보기에 본문 내용이 대단히 성서적이고 그리스도교적인 의미를 지닌 것처럼 만들어 놓았다.

하지만 그런 수법은 단지 본문 내용이 허점이 많은 경우에만 국한된 것이 아니다. 심지어 성서와 전혀 상관없는 본문의 용어와 내용들까지도 주석을 붙여서 억지로 성서적인 용어나 내용으로 바꾸려고 한 경우들도 상당히 많이 있다. 그 사례들을 몇 가지 간추려 소개하면 다음과 같다.

1) 고기를 잘라 나누는 것이 할례割禮다

제일 먼저 소개할 것은 전혀 성서적인 용어가 아닌데도 주석을 붙여 완전히 다른 성서 용어로 변신시킨 사례다. 이미 앞에서 보았듯이 두 개의 한문본 「성교요지」에는 다음과 같은 내용이 나온다.

> 燔牡割肉 舊例雖存 羔牛特犢 錫獻豈欣
> 私願公慛 葡萄飮傾 開堂誠勸 引證宣音33)
> →(번제를 바치고 고기를 가르는 것은 옛날부터 내려오는 예식인데
> 어린 양과 소와 송아지를 바치는 것이 어찌 [하느님을] 기쁘게 하는 일이리오
> [그래서 예수님은] 개인 기도 때나 공적인 기도 때 포도주를 마시며
> 교회 문을 활짝 열어 정성을 다해 권면하면서 [하느님을] 증거하고 복음을 선포하셨도다.)

그런데 『만천유고』의 한문본 「성교요지」에는 이러한 내용에 다음과 같은 주석을 붙여 놓았다.

---

33) 『만천유고』, 13쪽 뒷면; 『당시초선』, 3쪽; 『유교와 그리스도교』, 83쪽; 『하성래 역』, 63쪽.

右節 記耶穌立敎之正 改舊禮 而用新禮也…割肉割禮也[34]

→(윗절은 예수께서 교(敎)의 정도를 세우실 때 구약의 예를 고쳐 새로운 예를 사용하신 것을 기록한 것이다…"<u>할육</u>"이란 "<u>할례</u>"를 말한다.)

언뜻 보면 "할육割肉이란 할례割禮를 말한다"는 주석 내용이 맞는 것 같아 보인다. 하지만 실상은 전혀 그렇지 않다. 사실 "할례割禮"라는 말은 개신교에서 쓰는 용어다. 천주교에서는 초기에 잠시 "割禮(할례)"라는 한자 용어가 등장하였지만[35] 대부분 "割損(할손)" 혹은 "割損禮(할손례)"라고 하였다. 특히 한글로 쓸 때는 더욱 그러하였다. 이것은 1977년에 개신교와 공동번역한 『성서』가 출간되기까지 계속되었다. 그런데 이제까지 보았듯이 『만천유고』의 한문본 「성교요지」에 개신교 용어들이 많이 등장하는 것으로 보아, 여기에 등장하는 "할례割禮"라는 용어 역시 개신교 성서를 보고 쓴 것이 틀림없다.

어떻든 중요한 것은 천주교에서는 어떤 경우에도 "할례", 즉 "할손례"를 한문으로든 한글로든 "할육割肉"이라고 표현한 적이 없다는 것이다. 그것은 개신교에서도 마찬가지다. 다시 말해서 "할육割肉"이라는 말은 전혀 성서적인 용어나 표현이 아니며 그냥 글자 그대로 '고기를 가르는 것', 즉 '짐승을 갈라 죽이는 것'을 의미하는 일반명사일 뿐이다. 구약에서는 하느님께 드리는 희생제물과 그것을 드리는 방법에 따라 제사를 다음과 같이 세 종류로 구별한다. [36]

① 유혈제(Sacrificium cruentum): 양이나 소 같은 제물을 피를 흘려 죽이는 제사
② 무혈제(Sacrificium incruentum): 밀가루, 향유, 빵, 포도주, 햇곡식을

---

34) 13쪽 뒷면; 『유교와 그리스도교』, 83쪽; 『하성래 역』, 63쪽.
35) 『성경직해』 II, 272~273쪽.
36) 윤형중, 『상해 천주교 요리』 하, 가톨릭출판사, 1990, 240~241쪽 참조.

바치는 제사

③ 번제燔祭(Sacrificium holocaustum): 짐승을 죽일 뿐만 아니라 그것을
불에 태우는 제사

　두 개의 한문본「성교요지」본문에 나오는 "할육割肉"은 유혈제에 쓰이
기 위한 제물의 희생 방법을 말하는 것이라 할 수 있다. 따라서『만천유고』
한문본「성교요지」의 주석 내용은 본문 내용의 흐름상으로 보나 "할육割
肉"과 "할례割禮"가 각각 상징하는 의미로 보나 전혀 앞뒤가 안 맞는 이야
기다.

　본문에서 "割肉(할육)"이라는 말을 쓴 것은 하느님께 드리는 제사에서
제물을 바치는 방법을 말하기 위해서다. 즉 본문에서는 하느님께 드리는
제사에서 "어린 양과 소와 송아지" 같은 희생 제물들을 태우는 번제 방법
과 짐승을 갈라서 피를 흘리게 하는 유혈의 방법에 대해 말한 것이다. 그
런데 하느님께 드리는 제사에 쓰이기 위해 제물에게 행해졌던 그런 방법
들이 예수님에 이르러서는 포도주 마시는 예식으로 바뀌었다고 말한 것
이다.

　실제로 신약에서는 구약에서 행해졌던 제사와 희생제물을 바치는 것
을 예수님의 죽음을 기념하는 미사와 성체성사로 바꾸었다.[37] 그런데도
『만천유고』한문본「성교요지」의 주석에서는 '고기를 갈라 죽이는 예식'
인 "할육割肉"이 곧 "할례割禮"를 가리키는 것이라고 하니 전혀 앞뒤가 안
맞는 이야기를 하고 있는 것이다. 왜냐하면 "할례"는 전혀 다른 의미의 예
식이기 때문이다.

　"할례"는 하느님께 제물을 바치는 예식이 아니다. "할례"는 구약에서
이스라엘 백성들이 하느님과 맺은 "계약의 징표"로 여겨졌다(창세기 17,

---

37) 윤형중, 앞의 책, 242쪽.

11). 그래서 할례를 받는다는 것은 곧 계약의 일원이 되는 것이라 생각하였다. 『성경직해』와 『성경직히광익』, 『성경직히』에서는 구약의 할례를 그리스도교에서 세례받는 예식으로 대신하였다고 하면서 대단히 자세하게 설명하고 있다.[38] 그러니까 하느님께 제사를 드리기 위해 희생제물인 짐승들을 갈라서 피를 흘리게 하여 죽이는 "할육"과 이스라엘 백성들이 하느님과 맺는 계약 예식인 "할례"는 전혀 다른 것이다.

요컨대 번제와 할육은 하느님께 드리는 제사에서 제물을 바치는 방법으로서 이러한 희생제사는 예수님의 죽음 이후 성체성사와 미사로 대치되었다. 반면 할례는 하느님과 계약을 맺는 징표로 행해진 예식으로서 나중에 세례성사로 대치되었다. 따라서 『만천유고』 한문본 「성교요지」의 주석에서 '할육割肉은 곧 할례割禮를 말한다'고 한 것은 본문의 문맥 흐름으로 보나 각 단어가 지닌 의미로 보나 전혀 앞뒤가 맞지 않는 이야기인 것이다.

예수님도 "할례"를 받으셨다. 그러나 성서 어디에서도 예수님께서 할례에 대해 언급하였다는 기록은 없다. 단지 '첫째가는 계명이 무엇인지'에 대해 이야기하면서 예수님은 '이웃을 사랑하는 것이 모든 번제나 희생 제사보다 더 낫다'는 율법학자의 말을 칭찬하셨다. 그리하여 그 무엇보다도 이웃 사랑이 우선이라는 것을 강조하셨다(마르코 12, 29~33). 그리스도교 안에서 할례가 문제가 되고 마침내 그리스도교에서 할례를 버리게 된 것은 예수님이 부활 승천하신 후 초기 교회에서였다.[39]

이러한 사실을 볼 때도 『만천유고』 한문본 「성교요지」의 주석을 붙인 사람은 성서 내용과 역사적 사실을 제대로 모르는 사람이며 『성경직해』

---

38) 『성경직해』 II, 한국교회사연구소영인본, 271~274쪽; 『성경직히광익』 I, 254~258쪽; 『성경직히』 I, 195~200쪽.
39) 초기 그리스도교에서는 비유대계 신자들이 구약의 율법 중에서 지켜야 할 항목은 '우상에게 바친 고기와 피와 숨막혀 죽은 짐승의 고기와 음행을 멀리하는 것'이라고 말하고 있다(사도 15, 29). 이때 이미 할례는 제외되었다.

와 『성경직회광익』, 『성경직회』 등과 같은 책들도 읽어보지 못 한 사람이라는 것을 알 수 있다.

이런 주석을 이벽이나 초기 교회 신자들이 달 수는 없다. 이것은 『만천유고』의 한문본 「성교요지」가 천주교를 잘 모르는 18세기 조선 사람들에게 '거룩한 종교의 핵심요지'를 전하는 글이라는 것을 표방하고 있다는 점을 생각하면 더욱 그러하다.

"할례"라는 단어는 천주교에 대해 거의 모르는 18세기 조선 사람들에게 너무도 생경한 말이다. 그것은 조선 사람들뿐만 아니라 중국 사람들에게도 마찬가지였다. 그래서 『성경직해』에서는 전혀 다른 관습을 가진 이스라엘 사람들의 "할례"가 어떤 의미를 가진 것이었는지에 대해 대단히 자세하게 설명해 놓았던 것이다. 그리고 그것을 거의 그대로 우리말로 옮겨 적은 『성경직회광익』와 『성경직회』에서도 대단히 자세하게 설명해 놓았다.

그런데도 아무런 추가적인 설명도 없이 단어 하나만 던져진 채 "할육割肉이란 할례割禮를 말한다"고 되어 있는 『만천유고』의 한문본 「성교요지」 주석을 천주교에 대해 무지한 18세기 조선 사람들이 읽는다면 과연 할례를 무엇이라고 생각하게 될까? "고기를 갈라 죽이는 것" 혹은 "고기를 잘라 나누는 것"이라고밖에는 생각할 수 없을 것이다. 따라서 이런 주석이 『만천유고』의 한문본 「성교요지」에 있다는 것 자체가 그것을 쓴 사람이 이벽이나 초기 천주교 신자가 아니라는 또 하나의 증거다.

한편 이러한 주석 내용은 『만천유고』의 한문본 「성교요지」 본문을 쓴 사람과 주석을 단 사람이 동일 인물이 아니라는 것을 보여주는 또 다른 증거다. 만일 본문과 주석을 단 사람이 동일 인물이라면, 처음부터 본문에 "할례割禮"라는 용어를 썼을 것이다. 더욱이 글자 수까지 똑같은데 번거롭게 본문에서는 "할육割肉"이라는 단어를 쓰고 다시 거기에 대한 주석을 붙여서 "여기에 나오는 할육割肉은 곧 할례割禮를 말한다"고 부연 설명할 필요가 없었을 것이다. 마치 노아의 홍수에 나오는 "방개方蓋"와 "방주方舟"처럼 말이다. 하지만 그러지 않았다는 것은 결국 본문을 쓴 사람과 주석을 붙인 사람이 다르다는 것을 의미한다.

결국 이러한 사실들을 종합해 보면『만천유고』의 한문본「성교요지」에서 "할육割肉은 곧 할례割禮를 말한다"고 한 주석 내용은 어떡하든지『만천유고』의 한문본「성교요지」가 성서적인 내용을 담고 있는 것처럼 보이게 하기 위해, 즉 의도적으로 다른 사람들을 기망하기 위해 덧붙인 설명이라고밖에 볼 수 없다.

이성배와 하성래는 이 경우에도 역시 본문에 등장하지 않는 천주교 용어 "할손례"라는 말을 집어넣어 번역하였다. 즉 본문에 나오는 "할육割肉"을 있는 그대로 번역하지 않고 그것을 천주교 용어인 "할손례"라고 번역하였다. 그리하여 독자들이 마치『만천유고』한문본「성교요지」의 본문에 천주교 용어인 "할손례"가 등장하는 것처럼 오해하도록 만들었다. 더 나아가『만천유고』의 한문본「성교요지」전체가 천주교의 성서나 교리 내용을 말하는 글인 것처럼 더욱더 오해하도록 만들었다.

2) 원죄原罪란 어릴 때부터 일찍 서둘러 꾸짖는 것을 말한다

이번에는 용어뿐만 아니라 내용까지도 전혀 성서와 관계없는데도 그것을 그리스도교의 핵심 교리인 원죄를 뜻하는 용어와 내용이라고 주석을 붙인 사례. 두 개의 한문본「성교요지」에는 다음과 같은 내용이 나온다.

愛監嬰孩 胎元誕育 急乳泣饑 席臥綿束
秉質淸聰 槪除雜欲 夙譴洪沾 盡早濯沐[40]

---

40)『만천유고』, 15쪽 앞면;『당시초선』, 4쪽;『유교와 그리스도교』, 90쪽;『하성래 역』, 77쪽.

→(갓난아기를 살피는 일을 말하자면
   태중에 있을 때부터 원래 교육을 해야 하고,
   배고파 울 때는 급히 젖을 먹이고,
   자리에 뉘어 솜이불에 싸야 하며,
   그 바탕을 잡고 귀를 맑고 밝게 해야 하며,
   잡다한 욕망들을 모두 제거해야 하고,
   지나친 경박함은 일찍부터 서둘러 꾸짖어야 하며,
   여기에 더해 일찍 씻고 머리를 감아야 한다.)

이것은 누가 봐도 그저 어린아이 교육에 대해 말하는 내용이다. 전혀 성서적인 내용이나 그리스도교적인 내용을 읊은 것이 아니다. 그런데도 『만천유고』의 한문본 「성교요지」에서는 여기에 다음과 같은 주석을 붙여 놓았다.

右節 言人初生之時 惡孼未萌 惟早當洗滌耳 欲私欲 夙譴原罪也 洪大也 濯沐洗禮也[41]
→(윗글은 사람이 처음에 태어날 때는 사악한 씨가 아직 싹트지 않았기 때문에 일찍 귀를 씻어내야 한다는 것을 말하는 것이다. "욕(欲)"이란 "사욕"을 말하며 "숙견(夙譴)"은 "원죄(原罪)"를 말한다. "홍(洪)"은 "크다"는 뜻이며 "탁목(濯沐)"이란 "세례(洗禮)"를 말하는 것이다.)

하지만 이러한 주석은 여러 가지로 문제가 많다. 우선 '사람이 처음 태어날 때는 사악한 씨가 아직 싹트지 않았기 때문에 일찍부터 귀를 씻어내야 한다(惟早當洗滌耳)'는 내용 자체가 말이 안 된다. 본문 내용에 그것을 의미하는 내용이 없을 뿐만 아니라 일찍부터 귀를 씻으면 사악한 씨가 자라지 않는다는 것 자체가 도무지 말이 안 된다.

더 큰 문제는 본문에 나오는 "숙견夙譴"이란 말이 "원죄原罪"를 뜻하는

---

41) 15쪽 앞면; 『유교와 그리스도교』, 90쪽; 『하성래 역』, 77쪽.

말이라고 하였다는 것이다. 본문에 나오는 "夙譴(숙견)"이라는 말은 "일찍부터 서둘러 꾸짖는다"는 뜻이다. 단어 자체로 보나 앞뒤 맥락으로 보나 전혀 신학적인 용어가 아니다. 그런데 주석에서는 그것을 그리스도교에서 가장 중요한 핵심 교리 중에 하나인 "원죄原罪"를 뜻하는 말이라고 설명하였던 것이다.

하지만 천주교에서는 물론 개신교에서도 한문으로든 한글로든 "원죄"를 "숙견夙譴"이라고 표현한 적이 없다. "원죄"는 그리스도교의 핵심 교리를 알려주는 대단히 중요한 용어이기 때문에 그렇게 애매모호한 단어로 표현해야 할 이유가 없다. 아무리 시적으로 표현한다고 해도 "원죄"를 "일찍부터 서둘러 꾸짖는다"는 뜻을 가진 "숙견夙譴"이란 말로 대체할 수 없다. 더욱이 두 개의 단어는 글자 수도 같다. 따라서 그렇게 할 이유가 전혀 없다.

사실 두 개의 한문본 「성교요지」 본문에는 "원죄"라는 말이 단 한 번도 나오지 않는다. 본문 어디에서도 그리스도교의 중요 교리인 "원죄"에 대해서 제대로 설명한 적이 없을 뿐 아니라 그런 용어조차 등장하지 않는다. 그런데 『만천유고』 한문본 「성교요지」의 주석에서 딱 한 번 "원죄"라는 말이 나오는 것이다. 바로 이 대목에서 말이다. 그런데 딱 한 번 등장하는 바로 이 대목에서 앞뒤 아무런 설명없이 "숙견夙譴이란 말은 곧 원죄原罪를 말한다"고 하였던 것이다.

물론 두 개의 한문본 「성교요지」에는 하느님이 흙으로 빚은 최초의 인간과 그 아내에 대한 내용이 나온다. 하지만 최초의 인간들이 등장하기는 하나 그 사람들이 "아담"과 "하와"였다는 이야기는 물론 그들이 "인류의 원조"였다는 이야기도 전혀 나오지 않는다. 무엇보다도 최초의 인간들이 천주의 말씀을 거스르는 죄를 지었다는 이야기는 하면서도 그것이 바로 "원죄"라는 이야기는 전혀 하지 않는다. 더 나아가 그 죄로 말미암아 인류의 고통이 시작되었고, 그 죄가 그 이후 후손들에게도 미치게 되었다는 이야기도 전혀 하지 않는다.

대신 곧바로 아벨에 대한 이야기로 넘어가 버린다. 그리고는 '아벨의 형이 아벨을 죽인 죄가 오늘까지 미치고 있다'고 하였던 것이다. 그리하여 마치 '아벨의 형이 그 동생 아벨을 죽인 것이 원죄'인 것처럼 말하였다. 즉 "원죄"는 최초의 인간들이 지은 죄가 아닌 '아벨의 형이 아벨을 죽인 죄'를 가리키는 것처럼 말하였다. 그리고 아벨의 형이 아벨을 죽인 죄가 지금까지도 인류에게 미치고 있다고 말하였던 것이다.

그뿐만이 아니다. 두 개의 한문본 「성교요지」 본문에서는 예수님이 이 세상에 오신 이유도 '이 세상을 원죄에서 구하기 위해서'가 아니다. 예수님은 그저 '세상의 복을 더해 주기 위해 오신 것'으로 되어 있다. 두 개의 한문본 「성교요지」 본문에서는 아벨의 이야기 다음에 노아의 홍수 이야기가 나온다. 그러면서 노아를 따라 방주에 들어간 사람들과 짐승들만이 살아남았다는 이야기가 나온다. 그런 다음 곧바로 예수님이 이 세상에 오신 이야기를 다음과 같이 하고 있다.

故又督教 甚加世福 降下耶穌 斯賓救主[42]
→(그런고로 독교란 세상의 복을 더해 주시고자 예수가 내려오신 것을 말하는 것이니 그분이 바로 구주이시니라.)

여기에 나오는 "督教(독교)"라는 한자어는 "基督教(기독교)"를 잘못 쓴 말일 것이다. 그래서 이성배도 이것을 "기독교"라고 번역하였다. 물론 그리되면 『만천유고』 한문본 「성교요지」는 더욱 개신교와 관계있는 것이 된다. 하지만 여기서 "督教(독교)"라는 한자어가 "基督教(기독교)"를 줄여서 쓴 것이라는 확증도 없으니 이것을 개신교 용어 목록에는 넣지 않을 것이다. 하성래는 이것을 글자 하나하나를 풀이하여 "가르침을 독려하

---

42) 『만천유고』, 11쪽 앞면; 『당시초선』, 2쪽; 『유교와 그리스도교』, 74쪽; 『하성래 역』, 43쪽.

여"라고 번역하였다. 물론 이것은 앞뒤 문맥의 흐름상 전혀 맞지 않는 말이다.

하지만 "督敎(독교)"라는 한자를 어찌 번역하든 위 주석 내용은 신학적으로 중대한 문제를 안고 있다. 그리스도교에서는 "원죄"를 매우 중요하게 생각한다. 예수님이 이 세상에 오신 이유가 원죄에서 인류를 구하기 위해서라고 생각하기 때문이다. 그래서 예수님이 이 세상에 오신 이야기를 하기 전에 먼저 인류의 원조가 어떻게 원죄를 짓게 되었으며, 그로 인해 어떤 고통을 받고 세상이 죄악에 빠지게 되었는지를 설명한다. 그리고 나서 원죄와 그 후에 지은 세상의 죄(본죄)에서 인류를 구원하기 위해서 하느님이 당신의 아들 예수님을 세상에 보내셨다는 것을 강조한다.

그래서 마태오 리치가 쓴 『천주실의』를 비롯한 많은 한문서학서에서도 이 점을 똑같이 강조하였다. 설령 "원죄"라는 용어를 말하지 않는 경우라 해도 인류의 원조가 천주를 배반하여 지은 죄로 인해 불행이 닥쳤고, 그 죄가 후손들에게도 미쳤다는 것, 그리고 천주께서 자비를 베푸시어 인간을 죄에서 구원하기 위해 친히 세상에 내려오셨다는 것, 그리고 그분이 바로 예수님으로서 구세주라는 것을 대단히 상세하게 설명하였다.

> 당초 세상을 창조할 때에는 사람은 본래 질병과 사망이 없었습니다. 항상 따뜻하고 온화하며 즐거웠습니다. 천주는 각종의 동물에게 사람의 지시를 따를 것을 명령하고 있습니다. 감히 사람을 침해할 수 없습니다. 오직 천주를 섬기고 명령에 순종할 따름입니다. 어지러움과 재해는 모두 사람들의「이(理)」의 위배 및 천주의 명령을 위반함으로써 온 것입니다. 사람이 천주를 배반하는 바에는 만물 역시 사람을 배반합니다. 이렇게 스스로 짓고 스스로 받고 하기 때문에 많은 우환이 생겨납니다. 세상 사람의 원조(元祖)가 이미 인류의 근본적인 본성을 파괴했습니다. 후손은 모두 그 해를 입습니다. 그 완선(完善)의 본성을 이어받을 수 없습니다. 날 때부터 결점을 지니고 있으며 또 여러 가지 서로의 추행을 흉내냅니다. … 그러므로 천주는 크게 자비를 베풀어 인간의 질고로 가득찬 세상을 구하기 위하여 친히 강생했습니

다. … 이름을 예수라고 하였습니다. 예수의 뜻은 구세주라는 뜻입니다.[43]

『만천유고』한문본「성교요지」의 본문과 똑같이 4·4조의 시로 된『천주성교 사자경문』에서도 원죄와 예수님이 이 세상에 오신 이유를 다음과 같이 대단히 간결하면서도 명확하게 설명하였다.[44]

然後將土 化成人祖　(그런 다음 흙으로 인간의 조상을 만드셨도다.)
男名亞當 女名厄襪　(남자 이름은 아담이고 여자의 이름은 에와니라.)
配爲夫婦 生我人類…(그들을 부부로 맺게 하니 그로부터 인류가 생겼도
　　　　　　　　　　　다…)
故誘我祖 逆命犯罪　(우리의 조상을 유혹하니 천주의 명을 거스르고 죄를 범
　　　　　　　　　　　하였도다.)
因有原罪 延及子孫…(그로 인해 "원죄"가 생겼고 그것이 자손들에게 미치
　　　　　　　　　　　게 되었도다…)
天主憫世 第二位者…(천주께서 세상을 불쌍히 여기시어 제2위이신 분이…)
親身救世 名號耶穌　(세상을 구속하고자 친히 육신을 취하셨으니 그 이름이
　　　　　　　　　　　예수이니라.)

『성세추요』와『성경직해』에서도 인류의 원조 아담이 지은 죄와 그 결과에 대해 대단히 자세하게 설명하였다. 그런 다음 천주 성자이신 예수님이 그 죄를 속죄하고 인류를 구원하기 위해 이 세상에 오셨다는 것을 곳곳에서 거듭 강조하였다.[45] 특히『성경직해』에서는 로마서 5장 11절에 나오는 "아담과 그리스도"에 대한 말씀처럼 다음과 같은 말을 하기도 하였다.

…亞黨一人敗人 吾主一人贖人[46]

43) 마태오 리치, 이수웅 역,『천주실의』, 분도출판사, 1984, 173~174쪽.
44)『천주성교 사자경문』, 4쪽 앞면~9쪽 뒷면.
45)『성세추요』2권, 구속편, 3~4쪽;『성경직해』I, 287~288쪽, 429쪽;『성경직해』II, 221~224쪽.

→(아담 한 사람은 인류를 파괴하였으나 우리 주 한 분은 인간의 죄를 속죄하셨습니다.)

이런 한문서학서들을 읽은 정약종 역시 『주교요지』에서 천주교의 핵심 가르침인 "원죄"에 대한 개념이 전혀 없는 18세기 조선 사람들을 이해시키기 위해 무척 노력하였다. 정약종은 원죄와 예수님이 이 세상에 오신 이유에 대해 대단히 상세하게 설명하였다.

> 천주께서 황토로 한 육신을 만드시고 신령한 혼을 결합하여 한 사나이를 내시니 그 이름은 <u>아담</u>(아담은 황토라는 말)이라 천주께서 아담으로 하여금 잠을 깊이 들게 하시고, 그 갈빗대 하나를 빼내시어 한 계집사람을 만드시고 한 영혼을 결합하시니, 그 이름은 <u>에와</u>(에와란 뭇사람의 어미라는 말)라 두 사람이 다 장성한 몸으로 나서 짝지어 부부가 되니…

> 에와가 그 꾀임을 듣고 망령되이 천주와 같이 될 마음을 내어, 그것을 따먹고, 또 아담에게도 권하여 먹으라 하니, 아담이 또한 아내의 말을 듣고 받아 먹으니…

> <u>천주의 어지신 마음이 도리어 진노하시고, 사람은 높은 복을 잃고 마귀의 종이 되어, 한 평생 괴롭고 수고롭다가 죽은 뒤에는 지옥의 무한한 괴로움을 받고 또 만대 자손이 마찬가지로 그 원죄의 벌을 입어 그 죄의 더러움에 허덕이는지라…</u>

> <u>원조가 한 번 죄를 지은 후에 온 천하 고금 사람이 다 지옥의 무궁한 형벌을 받게 되었다. 천주께서 지극히 어지시고, 지극히 엄한 덕을 지니고 계시며, 지극히 어지신지라, 사람의 죄를 다 용서하고자 하시되, 만일 거저 용서하면 지극히 엄하신 덕이 행하여지지 아니하여…</u>

> 또 사람은 지극히 천하고 천주는 지극히 높으시니, 지극히 천한 사람으로

---

46) 『성경직해』 II, 222쪽.

서 지극히 높으신 천주께 죄를 얻었으니, 그 죄를 속(贖)할 길이 없으니, 다만 한 가지 신통한 법이 있으니, 만일 어떤 사람이 그 높기가 천주와 같아, 만민의 죄를 다 그 몸에 안고 벌을 받으면 비로소 속죄가 될 것이다. 대개 죄를 범한 상대가 비록 지극히 높으신 천주이시나, 푸시는 이가 또한 천주와 같이 높으면 가히 천주께 범한 죄를 속할 수 있으리라…

천주와 같이 높으신 이는 오직 한 천주시라. 이에 천주께서 지극히 어지신 마음으로 세상 사람을 불쌍히 여기사, 친히 세상에 내려와 사람이 되시어, 우리 죄를 속하셔야 도리에 마땅할 것이다. 그러므로 … 천주께서 강생하시려 하실 때에…[47)]

『성세추요』에서도 "원죄"에 대해 대단히 자세하게 설명하고 있다.[48)] 이렇듯 천주교에서는 원죄와 예수님이 이 세상에 오신 이유의 전후 관계를 대단히 중요하게 생각하였다. 그래서 천주교의 교리와 복음을 다루는 한문서학서들마다 거기에 대해 대단히 자세하게 설명하고 강조하였다.

그런데도 천주교에 대해 무지한 18세기 조선 사람들에게 '거룩한 종교의 핵심요지'를 전하기 위해 쓴 글이라고 표방하는 『만천유고』의 한문본 「성교요지」에서는 원죄에 대해 앞뒤 설명도 전혀 하지 않은 채 엉뚱하게 '일찍 서둘러 꾸짖는 것(夙譴 ─ 숙견)이 원죄다'라고 하였다. 그렇다면 18세기 조선 사람들은 이것을 읽고 "원죄"를 무엇이라 생각할 것인가.

이러한 주석 내용은 『만천유고』의 한문본 「성교요지」 전체가 성서적인 내용을 담은 글로 보이도록 하기 위해 의도적으로 첨부한 것이라고밖에 볼 수 없다. 즉 더욱더 완벽하게 다른 사람들을 기망하기 위해 붙인 주석인 것이다.

---

47) 한국교회사연구소 편, 『순교자와 증거자들』, 41~45쪽; 『쥬교요지』상, 서종태, 앞의 책, 148~167쪽.
48) 『성세추요』 2권, 1~21쪽.

3) 세례洗禮는 씻고 머리를 감는 것이다

위에서 소개한 『만천유고』의 한문본 「성교요지」 주석에는 또 다른 문제가 있다. 다시 그 내용을 살펴보면 다음과 같다.

爰監嬰孩 胎元誕育 急乳泣饑 席臥綿束
秉質淸聰 槪除雜欲 夙譴洪沾 盍早濯沐

右節 言人初生之時 惡孼未萌 惟早當洗滌耳 欲私欲 夙譴原罪也 洪大也 濯
沐洗禮也
→(갓난아기를 살피는 일을 말하자면
  태중에 있을 때부터 원래 교육을 해야 하고,
  배고파 울 때는 급히 젖을 먹이고,
  자리에 뉘어 솜이불에 싸야 하며,
  그 바탕을 잡고 귀를 맑고 밝게 해야 하며,
  잡다한 욕망들을 모두 제거해야 하고,
  지나친 경박함은 일찍부터 서둘러 꾸짖어야 하며,
  여기에 더해 일찍 씻고 머리를 감아야 한다.

윗글은 사람이 처음에 태어날 때는 사악한 씨가 아직 싹트지 않았기 때문에 일찍 귀를 씻어내야 한다는 것을 말하는 것이다. "욕(欲)"이란 "사욕"을 말하며 "숙견(夙譴)"은 "원죄(原罪)"를 말한다. "홍(洪)"은 "크다"는 뜻이며 "탁목(濯沐)"이란 "세례(洗禮)"를 말한다.)

위 본문 내용에서 "濯沐(탁목)"이라는 한자는 "씻고 머리를 감는 것"을 뜻하는 말이다. 그런데 주석에서는 그 "濯沐(탁목)"이 바로 "세례洗禮"를 가리킨다고 설명하고 있는 것이다.

하지만 앞에서 살펴본 "숙견"이란 한자 용어처럼 "탁목濯沐"이라는 한자 용어 역시 그 의미로 보나 그것이 쓰여진 앞뒤 맥락으로 보나 전혀 성서적이거나 신학적인 단어가 아니다. 그리고 본문에서도 "세례"를 의미하는 뜻으로 쓰여지지 않았다. 그저 "씻고 머리를 감는다"는 뜻으로 쓰인 말이다. 그런데도 『만천유고』의 한문본 「성교요지」에서는 전혀 엉뚱한 뜻의 주석을 붙여 놓은 것이다.

하지만 천주교는 물론 개신교에서도 한문으로든 한글로든 세례를 "탁목濯沐"이라고 한 적이 없다. 초기 천주교회에서는 천주교의 가장 중요한 성사聖事 중에 하나인 "세례"를 한자로 "聖洗(성세)" 혹은 "聖洗之禮(성세지례)"라고 하였다. 그리고 한글로는 "셩셰"라고 하였다. 하지만 한문으로든 한글로든 세례를 "탁목濯沐"이라고 한 적이 없다. 천주교의 가장 기본적이고도 핵심적인 성사인 "세례"를 군이 이렇게 애매모호한 단어로 표현할 이유가 없다. 더욱이 글자 수도 같은데 그렇게 할 이유가 전혀 없는 것이다.

천주교에서는 원죄를 씻기 위해서는 "세례"를 받아야 하고 "세례"를 받아야지만 천국에 갈 수 있다고 가르쳤다. 이것은 『성경직해』와 『성경직히광익』, 『성경직히』에도 자세하게 설명되어 있다.[49] 그리고 앞에서도 말했듯이 구약의 할례가 예수님 이후 세례로 대치되었다는 설명까지 하면서 세례성사의 중요성을 강조하였다.

하지만 천주교에 대해 무지한 18세기 조선 사람들에게 천주교의 핵심 요지를 알려주는 글이라는 것을 표방하고 있는 『만천유고』 한문본 「성교요지」의 본문에는 "원죄'는 물론 "세례"라는 용어조차 나오지 않는다. 물론 "세례"가 무엇을 의미하는지, 왜 받아야 하는지에 대한 설명도 전혀 나오지 않는다. 그와 비슷한 이야기도 나오지 않는다. 그런데 갑자기 어린 아이 교육 문제를 논하는 내용에다 주석을 달아 앞뒤 아무런 설명도 하지 않은 채 뜬금없이 "씻고 머리를 감는 것(탁목)이 곧 세례다"라고 설명하고 있는 것이다. 그렇다면 이것을 보고 천주교에 대해 무지한 18세기 조선

---

49) 『성경직해』 I, 764~766쪽; 『성경직히광익』 II, 669~674쪽; 『성경직히』 II, 485~488쪽.

사람들이 "세례"를 무엇이라고 생각하였겠는가.

　이런 사실을 볼 때도, "원죄"나 "세례"와 전혀 상관이 없는 용어들을 "원죄"와 "세례"를 뜻하는 말이라고 설명하고 있는 『만천유고』 한문본 「성교요지」의 주석은 한마디로 다른 사람들을 속이기 위한 눈속임수라고밖에 볼 수 없다. 그리하여 전혀 성서적인 내용이 아닌 본문 내용을 대단히 성서적인 것처럼 보이게 하려고 한 것이라고밖에는 볼 수 없다.

　아울러 이렇듯 본문과 주석 내용이 전혀 다른 이야기를 하고 있는 것을 보면 『만천유고』 한문본 「성교요지」의 본문을 쓴 사람과 주석을 붙인 사람이 동일 인물이 아니라는 것을 더욱 분명하게 알 수 있다. 주석을 쓴 사람이 더 완전 범죄를 하기 위해 더 철저한 속임수를 쓰는 설명들을 붙여 놓은 것이다.

　한편 여기에서 한 가지 짚고 가지 않을 수 없는 문제가 있다. 앞에서 살펴보았듯이, 위에서 소개한 두 개의 한문본 「성교요지」 본문에는 모두 "원죄"나 "세례"라는 용어가 전혀 등장하지 않는다. 그런데도 그동안 『만천유고』의 한문본 「성교요지」를 번역한 사람들은 위 본문의 내용을 다음과 같이 번역함으로써 마치 본문에 "원죄"와 "세례"라는 말이 등장하는 것처럼 만들어 놓았다.

　　　秉質淸聰 槪除雜欲 <u>夙譴洪沾 盍早濯沐</u>
　　→(맑고 총명한 천품을 기르려면
　　　어려서부터 잡욕을 금하고
　　　<u>원죄에 깊이 물든 죄를 씻기 위해</u>
　　　<u>일찍이 세례를 받아야 한다.</u>)[50]

　이렇게 함으로써 번역자들은 자신들이 의도한 것이든 아니든 간에 이

---

50) 『유교와 그리스도교』, 90쪽; 『하성래 역』, 76쪽(하성래는 "원죄에 젖은 죄를 씻기 위해"라고
　　하였다).

것을 읽는 사람들로 하여금 『만천유고』의 한문본 「성교요지」 본문에 "원죄"나 "세례"라는 용어가 있을 뿐만 아니라 본문 내용도 그와 관련된 내용인 것처럼 믿도록 만드는 데 크게 일조하였다.

4) 물고기와 견갑류의 영혼을 구원해야 한다

두 개의 한문본 「성교요지」에는 다음과 같은 내용이 나온다.

> 鱗介蕃滋 譜題贗確 龜鼈黿鼉 鯤鰲鯨鱷
> 淬蝗掬蝦 泅雀撈蛤 卵濕累蕘 俄頃跳躍[51]
> →(어류와 견갑류들이 수없이 번식하니
> 대충만 봐도 그 종류와 이름을 확실하게 알 수 있네.
> 거북이와 자라, 도룡뇽과 악어, 곤이와 흉조[나는 고기], 고래와 악어…
> 물에 빠진 메뚜기는 새우가 움켜잡고,
> 물에 빠진 참새는 대합이 잡아먹네.
> [그것들은] 습한 곳에 수없이 알을 낳는데
> 얼마 지나지 않아 펄떡이며 뛰어오르네.)

이것은 누가 봐도 그냥 자연을 노래한 내용이다. 전혀 성서적인 내용을 읊은 것이거나 그리스도교적인 내용이 아니다. 그런데도 『만천유고』의 한문본 「성교요지」에서는 여기에 대해 다음과 같은 주석을 붙여 놓았다.

> 右節 鱗介之族 雖多然中無靈魂 其跳躍不過少頃耳 可見人生甚爲貴重
> 奈何竟等於鱗介 而不思救其靈哉…[52]
> →(윗글은 물고기와 견갑류는 비록 그 수가 많으나 영혼이 없기 때문에 펄떡이며 살아있는 기간이 잠시뿐이니 우리 인간의 삶이 심히 귀중하다는

---

51) 『만천유고』, 22쪽 뒷면; 『당시초선』, 8쪽; 『유교와 그리스도교』, 116~117쪽; 『하성래 역』, 131쪽. 여기에 나오는 한자 蝦(하)는 『당시초선』에서는 다른 한자로 되어 있는데 복사된 글자가 어지러워 잘 분별이 안 된다. 하지만 蝦(하)가 아닌 것만은 확실하다.

52) 22쪽 뒷면; 『유교와 그리스도교』, 117쪽; 『하성래 역』, 131쪽.

것을 알 수 있는데 어찌하여 물고기와 견갑류에 차등을 두어 그 영혼을
구하려고 생각하지 않는가를 말한 것이다…)

한마디로 본문 내용은 그저 자연의 모습을 노래한 것인데 주석을 붙인
사람이 거기에다 '영혼이 있네 없네' 하며 온갖 말도 안 되는 종교적인 의
미를 부여한 것이다. 하지만 결과적으로는 앞뒤가 안 맞고 황당한 이야기
가 되어 버렸다. "물고기와 견갑류에 차등을 두어 그 영혼을 구하려고 생
각하지 않는가"라고 말함으로써 물고기와 견갑류의 영혼을 구하자는 이
야기가 되어 버렸으니 말이다.

이것 역시 주석을 쓴 사람이 『만천유고』의 한문본 「성교요지」가 그리
스도교적인 내용을 담은 것처럼 보이게 하기 위해 의도적으로 덧붙인 눈
속임수라고밖에 볼 수 없다. 만일 본문 내용이 그런 뜻을 가진 것이라면
애초에 본문에다 그렇게 쓰면 될 일이지 본문 내용 따로 주석 내용 따로
쓰는 번거로운 일을 할 필요가 없는 것이다.

한편 『만천유고』의 한문본 「성교요지」를 번역한 사람들은 이번에도
위 본문 내용을 다음과 같이 번역함으로써 독자들의 판단을 흐리게 하였
다. 즉 본문에까지 "영혼이 없다"는 말이 있는 것처럼 믿게 만들었다.

　…卵濕累藝 (물고기들은 습한 곳에 수없이 알을 까니)
　　俄頃跳躍 (며칠 지나면 뛰고 퍼덕이나 영혼이 없네.)[53]

하지만 본문 어디에도 "영혼이 없다"는 말이 없다. 본문에는 그저 물고
기가 수많은 알을 까는데 '얼마 지나지 않아 펄떡이며 뛰어오른다'고 되어
있을 뿐이다. 그런데도 번역자들이 "영혼이 없다"는 말을 덧붙임으로써
글을 읽는 사람들이 원래 본문에 "영혼이 없다"는 말이 있다고 생각하도

---

53) 『유교와 그리스도교』, 117쪽; 『하성래 역』, 130쪽.

록 만들었다. 그리하여 번역자들이 의도한 것이든 아니든 간에『만천유고』의 한문본「성교요지」전체가 마치 종교적인 내용으로 가득찬 것처럼 믿도록 만드는 데 크게 일조하였다.

5) 고기반찬을 바라는 것은 다른 신과 우상을 섬기는 것과 같다

두 개의 한문본「성교요지」에는 다음과 같은 내용도 나온다.

> 飽飫芳馨 薿歈蓄菜 剖瓜採薇 煮葵拾芥
> 掇撷鬱芬 咀嚼彌快 胡羨腥羶 饌肴侈泰[54]
> →(향기로운 음식을 배부르게 먹으니
> 밭을 가꾸어 얻은 채소로다.
> 오이는 잘라 가르고 고비는 캐오고
> 푸성귀는 삶아 익히고 겨자도 주워 담네.
> 푸성귀들을 골라내고 캐내니 향기가 진동하고
> 씹으면 씹을수록 기분이 상쾌해지니
> 구태여 비린내 나는 기름진 고기들을 부러워할 필요도 없으며
> 좋은 반찬들이 나눠줄 정도로 넉넉하게 있도다.)

이것은 누가 봐도 밭을 일구어 거기에서 수확한 채소만 먹어도 풍성하고 좋은 반찬이 되므로 굳이 기름진 고기를 부러워하지 않아도 된다는 것을 이야기한 것이다. 여기 어디에도 천주교의 심오한 교리나 우상 숭배를 배격하는 내용 같은 것은 들어 있지 않다. 그런데도『만천유고』의 한문본「성교요지」에서는 여기에 대해 다음과 같은 주석을 붙여 놓았다.

> 右節 蔬菜爲天地之正味 足以衛生而悅口 不必更求腥羶 徒侈肴饌之盛
> 猶之聖教爲 古今正道 足以滅罪而救灵 不必妄拜他神徒 尙偶像之多[55]

---

54)『만천유고』, 22쪽 앞면;『당시초선』, 7쪽;『유교와 그리스도교』, 115쪽;『하성래 역』, 127쪽.

→(윗글은 소채가 세상의 정미(正味)로서 사람의 생명을 지키고 입도 즐겁
  게 하기에 충분하므로 그 이상 기름진 고기들을 구할 필요가 없고 그것
  으로도 충분히 반찬이 넘치도록 풍성하다는 것을 말하는 것이다.
  이것은 마치 성교회가 고금의 정도(正道)로서 영혼을 구하기에 충분하
  므로 망령되이 다른 신들을 숭배할 필요도 없고 수많은 우상들을 숭상
  할 필요도 없는 것과 같다.)

  이런 주석 내용 역시 언뜻 보면 대단한 종교적 의미가 있는 것 같아보
이지만 이 내용대로 하자면 채소만 먹지 않고 고기 반찬을 찾는 것은 다
른 신들을 숭배하는 것이고 우상숭배하는 것과 같다는 이야기가 된다.

  하지만 정말 우상숭배를 배격하자는 내용을 말하고자 하였다면 처음
부터 본문 내용에다 그렇게 쓰면 될 것이지, 채소 반찬이 어떻고 오이가
어떻고 고기가 어떻고 하는 이야기만 늘어놓을 필요가 없었다. 하지만 본
문 내용만으로는 독자들을 충분히 속일 수 없다고 생각하였는지 이런 말
도 안 되는 주석까지 붙여 놓는 속임수를 쓴 것이다. 하지만 그로 인해 전
체 뜻이 우스꽝스럽게 되어 버렸다.

  이런 주석 내용은 결국 전혀 성서적이거나 종교적인 의미와는 상관 없
는 본문 내용에다 억지로 말도 안 되는 온갖 종교적인 의미를 갖다 붙인
것이다. 『만천유고』의 한문본 「성교요지」 전체가 마치 대단한 종교적인
내용으로 가득찬 것처럼 보이도록 하기 위해 이런 앞뒤가 전혀 안 맞는
주석을 붙인 것이다.

  이제까지 살펴보았듯이 『만천유고』와 『당시초선』의 한문본 「성교요
지」와 한글본 「성교요지」에는 그 글을 쓴 목적과 이유가 "예수님의 공로
와 업적을 널리 가르쳐 줘서 많은 사람들이 그 길을 따르게 하려고 한 것"
이라고 되어 있지만 실제 그 내용은 거의 대부분 엉터리다. 성서 말씀이

55) 22쪽 앞면;『유교와 그리스도교』, 115쪽;『하성래 역』, 129쪽.

나 예수님의 삶과 활동과 전혀 맞지 않을 뿐만 아니라 우리나라에 들어왔던 한문서학서나 초기 천주교 신자들이 읽었던 복음해설서와 교리서의 내용과도 전혀 안 맞는다. 그런데도 온갖 미사여구를 써서 마치 그 내용 전체가 대단히 성서적이고 종교적으로 보이도록 위장하였다.

특히 『만천유고』의 한문본 「성교요지」에서는 온갖 화려한 설명이 붙은 주석까지 첨부하여 전혀 성서적이거나 종교적인 의미가 들어 있지 않은 용어와 본문 내용까지도 억지로 성서적인 의미나 종교적 의미로 만들려는 속임수를 쓰기도 하였다. 그래서 언뜻 보면 마치 대단한 글인 것처럼 오해하도록 만들었다.

이처럼 읽는 사람들이 오해하게 된 데에는 번역자들도 한 몫을 하였다. 그동안 『만천유고』의 한문본 「성교요지」를 번역한 사람들은 그 내용을 있는 그대로 번역하지 않고 성서 말씀에 끼워 맞춰 번역하기도 하고 본문에 나오지도 않는 말들을 자기 마음대로 만들어 넣기도 하였다. 그래서 본의건 아니건 간에 마치 『만천유고』의 한문본 「성교요지」가 대단한 천주교 작품인 것처럼 오해하도록 만드는 데 큰 몫을 하였다.

3장

"천주", "상제", "상주"란 용어는 개신교에서도 썼다

이제까지 살펴보았듯이 두 개의 한문본 「성교요지」와 한글본 「성교요지」에는 개신교 용어들이 상당수 등장하고 내용도 성서나 예수님의 삶과 전혀 맞지 않는 엉터리로 가득 차 있다. 이런 사실들을 보면 결국 그 두 개의 한문본 「성교요지」와 한글본 「성교요지」들이 어떤 의도로 쓰여진 글들인지 충분히 알 수 있다.

그것들은 모두 용어로 보나 내용으로 보나 결코 이벽이 쓴 글도 아니고 천주교 신자가 쓴 글도 아니다. 이벽이나 천주교와는 전혀 상관이 없는 글들이다. 그런데도 『만천유고』의 한문본 「성교요지」와 한글본 「성교요지」를 이벽이 쓴 글이라고 하고, 『당시초선』의 한문본 「성교요지」는 이벽이 편집하고 김대건 안드레아 신부가 쓴 것처럼 하였다는 것은 그 글들이 모두 근본적으로 사람들을 속이고 사기치기 위해 쓰여진 글들이라는 것을 알 수 있다. 더욱이 그 세 종류의 「성교요지」에 모두 개신교 용어들이 상당수 등장하는 것으로 보아 그런 글들을 쓴 사람들이 어떤 형태로든 개신교와 연결이 되어 있거나 개신교 성서들을 본 사람들이라는 것을 알 수 있다.

하지만 그래도 아직 미련이 남아 있는 사람들이 있을지도 모른다. 왜냐하면 한글본「성교요지」에는 "천주"라는 용어가 나오고 두 개의 한문본「성교요지」에는 "上帝(상제)", "上主(상주)", "聖敎(성교)" 등과 같은 용어가 나오기 때문이다. 그래서 이런 용어들은 천주교에서만 쓰는 용어라고 생각하고는 그런 용어들이 나오는 한글본「성교요지」와 두 개의 한문본「성교요지」에 대해 미련을 가질 수도 있을 것이다.

사실 그동안『만천유고』의 한문본「성교요지」와 한글본「성교요지」가 이벽이 쓴 글이고 천주교와 관계있는 글이라고 믿게 된 데에는 이런 점도 크게 작용하였다. "천주"나 "上帝(상제)"와 같은 용어들이 나오는 것으로 보아 그 글들이 천주교 신자가 쓴 글이 틀림없다고 무조건 믿어 버린 것이다.

하지만 이제까지 살펴보았듯이 세 개의「성교요지」모두가 의도적으로 다른 사람들을 속이기 위해 쓰여진 글이라는 점을 생각한다면, "천주"나 "上帝(상제)" 등과 같은 용어가 등장한 것 역시 천주교 신자가 쓴 글인 것처럼 위장하기 위한 가장 기본적인 속임 수법이었다는 것을 어렵지 않게 짐작할 수 있을 것이다.

한 가지 더 주목해야 할 것이 있다. 두 개의 한문본「성교요지」에는 "天主(천주)"라는 용어가 한 번도 등장하지 않는다. 대신 "上帝(상제)", "上主(상주)"라는 용어만 등장한다. 사실 이것 자체가 애초에 이상한 일이었다. 특히 이벽이 중국에서 들어온 한문서학서들을 보고 천주교의 이치를 깨달아 천주교의 복음을 널리 알리기 위해 쓴 글이라는『만천유고』의 한문본「성교요지」에서 단 한 번도 "천주"란 말을 쓰지 않았다는 것 자체가 애초에 이상한 일이다.

우리나라에 들어온 한문서학서들 중에는 중국 천주교회에서 가톨릭의 신을 표현할 때 오직 "天主(천주)"라는 용어만 사용해야 한다는 최종 결정이 나기 전에 쓰여진 한문서학서들도 있었고 그 이후에 쓰여진 것들도 있었다. 그래서 초기 한국천주교회 신자들은 "天主(천주)"라는 용어와 함께 "上帝(상제)"나 "上主(상주)"란 용어도 자연스럽게 썼다. 하지만 그렇더라도 "천주"라는 용어는 마태오 리치의 『천주실의』를 비롯하여 초기 천주교 신자들이 읽었던 거의 모든 한문서학서에 등장하는 용어다. 그리고 왜 천주교의 신神을 "천주"라고 하는지에 대해 자세하게 설명한다. 그런데도 이벽이 썼다고 되어 있는 『만천유고』 한문본 「성교요지」에서 "천주"라는 용어가 단 한 번도 등장하지 않는다는 것은 그 자체로 너무도 이상한 일이었던 것이다. "텬쥬" 즉 "천주"라는 용어가 등장하는 것은 오직 한글본 「성교요지」뿐이었다.

하지만 여기에서 또 한 가지 주목해야 할 사실은 "上帝(상제)", "上主(상주)", "聖敎(성교)"는 물론 "천주"라는 말이 천주교에서만 쓰는 용어가 아니라는 점이다. 그런 용어들은 초기 개신교에서도 썼던 용어다.

앞에서 용어 문제를 다룰 때 이미 설명했듯이, 중국에 처음 천주교를 선교하기 시작한 예수회 선교사들과 뒤늦게 중국에 들어온 프란치스코회와 도미니꼬회 선교사들 간에 용어를 둘러싼 길고 긴 갈등이 있었다. 즉 가톨릭 교회에서 믿는 신神을 한자로 어떻게 표현하느냐에 대해 치열한 논쟁이 있었다. 하지만 이 갈등은 1715년 교황 끌레멘스 11세가 칙서 『Ex illa die』를 발표함으로써 그 종지부를 찍게 되었다. 그 칙서에서 교황청이 프란치스코회와 도미니꼬회의 손을 들어주었던 것이다. 그 결과 중국에서는 가톨릭의 신을 "천주"라는 용어로만 표현할 수 있게 되었다.

그런데 이와 비슷한 용어논쟁이 개신교에서도 일어났다. 19세 초 서양의 개신교 선교사들이 중국에 들어간 후 성서 번역을 하면서 개신교의 신神을 한자로 어떻게 표현해야 하느냐에 대해 많은 논쟁이 벌어졌다. 특히 19세기 중반 중국어 성서 대표역본(The Delegates' Version)을 번역하는 과정에서 가장 격렬하게 벌어졌다. 런던선교회에서는 "上帝(상제)"로 표현하자고 주장하고 미국선교회 번역자들은 "神(신)"으로 표현하자고 주장하였다. 이들의 갈등과 논쟁은 약 60여 년간 치열하게 지속되었지만 끝내 합의점을 찾지 못 하였다. 그 결과 중국에는 "상제 역본" 성서와 "신神 역본" 성서라는 두 가지 역본이 존재하게 되었다.

개신교의 용어논쟁은 19세기 후반 한국 개신교에서도 일어났다. 우리나라 최초로 한글성서를 번역출간하는 작업을 주도하였던 스코틀랜드 연합장로교회의 존 로스는 "하나님"과 "하느님"을 병행하여 사용하였다. 하지만 이수정은 "神(신)"이라는 표현을 사용하였다. 그 후 언더우드는 "上帝(상제)", "상주(上主)", "춤신(참신)", "여호아" 등과 같은 용어는 물론 "텬쥬天主"라는 용어도 사용하였다. 영국성공회에서도 "텬쥬天主"라는 말을 사용하였다.

특히 장로교 선교사인 언더우드는 오랜 시간 동안 "하느님(하나님)"이란 용어를 사용하는 것을 완강하게 거부하였다. 한국 전통종교에서 최고신을 나타내는 "하느님(하느님)"을 개신교의 신神을 나타내는 데 쓰는 것은 지극히 편의주의적이고 혼합주의적인 발상이라고 생각하였던 것이다. 그래서 "텬쥬"라는 용어와 "상쥬", "춤신(참신)"이라는 용어를 계속해서 고집하였다. 언더우드는 특히 『구세교문답』이라는 책을 우리말로 번역하면서도 "텬쥬"라는 용어를 사용하였다.[1]

한국 개신교 안에서 일어난 용어에 대한 갈등과 논쟁은 무려 30년 동안 지속되었다. 그러다 마침내 1906년에 미국선교사들의 주도로 열린 회의에서 최종적인 결론이 났다. "하느님(하나님)"을 최종적으로 채택하기로 한 것이다. 이로써 한국 개신교의 용어논쟁은 종결되었으며 이후 한국 개신교에서는 "하느님(하나님)"으로 통일되어 표현하기 시작하였다.[2]

이렇듯 한국 개신교에서도 용어논쟁이 종결되기 전까지 장로회 선교

---

1) 『대한성서공회사』 I, 104~118쪽; 안성호, 「19세기 중반 중국어 대표역본 번역에서 발생한 '용어 논쟁'이 초기 한글성서번역에 미친 영향(1843~1911), 『한국기독교와 역사』, 2009. 3, 213~244쪽.
2) 『대한성서공회사』 II, 115쪽.

사인 언더우드와 영국성공회 소속 선교사들이 "턴쥬天主"란 용어를 10여 년(1894~1904)간이나 사용하였던 것이다.

한국 개신교 안에서 일어난 용어에 대한 갈등과 논쟁은 아래 표에서 보 듯이 한국 개신교에서 펴낸 성서들을 보면 아주 잘 드러난다. 각 성서에 서 개신교의 신을 나타내는 용어들이 선교사나 소속 선교회마다, 또한 시 기별로 다양하게 나타나고 있는 것이다. 아울러 개신교 성서에서도 "턴 쥬"라는 용어가 사용되었다는 것이 아주 잘 드러나 있다. 그리고 "上帝(상 제)"라는 용어도 1922년까지 사용되고 있었다는 사실도 알 수 있다.[3]

한국 개신교 성서에 나타난 신(神)에 대한 다양한 표현들

예수성교 누가복음젼셔	1882년	로스 / 심양 문광서원	하느님
예수성교셩셔 요안닉복음	1882년	로스 / 심양 문광서원	하느님
예수셩교셩셔 누가복음데자힝젹	1883년	로스 / 심양 문광서원	하나님
예수성교 요안닉복음젼셔	1883년	로스 / 심양 문광서원	하나님 / 하느님
예수성교셩셔 맛딕복음	1884년	로스 / 심양 문광서원	하나님
예수성교셩셔 말코복음	1884년	로스 / 심양 문광서원	하나님
신약성서 마태전(현토성서)	1884년	이수정	神
신약성서 마가전(현토성서)	1884년	이수정	神
신약성서 로가전(현토성서)	1884년	이수정	神
신약성서 약한전(현토성서)	1884년	이수정	神
신약성서 사도행전(현토성서)	1884년	이수정	神
신약마가전복음셔언히	1884년	이수정	神 / 신
예수성교셩셔 요안닉복음이비쇼셔신	1885년	심양 문광서원	하나님
예수성교셩셔 맛딕복음	1886년	심양 문광서원	하나님
예수성교젼셔	1887년	경성 문광서원	하나님
마가의 젼혼 복음셔언히	1887년	아펜젤러 / 언더우드	**샹뎨**
누가복음젼	1890년		하느님
보라달로마인셔	1890년	아펜젤러	하느님
요한복음젼	1891년	펜윅	하느님 /

---

3) 같은 책, 109~111쪽.

			上帝
마태복음젼	1892년	아펜젤러	하ᄂᆞ님
예수셩교셩셔 맛듸복음	1892년	심양 문광셔원	하나님
약한의 긔록ᄒᆞᆫ 듸로복음	1893년	펜윅	**상뎨님**
누가복음젼	1893년		하ᄂᆞ님
마태복음	1895년		하ᄂᆞ님
ᄉᆞ도ᄒᆡᆼ젼	1895년		하ᄂᆞ님
누가복음	1895년		하ᄂᆞ님
마가복음	1895년		**텬쥬**
ᄉᆞ도ᄒᆡᆼ젼	1896년		하ᄂᆞ님
마태복음	1896년		하ᄂᆞ님
요한복음	1896년		하ᄂᆞ님
베드로젼셔	1897년		**텬쥬**
베드로후셔	1897년		**텬쥬**
바울이 갈나대인의게 ᄒᆞᆫ 편지	1897년		하ᄂᆞ님
야곱의 공번된 편지	1897년		**텬쥬**
국한문 신약젼셔	1906년		**上帝**
마태복음	1906년		하ᄂᆞ님
요한복음	1906년		하ᄂᆞ님
ᄉᆞ도ᄒᆡᆼ젼	1906년		하ᄂᆞ님
창셰긔	1906년		하ᄂᆞ님
신약젼셔	1906년		하ᄂᆞ님
신약젼셔	1907년		하ᄂᆞ님
창셰긔	1908년	셔울 대영셩셔공회	하ᄂᆞ님
구약젼셔	1911년	죠션경셩 대영셩셩공회	하ᄂᆞ님
국한문 신약젼셔	1922년	조선경성 대영셩셔공회	**上帝**
부표관주 신약젼셔	1922년		하ᄂᆞ님
기일신역 신구약젼셔(하)	1925년	조선경성 대영셩셔공회	하ᄂᆞ님
션한문 신약젼셔	1926년	조선경성 대영셩셔공회	하ᄂᆞ님
관쥬 신약젼셔	1930년	죠선경성 대영셩셔공회	하ᄂᆞ님
간이 선한문 신약	1935년	조선경성 대영셩셔공회	하나님
신약셩셔 요한복음	1936년	조선경성 대영셩셔공회	하ᄂᆞ님
셩경젼셔(상)	1936년	조선경성 대영셩셔공회	하ᄂᆞ님
간이 선한문 구약(개역)	1937년	조선경성 대영셩셔공회	하ᄂᆞ님
개역 신약	1939년	셩셔공회	하나님
선한문 신약(개역)	1940년	조선셩셔공회	하나님
구약젼셔(상)	1940년	조선셩셔공회	하ᄂᆞ님
영한대조 신약젼셔	1947년	셔울 뉴라이프 프레스	하나님
영한대조 신약젼셔	1956년	대한셩셔공회	하나님

| 국한문 신약전서(개역) | 1956년 | 대한성서공회 | 하나님 |

　　이러한 사실들을 볼 때 두 개의 한문본「성교요지」에 "上帝(상제)"와
"上主(상주)"란 말이 들어 있다고 해서, 또한 한글본「성교요지」에서 "텬
쥬"라는 말이 나왔다 해서 그런 글들이 그래도 천주교와 관련이 있는 것
은 아닌가 하는 미련을 가질 필요는 없는 것이다. "聖敎(성교)"라는 용어
역시 천주교와 개신교 양쪽에서 모두 썼으므로 거기에 대해서도 미련을
가질 필요가 없다.

4장

왜, 누가, 언제 「성교요지」를 썼는가?

1. 왜 썼나?

거의 똑같은 본문 내용을 가지고 『만천유고』의 한문본 「성교요지」에는 그것을 이벽이 썼다고 되어 있고 『당시초선』의 한문본 「성교요지」에는 이벽이 모아 편집했다고 되어 있는 것 자체가 무엇보다도 두 개의 한문본 「성교요지」가 애초에 도무지 믿을 수 없는 글이라는 것을 말해준다. 믿을 수도 없을 뿐만 아니라 이벽이 쓴 글일 수가 없다는 것을 말해준다.

『만천유고』의 한문본 「성교요지」와 『당시초선』의 한문본 「성교요지」의 본문이 같다는 사실은 두 가지 가능성을 시사한다. 하나는 제3의 누군가 먼저 그 본문 내용을 만들었는데 『만천유고』를 만든 사람은 그것을 가져다가 '이벽이 쓴 글'이라고 한 것이고, 『당시초선』을 만든 사람은 그것을 가져다가 '이벽이 모아 편집한 글'이라고 한 것일 수 있다는 것이다. 즉 제3의 인물이 본문 내용을 써놓은 것을 『만천유고』와 『당시초선』을 만든 사람들이 각기 차용해서 자기 목적에 맞게 이용하였을 가능성이 있다는 것이다.

또 다른 가능성은 제3의 인물이 본문 내용을 쓴 것이 아니라『만천유고』의 한문본「성교요지」와『당시초선』의 한문본「성교요지」중 어느 한쪽이 먼저 쓰여지고 다른 한쪽이 그것을 보고 베껴썼을 가능성이 있다. 물론 둘 중에 어느 것이 먼저 쓰여진 것인지는 정확히 알 수 없다. 그런데 한 가지 추측할 수 있는 것은 만일『당시초선』의 한문본「성교요지」가 나중에 쓰여진 것이라면 구태여 그것을 "이벽이 모아 편집한 글"이라고 하지 않았을 것이라는 점이다. 이왕 다른 사람들을 속이기 위해 쓴 것이라면 더 완벽하게 속여야 할 텐데 그러지 않았다. 즉 얼마든지『만천유고』에 나오는 한문본「성교요지」처럼 '이벽이 직접 지은 글'이라고 부기를 단다면 더 완벽하게 속일 수 있을 텐데 그러지 않았다는 점이다.

이런 사실을 볼 때『당시초선』의 한문본「성교요지」가 먼저 쓰여졌을 가능성이 더 크다. 그런데 그것을 본 다른 사람이 그 내용이 너무 어설프다고 생각하여 거기에다 주석을 덧붙여서 마치 그 내용이 언뜻보기에 처음부터 끝까지 대단히 성서적이고 그리스도교적인 내용으로 되어 있는 것처럼 보여지도록 또 다른 버전의 한문본「성교요지」, 즉『만천유고』의 한문본「성교요지」를 만든 것이다. 그리고 부기에도 더 적극적이고 대담하게 "이벽이 쓴 글"이라고 해놓았던 것이다. 그것도 구체적으로 "이벽이『천학초함』을 읽고 쓴 것"이라고 해놓았던 것이다.

하지만 제3의 인물이 본문 내용을 먼저 쓴 것이든 혹은 두 개의 한문본「성교요지」중 어느 한쪽이 다른 쪽을 보고 쓴 것이든 한 가지 분명한 것은 그 본문이 처음 쓰여질 때부터 의도적으로 다른 사람들을 속이고 사기치기 위한 목적으로 쓰여졌다는 것이다. 왜냐하면 그것을 누가 먼저 썼든 간에 본문 내용 자체가 너무나 엉터리이기 때문이다.

앞에서도 보았듯이 두 개의 한문본「성교요지」와 한글본「성교요지」

의 본문을 보면, 그 본문을 쓴 목적과 이유가 '예수님이 온갖 고난을 겪으시면서 쌓으신 공로의 근본과 그 시초를 가르쳐 주고 그 길을 따라가게 하기 위해서'라고 되어 있다. 그런데도 그 내용 대부분이 예수님의 삶과 활동은 물론 가장 기본적인 성서 말씀에도 전혀 맞지 않는 엉터리다. 이것은 결국 그 본문을 누가 썼든 간에, 그 본문을 처음 쓸 때부터 의도적으로 다른 사람들을 속이기 위해서 쓴 것이라는 이야기다. 다시 말해서 주석과 부기를 제외하고도 본문 자체가 처음부터 다른 사람들을 속이고 사기치기 위해 쓰여진 것이라는 이야기다. 즉, 그 대상이 천주교 신자이건 개신교 신자이건 상관없이 본문 자체가 처음부터 사기를 치기 위해 쓰여진 글이다.

그런데 거기에다 부기까지 첨부하여 더욱 철저한 속임수를 쓴 것이다. 이미 보았듯이 본문에는 개신교 용어가 상당수 등장한다. 그리고 개신교 교리에 영향을 받은 표현들도 등장한다. 즉 이벽이 죽고 나서도 30년이 지난 후에 중국에 개신교가 들어가고 그로부터도 다시 70여 년이 지난 다음에 우리나라에 들어온 개신교의 용어와 개신교식 표현들이 상당수 등장하는 것이다. 그런데도 그런 내용의 한문본 「성교요지」를 가지고 『만천유고』에서는 '이벽이 썼다'는 부기를 붙여 놓고 『당시초선』에서는 '이벽이 모아 편집한 것'이라는 부기를 붙여 놓았던 것이다. 그러니 그런 부기를 붙인 의도가 무엇인지는 말하지 않아도 잘 알 수 있는 것이다.

하지만 『만천유고』의 한문본 「성교요지」에서는 그것으로도 만족하지 못 하였다. 본문에 드러난 허점을 보완하기 위해 온갖 화려한 부연 설명을 하는 주석을 덧붙인 것이다. 하지만 그 주석 내용 중에도 가장 기본적인 성서 내용이나 그리스도교 교리에 어긋나는 내용들이 상당수 등장하고 개신교 용어들도 많이 등장한다. 이것은 결국 주석을 붙인 목적 역시 의도적으로 다른 사람들을 속이기 위해, 그것도 더욱 완벽하게 속이기 위해 한 것이라는 이야기다.

한편 한글본 「성교요지」는 그 내용이 처음부터 끝까지 황당하기 짝이 없을 정도로 코미디 수준이다. 게다가 거기에도 역시 개신교 용어들이 등장한다. 따라서 한글본 「성교요지」 역시 그 본문을 쓸 때부터 그 목적이 다른 사람들을 속이고 사기치기 위해 쓴 것이라는 것은 의심의 여지가 없다. 그런데 거기에다 "이벽이 쓰고 뎡아오스딍이 베껴썼다"는 부기를 붙여 놓았으니 그 의도가 무엇인지도 분명히 알 수 있다.

여기에서 한 가지 주목할 점이 있다. 세 개의 「성교요지」에는 한 가지 공통점이 있다는 것이다. 그 세 개의 「성교요지」 부기에는 각 「성교요지」의 원작자와 필사자가 다르다고 되어 있다. 즉 글을 지은 사람과 그것을 베낀 사람이 다르다고 되어 있는 것이다.

우선, 『만천유고』 한문본 「성교요지」의 부기에는 원작자가 이벽이라고 되어 있고 필사자는 이승훈의 동료나 이승훈의 지기임을 표방하는 무극관인이라고 되어 있다. 한글본 「성교요지」 부기에서는 원작자가 이벽이라도 되어 있고 필사자는 "뎡아오스딍(정아오스딍)"이라고 되어 있다. 『당시초선』의 한문본 「성교요지」 부기에서는 원작자가 누구인지는 모르나 그것을 모아 편집한 사람이 이벽이라고 되어 있다. 그리고 필사자는 "김안덕리" 혹은 "김안덕리아"로 되어 있다.

이렇듯 세 종류의 「성교요지」가 모두 원작자와 필사자가 다르게 되어 있는 것도 하나의 위장 수법이라고 볼 수 있다. 행여라도 이벽의 친필이 발견되어 그 친필과 대조해도 이벽의 친필과 다르다는 의혹을 원천 봉쇄하기 위한 것이다. 이러한 위장 전술의 극치를 보여준 것이 바로 『당시초선』 한문본 「성교요지」다.

『당시초선』의 한문본 「성교요지」 제목 밑에 붙여진 부기에는 그 「성교요지」가 "이벽이 편집하고 김안덕리 혹은 김안덕리아가 필사한 것"이라고 되어 있다. 그런데 글 말미에 또 하나의 부기를 첨부하여 그 「성교요지」를 "오른쪽 손이 병이 난 사람 김안덕리아가 삼가 쓰다"라고 하였다.

그리하여 그 한문본 「성교요지」를 김대건 안드레아 신부가 정상적으로 오른손으로 쓴 것이 아니라 병이 나서 왼손으로 쓴 것처럼 하였다. 이렇게 함으로써 김대건 안드레아 신부의 친필과 비교하더라도 아무런 의혹을 받지 않도록 처음부터 원천 봉쇄하였던 것이다.

이런 사실을 볼 때 『만천유고』의 한문본 「성교요지」와 한글본 「성교요지」에서 모두 원작자와 필사자를 다르게 표시한 것도 결국 이벽의 친필과 비교하더라도 아무런 의혹을 받지 않도록 하기 위한 위장수법이라는 것을 알 수 있다.

이렇듯 세 종류의 「성교요지」는 모두 처음 본문을 쓸 때부터 의도적으로 다른 사람들을 속이기 위해 쓰여졌으며, 더욱 완벽하게 사기치기 위해 거기에 부기와 주석을 첨부한 것이다.

『만천유고』에서는 여기에서 한 걸음 더 나아가 또 다른 속임수를 동원하였다. 『만천유고』의 「발拔」에 따르면 『만천유고』 속에 들어 있는 글들은 모두 이승훈이 가지고 있었던 것으로서 이승훈을 흠모하던 이승훈의 동료 혹은 지기인 무극관인이라는 사람이 그것들을 베껴서 『만천유고』라는 이름으로 펴냈다고 되어 있다. 따라서 이 말대로라면 『만천유고』 속에 들어 있는 한문본 「성교요지」 역시 이승훈이 가지고 있던 것으로서 무극관인이라고 하는 사람이 베낀 글이 된다.

하지만 이것 역시 말이 안 된다. 이승훈이 죽고 나서도 80년이나 지난 다음에 우리나라에 들어온 개신교의 성서 용어들이 들어 있는 한문본 「성교요지」를 이승훈이 가지고 있을 수도 없고 이승훈의 동료 혹은 지기인 무극관인이라는 사람이 발견해서 베껴쓸 수도 없기 때문이다. 그런데도 『만천유고』를 만든 사람은 그런 「발」문까지 덧붙였던 것이다. 따라서 그 「발」문도 한문본 「성교요지」가 이벽이 쓴 글이라고 더욱 그럴듯하게 속이기 위해 동원된 또 다른 속임수라고 볼 수밖에 없다.

한마디로 『만천유고』의 한문본 「성교요지」에서는 더욱 완벽하게 사기치기 위해 이중 삼중의 속임수를 쓴 것이다.

2. 누가 썼나?

세 종류의 「성교요지」가 처음부터 끝까지 모두 의도적으로 다른 사람들을 속이고 사기치기 위한 목적으로 쓰여진 것이라면 이제 원작자가 누구며 필사자가 누구인지 따진다는 것은 이미 의미없는 일이다. 하지만 그 세 종류의 「성교요지」에는 각각 그것을 만든 사람들이 누구인지 알 수 있는 몇 가지 단서들이 있다.

첫 번째 단서는 바로 용어다. 세 종류의 「성교요지」에는 모두 개신교 용어들이 상당수 들어 있을 뿐만 아니라 개신교 교리에 영향을 받은 표현들이 들어 있다. 이것은 그 세 종류의 「성교요지」를 쓴 사람들이 모두 직간접적으로 개신교와 관련이 있는 사람들이라는 것을 의미한다.

두 번째 단서는 내용이다. 세 종류의 「성교요지」의 내용 대부분이 가장 기본적인 성서 내용이나 예수님의 삶과 활동과도 전혀 안 맞는다. 게다가 천주교와 개신교의 가장 기본적인 교리에도 어긋나는 내용들이 등장한다. 이것은 결국 그 세 종류의 「성교요지」를 쓴 사람들이 개신교와 직간접으로 연결되어 있는 사람들이기는 하지만 그렇다고 해서 개신교 신자일 가능성이 거의 없다는 것을 의미한다. 그저 개신교 성서를 한두 번 훑어보고 대충 엮어서 쓴 것이거나 귓전으로 주워들은 이야기들을 대충 얼기설기 엮어서 쓴 글일 가능성이 대단히 크다.

이것은 『만천유고』의 한문본 「성교요지」 주석을 붙인 사람도 마찬가지다. 주석을 붙인 사람은 그 중 가장 성서에 대한 지식이 있어 보이기는 하지만 주석에서도 성서 내용이나 그리스도교의 가장 기본적인 교리에 어긋나는 내용들이 등장하는 것으로 보아 『만천유고』의 한문본 「성교요지」주석을 붙인 사람도 개신교 신자라고는 말할 수 없다. 본문을 쓴 사람보다는 성서를 조금 더 알기는 하지만 그 역시 성서를 대충 읽어보고 쓴 것에 불과하다.

한글본「성교요지」를 쓴 사람은 개신교 신자가 아닌 것은 물론 개신교 성서나 개신교 교리에 대해 전혀 모르는 사람이다. 그런 사람이 그저 한문본「성교요지」를 우리말로 옮긴 것이다. 그러다 보니 그 내용이 더욱더 황당하게 전개될 수밖에 없었던 것이다.

『당시초선』의 한문본「성교요지」를 쓴 사람이 천주교 신자도 아닐 뿐만 아니라 개신교 신자도 아니라는 것을 가장 잘 보여주는 증거는 바로 부기다. 부기를 보면 그 글을 "김안덕리" 혹은 "김안덕리아"가 필사하였다고 되어 있다. 그래서 숭실대학교 한국기독교박물관에서는 그 "김안덕리" 혹은 "김안덕리아"가 김대건 안드레아 신부가 아닌가 추정하기도 하였다. 하지만 천주교나 개신교에서 "안드레아"를 한자로나 한글로 "安德利(안덕리)"나 "安德利亞(안덕리아)"라고 쓴 적이 없다. 우선 천주교의 『성경직해』와『성경광익』에서는 "안드레아"를 한자로 "諳德肋(암덕륵)"이라고 하였다.

> 徒之一 名諳德肋 即西滿伯鐸 羅兄云…
> →(제자 하나가 이름이 안드레아로서 시몬 베드로의 형인데 그가 말하기를…)
> –『성경직해』제4권, 봉제후제4주일[1]
> –『성경광익』상권, 봉제후 제4주일[2]

『성년광익』에서는 맨 앞 글자 하나만 바꿔서 "安德肋(안덕륵)"이라고 하였다.

---

1)『성경직해』I, 500쪽.
2)『성경광익』상하, 135쪽.

聖<u>安德肋</u>宗徒是 宗徒聖伯多祿之親兄也
　→(성 안드레아 종도는 성 베드로 종도의 친형이다.)
　　　　　　　　　　　　　－『성년광익』동계, 동계제십일편[3]

　　한자 "諳德肋(암덕륵)"과 "安德肋(안덕륵)"의 중국식 발음은 둘 다 똑같
이 [andelei] 혹은 [andele]이다. 그래서인지 한국천주교회에서는 안드레
아를 우리말로 쓸 때 초기에는 "안드릐"라고 하였다. 이러한 사실은 『성
경직히광익』을 보면 잘 나타난다.

　　　　종도 ᄒ나 일홈 <u>안드릐</u>라ᄒ리ᄂᆞᆫ 곳 시몬 베드루의 형이라…
　　　→(종도 하나 이름 안드릐라하는 곧 시몬 베드루의 형이라…)
　　　　　　　　　　　　　－『성경직히광익』뎨ᄉ권, 봉지후뎨ᄉ쥬일셩경[4]

　　그러다 서양 선교사들이 우리나라에 들어온 이후 1883년에 출간된『성
교감략』부터는 라틴어 발음에 따라 "안드릐아"라고 하였다.

　　　　「문」열두 종도ᄂᆞᆫ 뉘시뇨「답」베드루와 <u>안드릐아</u>와…
　　　　　　　　　　　　　　　　　　　－1883년판『성교감략』[5]

　　이것은『성경직히』에서도 마찬가지였다.

　　　　문도 중 ᄒ나 <u>안드릐아</u> 시몬 베드루의 형이…
　　　→(문도 중 하나 안드릐아 시몬 베드루의 형이…)
　　　　　　　　　　　　　－『성경직히』권삼, 봉지후뎨ᄉ쥬일셩경[6]

---

3)『성년광익』동계, 65쪽 앞면.
4)『성경직히광익』II, 97쪽.
5)『성교감략』, 349쪽.
6)『성경직히』I, 586쪽.

안드레아를 "안드리아"라고 한 것은 활판본『긔히일긔』와 활판본『치명일긔』에서도 마찬가지였다.『긔히일긔』는 1839년에 일어난 박해(기해박해)로 인해 순교한 사람들에 대한 기록이다. 기해박해로 많은 사람들이 순교하자 앵베르L. M. J. Imbert, 范世亨(1796~1839) 주교가 순교한 사람들에 대한 기록을 남기기 시작하였다. 그러다 앵베르 주교마저 순교하게 되자 그 뒤를 이어 현석문玄錫文, 가를로(1799~1846) 등이 순교자들에 대한 기록을 남겼다. 그것이『긔히일긔』인데 1905년에 뮈텔 주교가 활판본으로 만들어『긔히일긔』란 이름으로 인쇄하여 보급하였다.

『치명일긔』는 병인박해(1866) 때 순교한 사람들에 대해 기록한 것인데 1895년에 뮈텔 주교가 활판본으로 간행하였다.『치명일긔』는 활판본『긔히일긔』보다 먼저 간행되었는데, 그것은 병인박해가 끝난지 얼마 안 된 후라서 아직 살아 있는 목격자들의 증언들을 서둘러 담아냈기 때문이다.[7] 그런데 이러한『긔히일긔』와『치명일긔』에서는 안드레아라는 세례명을 가진 순교자들의 이름을 모두 "안드리아"라고 썼던 것이다.[8]

1910년에 출간된『사사성경』에서는 "안드레아"라고 하였으며 이것은 그 후 지금까지 계속되고 있다.

> 베드루라 부르는 시몬과 그 형 안드레아 형데…
> →(베드루라 부르는 시몬과 그 형 안드레아 형제…)
> —『사사성경』(1910)[9]

이렇듯 천주교에서는 한 번도 안드레아를『당시초선』의 한문본「성교요지」의 부기처럼 "安德利(안덕리)"나 "安德利亞(안덕리아)"라고 한 적이 없다.

---

7) 한국교회사연구소,『한국교회사연구자료 제16집』, 1985, 3쪽.
8) 『긔히일긔』, 114쪽 앞면, 123쪽 앞면;『치명일긔』, 22쪽 앞면, 24쪽 앞면.
9) 『사사성경』(1910), 11쪽.

천주교와 『당시초선』의 한문본 「성교요지」 용어 비교

『당시초선』의 한문본 성교요지	安德利(안덕리) / 安德利亞(안덕리아)

성경직해	1636년	諳德肋(암덕륵)
성년광익	1738년	安德肋(안덕륵)
성경광익	1740년	諳德肋(암덕륵)
성경직히광익	1801년	안드릐
성교감략	1883년	안드리아
성경직히	1897년	안드리아
치명일긔	1895년	안드리아
긔히일긔	1905년	안드리아
사사성경	1910년	안드레아
사사성경	1922년	안드레아
성교감략	1931년	안드레아

이것은 개신교도 마찬가지다. 개신교에서도 안드레아를 한자로 "安德利(안덕리)"나 "安德利亞(안덕리아)"라고 한 적이 없다. 중국 개신교에서는 "安得烈(안득렬)"이라고 하였다. 이것을 중국식으로 발음하면 [andelie]이다. 한국 개신교 역시 안드레아를 한자로 쓸 때 "安得烈(안득렬)"이라고 하였다. 그래서 초기에는 이것을 우리말로 쓸 때 한자를 우리식으로 읽은 가차문자를 써서 "안득렬" 혹은 "안득열"이라고 하였다. 그러다 나중에는 점차 "안드레"라고 하였다.

개신교와 『당시초선』의 한문본 「성교요지」 용어 비교

『당시초선』의 한문본 성교요지	安德利(안덕리) / 安德利亞(안덕리아)

예수성교 누가복음젼서	1882년	로스	안드랴
예수성교성서 요안ᄂᆡ복음	1882년	로스	안드랴

예수성교성셔 누가복음뎨자힝젹	1883년	로스	안드라
예수성교성셔 요안늬복음	1883년	로스	안드라
예수성교성셔 맛듸복음	1884년	로스	안들야
예수성교성셔 말코복음	1884년	로스	안드라
신약성서 마태전(현토성서)	1884년	이수정	安得烈
신약성서 마가전(현토성서)	1884년	이수정	安得烈
신약성서 로가전(현토성서)	1884년	이수정	安得烈
신약성서 약한전(현토성서)	1884년	이수정	安得烈
신약마가전복음셔언히	1885년	이수정	安得烈 / 안뤠아스
예수성교성셔 요안늬복음이비쇼셔신	1885년	심양 문광서원	안드라
예수성교성셔 맛듸복음	1886년	심양 문광서원	안드라
예수성교젼셔	1887년	경셩 문광서원	안드라
마가의 젼흔 복음셔언히	1887년	아펜젤러/ 언더우드	안드레아
누가복음젼	1890년		안드라
요한복음젼	1891년	펜윅	安得烈
마태복음젼	1892년	아펜젤러	안드레
예수성교성셔 맛듸복음	1892년	심양 문광서원	안드라
약한의 긔록흔 되로복음	1893년	펜윅	안득열
누가복음젼	1893년		안드라
마태복음	1895년		안득렬
누가복음	1895년		안드레
마가복음	1895년		안득렬
마태복음	1896년		안득렬
요한복음	1896년		안득렬
마태복음	1898년		안드레
마가복음	1898년		안드레
누가복음	1898년		안드레
신약젼셔	1900년		안드레
신약젼셔	1906년		안드레
국한문 신약젼셔	1906년		안드레
마태복음	1906년		안드레
요한복음	1906년		안드레
국한문 신약젼셔	1922년	조선경셩 대영성서공회	안드레
부표관주 신약젼셔	1922년		안드레
기일신역 신구약젼셔	1925년		안드레
션한문 신약젼셔	1926년	조선경셩 대영성서공회 (연세대학교 소장)	안드레

선한문 관주 신약전서	1926년		안드레
관쥬 신약젼서	1930년	죠선경성 대영성셔공회	안드레
간이 선한문 신약	1935년	조선경성 대영성셔공회	안드레
신약셩셔 요한복음	1936년	조선경성 대영성셔공회	안드레
개역 신약	1939년	셩셔공회	안드레
간이 선한문 신약(개역)	1940년	조선성서공회	안드레
영한대조 신약전서	1947년	서울 뉴라이프 프레스	안드레
영한대조 신약전서	1956년	대한성서공회	안드레
간이 국한문 신약전서(개역)	1956년	대한성서공회	안드레

한마디로 "金安德利(김안덕리)"나 "金安德利亞(김안덕리아)"는 모두 천주교식 이름도 아니고 개신교식 이름도 아닌 정체불명의 이름이다. 이런 사실을 볼 때 『당시초선』의 한문본 「성교요지」를 쓴 사람도 개신교 신자라고 말할 수 없다.

이처럼 세 종류의 「성교요지」에는 모두 개신교 용어들과 개신교 교리에 영향을 받은 개신교식 표현들이 등장하고 있기는 하지만 그것을 쓴 사람들은 모두 개신교 신자도 아니다. 그런 사람들이 개신교 성서를 대충 보거나 들은 풍월을 토대로 다른 사람들을 속이기 위해 쓴 것이다.

3. 언제 썼나?

세 종류의 「성교요지」가 쓰여진 시기는 정확히 알 수 없다. 하지만 한 가지 확실한 것은 개신교 용어들과 개신교식 표현들이 많이 등장하는 것으로 볼 때 우리나라에 개신교가 들어온 이후에 쓰여졌다는 것이다. 더욱이 그 내용을 보면 한국 개신교에서 구약성서 내용이 조금씩 번역되어 소개되기 시작한 1906년 이후일 가능성이 크다. 혹은 우리나라에 개신교가 들어온 이후 중국에서 들어온 중국 개신교 신구약 한문성서를 보고 썼을 가능성도 크다.

한국 개신교에서 신약과 구약성서 전체가 모두 번역되어 소개된 것은 1911년이다. 그래서 그 이전에 우리나라 사람들이 구약성서 내용을 제대로 알 수 있는 길은 중국에서 들어온 개신교 한문성서를 보는 것이었다. 그런데 양반이나 지식인들 중에서는 한문을 선호하는 경우가 많았다. 그래서 이런 욕구를 채워주기 위해 개신교 선교사들도 적극적으로 중국에서 들어온 개신교 한문성서들을 보급하였다.

영국성서공회가 1892년에 쓴 보고서에 따르면 한문으로 된 신약전서 320권과 단편 구약성경 3,560권을 팔았다고 한다. 중국인들도 서울 등지에서 광범위하게 개신교 한문성서들을 팔았다. 그래서 초기의 개신교 개종자들 중에는 중국 개신교 한문성서를 읽고 개신교를 믿게 된 경우가 많았다.[10] 그런데 개신교 한글구약전서가 반포되기 전인 1906년에 창세기 내용만 한글로 번역된 적이 있다.

이런 사실을 볼 때 노아의 홍수 이야기에서 "정결한 짐승 암수 8마리" 혹은 "정결한 짐승 암수 7마리"와 같은 표현이 등장하는 두 개의 한문본 「성교요지」는 아무리 빨라도 1906년 이후에 쓰여졌거나 우리나라에 개신교가 들어온 이후 중국에서 들어온 개신교 한문성서를 보고 쓴 것이라고 할 수 있다.

한글본 「성교요지」는 앞에서 이미 살펴보았듯이 그 내용으로 볼 때 두 개의 한문본 「성교요지」를 모두 보고 쓴 것이다. 때로는 본문에 없는 "약탄강"이라는 용어를 『만천유고』의 한문본 「성교요지」 주석에 따라 본문에 집어넣기도 하고 때로는 『당시초선』의 한문본 「성교요지」를 보고 노아의 홍수 이야기에서 살아남은 사람과 짐승의 숫자를 조합하기도 하였다. 한글본 「성교요지」는 부기를 첨부할 때 그 형식은 『당시초선』 한문본 「성교요지」의 부기 형식을 따라서 부기 안에서 원작자와 필사자를 구분

---

10) 『대한성서공회사』 II, 221~222쪽.

하여 썼다. 하지만 그 내용에 있어서는 『만천유고』 한문본 「성교요지」의 부기처럼 "이벽이 천학초함을 읽고 썼다"고 하였다. 본문의 내용도 『만천유고』의 한문본 「성교요지」처럼 각 절에서 구분한 내용을 거의 그대로 따르고 있다.

이렇듯 한글본 「성교요지」는 두 개의 한문본 「성교요지」를 보고 썼기 때문에 그것 역시 아무리 빨라도 1906년 이후에 쓰여진 글이라고 해야 할 것이다. 그런데 한글본 「성교요지」를 자세히 보면 그것이 쓰여진 시기를 좀 더 정확하게 알 수 있는 중요한 단서가 나온다.

한글본 「성교요지」는 사기를 목적으로 쓰여진 것이기 때문에 그것을 처음 지어낸 원작자와 필사자가 동일인물일 가능성이 대단히 크다. 따라서 한글본 「성교요지」의 내용과 부기를 면밀히 살펴보면 그것이 쓰여진 시기를 좀 더 명확하게 알 수 있는 단서를 찾을 수 있다. 그런데, 그 단서가 바로 한글본 「성교요지」 말미에 나오는 다음과 같은 부기 내용이다.

> 챠 성교요지칙ᄌᆞᆫ 옛 니벽션ᄉᆡᆼ 만드신 구결이라
> <u>임신년 뎡아오스딩 등셔 우약현 셔실이라</u>
> →(이 성교요지 책자는 옛 이벽 선생이 만드신 구결이라
> <u>임신년 정아오스딩이 약현 서실(書室)에서 베껴썼다.</u>)

그동안 이 내용을 보고 사람들이 '한글본 「성교요지」를 이벽이 쓰고 정약종 아오스딩이 약현에 있는 자신의 서재에서 베꼈다'고 주장하였다.[11] 하지만 정약종(1760~1801)의 생애에는 임신년이 없었다. 따라서 애초에 이런 주장들은 맞지 않는 것이었다.

그런가하면 여기에 나오는 "뎡아오스딩(정아오스딩)"이 정규하鄭圭夏(1863~1943) 신부를 가리키는 것이라고 주장하는 사람들도 있었다. 우리나

---

11) 김옥희, 「광암 이벽 가족과 후손의 천주신앙」, 『한국천주교회 창설주역의 천주신앙』 3, 천주교 수원교구 시복시성위원회, 2013, 72쪽.

라 5번째 신부로서 순교자에 대해서도 많은 관심을 기울였던 정규하 신부가 천주교 신자들 사이에 전해 내려오는 이벽의 한글본 「성교요지」를 찾아내서 베꼈는데 그것을 김양선 목사가 발견한 것이라는 주장이다.[12]

하지만 이런 주장들은 이제 모두 더 이상 의미가 없게 되었다. 이제까지 보았듯이 한글본 「성교요지」는 개신교가 우리나라에 들어온 이후에 쓰여진 글이기 때문이다. 그런 글을 이벽이 썼을 리도 없고 정약종 아오스딩이 베껴썼을 리가 만무하다. 더 나아가서 개신교가 들어오기 전 박해시기 천주교 신자들이 한글본 「성교요지」를 베껴 썼을 가능성도 전혀 없다.

정규하 신부가 한글본 「성교요지」를 필사했을 가능성도 없다. 우선 정규하 신부의 생애 중에 임신년은 1872년과 1932년이다. 그런데 1872년은 정규하 신부가 9세밖에 안 된 시기인 데다가 아직 개신교가 우리나라에 들어오기 전이다. 그리고 1932년은 정규하 신부가 풍수원 성당에서 신자들에게 한문과 한글, 역사, 수학 등을 가르치며 사목을 하던 시기였다. 이처럼 한문과 한글을 잘 알았던 정규하 신부가 개신교 용어들이 등장할 뿐만 아니라 거의 처음부터 끝까지 엉터리 성서 내용으로 일관되어 있는 한글본 「성교요지」를 이벽의 글이라고 생각하며 베껴썼다는 것은 말이 안 된다.

더욱이 지금은 옛 한글을 알아보기가 어렵지만 그 당시는 옛 한글을 쉽게 읽을 수 있는 시기인데 정규하 신부가 그런 글을 이벽의 글이라고 생각하며 필사했다는 것 역시 말이 안 되는 주장이었다.

문제는 바로 이 부기 내용에 한글본 「성교요지」를 쓴 시기를 좀 더 정확히 알 수 있는 열쇠가 숨어 있다는 것이다. 그것은 바로 "아오스딩"이라는 철자법이다. "아오스딩"은 "성 아우구스티누스Augustinus Hipponensis(354~430)"를 가리키는 말이다. 하지만 한국천주교회에서는 초기 교회부터 박

---

12) 김학렬, 「'광암 이벽 가족과 후손의 천주신앙'에 대한 논평」, 『한국천주교회 창설주역의 천주신앙』 3, 139쪽.

해시기가 지난 1887년 이후까지 한글로 쓸 때 "아오스딩"이라고 하지 않았다. "않스딩"이라고 하였다.

　초기 천주교 신자들과 박해시기 천주교 신자들이 읽었던 한문서학서『셩경직해』와『셩경광익』,『셩년광익』에는 성 아오스딩에 대해 수없이 많이 언급한다. 그런데 거기에서는 모두 "아오스딩"을 한자로 "奧斯定(오사정)"이라고 하였다. 중국식 발음은 [aosiding]이다. 그런데 이것을 우리말로 옮길 때는 "않스딩"이라고 하였다. 이러한 사실은『셩경직히광익』과 1897년에 간행된『셩경직히』를 보면 잘 알 수 있다.

> 않스딩 성인이 ᄀᆞᆯ아ᄃᆡ 텬쥬ㅣ 부쟈ᄃᆞ려 닐려 ᄀᆞᆯ아샤ᄃᆡ…
> →(않스딩 성인이 갈아대 천주께서 부자에게 일러 갈아사대…)
> 　　　　　　　　　　　 －『셩경직히광익』데칠권하편, 셩신강림후뎨팔쥬일13)
> 　　　　　　　　　　　 －『셩경직히』권류, 강림후뎨팔쥬일셩경14)

　이러한 철자법은 "않스딩"에만 국한된 것이 아니었다. "바오로"도 "반로"라고 하였으며 "그레고리오"는 "그레고런"라고 하였다. 아오스딩을 "않스딩"이라고 한 것은 활판본『긔히일긔』와 활판본『치명일긔』에서도 마찬가지였다. 거기에서도 아오스딩이라는 세례명을 가진 순교자들의 이름을 모두 "않스딩"이라고 썼다.15)

　이러한 철자법에 변화의 조짐이 보이기 시작한 것은 1920년대에 들어서면서부터였다. 1923년에 간행된『회쟝직분』을 보면 "않스딩"과 "아오스딩"이 같이 쓰이는 현상을 발견할 수 있다. 최루수 신부가 저술한『회쟝직분』은 그 맨 앞장에는 "민않스딩 주교"가 감준하였다고 되어 있다.16)

---

13)『셩경직히광익』III, 188쪽.
14)『셩경직히』II, 675쪽.
15)『긔히일긔』, 45쪽 뒷면, 80쪽 뒷면;『치명일긔』, 26쪽 앞면, 55쪽 뒷면.
16)『회쟝직분』의 저자 최루수는 파리 외방전교회 소속 르 쟝드르(Le Gendre, 崔昌根) 신부다. 그리고 감준한 민않스딩은 당시 서울 대목구장 뮈텔(G. C. M. Mutel, 閔德孝) 주교이다. 이 책은

반면, 168쪽 이하 부록에서 소개하는 「남녀본명발긔」 중 "성인의 본명첨례일"에서는 8월 28일의 성인으로 아오스딩을 소개하면서 "Augustinus 아오스딩 쥬교학ᄉ"라고 하였다.[17] 그러면서도 6월 29일의 성인 "바오로 사도"는 아직도 "Paulus 바로 종도"라고 하였다.[18]

한편 1931년에 나온 『會長避靜(회장피정)』에는 저자가 "김안스딩 신부"라고 되어 있다.[19] 그러니까 당시까지 아직도 "안스딩"이라고 쓰여지고 있었던 것이다. 이런 사실을 볼 때 1920~1930년대는 한글 표기에서 "안"와 "아오"가 혼용되면서 차츰 "아오"로 변환되던 시기였던 것 같다.

따라서 한글본 「성교요지」에서 "아오스딩"이라고 표기되어 있다는 것은 곧 한글본 「성교요지」가 필사된 시기가 "안스딩"과 "아오스딩"이 혼용되던 시기이거나 완전히 "아오스딩"으로 정착된 시기 이후라는 이야기다. 다시 말해서 한글본 「성교요지」는 아무리 빨라도 "안스딩"과 "아오스딩"이 혼용되던 시기인 1920~1930년대 이후에 쓰여졌다고 볼 수 있다.

천주교와 한글본 「성교요지」의 용어 비교

한글본 성교요지		아오스딩
성경직해	1636년	奧斯定(오사정)
성년광익	1738년	奧斯定(오사정)
성경광익	1740년	奧斯定(오사정)
성경직히광익	1801년	안스딩
성경직히	1897년	안스딩
치명일긔	1895년	안스딩
긔히일긔	1905년	안스딩

서울 대목구 성서활판소에서 간행되었다.

17) 최루수, 『회장직분』, 1923, 부록 9쪽.

18) 같은 책, 부록 7쪽.

19) 이 책은 경기도 왕림 성당의 주임이었던 김원영(金元永, 아오스딩, 1869~1936) 신부가 조선 대목구 설정 100주년을 기념하여 저술한 책이다.

성경직히	1897년	왓스딩
회쟝직분	1923년	왓스딩 / **아오스딩**
회장피정	1931년	왓스딩

4. 1930년대 전후 천주교 순교자 빙자 사기 사건들

여기에서 주목해야 할 것은 바로 한글본 「성교요지」가 쓰여진 "1920~
1930년대 이후"라는 시기다. 왜냐하면 그와 비슷한 시기에 다른 한편에서
또 다른 사기극이 벌어졌기 때문이다. 故 주재용朱在用, 바오로(1894~1975)
신부가 당할 뻔한 사기 사건이 바로 그즈음에 벌어졌던 것이다.

1970년에 주재용 신부는 『한국 가톨릭사의 옹위』란 책에서 자신이
1937년에 남종삼南鍾三, 요한(1817~1866) 순교자의 옥중 편지를 가지고 있다
는 사람에게서 사기당할 뻔했던 사건에 대해 다음과 같이 이야기하였다.[20]

> 지금으로부터 30여 년 전 (1937년) 필자가 대구 신학교에서 교편을 잡고 있
> 을 때 일이었다. 김모씨가 천주교 문헌으로서는 극히 귀중품이라 하여 복
> 자 남요한(南鍾三)이 순교 직전 평양에 있던 그 장모에게 보낸 최후 서한이
> 라 하여 가지고 팔러 와서 엄청난 금액을 호가하면서 필자더러 굳이 사라
> 고 강권한 일이 있었다.
>
> 필자는 일시 그 서한의 종이 모양과 글씨체에 홀려 아무리 비싼 값이라도
> 사볼까 하고 생각하면서 그 내용을 찬찬히 읽어보던 중 "주님"이란 문구와
> "3월"이라고 적은 거기서 비로소 위물(僞物)임을 발견하였다. 왜냐하면, 그
> 당시 우리 천주교인의 용어로는 결코 "주님"이라 하지 않았기에, 또 "3월"
> 은 필자가 알기에 남승지 순교일이 음력 정월이고 양력 3월쯤 됨을 즉각 생
> 각해서 그 당시 결코 아직 공용(公用)될 수 없던 "양력"이 적혔기 때문이었
> 다. 그러나 면박하여 그에게는 위물이라 하지 않고 돈이 그만큼 없다는 핑
> 계로 사지 않겠다 하니, 그는 2천원에서 차츰 내려가 5백원이라도 달라는

---

20) 주재용, 『한국 가톨릭사의 옹위』, 한국천주교중앙협의회, 1970, 51~53쪽.

것이었다. 필자는 에둘러 주의만 시켜 보냈더니, 얼마 후 그로부터 옛 대문답 한 권(사실 귀중품)을 선사하면서 간곡한 서한으로 남승지의 순교일을 음양력으로 똑똑히 알려 달라고 하였다.

필자는 이 자가 또 무슨 잔재주를 부리려고 이러는가 생각하고 일부러 그 날짜를 며칠 틀리게 적어 보냈다. 아닌게아니라 그 몇 달 후에 (소화 12년 12월 16일) 모 신문에 필자에게 보이던 순국문의 서한이 이번에는 순한문으로 둔갑하여 3월 5일이란 양력 달, 날을 적어서 사진까지 내고, 그 외 옛날 십자고상과 책의 사진도 내면서 모 전문학교 (지금 서울 모 대학교) 도서실에 기증한다고 하였다. 그 기증자의 성명은 필자에게 왔던 바로 그 분이었다. …(중략)…

소화 12년은 1937년을 말한다. 그러니까 1937년 어느 날 누군가 주재용 신부를 찾아와 병인박해 때 순교한 남종삼 성인이 순교 직전에 옥중에서 장모에게 보냈다는 편지를 보여주며 비싼 가격에 사라고 하였다는 것이다. 그 편지는 한글로 쓰였는데 주재용 신부는 거기에서 이상한 점들을 발견하였다. 천주교에서 쓰지 않는 용어가 들어 있을 뿐만 아니라 무엇보다도 남종삼 순교자의 순교 날짜가 다르게 기재되어 있다는 것을 발견한 것이다.

남종삼은 1866년 병인박해 초기에 체포되어 양력 3월 7일 서울 서소문밖에서 순교하였다. 음력으로는 1월 21일이다. 그런데 그 편지는 남종삼이 3월에 쓴 것으로 되어 있었다. 하지만 그것이 진짜 남종삼이 순교하기 직전에 옥중에서 쓴 편지라면 "3월"이라는 말이 나올 수가 없었다. 남종삼이 순교한 1866년에는 양력을 쓰지 않았기 때문이다.

우리나라에서 양력을 쓰기 시작한 것은 갑오·을미개혁(1895~1896) 때부터다. 따라서 남종삼이 3월에 쓴 편지라면 그것은 음력 3월에 썼다는 뜻이었다. 그러므로 그 내용대로라면 음력 1월 21일에 순교한 남종삼이 음력 3월에 감옥에서 장모에게 편지를 썼다는 이야기가 되는 것이다.

주재용 신부는 즉시 그 편지가 위조품이라는 것을 눈치채고는 돈이 없다고 하면서 사양하였다. 그러자 상대방은 점점 가격을 내리며 싸게 해줄 테니 사라고 하였다. 그래서 주재용 신부가 넌지시 주의를 줘서 돌려보냈더니 얼마 후 상대방이 주재용 신부에게 선물을 보내왔다. 그리고는 남종삼 순교자의 정확한 순교일을 알려달라고 요청하였다.

주재용 신부는 꾀를 내어 일부러 남종삼 순교자의 순교일을 엉터리로 알려주었다. 양력으로 3월 7일인데 "3월 5일"이라고 알려주었던 것이다. 그런데 얼마 후 신문에서 놀라운 기사를 발견하였다. 모 전문대학에 남종삼 순교자의 편지가 다른 천주교 유물들과 함께 기증되었다는 것이다. 그런데 기증한 사람의 이름을 보니 바로 얼마 전에 주재용 신부를 찾아왔던 바로 그 사람이었다. 남종삼 순교자의 편지라고 하는 것도 바로 주재용 신부에게 보여줬던 바로 그 편지였다.

다른 것이 있다면 한글 편지였던 그 편지가 한문으로 둔갑하였다는 것이었다. 하지만 편지 마지막에 쓰여 있는 날짜는 주재용 신부가 거짓으로 가르쳐줬던 바로 그 날짜였다. 즉 "3월 5일"이라는 날짜였다.

필자는 주재용 신부가 언급하였던 모 일간신문이 바로 『동아일보』라는 사실을 알아냈다. 주재용 신부 말대로 소화 12년(1937년) 12월 15일자 『동아일보』에는 「순교자 남종삼 옥중기獄中記, 기독고상基督苦像 등의 진품, 희귀한 한국 금은화 60점 보전普專 도서관에 기증」이라는 제목하에 다음과 같은 기사가 실려 있다.

> 보성전문학교(普成專門學校)[21]의 부속도서관(附屬圖書館)에서는 큰 건물
> 에 비하여 내용이 그다지 충실치 못함을 염려하든 중 과연 사회의 동정이
> 집중되어 각지 유지로부터 서적이며 참고품의 기증이 뒤를 이어 답지한다
> 는데 …(중략)… 대구 김○선(大邱 金○善)[22]씨는 대원군(大院君) 때의 야소

---

21) 보성전문학교는 1905년 5월 5일 설립되었고 1937년 보성전문학교 도서관을 완공하였다. 현 고려대학교의 전신이다.
22) 당시 『동아일보』에는 이름이 모두 나와 있으나 여기에서는 이름 가운데에 ○자 처리를 하였다.

교도(耶穌敎徒)로 학살을 당한 남종삼(南鍾三)의 남긴 옥중수찰(獄中手札)과 남씨의 갖엇든 기독고상(基督苦像) 기타 십여점의 력사 참고품(歷史 參考品)…기증이 잇엇다고 한다."23)

이 기사에는 다음과 같은 설명이 붙은 사진도 실려 있었다.

사진은 (상) 대원군 때 순교자 남종삼의 옥중수기와 (우) 당시에 쓰든 기독고상 (좌)…

이 사진과 사진 설명은 다음날 『동아일보』(A판)에 한 번 더 실렸다.24) 그 사진에서 소개한 한문으로 된 남종삼의 편지 말미에는 주재용 신부의 말대로 3월 5일이라는 숫자가 선명하게 쓰여 있었다. 주재용 신부의 말이 사실이었던 것이다.

좌: 당시 『동아일보』 기사 / 우: 『동아일보』에 실린
남종삼의 편지 말미의 날짜(확대)

---

23) "순교자 남종삼 옥중기(獄中記), 기독고상(基督苦像) 등의 진품, 희귀한 한국 금은화 60점 보전(普專) 도서관에 기증", 『동아일보』, 소화(昭和) 12년 12월 15일(수요일)자 기사.
24) 소화 12년 12월 16일(목요일)자 『동아일보』 기사 참조(서강대학교 소장).

문제는 고 주재용 신부가 사기당할 뻔한 시기가 바로 한글본 「성교요지」가 쓰여진 시기라는 것이다. 고 주재용 신부에게 김모라는 사람이 남종삼 순교자의 편지를 들고 온 것이 1937년인데 한글본 「성교요지」가 필사되던 시기도 1920~1930년대 이후라는 것이다.

　이것은 결국 1920년~1930년대 무렵에 천주교 순교자들이 쓴 글이나 그들의 유물을 사칭하여 사기를 치는 경우가 적지 않게 일어났다는 것을 의미한다. 그것도 한글 편지를 한문 편지로 바꿔 쓸 만큼 한문에 능통한 사기꾼들이 많이 있었다는 것을 의미한다. 고 주재용 신부의 증언과 『동아일보』 기사의 내용을 종합해 보면 결국 당시 보성전문학교는 김모라는 사람에게서 사기를 당한 것이다. 부속 도서관이 건물 크기에 비해 내용물이 충실하지 못 하여 걱정을 하던 차에 남종삼 순교자가 쓴 마지막 옥중편지라고 하니 반가운 마음에 덜컥 받았던 것이다.

　그렇다면 왜 이 시기에 그런 사기극들이 많이 벌어졌을까에 대해 생각해 보지 않을 수 없다. 그것은 아마도 그 시기가 한국천주교회 순교자들과 천주교회사에 대한 관심이 증폭되었던 때였기 때문일 것이다. 1925년 7월 5일 한국천주교회에는 큰 경사가 있었다. 한국천주교회 순교자 79위에 대한 시복식이 로마 교황청에서 있었던 것이다.

　이것은 분명 한국천주교회의 큰 이슈였다. 한국천주교회에 처음으로 79위의 복자가 탄생된 것이니 경사 중의 경사였다. 그로 인해 한국 천주교 순교자와 한국천주교회사에 대한 관심이 그 어느 때보다 높아졌다. 바로 이런 시대적 상황을 이용하여 한국 순교자 79위에 대한 시복식이 있었던 1925년 전후로 한국 천주교 순교자들을 빙자한 많은 사기극들이 있었던 것 같다.

　사실 당시에는 천주교 신자가 아니더라도 조금만 노력하면 얼마든지 한국천주교회사나 한국 순교자에 대한 자세한 정보를 얻을 수 있었다. 이미 1908년부터 『경향잡지』의 전신인 『보감寶鑑』에는 한국천주교회사에 대한 기사가 자세하게 나오고 있었기 때문이다. 그 내용은 달레의『한국천주교회사』와 거의 다를 바가 없었다.

1930년 이후부터는 더 깊은 지식과 정보도 얻을 수 있었다. 1930년에 청구학회靑丘學會가 발족되어 한국천주교회사에 대한 논문들이 본격적으로 쏟아지기 시작하였기 때문이다. 청구학회는 일본 어용 학자들이 한국과 만주를 중심으로 한 극동의 문화를 연구하기 위해 조직한 학술 단체이다. 한국인으로는 최남선, 이능화, 이병도, 신석호 등이 참여하였다. 그런데 거기에서 한국천주교회사에 대한 체계적인 논문들이 본격적으로 나오기 시작한 것이다.[25] 그래서 관심있는 사람들이라면 그 논문들을 통해 얼마든지 한국천주교회사나 한국 순교자에 대해 더욱 깊은 지식과 정보들을 얻을 수 있었다.

이처럼 1908년부터『보감』을 통해 한국천주교회사에 대해 계속 알려지게 되었을 뿐만 아니라 1925년에 한국 천주교 순교자 79위에 대한 시복식을 계기로 그 전후에 한국 천주교 순교자와 한국천주교회사에 대한 관심이 증폭되었다. 그리고 1930년부터는 청구학회가 발족함에 따라 한국천주교회사와 천주교 순교자들에게 대한 보다 깊은 지식과 정보들을 얻을 수 있게 되었다. 이런 시대적 상황과 한국 천주교 순교자에 대한 관심을 이용하여 천주교 순교자들을 빙자한 사기를 치려는 무리들이 많이 생겨났던 것 같다. 그리고 실제로 그런 사기 사건들이 일어난 것이 바로 고주재용 신부가 당할 뻔한 사건과 보성전문학교에서 당한 사기 사건이었다. 그런데 한글본「성교요지」도 바로 그런 사기 사건 중에 하나였던 것이다. 그리고 한글본「성교요지」가 모본母本으로 삼았던『만천유고』의 한문본「성교요지」와『당시초선』의 한문본「성교요지」도 결국 비슷한 시기에 같은 목적으로 만들어진 사기극의 산물이었던 것이다.

---

25)『브리태니커』20, 한국브리태니커 회사, 1993, 476쪽;『동아세계대백과사전』26, 동아출판사, 1982, 371쪽.

5. 사기 사건에 넘어간 고 김양선 목사와 천주교 측 연구자들

이런 속임수에 고 김양선 목사가 넘어가고 말았다. 김양선 목사는 별다른 조사도 하지 않은 채 『만천유고』의 한문본「성교요지」와 한글본「성교요지」를 이벽이 쓴 글들이라고 확신하였다. 사실 이것은 참으로 이상한 일이었다. 『만천유고』한문본「성교요지」의 본문 내용과 거의 똑같은 내용으로 된 『당시초선』한문본「성교요지」도 고 김양선 목사가 수집한 것이다. 따라서 똑같은 내용을 『만천유고』에서는 "이벽이 쓴 글"이라고 하고 『당시초선』에서는 "이벽이 모아 편집한 것"이라고 되어 있다면, 그것도 '당나라 시를 모은 문집'이라는 뜻을 가진 『당시초선』이라는 문집 속에 들어 있다면 당연히 한 번쯤 진중하게 검토도 하고 그 진위를 의심해 보아야 했다. 하지만 고 김양선 목사는 전혀 그런 과정을 거치지 않은 채 그 세 종류의「성교요지」를 1967년 숭실대학교 한국기독교박물관에 기증하였다.

더 안타까운 것은 고 김양선 목사가 천주교 측과 공동으로 연구나 조사를 하는 등의 과정 없이 『한국기독교사연구』란 책에서 아예 '이벽이「성교요지」를 썼다'고 단정하고 공표하였다는 사실이다. 『한국기독교사연구』란 책은 김양선 목사가 1970년 10월 1일에 세상을 떠나기 전 거의 다 완성하였지만 결국 유고집이 된 책이다. 그런데 거기에서 고 김양선 목사는 다음과 같이 말하였던 것이다.

> 이벽은 정조 3년(1779) 주어사(走魚寺)에서 그의 천주교에 대한 신앙 고백
> 서인「성교요지」(聖敎要旨)를 발표한 뒤에…26)

즉, 자신이 『당시초선』의 한문본「성교요지」를 수집하였는데도 그것

---

26) 김양선, 『한국기독교사연구』 제II집, 기독교문사, 1971, 32쪽.

은 완전히 무시한 채『만천유고』의 한문본「성교요지」와 한글본「성교요지」를 근거로 이렇게 말하였던 것이다.

사실 고 주재용 신부는 고 김양선 목사가『만천유고』의 한문본「성교요지」를 비롯한 초기 순교자와 관련된 자료들과 유물들을 숭실대학교 한국기독교박물관에 기증하였다는 소식을 1967년 8월 27일자『가톨릭시보』(제582호) 기사를 통해 처음으로 접하고 무척 우려하였다. 그래서 자신이 과거 1937년에 사기당할 뻔한 이야기를 들려주었던 것이다. 그러면서 엄격하고도 면밀한 검토와 연구를 하기 전에는 섣불리 판단하지 말라고 하면서 다음과 같이 경고하였던 것이다.

> 그러니 세상에는 이런 위물의 장난이 심하니, 위에 말한 숭실대학 도서관[27])에 보관 중인 열두 가지 유물도 엄격하고 세밀한 감정이 있기 전에는 확신이 가지 않음을 말해 두는 바이다.[28])

하지만 김양선 목사는 자신이 수집한 초기 천주교 관련 자료들에 대한 충분한 검토도 하지 않고 곧바로『한국기독교사연구』에서 '이벽이 주어사 강학 후에「성교요지」를 지었다'고 단정하는 주장을 하였던 것이다.

천주교에서는 더 큰 잘못을 저질렀다. 많은 천주교 측 연구자들이 주재용 신부의 경고에 귀기울이지 않았다. 그들은 깊이 있는 연구나 조사도 하지 않은 채 극찬을 쏟아내기에 바빴다. 물론 이 모든 극찬은『만천유고』한문본「성교요지」와 한글본「성교요지」에 대한 것이었다. 그들은 우선「성교요지」가 이벽이 쓴 글이 틀림없으며 정약종의『주교요지』보다 앞서서 우리나라 사람이 지은 최초의 신앙 서적으로서 정약종이「주교요지」를 쓰는 데 바탕이 되었던 책이라고 열광하였다.

---

27) 도서관이 아니라 박물관이다. 아마도 보성전문학교 도서관 기사와 혼동한 것 같다.
28) 주재용, 앞의 책, 53쪽.

「성교요지」는 광암 이벽이 지은 것으로서 서교를 수용 이해하는 초기의 교회적 공동체에서 나타난 최초의 한국 그리스도교적인 사상적 자료이며, 또한 조선 후기의 서학의식 구조를 엿볼 수 있게 하는 중요한 작품이다.[29]

이벽의 「성교요지」는…아직껏 정약종의 「주교요지」가 서학수용의 효시인 저서로써 인정되어 오던 바를 「주교요지」를 선행(先行)하고 바침이 되는 자료로써 지대한 가치를 지닌다고 본다.[30]

그런가하면 마태오 리치의 『천주실의』에 버금가는 작품이고, 단테의 『신곡』이나 밀턴의 『실낙원』에 비유될 수 있는 대단한 작품이라고 극찬하였다.

…광암의 「성교요지」의 출현은 최초의 서학 이해를 그 종교적 내면성에까지 엿볼 수 있어 중국에 있어서 마태오 리치의 「천주실의」의 비중만큼이나 한국에 있어서 신출자료(新出資料)로써 가치가 평가된다.[31]

이벽의 「성교요지」는 다음 몇 가지 점에서 매우 귀중한 문헌이며 또 불후의 명저이다. 첫째, 한국 교회사적인 면에서 볼 때, 정약종(아오스딩)의 「주교요지」와 더불어 한국 초기 교회에 나타난 최초의 호교론이며, 둘째 국문학적인 면에서 볼 때 단테의 「신곡(神曲)」이나 밀턴의 「실락원(失樂園)」을 연상케 하는 고시경체(古詩經体)의 장대한 사시(史詩)이며, 셋째 반주자학적인 기독교 사상을 완전히 수용 소화하여 동양적 관조의 세계로 심원하게 연역 표출한 점으로 보아 커다란 사상사적 의의를 지닌 것이다.[32]

더 나아가 「성교요지」는 이벽이 아니고서는 지을 수 없는 대단한 작품이라고 주장하였다.

---

29) 김옥희, 『한국천주교사상사 I』, 36쪽.
30) 김옥희, 「미발표 이벽 성교요지」, 122쪽.
31) 김옥희, 앞의 글, 122쪽.
32) 『하성래 역』, 9쪽.

그 내용이나 사상을 더듬어 볼 때 당시의 이벽의 뛰어난 지성과 사상이 아니고서는 깊은 한문학의 지식을 가지고 그와 같이 기독교사상과 유교적인 경학사상을 함축하며 서술할 수 없을 것으로 보인다.[33]

심지어 우리나라 5천 년 역사상 그 누구도 쓸 수 없는 최고의 작품이라는 주장까지 하였다. 오직 이벽만이 쓸 수 있는 최고의 걸작이라는 것이다.

우선, 「만천유고」에 나오는 이벽 선생의 「성교요지」를 유심히 읽어보면, 이벽 선생이 아니고는 아무도 그러한 저작을 할 수 없다는 것을 깨닫지 않을 수 없을 만큼, 그 「성교요지」의 내용은 천주교 교리에 대한 지식과 동양학에 관한 학식이 풍부한 사람의 작품이라는 것을 직감하게 된다. 솔직히 말해서 200년 전부터 지금에 이르기까지, 아니, 한반도 5천년 문화사에 있어 이같은 작품을 쓸 수 있는 사람이 누구이겠는가? 당장 지금 우리 나라 학계의 가장 저명한 교수와 학자들을 총동원해서 이와 같은 작품을 쓰라고 한다면 쓸 만한 사람이 누가 있겠는가? 미안하고 건방진 이야기일지 모르지만 아무도 없을 게다.

그러므로, 200여년 전에 대학자 권철신, 권일신, 정다산 3형제 등을 설득시켜 천주교에 입교시킨 이벽 선생이 아니고는 이런 작품을 쓸 수 있는 사람은, 지금도, 또 앞으로도 없으리라고 믿는다. 이 「성교요지」 하나만 보더라도 그 자체로 「만천유고」는 도저히 위작일 수가 없는 명작 중의 명작이 아닐 수 없다. 만일 이 「성교요지」를 누가 장난삼아 거짓으로 지었다면, 이 정도를 거짓으로 장난삼아 짓는 사람이라면, 이벽 선생 보다도, 정다산 선생 보다도 훨씬 더 박학하고 위대한 학자이며, 신앙인이며, 신학자이며, 문학인이 아닐 수 없다. 그러니 「성교요지」와 그 「성교요지」가 실려있는 「만천유고」는 그 자체가 그 자체를 입증하는 (즉 자증(自證)하는) 것이라고 확신한다.[34]

더 나아가 이벽은 이처럼 탁월한 「성교요지」를 지을 정도로 대단한 신

33) 김옥희, 『한국서학사상사연구』, 95쪽.
34) 변기영, 『한국천주교회 창립사 논증』, 134쪽.

앙의 소유자였기 때문에, 그가 어떻게 죽었건 간에 그의 죽음을 무조건 순교로 봐야 한다고 주장하기까지 하였다.

> 우리의 현실적인 삶을 구원으로 이끌어 갈 수 있는 새로운 신학은 아직도 많은 연구와 발전을 향해 나아가야 하겠지만 이미 이벽의 「천주공경가」와 「성교요지」를 통하여 태동되었다고 할 수 있다. 이러한 업적을 남긴 이벽이 충분한 근거도 없이 배교자라고 언급되는 것 자체가 우리 역사의 수치라고 할 것이다.

> 본대 불확실한 사실에 근거해서는 긍정적으로 해석하는 것이 원칙이다. 이벽의 죽음이 어떠한 것인지 불확실한 것이라면 우리는 그의 삶과 저서에 바탕을 두고 그의 죽음을 긍정적인 측면에서 해석하여 순교자의 죽음이라고 보는 것이 타당할 것이다…35)

하지만 이제 『만천유고』의 한문본 「성교요지」와 한글본 「성교요지」가 얼마나 엉터리인지 드러났다. 개신교 용어가 수두룩하게 등장하고 개신교식 표현들까지 등장한다. 그 내용도 성서 내용이나 예수님의 삶과 활동은 물론 가장 기본적인 천주교 교리에도 맞지 않은 내용들이 거의 대부분이다. 따라서 더 이상 이런 주장을 해서는 안 된다. 그런 말을 하면 할수록 그것은 이벽의 명예를 실추시키고 이벽을 폄훼하는 것이 된다.

『만천유고』의 한문본 「성교요지」와 한글본 「성교요지」를 정말 이벽이 지은 것이라면 이벽에 대한 평가를 다시 해야 한다. 만일 그런 글들이 정말 이벽이 지은 것이라면 이벽은 천주교와 예수님에 대해 거의 무지하고 잘못 알고 있는 사람이며 천주교의 가장 기본적인 교리도 모르는 사람이다. 게다가 이벽은 개신교가 중국에 들어가기 전부터 개신교 용어를 사용했던 개신교 용어의 선구자이며, 개신교 용어의 창시자가 된다. 그러니

---

35) 이성배, 「광암 이벽에 대한 신학적 고찰」, 『한국 천주교회 창설주역의 천주신앙』 1, 98쪽.

더 이상 그런 주장을 해서는 안 된다.

　게다가 이제 또 다른 한문본「성교요지」의 존재가 드러났다. 그 한문본「성교요지」역시 고 김양선 목사가 발견한 것으로서 1967년에 다른 천주교 관련 자료와 유물들을 숭실대학교 한국기독교박물관에 기증할 때 그것도 함께 기증하였다고 한다. 그것이 바로『당시초선』의 한문본「성교요지」인데『만천유고』의 한문본「성교요지」의 본문 내용과 거의 똑같게 되어 있는 것이다. 그런데 거기에서는 그것이 이벽이 쓴 글이 아니라 "이벽이 모으고 편집한 글"이라고 되어 있다는 것이다. 물론 그것 역시 모두 거짓이다.

　어쩌면 아직도 미련을 갖고 이런 질문을 하는 사람들이 있을지도 모른다.「성교요지」가 그렇게 세 종류나 있는 것을 보면 혹시나 이벽이 정말로「성교요지」를 썼기 때문에, 그것을 보고 베낀 것은 아닌가 하고 말이다. 그리고 그것을 하필 개신교 신자가 발견해서 베껴쓰다 보니 개신교 용어로 바꿔 써진 것이 아닌가 하고 말이다.

　그러나 거듭 말하지만 이제까지 이벽이「성교요지」를 썼다는 기록이나 교회 내 전승은 어디에도 없었다. 그런데 1967년에 갑자기 고 김양선 목사가 발견한『만천유고』의 한문본「성교요지」와 한글본「성교요지」를 숭실대학교 한국기독교박물관에 기증하였다는 소식이 알려진 후부터「성교요지」에 대한 이야기들이 나오기 시작했던 것이다. 그것 자체가 일단 문제가 있는 것이다. 그런데 알고보니 그 세 가지「성교요지」가 모두 거짓이었던 것이다. 용어와 내용 모두가 엉터리였던 것이다.

　설령 개신교 신자가 그것들을 베껴서 모든 용어들이 개신교식으로 바뀌었다고 하더라도 그 안에 들어 있는 내용은 어찌할 것인가. 그것이 정말로 이벽이 쓴「성교요지」를 보고 베낀 것이라면 어떻게 그토록 엉터리고 엉망진창일 수가 있겠는가. 그런 내용을 정말 이벽이 썼다면 이벽에 대한 역사를 다시 써야 하고 이벽에 대한 평가를 다시 해야 한다. 이벽은 성서와 천주교의 기본 교리는 물론 예수님에 대한 아주 기초적인 것조차 알지 못 하는 사람이었다고 해야 한다. 그러니 더 이상 미련을 가지는 것은 이벽에 대한 모독이다. 더 이상 그런 주장을 해서는 안 된다.

한편 고 김양선 목사가 기증한 소위 천주교 관련 자료 중에 가짜 천주교 자료는 비단 그 세 종류의 「성교요지」만이 아니다. 또 있다. 그 중에 하나가 바로 「십계명가」다. 「십계명가」는 「성교요지」보다 더 개신교적으로 되어 있다. 「성교요지」에는 개신교 용어들이 등장하기는 하지만 그 내용으로 볼 때 개신교 신자가 쓴 글이라고도 볼 수 없고 개신교 작품이라고도 볼 수 없다. 하지만 「십계명가」는 다르다. 「십계명가」는 그 구성과 내용이 완전히 개신교식으로 되어 있다. 그런데도 「십계명가」 부기에는 그것이 초기 천주교 신자들이 쓴 글이라고 되어 있는 것이다. 이제부터는 거기에 대해서 본격적으로 살펴볼 차례다.

「십계명가」, 『만천유고』, 『이벽전』,
『유한당 언행실록』 등의 실체

1장

「십계명가」는 개신교 작품이다

「십계명가」 역시 『만천유고』라는 문집 속에 있는 글이다. 「십계명가」는 말 그대로 십계명의 각 계명을 운율에 맞춰 우리말로 노래한 글이다. 그런데 그동안 그 「십계명가」가 초기 천주교 신자들이 쓴 글이라고 알려지게 된 근거는 두 가지다.

첫째는 그 글 속에 "천주"라는 말이 빈번히 나오기 때문이다. 하지만 이미 살펴보았듯이, "천주"라는 말은 천주교뿐만 아니라 초기 개신교와 성공회에서도 사용하던 말이다. 따라서 "천주"라는 말이 나온다고 하여 그것을 천주교 신자가 쓴 글이라고 단언할 수 없다. 더 나아가서는 초기 천주교 신자가 쓴 글이라고 주장할 수 없다.

두 번째 근거는 제목 밑에 붙어 있는 부기다. 「십계명가」도 그 내용 중에는 그것이 초기 천주교 신자들이 쓴 글이라는 언급이나 근거가 전혀 없다. 유일한 근거는 「성교요지」처럼 제목 밑에 붙은 부기뿐이다. 부기에 그 「십계명가」가 초기 천주교 신자들이 쓴 글이라고 되어 있는 것이다. 그래서 그 부기 내용을 그대로 받아들여 그동안 「십계명가」가 초기 천주

교 신자들이 쓴 글이라고 한 것이다. 따라서 이제 무엇보다도 그 부기가
믿을 수 있는 것인지 살펴보도록 하자.

1. 유일한 근거인 부기 내용이 믿을 수 없는 것이다

「십계명가」에는 제목 밑에 다음과 같은 한문 부기가 달려있다.

> 己亥臘月 於走魚寺 講論後 丁選庵 權公相學 李公寵億 作詞寄之
> →(기해년 섣달 주어사에서 있었던 강론 후에 정선암, 권상학, 이총억이 지
> 어서 주었다)

즉 1779년 음력 12월에 있었던 주어사 강학 후에 정선암과 권상학, 이
총억李寵億 등이 지어서 주었다는 것이다. 앞에서 이미 보았듯이 「십계명
가」가 들어 있는 『만천유고』의 「발拔」을 보면 『만천유고』는 이승훈이 죽
은 후 무극관인이라는 사람이 이승훈이 가지고 있던 이승훈의 글과 이승
훈의 동료나 지기들이 썼던 글들을 베껴서 모은 것이라고 되어 있다. 따
라서 이 「발」문의 내용대로라면 「십계명가」 부기에서 그 「십계명가」를
"지어서 준(作詞寄之)" 대상은 이승훈이라는 이야기다. 결국 「십계명가」
부기의 내용대로 하자면 1779년 음력 12월에 있었던 주어사 강학 후에
정선암과 권상학, 이총억 등이 「십계명가」를 지어서 이승훈에게 주었다
는 이야기가 된다.

그렇다면 여기에 나오는 "정선암"은 누구인가? 정약용이 쓴 『여유당전
서與猶堂全書』 중 「선중씨 정약전 묘지명」를 보면 정약전, 권상학, 이총억
이 주어사 강학에 참여하였다고 되어 있다.[1] 따라서 이 부기에 등장하는

---

1) 정약용, 민족문화추진회 역편, 『국역 다산시문집』 7, 솔, 1985, 89쪽; 『여유당전서』 제1집 제15
권, 39쪽.

"정선암"은 정약전의 호號인 "손암巽菴"으로 해석할 수도 있다. 하지만 일부에서는 부기에 나오는 정선암을 정약종이라고 주장하는 측도 있다. 정약종의 호가 선암이라는 것이다.[2]

하지만 정선암이 정약전을 가리키든 정약종을 가리키든 간에 여기에서도 중요한 글자의 오류가 있다. "암"의 한자를 잘못 쓴 것이다. 즉 한자로 "菴(암)"이라고 써야 하는데 "庵(암)"이라고 한 것이다. 앞에서도 말하였듯이 정약용 시대의 남인 학자들 중에는 정약전을 비롯하여 "암"자가 들어간 호를 가진 사람들이 많았다. 그런데 그들 모두 "암"자를 한자로 "菴"이라고 썼다. 그런데도 『만천유고』의 한문본 「성교요지」에 이어 「십계명가」에서도 또 다시 "암"자의 한자를 잘못 썼다는 것 자체가 대단히 이상한 일이 아닐 수 없는 것이다.

좌: 「십계명가」 / 우: 부기(확대)

---

2) 변기영, 앞의 글, 77쪽.

그런데도 이런 부기 내용을 그대로 받아들여 그동안 한편에서는 1779년 주어사 강학 후에 정약전 혹은 정약종, 권상학, 이총억이 「십계명가」를 지어서 부를 정도로 주어사 강학에서 천주교에 대한 연구가 열정적으로 이루어졌으며 그 강학에 참가한 사람들이 천주교 신앙을 열렬히 받아들였다고 주장하였다. 그래서 1779년을 한국천주교회의 창립연도라고 주장하기도 하였다.[3]

하지만 그런 주장을 하는 측에서는 다른 한편으로는 「십계명가」 부기 중에 그 강학이 "주어사"에서 있었다는 것은 잘못된 것이라는 주장을 하기도 하였다. 1779년 강학이 열린 장소가 원래 천진암인데 그 부기에서는 주어사라고 잘못 써놨다는 것이다.[4] 그러면서 1779년 강학이 열린 천진암이야말로 한국천주교회의 발상지라고 주장하였다. 물론 이것은 자신에게 유리한 내용만 골라서 아전인수격으로 해석한 주장이다.

그런데 무엇보다도 「십계명가」의 부기 내용 자체가 사실일 가능성이 전혀 없다. 더 나아가서 「십계명가」는 정약전 혹은 정약종이 권상학과 이총억 등과 함께 쓴 글도 아니며 박해시기 천주교 신자가 쓴 글도 아니다. 그 이유는 다음과 같다.

첫째, 신유박해(1801) 때 천주교를 박해하던 조정 관리들은 정약용과 정약전을 어떡하든지 천주교와 연관지어 죽이려고 혈안이 되어 있었다. 따라서 만일 「십계명가」를 1779년 강학에 참석한 후 정약전이 지었다면 정약전은 신유박해로 체포되었을 때 죽음을 면하지 못 하였을 것이다. 그러나 정약전을 죽이지 못 해 안달하던 사람들도 정약전이 「십계명가」를 지었다는 죄목으로 정약전을 고발하지 않았다. 그들은 정약전이 「십계명가」를 지었다는 언급조차 하지 않았다.

---

3) 변기영, 『하느님의 겨레』, 한국천주교발상지천진암성지위원회, 1997, 29~36쪽; 『한국천주교회 창립사 논증』, 155~157쪽.
4) 변기영, 『한국천주교회 창립사 논증』, 5~6쪽, 213~214쪽.

신유박해 때 이승훈이 죽은 것은 천주교 신앙을 지켰기 때문이 아니었다. 이승훈이 천주교를 떠났다고 극구 주장하였는데도, 단지 조선에 처음으로 천주교 책들을 가져와 유포시켰다는 죄목으로 처형당한 것이다. 그리고 그러한 죄목은 이승훈에게만 적용된 것이 아니었다. 이승훈을 죽인 후에도, 이승훈이 북경에 갔을 때 조선 사신단의 대표로 갔던 사람들은 물론 수석 역관譯官과 의주義州 부윤府尹까지도 처벌하려고 하였다. 하지만 여의치 못 하여 시행하지는 못 하였다. 그러나, 이승훈의 아버지 이동욱李東郁(1739~?)만큼은 이미 죽었는데도 불구하고 관직을 삭탈하였다.5) 이렇게 조선 정부에서는 조선에 처음으로 천주교 책을 가져와 천주교를 퍼뜨린 이승훈과 그의 아버지를 철저하게 단죄하였다.

이런 상황에서 만일 이승훈이 1784년에 북경에서 천주교 책들을 가지고 오기 훨씬 전인 1779년에 이미 정약전이 「십계명가」를 지어서 자신의 굳은 천주교 신앙을 표현하였다면, 정약전은 결코 살아남지 못 하였을 것이다. 하지만 정약전을 반대하고 악착같이 죽이려 했던 사람들이 올린 정약전의 죄목 가운데 「십계명가」와 관계되는 내용은 전혀 없었다.

만일 정약전이 1779년 강학에 참여한 이후에 「십계명가」를 지었다면, 그런 사실을 당시 다른 천주교 신자들도 알았을 것이다. 더욱이 「십계명가」는 내용이 그리 길지 않은데다가 한글로 되어 있어 천주교 신자들을 교육시키는 데 적극 이용될 수 있었을 것이다. 그렇다면 당연히 당시 천주교 신자들이 「십계명가」에 대해 잘 알고 있었을 것이다. 그래서 나중에 신유박해가 났을 때 적어도 배교자들 입에서라도 거기에 대한 이야기가 흘러나왔을 것이다. 그렇게 되면, 당연히 정약전을 죽이려고 하던 사람들도 알게 되었을 것이다.

하지만 정약전을 죽이지 못 해 안달하던 사람들은 정약전이 1779년에

---

5) 이만채, 김시준 역, 『벽위편』, 명문당, 1987, 232~233쪽.

「십계명가」를 지었다는 것을 전혀 알지 못 하였다. 그리고 신유박해 때 체포된 천주교 신자들이나 배교자들 가운데 정약전이 1779년 강학에 참여한 후 「십계명가」를 지었다는 이야기를 한 사람은 아무도 없었다. 그리고 그 이후에도 1967년에 고 김양선 목사가 초기 천주교 관련 자료들과 유물들을 기증하기 전까지 천주교회 내에서 정약전이 「십계명가」를 지었다는 기록은 물론 전승도 전혀 없었다. 이런 사실로 보아 정약전이 1779년에 「십계명가」를 지었을 가능성은 전혀 없다.

둘째, 「십계명가」를 정약종이 지었을 가능성도 없다. 우선 정약종의 호가 선암이라는 기록이 어디에도 없다. 더욱이 정약종이 「십계명가」를 지었다는 기록이나 전승은 1967년에 고 김양선 목사가 초기 천주교 관련 자료와 유물들을 기증할 때까지 전혀 없었다. 이것은 정약종이 지은 또 다른 작품인 『주교요지』와 아주 대조적인 사실이다.

「십계명가」와 『주교요지』 모두 한글로 지어진 글이다. 따라서 정말 「십계명가」를 정약종이 지은 것이라면 「십계명가」야말로 『주교요지』보다도 10년이나 앞서서 한글로 만들어진 최초의 신앙고백서가 된다. 그리고 『주교요지』처럼 「십계명가」 역시 한글로 되었기 때문에 한문을 잘 알지 못 하는 사람들에게 널리 알려졌을 것이다. 하지만 초기 교회 때는 물론 박해시기 전숲 기간을 통틀어서도 천주교 신자들이 「십계명가」를 알고 있거나 노래했다는 기록은 어디에도 없다. 그에 비해 황사영은 앞에서 보았듯이 『백서』에서 정약종이 지은 『주교요지』를 극찬하였다.

즉 정약종이 『주교요지』를 한글로 지은 것은 천주교의 가르침을 여자나 어린아이처럼 공부를 많이 못 한 사람들에게까지도 널리 알리기 위해서였으며 사람들이 『주교요지』를 즐겨 보면서 천주교를 배웠다는 것이다. 그리고 주문모 신부도 그 내용에 감탄하였다고 극찬하였다. 황사영은 심지어 정약종이 박해로 인해 완성하지 못 한 책에 대해서도 다음과 같이 자세하게 설명하였다.

> 그는 천주의 모든 덕과 여러 가지 도리가 광범하고도 방대하여 여러 가지
> 책에 흩어져 전체를 설명한 책이 없었으므로 읽는 자들이 이해하기가 어렵
> 다고 하여, 장차 여러 책에서 가려 뽑아 부분별로 구별한 것을 한데 모아 한
> 책으로 만들어 책이름을 『성교전서(聖敎全書)』라 하여 후배들에게 남겨 주
> 려고 하였으나, 그 책의 초고가 절반도 이루어지지 못 한 채 박해를 당하여
> 완성하지 못 하였습니다.[6]

이렇듯 황사영은 정약종이 지은 『주교요지』는 물론 박해로 완성하지
못 하였던 『성교전서』에 대해서까지 자세하게 설명하였다. 하지만 황사
영은 「십계명가」에 대해서는 단 한마디도 하지 않았다. 이것은 황사영이
「십계명가」에 대해 전혀 모르고 있었다는 이야기다. 이런 사실만 보아도
「십계명가」를 정약종이 썼을 가능성은 전혀 없다.

「십계명가」의 존재에 대해서는 다른 초기 천주교 신자들도 이야기한
적이 없으며 그 후에도 한국천주교회에서 전혀 모르고 있었다. 그런데
1967년에 고 김양선 목사가 『만천유고』를 기증함으로써 그 안에 들어 있
는 「십계명가」의 존재가 처음으로 세상에 알려지게 된 것이다. 이런 사실
을 볼 때도 정선암이 정약전이든 정약종이든 간에 그 중 한 사람이 권상
학, 이총억과 함께 1779년 주어사 강학 후에 「십계명가」를 지었다는 부
기 내용은 전혀 신빙성이 없다.

셋째, 무엇보다도 「십계명가」의 부기 내용이 전혀 신빙성이 없는 이유
는 「십계명가」의 분류방식이 철저히 개신교식으로 되어 있기 때문이다.
다시 말해서 「십계명가」의 순서와 내용이 철저히 개신교 방식으로 되어
있기 때문이다. 이제부터 거기에 대해 면밀하게 살펴보도록 하겠다.

---

6) 『백서』, 38행.

2. 십계명의 분류방식이 철저히 개신교식으로 되어 있다

천주교의 십계명과 개신교의 십계명은 그 분류 방식이 서로 다르다. 물론 개신교 중에서도 루터교는 천주교와 같은 분류방식을 택하고 있다. 하지만 대부분의 개신교에서는 십계명을 천주교와 다른 방식으로 분류한다.

잘 알다시피 십계명은 구약성서 출애굽기 20장에 나오는 내용을 기본으로 삼고 있다. 원래 출애굽기 20장에 나오는 십계명은 "일…이…삼…" 이런 식으로 구분되어 있지 않았다. 그런데 시대가 흐름에 따라 이것을 열 가지로 나누는 데 있어 생각의 차이가 생기게 되었다. 그래서 십계명을 다음과 같이 세 가지 분류방식으로 나누게 되었다.[7]

첫째, 초기 유다교식 분류방식이다.

유다교에서는 "하느님의 권리"를 가장 중요하게 생각하였다. 그래서 무엇보다도 먼저 "이스라엘 백성을 이집트에서 구해내신 분이 바로 하느님"이시라는 것을 강조하는 것을 첫째 계명으로 삼았다. 그런 다음 나머지 내용들을 가지고 아홉 가지 계명으로 나누었다.

> 일. 나는 너를 이집트 땅, 종살이하던 집에서 이끌어 낸 주 너의 하느님이다.
> 이. 하느님을 흠숭하고 우상을 숭배하지 마라.
> 삼. 하느님의 이름을 존중하라.
> 사. 안식일을 거룩히 지내라.
> 오. 부모에게 효도하여라.
> 육. 사람을 죽이지 마라.
> 칠. 간음하지 마라.

---

7) W. Lotz, Decalogue, *The new Schaff-Herzog Encyclopedia of Religious Knowledge*, Baker Book House, Michigan, vol. III, 1967, 383~385쪽; E. Dublanchy, Décalogue, *Dictionnaire de Théologie Catholique*, vol. 4, Letouzey et Ané, Paris, 1911, col. 161~176; 박영식, 『십계명』, 가톨릭대학교출판부, 2002, 14~16쪽; 박준서, 『십계명 새로 보기』, 한들출판사, 2001, 22~24쪽; 윤명길, 『십계명 해설』, 하늘기획, 1998, 6쪽.

팔. 도둑질을 하지 마라.

구. 거짓 증언을 하지 마라.

십. 남의 소유를 탐내지 마라.

둘째, 후기 유다교식 분류방식이다.

시간이 흐름에 따라, 유다인들은 세계 각국으로 흩어지게 되었다. 그런데 그 중에서 특히 그리이스어(희랍어)를 사용하는 유다인들은 십계명을 다르게 분류하였다. 그러한 전승을 알렉산드리아의 필로Philo(BC. 20?~AD. 50?)가 정리하였다.

거기에서는 유다교의 십계명 중에서 제1계명인 하느님의 권리 선언과 제2계명 중에서 하느님을 흠숭하라는 것을 합쳐 제1계명으로 삼았다. 그리고 제2계명 중에서 하느님의 형상을 만들지 말라는 것을 제2계명으로 삼았다. 나머지는 초기 유다교 전통을 그대로 따랐다. 이와 같은 분류방식의 십계명은 초기 그리스도교에 그대로 이어졌으며 성 아우구스티노가 등장하기 전까지 사용되었다.

셋째, 히포의 아우구스티노 성인8)의 분류방식이다. 성 아우구스티노는 십계명을 새로운 분류방식으로 나누었다. 그리고 천주교회에서는 그때부터 지금까지 성 아우구스티노의 분류방식에 따른 십계명을 사용하고 있다. 성 아우구스티노 이후 지금까지 천주교 안에서는 십계명이 바뀐 적이 전혀 없다. 그래서 지금 한국천주교회에서 사용하고 있는 십계명도 바로 아우구스티노 분류방식에 따른 십계명이다.9)

일. 한 분이신 하느님을 흠숭하여라.

이. 하느님의 이름을 함부로 부르지 마라.

삼. 주일을 거룩히 지내라.

---

8) 아우구스티노는 개신교에서 흔히 '어거스틴'이라고 불리며 개신교에서도 중요한 인물이다.

9) 한국천주교주교회의, 『가톨릭 기도서』, 한국천주교중앙협의회, 1997, 12~13쪽.

사. 부모에게 효도하여라.

오. 사람을 죽이지 마라.

육. 간음하지 마라.

칠. 도둑질을 하지 마라.

팔. 거짓 증언을 하지 마라.

구. 남의 아내를 탐내지 마라.

십. 남의 재물을 탐내지 마라.

　이것은 중국에 천주교가 전래된 후 중국에서 서양 선교사들이 출간한 한문으로 된 기도서나 교리서에서도 마찬가지였다. 서양에서 쓰던 아우구스티노 분류방식의 십계명을 그대로 한문으로 옮겨 놓았던 것이다. 그래서 한문으로 된 기도서인『수진일과袖珍日課』10)나『천주경과天主經課』11) 그리고 교리서『성교명징聖敎明徵』12)과 베르비스트가 지은『교요서론』13)에도 다음과 같이 모두 아우구스티노 분류방식의 십계명이 나온다.

一. 欽崇一天主 萬有之上

二. 毋呼天主聖名 以發虛誓

三. 守瞻禮之日

四. 孝敬父母

五. 毋殺人

六. 毋行邪淫

七. 毋偸盜

八. 毋妄證

---

10) 포르투갈 출신의 예수회 중국 선교사 디아즈(E. Diaz, 陽瑪諾, 1574~1659)가 편찬한 한문기도서로 1638~1659년 사이에 출판된 것으로 알려졌다. 1823년 판본에서 십계명은 상권 9쪽에 있다.
11) 파리외방전교회 모예(J. Moÿe, 1730~1793) 신부가 1780년경에 저술한 한문기도서다. 필자가 십계명을 확인해보니 출판년도가 정확하지 않은 판본 상권 14쪽에 있다.
12)『성교명증(聖敎明證)』이라고도 하는데 도미니코 수도회 소속 중국 선교사였던 스페인 출신의 바로(F. Varo, 萬濟國) 신부가 1677년 저술한 천주교 교리 해설서이다. 제4권 55쪽 후반부에 십계명이 나온다.
13)『교요서론』, 57~84쪽.

九. 毋願他人妻
十. 毋貪他人財物

　그렇기 때문에 중국에서 들어온 한문서학서들을 통해 천주교를 받아들였던 우리나라 초기 천주교회에서도 당연히 한문서학서에 나오는 것과 같은 십계명을 사용하였다. 그래서 정하상의 『상재상서上宰相書』에 나오는 십계명도 한문기도서인 『수진일과』나 『천주경과』에 나오는 십계명과 글자 하나 다르지 않고 똑같다. 최해두崔海斗가 썼다고 알려진 『자책自責』에도 십계명이 나오는데 이것 역시 한문기도서에 나온 것과 같은 아우구스티노 분류방식에 따른 천주교식 십계명이다.[14]

　신유박해 이전 초기 천주교 신자들이 읽었던 한글본 『교요서론』에 나오는 십계명도 역시 다음과 같이 아우구스티노 분류방식의 십계명으로 되어 있다.[15]

　　　뎨일계 ᄒ나이신 텬쥬를 만유우회 공경ᄒ야 놉힘이라
　　　뎨이계 텬쥬의 거룩ᄒ신 일홈을 불너 헛ᄃᆡᆺ세를 발치 말미라
　　　뎨삼계 쥬일을 직흼이라
　　　뎨사계 부모를 효도ᄒ고 공경흠이라
　　　뎨오계 사름을 죽이지 말미라
　　　뎨륙계 샤음을 힝치 말미라
　　　뎨칠계 도적질을 말미라
　　　뎨팔계 망령된 증참을 말미라
　　　뎨구계 다른 사름의 안ᄒᆡ를 원치 말미라
　　　뎨십계 다른 사름의 지물을 탐치 말미라

　한마디로 성 아우구스티노 이래로 서양 가톨릭교회에서 사용하고 있는 십계명이나 중국에서 활동하던 서양 선교사들이 쓴 한문기도서에 나

---

14) 현존하는 「자책」에는 십계명 중 제6계명까지만 소개되어 있고 그 후의 것은 유실되었다. 한국교회사연구소 편, 『순교자와 증거자들』, 1982, 95~115쪽.
15) 『교요서론』, 58~84쪽.

오는 십계명, 그리고 우리나라 초기 천주교회 신자들이 사용하던 십계명과 오늘날 한국천주교회에서 사용하는 십계명은 모두 똑같은 성 아우구스티노 분류방식의 십계명으로서 그 내용이 모두 똑같은 것이다.

이러한 사실을 볼 때 정말로 「십계명가」가 1779년 강학에 참석한 사람들이 한문서학서들을 연구한 후에 지은 것이라면 거기에 나오는 십계명은 당연히 한문서학서에 나오는 것과 같은 성 아우구스티노 분류방식으로 된 천주교 십계명이어야 한다는 이야기다.

한편 개신교는 사정이 다르다. 종교개혁 이후 루터교를 제외한 개신교에서는 두 번째 분류방식, 즉 후기 유다교의 분류방식에 따른 십계명을 사용하기 시작하였다. 개신교에는 여러 교파가 있어서 그 표현이 교파에 따라 약간씩 다른 경우도 있지만 그 내용과 순서는 대체로 다음과 같이 되어 있다.16)

일. 너는 나 외에는 다른 신들을 네게 있게 말지니라.
의. 너를 위하여 새긴 우상을 만들지 말고 그것들을 섬기지 말라.
삼. 너는 너의 하나님 여호와의 이름을 망령되이 일컫지 말라.
사. 안식일을 기억하여 거룩히 지키라.
오. 네 부모를 공경하라.
육. 살인하지 말지니라.
칠. 간음하지 말지니라.
팔. 도둑질하지 말지니라.
구. 네 이웃에 대하여 거짓증거 하지 말지니라.
십. 네 이웃의 집을(소유를) 탐내지 말지니라.

천주교의 십계명과 개신교의 십계명에서 가장 큰 차이점은 다음 세 가지다.

---

16) 존 칼빈, 황영식 역, 『칼빈의 강해 설교, 십계명』, 도서출판 누가, 2011, 29쪽; 김홍전, 『십계명 강해』, 성약출판사, 2008, 7~11쪽; 둘로스 데우, 『십계명』, 의중서원, 2011, 5쪽.

첫째, 위의 밑줄 친 것처럼 천주교에서는 제1계명을 "한 분이신 하느님을 흠숭하여라"고 하는데 반해 개신교에서는 이것을 둘로 나누었다는 것이다. 즉 개신교에서는 제1계명을 "하나님 외에 다른 신을 섬기지 말라"고 하고선 또 다시 제2계명에서 "우상을 섬기지 말라"고 한 것이다.

둘째, 천주교에서는 제9계명을 "남의 아내를 탐내지 마라"로 하고 제10계명을 "남의 재물을 탐내지 마라"로 한 반면, 개신교에서는 이 둘을 합쳐 그냥 "네 이웃의 집(소유)을 탐내지 말라"고 하고선 이것을 제10계명으로 하였다는 것이다. 다시 말해서 천주교에서는 "남의 아내를 탐내지 마라"라는 계명이 독립적으로 따로 존재하고 있는 것에 반해 개신교에서는 "네 이웃의 집(소유)을 탐내지 말라"는 계명 속에 포함되어 있는 것이다.

셋째, 이런 차이들이 있다 보니 결과적으로 천주교의 십계명과 개신교의 십계명은 전체적으로 계명들의 순서와 내용이 완전히 다르게 되었다는 것이다.

	천주교식 십계명	개신교식 십계명
1계명	한 분이신 하느님을 흠숭하여라.	너는 나 외에는 다른 신들을 네게 있게 말지니라.
2계명	하느님의 이름을 함부로 부르지 마라.	너를 위하여 새긴 우상을 만들지 말고 그것들을 섬기지 말라.
3계명	주일을 거룩히 지내라.	너는 너의 하나님 여호와의 이름을 망령되이 일컫지 말라.
4계명	부모에게 효도하여라.	안식일을 기억하여 거룩히 지키라.
5계명	사람을 죽이지 마라.	네 부모를 공경하라.
6계명	간음하지 마라.	살인하지 말지니라.
7계명	도둑질을 하지 마라.	간음하지 말지니라.
8계명	거짓 증언을 하지 마라.	도둑질하지 말지니라.
9계명	남의 아내를 탐내지 마라.	네 이웃에 대하여 거짓증거하지 말지니라.
10계명	남의 재물을 탐내지 마라.	네 이웃의 집을(소유를) 탐내지 말지니라.

문제는 고 김양선 목사가 기증한 「십계명가」에 나오는 십계명이 천주교의 성 아우구스티노 분류방식의 십계명이 아니고 철저히 개신교식 분류방식에 따른 십계명이라는 것이다. 그래서 그 내용과 순서까지도 완전히 개신교식으로 되어 있다는 것이다.

물론 「십계명가」에는 '이것은 제1계명에 대한 설명이고, 저것은 제2계명에 대한 설명이다'와 같은 별도의 지시는 없다. 하지만 그 내용을 보면 그것이 각 계명에 대한 설명이라는 것을 쉽게 알 수 있다. 무엇보다도 매 7줄 다음에는 어김없이 한 줄이 떼어져 있다. 그리고 그렇게 묶어진 7줄이 정확히 10세트(묶음)로 되어 있다. 즉 7줄-7줄-7줄-7줄-7줄-7줄-7줄-7줄-7줄-7줄로 되어 있는 것이다. 따라서 이것을 보면 한눈에 봐도 그것이 각 계명을 정확히 7줄씩 묶어서 순서적으로 설명한 것이라는 것을 쉽게 알 수 있다.

「십계명가」의 구성

	십계명가
1계명	7줄
2계명	7줄
3계명	7줄
4계명	7줄
5계명	7줄
6계명	7줄
7계명	7줄
8계명	7줄
9계명	7줄
10계명	7줄

「십계명가」는 4·4조의 운율로 되어 있다. 중간에 글자가 3자나 2자로 줄기도 하고 5자로 늘어나는 경우도 한 번 있다. 하지만 대체적으로는 4·4조로 되어 있다. 그리고 각 줄은 4개의 구句로 되어 있다. 그런데 앞

에서 말했듯이, 각 계명은 7줄로 묶어져 있고, 그렇게 7줄로 묶어진 것이
모두 10개이기 때문에 모두 합하면 총 280구로 되어 있다.[17]

그렇다면 이제부터 「십계명가」의 내용이 구체적으로 어떻게 되어 있
는지 본격적으로 살펴보기로 하겠다. 이해를 돕기 위해 먼저 천주교의 십
계명과 개신교의 십계명을 소개한 다음 「십계명가」의 내용을 소개할 것
이다. 그런데 「십계명가」는 원문을 먼저 소개하고 다시 현대어로 바꿔 소
개하도록 하겠다.

1) 천주교와 개신교의 제1계명: 「십계명가」의 첫 번째 7줄

천주교와 개신교의 제1계명은 각각 다음과 같다.

천주교의 제1계명	한 분이신 하느님을 흠숭하여라.
개신교의 제1계명	너는 나 외에는 **다른 신들을** 네게 있게 말지니라.

그런데 「십계명가」의 처음 7줄에는 다음과 같은 내용이 나온다.

　① 셰숭스룸 션비님네 이 아니 우수운가
　② 스룸 느즈 흔평싱의 므슨귀신 그리믄노
　③ 아침져녁 죵일토록 흡즁비례 쥬문외고
　④ 잇는 돈 귀흔 재물 던져주고 바텨주고
　⑤ 즈고씨쟈 힝신언동 각긔귀신 모셔봐도
　⑥ 허망흐다 마귀미신 우믹흐고 스룸드라
　⑦ 허위허례 마귀미신 밋지말고 **텬쥬**밋세

　→① 세상사람 선비님네 이 아니 우스운가
　　② 사람나자 한평생에 무슨귀신 그리많노

---

17) 이이화, 앞의 글, 108쪽 참조; 하성래, 「정약전의 십계명가와 이벽의 천주공경가(1)」, 『신학전망』
제21호(1973. 6), 146쪽.

제2부 _ 1장 「십계명가」는 개신교 작품이다 327

③ 아침저녁 종일토록 합장배례 주문외고

④ 있는 돈 귀한재물 던져주고 바처주고

⑤ 자고깨자 행신언동 각기귀신 모셔봐도

⑥ 허망하다 마귀미신 우매한고 사람들아

⑦ 허위허례 마귀미신 믿지말고 천주믿세.)

이 내용에는 "텬쥬(천주)"가 나온다. 하지만 이것은 분명 천주교의 제1계명을 노래한 것이 아니다. "하느님 이외의 다른 신을 섬기지 말라"는 개신교의 제1계명을 노래한 것이다.

2) 천주교와 개신교의 제2계명: 「십계명가」의 두 번째 7줄

천주교와 개신교의 제2계명은 각각 다음과 같다.

천주교의 제2계명	하느님의 이름을 함부로 부르지 마라.
개신교의 제2계명	너를 위하여 새긴 **우상**을 만들지 말고 그것들을 섬기지 말라.

그런데 「십계명가」의 두 번째로 나오는 7줄에는 다음과 같은 내용이 나온다.

① ㅎㄴㄹ우에 계신**텬쥬** 버레갓탄 우리보쇼

② 광ᄃㅣ무ᅙㄴ 이우쥬에 인간목슘 ㄴㅣ여쥬셔

③ ᄃㅣ혜디각 ㄲㅣᄃㅡ르며 우쥬섭리 알고ㄴ면

④ **텬쥬**은회 발ㄱㄴ빗츨 무궁토록 바드런가

⑤ ᄉㄹㅁ지혜 우둔ᅙㄴ여 쏙쏘각시 ㄴ무신막

⑥ 외고우러 복바드냐 절ᅙㄴ다고 효ᄌ되냐

⑦ 즐ㄷㅣ여서 지복이라 못ᄃㅣ며ㄴ 놉타시네

→① 하늘위에 계신천주 벌레같은 우리보소

② 광대무한 이우주에 인간목숨 내어주셔
③ 대해지각 깨달으며 우주섭리 알고나면
④ <u>천주은혜 밝은빛을 무궁토록 받으련가</u>
⑤ <u>사람지혜 우둔하여 꼭두각시 나무신막</u>
⑥ <u>외고울어 복받드냐 절한다고 효자되냐</u>
⑦ 잘되어서 제복이라 못되면은 남탓이네.)

여기에도 "텬쥬(천주)"라는 용어가 나온다. 하지만 그 내용은 천주교의 제2계명을 노래한 것이 아니라 개신교의 제2계명을 노래한 것이다.

3) 천주교와 개신교의 제3계명: 「십계명가」의 세 번째 7줄

천주교와 개신교의 제3계명은 각각 다음과 같다.

천주교의 제3계명	주일을 거룩히 지내라.
개신교의 제3계명	너는 너의 하나님 여호와의 이름을 망령되이 일컫지 말라.

그런데 「십계명가」의 세 번째 7줄에는 다음과 같은 내용이 나온다.

① 죄짓고셔 우는ᄌ요 텬지신명 외쳣ᄂ뇨
② 가ᄂᄒ야 굼쥬리ᄌ[18] 죠물쥬란 외쳣ᄂ냐
③ <u>음양틱극 션비님네 숭재[19]숭신 외론ᄒ쇼</u>
④ <u>마리닐러 들ᄅ시딕 이모두기 **텬쥬**시네</u>
⑤ <u>**텬쥬**니러 거루ᄒ샤 딕고말고 론치ᄆ쇼</u>
⑥ 금슈골길 더인고로 ᄉ름골길 싸로잇네
⑦ 곤경ᄒ쟈 비지몰고 ᄀᄅ침을 끼쳐보셰

→① 죄짓고서 우는자여 천지신명 왜찾느뇨

---

18) "굼쥬린ᄌ"가 되어야 할 것 같으나 원문에 이렇게 되어 있다.
19) "숭제"가 되어야 할 것 같으나 원문에 이렇게 되어 있다.

② 가난하야 굶주린자 조물주는 왜찾느냐
③ 음양태극 선비님네 상제상신 외론하소
④ 말이일러 달랐으되 이모두가 천주시네
⑤ 천주니러 거룩하사 되고말고 논치마소
⑥ 금수갈길 저인고로 사람갈길 따로있네
⑦ 곤경하자 빌지말고 가르침을 깨쳐보세.)

여기에도 "텬쥬(천주)"라는 용어가 두 번씩이나 나온다. 하지만 그 내용은 천주교의 제3계명인 "주일을 거룩히 지내라"는 내용과는 전혀 관계가 없는 내용이다. 이것은 "너는 너의 하나님 여호와의 이름을 망령되이 일컫지 말라"는 개신교의 제3계명을 노래한 것이다.

4) 천주교와 개신교의 제4계명: 「십계명가」의 네 번째 7줄

천주교와 개신교의 제4계명은 각각 다음과 같다.

천주교의 제4계명	부모에게 효도하여라.
개신교의 제4계명	안식일을 기억하여 거룩히 지키라.

그런데 「십계명가」의 네 번째 7줄에는 다음과 같은 내용이 나온다.

① 세숭ᄉ롬 벗님이야20) 이ᄂᆡᄆᆞᆷ 드러보쇼
② 인ᄀᆞᆫ세ᄉ 희로익락 뉘ᄅᆞ서 면ᄒᆞᆯ손가
③ 인싱칠십 고릭희락 옛ᄆᆞᆯ부터 닐커르고
④ ᄂᆞᆷ녀칠세 부동석도 닐곱부터 셩ᄀᆞᆼ일세
⑤ 닐곱ᄂᆞᆯ중 엿ᄉᆡᄀᆞᆫ은 근면노력 ᄃᆞᄒᆞ고셔
⑥ 닐곱쎗ᄂᆞᆯ 고요히 **텬쥬**공경 ᄒᆞ여보세
⑦ ᄀᆡᆸ논을박 쉬지안코 론쟁구걸 무용일세

---

20) "벗님ᄂᆡ야"라고 되어야 할 것 같으나 원문에 이렇게 되어 있다.

→① 세상사람 벗님네야 이내말씀 들어보소
　② 인간세사 희로애락 뉘라서 면할손가
　③ 인생칠십 고래희라 옛말부터 일컬으고
　④ 남녀칠세 부동석도 일곱부터 성장일세
　⑤ 일곱날중 엿새간은 근면노력 다하고서
　⑥ 일곱째날 고요히 천주공경 하여보세
　⑦ 갑론을박 쉬지않고 논쟁구궐 무용일세.)

　여기에도 "텬쥬(천주)"라는 용어가 나온다. 하지만 그 내용은 "부모에게 효도하라"는 천주교의 제4계명과는 전혀 관계가 없다. 이것은 "안식일을 기억하여 거룩히 지키라"는 개신교의 제4계명을 노래한 것이다.

5) 천주교와 개신교의 제5계명:「십계명가」의 다섯 번째 7줄

　천주교와 개신교의 제5계명은 각각 다음과 같다.

천주교의 제5계명	사람을 죽이지 마라.
개신교의 제5계명	네 부모를 공경하라.

　그런데「십계명가」의 다섯 번째로 나오는 7줄에는 다음과 같은 내용이 나온다.

　① 텬디고금 믄물지ㅅ 부모효도 으쓤일세
　② 부모은혜 모르고서 불효ㅈ식 되고지면
　③ 죄중이서 데일크고 죽근후에 디옥가네
　④ ㅎ롤갓티 널분디ㅈ 부모정이 널커러면
　⑤ 인ㄹ금슈 쵸목믄물 그아버지 **텬쥬**일세
　⑥ 부모효도 알고지면 **텬쥬**공경 올고지고
　⑦ 영원불멸 큰 은혜 ㅎ시필경 어더지네

→(① 천지고금 만물지사 부모효도 으뜸일세
② 부모은혜 모르고서 불효자식 되고지면
③ 죄중에서 제일크고 죽은후에 지옥가네
④ 하늘같이 넓은대자 부모정이 일컬으면
⑤ 인간금수 초목만물 그아버지 천주일세
⑥ 부모효도 알고지면 천주공경 알고지고
⑦ 영원불멸 큰 은혜 하시필경 얻어지네.)

여기에도 "텬쥬(천주)"라는 용어가 나온다. 하지만 그 내용은 "사람을 죽이지 마라"는 천주교의 제5계명과 아무 상관이 없다. 이것은 개신교의 제5계명인 "네 부모를 공경하라"는 것을 노래한 것이다.

6) 천주교와 개신교의 제6계명: 「십계명가」의 여섯 번째 7줄

천주교와 개신교의 제6계명은 각각 다음과 같다.

천주교의 제6계명	간음하지 마라.
개신교의 제6계명	살인하지 말지니라.

그런데 「십계명가」의 여섯 번째 7줄에 나오는 내용은 다음과 같다.

① 텬즁에서 적을죽겨 츙신된드 희도
② 디역을 저지러서 지인신세 못면히도
③ 쏘흔닉ㄱ 굴길업서 스스로ㄱ 즈결히도
④ 이모드ㄱ **텬쥬**뜻슬 아지못흔 죄라흥에
⑤ 옛부터 **텬쥬**뜻슬 ㅅ름갓기 이르스면
⑥ 슬ㅎ즛흔 싱되옥은 잇지안코 낙원이라
⑦ 이지라도 **텬쥬**뜻슬 ㅅ름마드 지켜보셰

→① 전장에서 적을죽여 충신된다 해도
②대역을 저질러서 죄인신세 못면해도
③또한내가 갈길없어 스스로가 자결해도
④이모두가 천주뜻을 알지못한 죄라하네
⑤옛부터 천주뜻을 사람각기 이뤘으면
⑥살상같은 생지옥은 있지않고 낙원이라
⑦이제라도 천주뜻을 사람마다 지켜보세.)

　여기에도 "텬쥬(천주)"라는 용어가 나오지만 그 내용은 "간음하지 말라"는 천주교의 제6계명과는 전혀 상관없다. 이것은 개신교의 제6계명인 "살인하지 말지니라"를 노래한 것이다.

7) 천주교와 개신교의 제7계명:「십계명가」의 일곱 번째 7줄

천주교와 개신교의 제7계명은 각각 다음과 같다.

천주교의 제7계명	도둑질을 하지 마라.
개신교의 제7계명	간음하지 말지니라.

　그런데「십계명가」의 일곱 번째로 등장하는 7줄 묶음에는 다음과 같은 내용이 나온다.

①이셰샹에 너ㄱㅜㄴ믄 **텬쥬**뜻과 부모공일셰
②셰샹누가 너를불너 흔결갓치 ㅎㄴ말리
③너네어미 쓴곳가서 외도지린 너낫드면
④너는쏘흔 셰샹보고 무슨힝신 어이ㅎ고
⑤큰뜻아릭 ㅈ식낫코 인ㄹ힝신 ㅎ렷건믄
⑥더럽고도 츄악흔짓 ㅁ음썩고 몸버리네
⑦ㄱ음ㅅ힝 멀이ㅎ여 **텬쥬**뜻시 인ㄹ되ㅈ

→① 이세상에 내가남은 천주뜻과 부모공일세
② 세상누가 너를불러 한결같이 하는말이
③ 너네어미 딴곳가서 외도질해 너낳다면
④ 너는또한 세상보고 무슨행신 어이할꼬
⑤ 큰뜻아래 자식낳고 인간행신 하렸건만
⑥ 더럽고도 추악한짓 마음썩고 몸버리네
⑦ 간음사행 멀리하여 천주뜻이 인간되자.)

여기에도 "텬쥬(천주)"라는 용어가 나온다. 하지만 '도둑질하지 말라'는 천주교의 제7계명과는 전혀 상관없는 내용이다. 이것은 개신교의 제7계명인인 '간음하지 말지니라'를 노래한 내용이다.

8) 천주교와 개신교의 제8계명: 「십계명가」의 여덟 번째 7줄

천주교와 개신교의 제8계명은 각각 다음과 같다.

천주교의 제8계명	거짓 증언하지 마라.
개신교의 제8계명	도둑질하지 말지니라.

그런데 「십계명가」의 여덟 번째로 나오는 7줄 묶음에는 다음과 같은 내용이 나온다.

① 뒤호는 죽어저서 가죽글 눔기고
② 뒤인은 죽어저도 이르믈 눔긴다네
③ 도적이른 크고죽고 인류에 큰죄일세
④ 므음속에 도적심도 큰죄된다 못홀쇼냐
⑤ 도적질희 즈손까지 안이망즈 보왓느냐
⑥ 세승 훈번나서 뒤의명분 시시여서
⑦ 큰 의를 늬가먼저 충충세세 전희보세

→① 대호는 죽어져서 가죽을 남기고
② 대인은 죽어져도 이름을 남긴다네
③ 도적이란 크고작고 인륜에 큰죄일세
④ 마음속에 도적심도 큰죄된다 못할소냐
⑤ 도적질해 자손까지 아니망자 보았느냐
⑥ 세상 한번나서 대의명분 시새여서
⑦ 큰 의를 내가먼저 창창세세 전해보세.)

이것 역시 천주교의 제8계명인 "거짓 증언하지 마라"와는 전혀 상관없는 내용이다. 이것은 개신교의 제8계명인 "도둑질하지 말지니라"를 노래한 내용이다.

9) 천주교와 개신교의 제9계명: 「십계명가」의 아홉 번째 7줄

천주교와 개신교의 제9계명은 각각 다음과 같다.

천주교의 제9계명	남의 아내를 탐내지 마라.
개신교의 제8계명	네 이웃에 대하여 거짓증거 하지 말지니라.

그런데 「십계명가」의 아홉 번째로 나오는 7줄에는 다음과 같은 내용이 나온다.

① 국운이 기우러저 흥망성싀 쑤렷ᄒ네
② ᄀ신소부 ᄭᆞ막ᄭᆞ치 헐ᄯᅳ더서 쑴움일세
③ ᄌᆞ고로 터씸움²¹⁾에 죽고슬고 얼ᄆᆞ드냐
④ 예ᄂᆞ제ᄂᆞ 터씸움은 군신셔민 일반일셰
⑤ 우부되고 초부ᄀᆞᆺ치 어질개 살ᄅᆞ드냐
⑥ ᄒᆞ ᄆᆞᆷ 널개눈써 **텬쥬**큰뜻 알고ᄂᆞ면

---

21) 원문에 이렇게 되어 있다.

⑦ 벌닉ㄱ튼 인근셰ㅅ 군 쯧시 전혀업네

→(① 국운이 기울어져 흥망성쇠 뚜렷하네
② 간신소부 까막까치 헐뜯어서 싸움일세
③ 자고로 터싸움에 죽고살고 얼마드냐
④ 예나제나 터싸움은 군신서민 일반일세
⑤ 우부되고 초부같이 어질게 살라더냐
⑥ 한 맘 넓게눈떠 천주큰뜻 알고나면
⑦ 벌레같은 인간세사 군 뜻이 전혀없네.)

이것은 "남의 아내를 탐내지 마라"는 천주교의 9계명과는 거리가 먼 내용이다. 이 내용을 요약하면 한마디로 '까막까치처럼 서로 헐뜯고 싸움하지 마라'는 내용이다. 서로 헐뜯고 싸움한다는 것은 결국 서로에 대해 없는 이야기까지 지어내며 험담하고 비방한다는 뜻이기도 하다. 따라서 이것은 개신교의 9계명 "네 이웃에 대하여 거짓 증거하지 말지니라"와 일맥상통하는 내용이다.

10) 천주교와 개신교의 제10계명: 「십계명가」의 열 번째 7줄

천주교와 개신교의 제10계명은 각각 다음과 같다.

천주교의 제10계명	남의 재물을 탐내지 마라.
개신교의 제10계명	네 이웃의 집을(소유를) 탐내지 말지니라.

그런데 「십계명가」에서 열 번째로 나오는 7줄에는 다음과 같은 내용이 나온다.

① 문인의 소원이란 부귀공명 재복이라

② 오뉴월 거름겻틱 파리쎡도 똥뜻일셰
③ 직일분수 지켜ᄀ지 ᄂ네소유 탐치마쇼
④ ᄆᄒᆨ이 근원이 이로ᄒᆞ여 리러ᄂᆞᄂᆡ
⑤ 슈분ᄂᆨ도 알고ᄂᆞ면 큰 ᄆᆞᆷ 편ᄒᆞ건만
⑥ 직ᄆᆞᆷ 기둥업시 재물ᄉ치 탐과ᄒᆞ면
⑦ 셰ᄉᆞᄀᆽᆫ 화근들리 필연코도 과화갓다

→(① 만인의 소원이란 부귀공명 재복이라
② 오뉴월 거름곁에 파리떼도 똥뜻일세
③ 제일분수 지켜가지 남네소유 탐치마소
④ 만악의 근원이 이로하여 일어나네
⑤ 수분낙도 알고나면 큰 마음 편하건만
⑥ 제마음 기둥없이 재물사치 탐과하면
⑦ 세사갗은 화근들이 필연코도 과화같다.)

이것은 "남의 소유와 남의 재물을 탐하지 말라"는 내용이다. 여기에서
는 한문서학서나 초기 천주교 신자들이 사용하지 않았던 "소유"라는 용
어가 등장한다. 한문서학서에 나오는 제10계명에서는 "소유"란 말이 안
나오고 "재물財物"이라고 되어 있다. 그리고 초기 천주교 신자들도 "소유"
란 말을 사용하지 않았다. 그런 점에서는 「십계명가」에 나오는 위 내용은
분명 개신교의 제10계명을 노래한 것이라고 볼 수 있다.

이제까지 살펴보았듯이 「십계명가」의 내용은 비록 그 안에 "텬쥬(천
주)"라는 말이 등장하고 있지만 그 내용은 모두 개신교의 십계명과 정확
하게 일치한다. 따라서 이러한 「십계명가」을 가지고 천주교의 십계명이
라고 할 수 없다. 이것은 의심의 여지없이 개신교의 십계명이다.
한편 여기에서 한 가지 짚고 가지 않을 수 없는 문제가 있다. 김웅태와
하성래는 「십계명가」가 천주교의 십계명이라고 주장하였다. 그런데 그

렇게 주장하려면 「십계명가」의 내용이 천주교의 십계명과 순서가 안 맞으니까 변칙적인 방법을 사용하였다. 즉 「십계명가」의 내용을 천주교의 십계명에 짜맞추기 위해 각 계명마다 7줄씩 묶어져 있는 것을 합치기도 하고 줄이기도 하였다.

우선 「십계명가」 중에서 첫 번째로 나오는 7줄 묶음과 두 번째로 나오는 7줄 묶음을 합쳤다. 그리고는 그것이 천주교의 제1계명을 노래한 것이라고 하였다. 즉 「십계명가」에서 첫 번째로 나오는 총 14줄이 한 묶음이라고 하면서 그것이 천주교의 제1계명에 해당되는 글이라고 주장한 것이다.[22]

다시 말해서 「십계명가」에 나오는 두 번째 7줄이 아무리 보아도 천주교의 제2계명과는 맞지 않으니까 어떡하든지 천주교의 제1계명에 맞춰보려고 그 다음에 나오는 7줄까지 끌어다가 14줄을 한 세트로 만든 것이다. 그리고는 처음에 나오는 총 14줄이 바로 천주교의 제1계명을 설명하는 대목이라고 주장한 것이다. 그런 다음 「십계명가」의 전체 구성이 14줄-7줄-7줄-7줄-7줄-7줄-7줄-7줄-7줄로 되어 있다고 한 것이다. 김웅태와 하성래가 주장한 대로 하자면 「십계명가」에서 제1계명을 말하는 대목은 다음과 같이 된다.

천주교의 제1계명	한 분이신 하느님을 흠숭하여라.

「십계명가」

① 셰ᄉᆞ름 션비님네 이 아니 우수운가
② ᄉᆞ름ᄂᆞᄌᆞ 흐평싱의 므슨귀신 그리믄노
③ 아침져녁 종일토록 흡ᄌᆞᆼ빅례 쥬문외고
④ 잇ᄂᆞᆫ 돈 귀흔재물 던져주고 바텨주고

---

22) Joseph Ung-Tai Kim, L'experience religieuse coréenne dans la première annonce du message chrétien (1779~1839), 가톨릭출판사, 1989, 167쪽; 하성래, 『천주가사 연구』, 성황석두루가서원, 1985, 154~155쪽.

⑤ ᄌ고씬쟈 힝신언동 각긔귀신 모셔봐도
⑥ 허망ᄒ다 마귀미신 우미ᄒ고 ᄉ름드라
⑦ 허위허례 마귀미신 밋지말고 텬쥬밋세
⑧ ᄒᄂᆯ우에 계신텬쥬 버레갓탄 우리보쇼
⑨ 광딕무ᄒᆫ 이우쥬에 인간목슘 ᄂᆡ여쥬서
⑩ 딕혜디각 ᄭᅵ드르며 우쥬섭리 알고ᄂᆞ면
⑪ 텬쥬은회 발ᄀᆫ빗츨 무궁토록 바드련가
⑫ ᄉ름지혜 우둔ᄒᆞ여 ᄭᅩ쏘각시 ᄂᆞ무신막
⑬ 외고우러 복바드냐 절ᄒᆞ다고 효ᄌ되냐
⑭ 즐딕여서 지복이라 못딕며ᄂᆞ ᄂᆞ타시네

→(① 세상사람 선비님네 이 아니 우스운가
② 사람나자 한평생에 무슨귀신 그리많노
③ 아침저녁 종일토록 합장배례 주문외고
④ 있는돈 귀한재물 던져주고 바쳐주고
⑤ 자고깨자 행신언동 각기귀신 모셔봐도
⑥ 허망하다 마귀미신 우매한고 사람들아
⑦ 허위허례 마귀미신 믿지말고 천주믿세
⑧ 하늘위에 계신천주 벌레같은 우리보소
⑨ 광대무한 이우주에 인간목숨 내어주서
⑩ 대해지각 깨달으며 우주섭리 알고나면
⑪ 천주은혜 밝은빛을 무궁토록 받으련가
⑫ 사람지혜 우둔하여 꼭두각시 나무신막
⑬ 외고울어 복받드냐 절한다고 효자되냐
⑭ 잘되어서 제복이라 못되면은 남탓이네.)

　　하지만 이것은 대단히 부자연스럽다. 무엇보다도 한 계명당 정확히 7
줄이 한묶음이 되어 있는 것을 제1계명을 설명할 때만 14줄이 되게 한다
는 것이 너무도 억지스럽다. 더욱이 그 내용을 보면 누가 봐도 개신교의
제1계명인 "너는 나 외에는 **다른 신들을** 네게 있게 말지니라"와 개신교의
제2계명인 "너를 위하여 새긴 **우상을** 만들지 말고 그것들을 섬기지 말라"

를 순차적으로 노래한 것이라는 것을 쉽게 알 수 있다.

문제는 그것만이 아니다. 김웅태와 하성래 식으로 하다보면 또 한 가지 문제가 생긴다. 맨 나중에 9계명과 10계명을 설명할 내용이 부족하게 되는 것이다. 왜냐하면 8계명까지 설명한 다음에 남는 내용이 모두 7줄밖에 안 되기 때문이다. 그래서 아직 제9계명과 제10계명을 더 설명해야 하는데 남아 있는 분량이 모두 7줄밖에 안 되는 것이다.

그러자 김웅태와 하성래는 또 다른 변칙을 적용하였다. 「십계명가」에서는 마지막 일곱 줄에 제9계명과 제10계명을 모두 합쳐서 설명했다고 주장한 것이다.[23] 이러한 김웅태와 하성래의 주장대로라면 「십계명가」의 마지막 일곱 줄에 제9계명과 제10계명에 대한 내용이 모두 들어 있어야 한다. 하지만 과연 그럴까? 「십계명가」의 마지막 일곱 줄의 내용을 다시 살펴보기로 하자.

천주교의 제9계명	남의 아내를 탐내지 마라.
천주교의 제10계명	남의 재물을 탐내지 마라.

「십계명가」

① ᄆ인의 소원이란 부귀공명 재복이라
② 오뉴월 거름겻튀 파리ᄹ도 쏭ᄯ일세
③ 직일분수 지켜ᄀ지 ᄂ네소유 탐치마쇼
④ ᄆ 흑이 근원이 이로ᄒ여 리러ᄂ니
⑤ 슈분ᄂ도 알고ᄂ면 큰 ᄆ음 편ᄒ 건만
⑥ 직 ᄆ음 기둥업시 재물ᄉ치 톰과ᄒ면
⑦ 세ᄉ ᄎ즌 화근들리 필연코도 과화갓다

→(① 만인의 소원이란 부귀공명 재복이라

---

23) Joseph Ung-Tai Kim, 앞의 책, 170쪽; 하성래, 앞의 책, 159~160쪽.

② 오뉴월 거름결에 파리떼도 뚱뚱일세
③ 제일분수 지켜가지 남네소유 탐치마소
④ 만악의 근원이 이로하여 일어나네
⑤ 수분낙도 알고나면 큰 마음 편하건만
⑥ 제마음 기둥없이 재물사치 탐과하면
⑦ 세사갖은 화근들이 필연코도 과화같다.)

이것은 우선 전체 구성에서도 너무나 부자연스럽다. 「십계명가」 전체가 한 계명당 7줄씩 딱딱 떨어지게 되어 있는데 여기에 와서 갑자기 두 계명을 하나로 합쳐서 7줄에서 2개의 계명을 모두 설명한다는 것 자체가 너무도 자연스럽지 못 하다.

무엇보다도 내용 자체가 천주교의 제9계명과 제10계명에 대한 내용을 모두 담아내지 못 하고 있다. 「십계명가」의 마지막 7줄 안에는 천주교의 제9계명인 "남의 아내를 탐내지 마라"는 내용이 전혀 들어 있지 않다. 심지어 "남의 아내" 혹은 "아내"라는 말조차 나오지 않는다. 오로지 "남의 소유와 재물을 탐하지 마라"는 내용만 나와 있다. 즉 천주교의 제10계명에 대한 내용만 있는 것이다. 따라서 이것을 두고 '「십계명가」의 마지막 7줄은 천주교의 제9계명과 제10계명을 합쳐서 노래한 것'이라고 주장할 수 없다.

김웅태와 하성래가 주장한 「십계명가」의 구성

	십계명가
1계명	14줄
2계명	7줄
3계명	7줄
4계명	7줄
5계명	7줄
6계명	7줄
7계명	7줄

8계명	7줄
9계명	7줄 (실제로는 9계명에 대한 내용이 없슴)
10계명	

하지만 하성래는 또 다른 주장을 하였다. 하성래는 한문서학서인 '『성교명증聖教明證』[24]에도 제9계명은 설명이 따로 없고 제10계명과 합병되어 설명되었다는 것이다. 그래서, 「십계명가」도 『성교명증』의 교리 해설을 그대로 노래한 것은 아닌지 모르겠다'고 주장하였던 것이다.[25] 하지만 이것은 전혀 사실이 아니다.

물론 『성교명증』에서는 천주교의 제9계명과 제10계명을 함께 설명하고 있다. 『성교명증』에서는 제7권 10쪽 전반부~16쪽 후반부까지 총 116줄에 걸쳐 제9계명과 제10계명을 대단히 자세하게 설명하고 있다.

문제는 총 116줄 중 79줄을 제9계명인 "남의 아내를 탐내지 마라"에 대해 설명하는 데 할애하고 있다는 것이다. 즉 전체 분량의 거의 3분의 2를 제9계명을 설명하는 데 할애하고 나머지 3분의 1에 해당하는 37줄을 제10계명인 "남의 재물을 탐내지 마라"에 대해 설명하는 데 할애하고 있다. 다시 말해서 『성교명증』에서는 천주교의 제9계명과 제10계명을 함께 설명하기는 했지만 각 계명을 하나하나 명확하고 분명하게 설명하였던 것이다. 심지어 제9계명에 대해서 더 심혈을 기울여 설명하였던 것이다.

『성교명증』에서 제9계명과 제10계명에 대해 말하고자 한 것을 요약하면 이러하다. 그 두 계명은 모두 "마음으로 짓는 죄"에 대한 계명이라는 것이다. 천주교 십계명 중 제6계명은 "간음하지 마라"다. 그리고 제7계명은 "도둑질을 하지 마라"다. 그런데 이 제6계명과 7계명은 겉으로 드러나게 "행동으로 짓는 죄"에 대한 계명이다. 그런데 그것과 구분되는 또 다른 차원의 죄, 즉 마음으로 짓는 죄가 있다. 그래서 거기에 대한 계명으로 세

---

24) 『성교명징(聖教明徵)』의 또 다른 이름이다.
25) 하성래, 앞의 책, 159쪽.

운 것이 바로 제9계명과 제10계명이다. 비록 행동으로 옮기지는 않았을지라도 마음으로 남의 아내를 탐하고, 마음으로 남의 재물을 탐하는 일도 하지 말라는 것이다. 이런 의미에서 제6계명과 제7계명 못지않게 제9계명과 제10계명도 대단히 중요하다는 것을 강조하고 또 강조한 것이다.

이렇듯『성교명증』에서는 천주교에서 제6계명과 제7계명이 있는데도 제9계명과 제10계명을 세우게 된 배경과 그 차이점에 대해 여러 사례까지 들면서 매우 자세하게 설명하고 있다. 따라서『성교명증』의 사례에 따라「십계명가」가 마지막 7줄에서 천주교의 제9계명과 제10계명을 함께 설명한 것이라면, 당연히 마지막 7줄에 천주교의 제9계명과 제10계명에 내용이 빠짐없이 분명하게 들어 있어야 한다. 더 나아가서는『성교명증』에서 그토록 중요하게 생각하였던 천주교의 제9계명인 "남의 아내를 탐하지 마라"에 대한 설명이 더욱더 강조되어야 한다.

하지만「십계명가」의 마지막 7줄에서는 천주교의 제9계명인 "남의 아내를 탐내지 마라"에 대한 내용을 강조하기는커녕 "남의 아내" 혹은 "아내"라는 말조차 등장하지 않는다. 전적으로 제10계명인 "남의 소유와 재물을 탐내지 마라"에 대한 내용만 있는 것이다. 따라서 이것을 가지고 '『성교명증』의 사례를 따른 것'이라는 주장하는 것은 어불성설이다.

결국「십계명가」가 천주교의 십계명을 노래한 것이라는 김웅태와 하성래의 주장은 전혀 근거가 없는 것이다. 오히려 그들의 주장으로 인해「십계명가」가 천주교의 십계명가가 아니라는 것이 더욱 분명하게 드러났을 뿐이다.

이제까지 살펴보았듯이「십계명가」는 천주교의 십계명이 아닌 개신교의 십계명을 노래한 것이다. 개신교의 십계명을 한 계명당 7줄씩 정확하게 묶어서 각 계명을 설명하고 노래한 것이다. 따라서 개신교식 십계명을 노래한「십계명가」를 개신교가 우리나라에 들어오기 100년도 훨씬 전인

1779년에 정약전이나 정약종이 주어사 강학에 참석한 권상학, 이총억과 함께 지었을 리가 없다.

「십계명가」는 개신교가 우리나라에 들어오기 전 박해시기 천주교 신자들도 지을 수 없는 글이다. "남의 아내를 탐내지 마라"고 한 제9계명은 "간음하지 마라"고 한 제6계명과 더불어 박해시기 천주교 신자들에게 대단히 중요한 계명이었다. 박해시기 천주교 신자들은 여자들과 함께 기도하고 활동한다는 이유로 "여자들을 서로 교환한다"는 오해를 받고 핍박을 받았다. 그래서 정하상은 자신이 체포될 경우 재상에게 천주교를 옹호하기 위해 미리 써둔 「상재상서」에서 다음과 같이 강변하였다.

> 또 말하기를 … 여자를 서로 교환한다고 말하는데, 동물도 그렇지 않은 것들이 있는데 하물며 어찌해서 그런 행동을 천주교에서 한다고 하는 것입니까? 십계명 중 여섯 번째 계명에서는 음행을 하지 말라 하였고, 아홉 번째 계명에서는 남의 아내를 탐하지 말고 하였습니다. <u>여섯 번째 계명은 몸으로 범하지 말라는 것이고, 아홉 번째 계명은 마음으로 범하지 말라는 것입니다. 천주교에서는 간음을 엄격하게 금지하는 것을 이와 같이 거듭 강조하고 있는데, 어째서 도리어 여자를 교환한다는 거짓말을 보태기까지 합니까?</u> 그처럼 윤리를 거스리고 떳떳한 질서를 어지럽히는 종교가 있을 수 있겠습니까?[26]

이러한 내용에서도 드러나듯이 정하상을 비롯한 박해시기 천주교 신자들에게 제9계명은 너무나 중요한 계명이었다. 그리고 그들은 제9계명이 제6계명과 어떤 차이가 있으며 무엇을 의미하는지도 너무나 잘 이해하고 있었다. 『성교명증』에서 그토록 길게 설명한 것을 정하상은 한마디로 요약해서 "여섯 번째 계명은 몸으로 범하지 말하는 것이고, 아홉 번째 계명은 마음으로 범하지 말라는 것"이라고 아주 간결하면서도 명확하게 설명하였던 것이다.

---

26) 정하상, 윤민구 역, 『상재상서』, 성황석두루가서원, 1900, 33~34쪽.

따라서 이토록 제9계명을 중요하게 생각하였던 박해시기 천주교 신자들이 제9계명에 대한 설명이 한마디도 들어 있지 않는 「십계명가」를 지었을 리가 없다. 더 나아가서 아직 개신교가 들어오지도 않았는데 개신교식 「십계명가」를 지었을 리도 없다.

「십계명가」는 개신교가 들어온 이후의 천주교 신자들도 지을 수 없는 글이다. 왜냐하면 천주교의 십계명은 성 아우구스티노 이래로 지금까지 동서양을 막론하고 한 번도 변한 적이 없기 때문이다. 그런데 이런 개신교식 「십계명가」를 가지고 1779년에 주어사 강학이 끝난 후에 정약전 혹은 정약종이 권상학, 이총억 등과 함께 지어서 이승훈에게 준 글이라고 하였으니 그 의도가 무엇인지 충분히 알 수 있다. 이것 역시 「성교요지」처럼 의도적으로 다른 사람들을 속이고 사기치기 위해 쓴 글인 것이다.

만일 이 「십계명가」가 이승훈의 글과 그 동료들이 지은 글을 모은 문집이라고 되어 있는 『만천유고』 속에 들어 있지 않다면, 그리고 그 「십계명가」를 그냥 개신교 작품이라고 하였다면 아무런 문제가 되지 않을 수도 있다. 개신교식 십계명을 노래한 것이니 개신교 작품이라 해도 아무런 문제가 되지 않는다. 또한 「십계명가」에서 "천주"라는 용어를 썼다고 해도 그리 문제가 되지 않는다. 개신교에서도 한때 "천주"라는 용어를 쓴 적이 있으니 "천주"라는 용어가 나왔다고 하여 그것을 두고 의도적으로 천주교 십계명가인 것처럼 위장했다고 말할 수는 없다.

문제는 개신교의 십계명을 노래한 「십계명가」에다 "1779년 주어사 강학에서 정선암이 권상학, 이총억과 함께 지어서 준 것"이라는 부기를 붙였다는 데 있는 것이다. 게다가 이승훈이 죽은 후 80여 년이 지난 다음에 우리나라에 들어온 이런 개신교식 「십계명가」를 이승훈이 정약전이나 정약종에게서 받았으며 그것을 이승훈의 지기인 무극관인이 베껴서 『만천유고』 문집 속에 넣었다고 하는 데 있는 것이다. 따라서 이것은 어느 모로 보나 의도적으로 다른 사람들을 속이고 사기치려고 한 것이라고밖에는 볼 수 없다.

그러므로 이제는 『만천유고』의 「십계명가」를 근거로 '1779년 강학을 마치고 정약전 혹은 정약종과 그 동료들이 천주교 신앙에 불타 「십계명가」를 지었다'는 주장은 더 이상 하지 말아야 한다. 또한 「십계명가」를 근거로 강학에 참여했던 사람들이 강학 중에 이미 천주교 신앙을 받아들 였다는 주장도 더 이상 하지 말아야 한다. 그리고 「십계명가」를 근거로 1779년이 한국천주교회의 창립연도라는 주장도 하지 말아야 한다. 아울러 「십계명가」를 지은 1779년 강학의 장소가 천진암이라고 하면서 천진 암이 한국 천주교의 발상지라는 주장도 더 이상 하지 말아야 한다.

이쯤 되면 짚고 가지 않을 수 없는 문제가 있다. 바로 『만천유고』다. 『만천유고』 속에 한문본 「성교요지」와 「십계명가」가 모두 들어 있기 때문이다. 『만천유고』는 이승훈의 글은 물론 그와 관련된 사람들의 글을 모은 문집이라고 알려져 있다. 그런데 그 안에 들어 있는 한문본 「성교요지」는 이벽이 지었다고 되어 있지만 개신교 용어들이 상당수 등장하고 내용도 거의 대부분 엉터리다. 게다가 「십계명가」는 완전히 개신교식 십계명을 노래한 것이다. 한마디로 그 두 개의 글 모두가 의도적으로 다른 사람들을 속이고 사기치기 위해 쓰여진 글들인 것이다. 따라서 이런 사실들이 밝혀진 이상 이제 본격적으로 『만천유고』를 조사해 보지 않을 수 없는 것이다.

2장

『만천유고』는 사기다

1. 『만천유고』에 들어 있는 초기 천주교 관련 글들

고 김양선 목사가 수집하고 기증한 『만천유고』는 이승훈과 관련된 문집이라고 알려져 왔다. 그것은 책 제목과 그 「발跋」문에 "만천蔓川"이라는 말이 나오는데 이승훈의 호號가 "만천蔓川"이기 때문이다.[1]

이렇듯 "蔓川(만천)"이 이승훈의 호라고 간주된다는 것만으로도 『만천유고』는 주목받기에 충분하였다. 하지만 『만천유고』가 주목받게 된 더 큰 이유는 그 안에 이승훈 이외에도 초기 한국 천주교의 중요한 인물들이 쓴 글들이 들어 있다고 알려졌기 때문이다.

---

[1] 양화진순교자박물관에 있는 『사학징의(邪學徵義)』를 보면 「김현우 공초(金顯禹供招)」에서 이승훈의 호가 "만천"이라고 되어 있다. 하지만 한자가 다르다. "蔓川(만천)"이 아닌 "晚泉(만천)"이라고 되어 있다(한국교회사연구소 편, 『사학징의』, 1977, 82쪽). 그런데 『평창이씨세보(平昌李氏世譜)』경신보(庚申譜)에는 이승훈의 호를 "蔓川(만천)"이라고 썼다. 또한 장지연(張志淵)이 편집한 『대동시선(大東詩選)』 권7, 이승훈조를 보면 이승훈의 호가 "蔓川(만천)"이라고 되어 있다(차기진, 「만천 이승훈의 교회 활동과 정치적 입지」, 『교회사연구』 제8집, 한국교회사연구소, 1992, 35쪽); 하성래, 『천주가사 연구』, 114~115쪽.

『만천유고』는 「잡고雜稿」, 「시고詩稿」, 「수의록隨意錄」 등 크게 세 부분으로 나뉘어져 있다. 이 중 「시고」, 「수의록」은 이승훈이 쓴 글이라고 알려져 있고 「잡고」는 이승훈과 관련있는 여러 사람들이 쓴 글을 모은 것이라고 알려져 있다. 그런데 바로 이 「잡고」에 초기 천주교 관련 글들이 5개나 들어 있다고 되어 있다.

「잡고」에 들어 있는 글은 한문본 「성교요지」, 한글로 된 「십계명가」와 「천주공경가」, 「천주실의발天主實義跋」, 「경세가警世歌」, 「농부가農夫歌」 등 총 6편이다. 이 중 「농부가」를 제외한 나머지 5편의 글들이 모두 천주교 관련 작품들이라고 되어 있다. 그것도 모두 초기 한국천주교회의 중요한 인물들이 지은 것이라고 되어 있다.

이 중 한문본 「성교요지」는 이벽이 천학초함을 읽고 지은 것이라고 되어 있고, 「십계명가」는 기해년(1779년) 주어사 강학 후에 정선암, 권상학, 이총억이 지어서 이승훈에게 준 것이라고 되어 있다.

나중에 다시 살펴보겠지만 「천주공경가」는 기해년(1779년) 12월에 이벽이 주어사에서 지은 것이라고 되어 있고 「경세가」는 이가환李家煥(1742~1801)과 김원성이 지어서 이승훈에게 준 글이라고 되어 있다. 「천주실의발」에는 그것이 누가 쓴 글이라는 설명이 전혀 없이 본문만 실려 있다. 하지만 그 내용으로 볼 때 성호 이익이 쓴 「천주실의발」이라는 것을 어렵지 않게 알 수 있다.

이렇듯 초기 한국천주교회의 중요한 인물들이 쓴 글들이 『만천유고』에 실려 있다는 것만으로도 엄청난 반향을 일으켰다. 이런 글들을 통해 초기 한국천주교회의 모습과 관련 인물들의 사상적 배경 및 활동을 이해하는 데 큰 도움이 되리라 생각하였던 것이다. 하지만 『만천유고』가 큰 관심을 받게 된 데에는 또 다른 이유가 있었다. 바로 그 「발」문 때문이었다.

2.「발跋」문도 거짓이다

『만천유고』 말미에 보면 「발」문이 나온다. 그런데 그 내용을 보면 초기 천주교 관련 인물들의 글들을 모아『만천유고』라는 문집으로 내게 된 과정이 너무도 드라마틱하게 그려져 있다. 앞에서 번역문 일부를 소개하였지만 그 내용 전체를 소개하면 다음과 같다.

> 평생 감옥에 갇혔다가 죽음을 면하고 세상에 나온 지 30여 년이 되었는데 강과 산은 변함이 없고 푸른 하늘과 흰 구름도 그림자 하나 변하지 않았으나 옛 선현과 벗은 어디로 갔는가. 세상에 붙이지 못하고 나무와 돌의 신세가 되어 이리저리 흘러 다니느니 슬프다, 모두 뜻밖에 세상을 떠났구나.

> 만천공(蔓川公)의 행적과 아름다운 글이 적지 않았으나 불행히도 불에 타버리어 한 편의 글도 얻어 보기가 어렵더니 천만 뜻밖에도 시고(詩藁)와 잡록(雜錄)과 몇 조각의 글이 남아 있기에 비록 재주가 없어 시원찮은 글씨이지만 베껴 적고 만천유고(蔓川遺稿)라 하였다.

> 동방(東方)이(혹은 동풍에) 해동하려 하니, 마른 나무가 봄을 만나 싹과 잎사귀가 소생하는 격으로, 이 또한 하느님(上主)의 넓고 크고 가없는 섭리라. 우주의 진리는 이와 같이 태극(太極)이 곧 무극(無極)인데, 깨달은 사람은 하느님의 뜻을 만나는도다. 무극관인.[2]

이 내용대로라면 이승훈의 지기인 "무극관인"이라는 사람이 평생 죄인의 몸으로 30년을 살다가 세상에 나와보니 옛 친구와 선현들이 모두 세상을 떠났다는 것이다. 그리고 이승훈의 행적을 적은 글과 이승훈이 쓴 글도 불타 없어졌는데 천만다행으로 시고와 잡록과 몇 개의 글이 남아 있어

---

[2] 이이화, 앞의 글, 114쪽 참조.

그것을 베껴『만천유고』라고 하였다는 것이다.

이처럼 극적인 과정을 거쳐 탄생된『만천유고』라고 하였기에 그동안 그 문집을 펴낸 "무극관인"이라는 인물이 과연 누구인가 하는 것에 큰 관심이 모아졌다. 그동안 두 가지 주장이 있었다.

하나는 무극관인이 정약용이라는 주장이다.[3] 무극관인이 자기 스스로 "죄인의 몸으로 30년을 살다가"라고 한 것으로 보아 정약용이라는 것이다. 하지만 정약용은 1801년 귀양갔다가 1818년에 풀려나 고향에서 살았다. 그러니까 죄인으로 있었던 세월은 18년뿐이었던 것이다.

하지만 무극관인이 정약용이라고 믿고 싶어하는 사람들은 또 다른 주장을 하였다. 그들은 아무 근거도 없이 정약용이『만천유고』를 편집한 것이 1830년경일 것이라고 주장하였다. 그리고는 정약용이 귀양에서 풀려난 이후『만천유고』를 편집한 1830년경까지 계속 감옥생활과 같은 삶을 살았기 때문에 결국 30년 동안 죄인처럼 생활한 것이나 다름없다는 것이다.[4] 그런가 하면 이승훈과 권철신이 세상을 떠난 1801년 이후부터 30여 년이 지난 1830년에 정약용이『만천유고』를 편집했기 때문에 "30년"이라는 표현을 썼다고 주장하기도 하였다.[5]

하지만 이런 주장에는 해결해야 할 문제들이 있다. 우선, 앞에서도 말하였듯이 정말 무극관인이 정약용이라면 「십계명가」의 부기를 쓰면서 왜 자기 형인 정약전의 호를 "손암巽菴"인데 "선암選庵"이라고 썼냐는 것이다. 설령 "선암"이 정약종이라고 하더라도 크게 달라지지 않는다. "암"의 한자가 틀린 것이다. 한자로 "菴(암)"인데 "庵(암)"이라고 한 것이다. 무극관인이 정약용이라면 자기 형들의 호를 제대로 쓰지 못 한다는 것은 말이 안 된다.

---

3) 변기영,『한국천주교회 창립사 논증』, 139쪽; 하성래,『천주가사 연구』, 145~147쪽; 김옥희,『한국천주교사상사 I』, 29~30쪽.
4) 하성래, 앞의 글, 146쪽; 김옥희, 앞의 책, 30쪽.
5) 변기영, 앞의 책, 140쪽.

이것은 한문본 「성교요지」에서도 마찬가지다. 무극관인이 정말 정약용이라면 한문본 「성교요지」의 부기를 쓰면서 "曠菴(광암)"이라고 써야 하는 이벽의 호를 "曠奄(광엄)"이라고 잘못 쓸 수가 없는 것이다.

이것은 「천주공경가」에서도 마찬가지다. 『만천유고』에 들어 있는 「천주공경가」의 부기에도 이벽의 호가 "曠奄(광엄)"으로 틀리게 써져 있다. 만일 무극관인이 정약용이라면 한 번도 아니고 그렇게 계속 이벽의 호를 틀리게 쓸 수가 없는 것이다.

이것은 단순한 실수가 아니다. 한문본 「성교요지」와 「십계명가」, 그리고 「천주공경가」까지 한 번도 제대로 된 "菴(암)"자를 쓰지 못 하였다는 것은 곧 무극관인이라는 사람 자신이 "암"자의 한자를 잘못 알고 있다는 것을 의미한다. 앞에서도 말했듯이 정약용 시대의 남인 학자들 중에서 "암"자가 들어간 호를 가지고 있는 사람들이 많았다. 그런데 그들은 모두 "암"자를 한자로 "菴"으로 썼다. 따라서 무극관인이 정약용이라면 "암"자를 그처럼 죄다 틀리게 써서 "奄(엄)"으로 쓰거나 "庵(암)"으로 쓸 수가 없는 것이다. 이런 사실을 보면 무극관인은 이미 정약용일 수가 없다.

무극관인을 이승훈의 아들 이신규李身逵(1794~1868)일 가능성이 크다고 주장하는 사람도 있다.[6] 이신규가 1800년대 후반에 『만천유고』를 편집하여 만들었다는 것이다. 하지만 이런 주장에도 이미 문제가 있다. 위에서 소개한 「발」문을 보면 이승훈을 "만천공蔓川公"이라고 표현한 대목이 나온다. 무극관인이 이승훈의 아들이라면 자신의 부친을 그렇게 표현하지는 않았을 것이다. 이런 사실을 보더라도 무극관인은 이미 이승훈의 아들일 수가 없다.

하지만 무극관인이 구체적으로 누구인지는 정확하게 알 수 없지만 「발」문에서 '오랜 세월 동안 고초를 겪었다'고 말한 것으로 보거나 "하느님(상

---

6) 이이화, 앞의 글, 117~119쪽.

주)"이라는 말을 언급하고 있는 것으로 볼 때 무극관인이라는 사람은 이승훈과 동시대 사람으로서 이승훈과 아주 가까운 사람일 뿐만 아니라 그 역시 천주교 신앙을 가진 사람인 것처럼 보여지기에 충분하였다.

이런 이유들로 인해 그동안『만천유고』는 무극관인이라는 초기 천주교 신자가 이승훈이 쓴 글과 다른 초기 한국천주교회 중요 인물들이 남긴 글들을 모아서 펴낸 책이라고 알려지게 되었던 것이다. 그리고 이『만천유고』를 근거로 1779년에 열린 강학에 참석한 사람들이 그 강학을 통해 이미 천주교 신앙을 열렬히 받아들여「십계명가」를 지었으며 이벽은 한문본「성교요지」와「천주공경가」를 지을 정도로 천주교에 대한 지식과 신앙심이 대단한 경지에 있었다고 주장하였던 것이다. 하지만 이제는 이 모든 것을 다시 바라봐야 할 때가 되었다.

앞에서 살펴보았듯이,『만천유고』에 있는 5개의 천주교 관련 글 중에 2개의 글이 의도적으로 사기치기 위해 쓰여진 글이라는 것이 드러났다. 그것도 이벽이 세상을 떠난지 거의 100여 년이 지난 후 우리나라에 개신교가 들어온 다음에 개신교와 직간접으로 관련된 사람들이 쓴 글이라는 것이 드러났다.

그런데 이벽과 이승훈이 죽은 지 80~100년이 지난 후에나 쓰여질 수 있는 한문본「성교요지」와「십계명가」를 이승훈과 동시대를 살았던 이승훈의 친지이자 또 다른 천주교 신자인 "무극관인"이 찾아내서 베낀 후 『만천유고』에 집어넣었다는 것은 말도 안 되는 이야기다. 이것은 곧『만천유고』의「발」문도 모두 거짓이라는 이야기다. 즉「발」문 역시 의도적으로 사기치기 위해 쓰여진 글이라는 이야기다.

그뿐만이 아니다. 한문본「성교요지」가『만천유고』에 들어 있다는 것은 결국『만천유고』란 문집도 우리나라에 개신교가 들어온 이후에 만들어진 것이라는 것을 의미한다. 그런데도 이승훈, 이벽, 정선암 등을 운운함으로써 그것이 마치 초기 천주교 신자들이 쓴 글들을 모은 문집인 것처럼 사기쳤던 것이다.

한편 개신교 용어가 수두룩한 한문본 「성교요지」와 개신교 십계명을
노래한 「십계명가」를 『만천유고』에 넣고는 아무런 문제의식 없이 「발」
문에서 이승훈을 운운한 것으로 볼 때, 그 「발」문을 쓴 사람이자 『만천유
고』를 펴낸 사람인 무극관인 역시 개신교 배경을 가진 사람일 가능성이
매우 크다. 같은 개신교 배경을 가진 사람이었기에 개신교 용어들이 들어
있는 한문본 「성교요지」가 이벽이 쓴 것으로 되어 있는 것을 보고도 아무
런 문제를 느끼지 않았으며 개신교 십계명을 노래한 「십계명가」를 보고
도 아무런 문제를 느끼지 않았던 것이다.

이렇듯 『만천유고』에 들어 있는 한문본 「성교요지」와 「십계명가」, 그
리고 「발」문까지도 모두 거짓으로서 개신교가 우리나라에 들어온 이후
에, 개신교 배경을 가진 사람이 의도적으로 다른 사람들을 속이고 사기치
기 위해 만든 글이라는 것은 결국 『만천유고』라는 문집 자체가 거짓이라
는 이야기다. 『만천유고』 자체가 거짓이라는 것은 그 안에 들어 있는 「천
주실의발」를 보아도 알 수 있다.

3. 「천주실의발」 역시 1931년 이후에 쓰여진 글이다

『만천유고』에 들어 있는 「천주실의발」에는 다른 천주교 관련 글들과
는 달리 그것을 누가 썼는지에 대한 설명이 전혀 없다. 하지만 그 내용으
로 볼 때 그것은 성호 이익이 쓴 「천주실의발」을 발췌한 것이다. 그런데
도 거기에 대한 아무런 설명을 하지 않았기 때문에 잘 모르는 사람들이
보면 그것을 마치 이승훈이나 그 지인이 쓴 것처럼 오해하도록 만들었다.

이상한 점은 그것만이 아니다. 『만천유고』에 들어 있는 「천주실의발」
의 내용이 이만채李晩采의 『벽위편闢衛編』에 나오는 「천주실의발」과 같다

는 것이다. 이만채의『벽위편』은 이만채의 고조부 이기경李基慶(1756~1819)
의『벽위편』을 토대로 집안에서 대대로 보완 작업을 하다가 이만채 대代
에 이르러 완성한 것이다. 그런데 원래 이기경의『벽위편』에는「천주실
의발」이 없었다. 나중에 이만채가『벽위편』을 펴내면서「천주실의발」을
집어넣은 것이다. 그러면서 그것을 "성호 이익이 쓴 글"이라고 분명하게
밝혀놓았다.

하지만 이만채는 성호 이익이 쓴 원래의「천주실의발」내용 전체를 싣
지 않았다. 군데군데 산발적으로 몇 가지 내용을 삭제하고 실었다. 그리
고 몇 개 글자는 원문을 잘못 읽었는지 틀리게 썼다.

문제는 이러한 이만채『벽위편』의「천주실의발」내용과『만천유고』
에 있는「천주실의발」의 내용이 똑같다는 것이다.7) 그래서 성호 이익이
쓴 원래의「천주실의발」내용 중에서 이만채가 생략하거나 삭제한 부분
이『만천유고』의「천주실의발」에서도 똑같이 생략되거나 삭제되어 있
다. 몇가지 예를 들어보도록 하겠다. 원래 성호 이익의「천주실의발」은
다음과 같이 시작한다.

> 天主實義者利瑪竇之所述也 瑪竇卽歐羅巴人
> 距中國八萬餘里 自丑關以來未之與通也
> 皇明萬曆年間 與耶穌會朋友 陽瑪諾 艾儒略 畢方濟 熊三拔 龐迪我等數人
> 航海來賓 三年始達8)
> →(천주실의는 이마두가 저술한 것이다. 마두(마태오)는 유럽인이다.
> [그런데 유럽은] 중국에서 8만리 이상 떨어져있으며 개벽이래로 소통
> 한 적이 없었다.
> [그런데] 명나라 만력 연간에 예수회 동료인 양마락, 애유략, 필방제, 웅
> 삼발, 방적아 등 여러 사람과 함께 항해하여 삼 년만에 [중국에] 도착하
> 였다.)

---

7) 이이화, 앞의 글, 108쪽; 하성래,『천주가사 연구』, 141쪽.
8) 이익,『성호선생전집』하, 권55, 27쪽 하; 이우성 편,『성호전서』2, 39쪽 하~40쪽 상.

이것을 이만채 『벽위편』의 「천주실의발」에서는 다음과 같이 고쳐놓았다. 검정색 글자는 달라지거나 첨부된 것이며 ( ) 안에 든 검정색 글자는 삭제된 부분이다.

天主實義者利氏瑪竇之所述也 (瑪竇)卽歐羅巴人
(距中國八萬餘里 自丑闢以來未之與通也)
(皇明)萬曆(年)間 與(耶穌會朋友) 陽瑪諾 艾儒略 畢方濟 熊三拔 龐迪我等數人
航海來賓 三年始達[9]

그런데 『만천유고』의 「천주실의발」에도 이만채 『벽위편』의 「천주실의발」과 똑같은 부분에서 똑같이 달라지거나 첨부되었으며 똑같은 부분에서 똑같이 삭제되어 있다.

그뿐만이 아니다. 성호 이익의 「천주실의발」에는 마태오 리치가 쓴 『천주실의』에서 그리스도교 교리를 설명한 것과 불교 교리를 비판한 것에 대해 자세히 소개하고 있다. 하지만 이만채의 『벽위편』에 있는 「천주실의발」에서는 이 부분이 삭제되어 있다. 그런데 『만천유고』의 「천주실의발」에서도 똑같은 부분이 삭제되어 있다.

이만채의 『벽위편』에 있는 「천주실의발」에서는 한자를 잘못 읽은 것도 있다. 예를 들면 "耶(야)"를 "邪(사)"로 읽었다. 그런데 『만천유고』의 「천주실의발」에서도 똑같은 한자를 똑같이 잘못 읽었다. 즉, 똑같이 "耶(야)"를 "邪(사)"로 읽은 것이다.

딱 한 가지 다른 점이 있다. 『만천유고』의 「천주실의발」에는 이만채의 『벽위편』에 실린 「천주실의발」과는 달리 다음과 같이 내용 중에 "爲(위)"라는 글자가 한 번 더 들어 있다는 것이다. 하지만 그것은 앞뒤 내용에 별다른 영향을 주지 않는 것인 데다가 바로 한 글자 뒤에 똑같은 "爲(위)"자

---

9) 이만채, 『벽위편』 상, 열화당, 1971, 16쪽; 「천주실의발」, 『만찬유고』, 2쪽 뒷면.

가 있는 것으로 보아 필사를 하다가 실수로 한 번 더 쓴 것이 분명하다.

降生於如德亞國 爲[10]名爲耶穌
→(유대나라에서 탄생하였고 이름을 예수라 하였다.)

중요한 것은 전체 내용이다. 이만채의 『벽위편』에 있는 「천주실의발」에서는 성호 이익의 「천주실의발」에서 한꺼번에 한 가지 내용을 집중적으로 삭제하지 않았다. 산발적으로 군데군데 삭제하였다. 그런데 어떻게 그런 이만채 『벽위편』의 「천주실의발」과 『만천유고』의 「천주실의발」이 글자 하나만 다르고 모두 똑같을 수가 있는가. 게다가 이만채가 틀리게 쓴 글자까지 『만천유고』의 「천주실의발」에도 똑같이 나타날 수 있는가. 이것은 결국 『만천유고』의 「천주실의발」이 이만채가 쓴 『벽위편』의 「천주실의발」을 보고 베낀 것이라는 이야기다.

문제는 이만채의 『벽위편』이 출간된 것이 1931년이라는 사실이다. 따라서 이만채의 『벽위편』의 「천주실의발」을 보고 베낀 『만천유고』의 「천주실의발」은 아무리 빨라도 1931년 이후에나 만들어진 글이라고밖에는 볼 수 없다는 것이다. 이러한 사실은 결국 『만천유고』의 「발」문이 거짓이라는 것을 다시 한 번 드러내는 증거다. 1931년 이후에나 쓰여질 수 있는 글을 이승훈의 지기라는 무극관인이 어떻게 베낄 수가 있겠는가.

이런 사실을 보더라도 그 「발」문의 내용은 모두 거짓인 것이다. 「발」문도 거짓이고 이승훈이 남긴 글들 속에 있다고 하던 「천주실의발」도 거짓인 것이다. 그리고 그런 「천주실의발」이 실려 있는 『만천유고』도 아무리 빨라도 1931년 이후에 만들어진 사기극이었던 것이다.

여기에서 한 가지 더 짚고 갈 것이 있다. 앞에서 살펴본 결과, 한글본 「성교요지」는 1920~1930년대 이후에 쓰여진 글이라는 것을 알 수 있었다.

---

10) 실수로 들어간 글자일 것이다.

따라서 그것의 모본이 된 한문본 「성교요지」는 그보다 앞서 쓰여진 글이라는 것을 알 수 있었다. 하지만 정확한 시기는 알 수 없었다. 그런데『만천유고』의 실린 「천주실의발」이 1931년 이후에 쓰여진 글이라는 사실을 볼 때『만천유고』역시 1931년 이후에나 만들어질 수 있는 문집이다. 그렇다면 결국『만천유고』에 실린 한문본 「성교요지」도 1931년 이후에 쓰여진 글이라는 이야기가 된다. 그리고 거기에 실린 다른 천주교 관련 글들도 모두 1931년 이후에 쓰여진 글이라고 볼 수 있다.

한편『만천유고』의 한문본 「성교요지」가 아무리 빨라도 1931년 이후에 쓰여진 것이라면 그것을 보고 쓴 한글본 「성교요지」가 지어진 시기도 좀 더 구체적으로 알 수 있다. 즉 한글본 「성교요지」 역시 아무리 빨라도 1931년 이후에 쓰여진 글인 것이다.

4. 「천주공경가」와 「경세가」도 거짓이다

『만천유고』의 들어 있는 천주교 관련 글 5편 중에서 3편이 의도적으로 다른 사람들을 속이고 사기치기 위해 만들어진 글이고 「발」문의 내용까지 모두 거짓이라면, 게다가 그것들이 모두 아무리 빨라도 1931년 이후에 만들어진 글이라면, 나머지 2편의 천주교 관련 글들, 즉 이벽이 지었다고 되어 있는 「천주공경가」와 이가환이 지었다고 되어 있는 「경세가」 역시 전혀 믿을 수 없는 글이다. 그것들 역시 1931년 이후에 쓰여진 글이라고밖에 볼 수 없다.

게다가 다른 천주교 관련 글들과 마찬가지로 「천주공경가」도 이벽이 그런 글을 썼다는 기록이나 전승이 어디에도 없었다. 그런데 고 김양선 목사가 기증한『만천유고』를 통해 처음으로 알려지게 된 것이다. 따라서 이런 사실만으로도 이미 신빙성이 떨어지는 것이었다. 더욱이 「천주공경가」역시『만천유고』에 나오는 다른 천주교 관련 글들처럼 그것을 이벽이 썼다는 증거를 본문 안에서는 전혀 찾을 수 없다. 그 내용에 "천주"라는 말이 나오기는 하지만 개신교에서도 그런 용어를 썼기 때문에 그것을 가지고 이벽이 쓴 글이라고 할 수 없다. 게다가 한글로 된 그 내용도 특별한 것이 없다.

어와세상 벗님닉야 이내말슴 드러보쇼.
지븐에ᄂᆞᆫ 어른있고 ᄂᆞ라에ᄂᆞᆫ 임군있네
네몸에ᄂᆞᆫ 령혼있고 ᄒᆞᄂᆞᆯ에난 **텬쥬**있네.
부모의게 효도하고 임군에난 충성ᄒᆞ네
슴강오륜 지켜가ᄌᆞ **텬쥬**공경 읏뜸일셰.

이ᄂᆡ몸은 죽어져도 령혼늠어 무궁ᄒᆞ리
인륜도덕 **텬쥬**공경 령혼불멸 모르며는
사ᄅᆞ셔ᄂᆞᆫ 목석이요 주거서난 듸옥이ᄅᆞ
텬쥬잇다 알고서도 불ᄉᆞ공경 ᄒᆞ지마쇼
알고서도 아니ᄒᆞ면 죄만졈졈 싸인다닉.

죄짓고서 두려운ᄌᆞ **텬쥬**업다 시비마쇼
아비업ᄂᆞᆫ ᄌᆞ식밧ᄂᆞ 양듸업ᄂᆞᆫ 음듸잇ᄂᆞ
임군용안 못비앗다 ᄂᆞᄅᆞ빅성 아니런가
텬당지옥 가보왓나 셰ᄉᆞᆼᄉᆞ룸 시비마쇼
잇ᄂᆞᆫ텬당 모른션비 텬당업다 어이아노.

시비마쇼 **텬쥬**공경 미더보고 씬다르면
영원무궁 영광일셰[11]

「천주공경가」가 이벽이 쓴 것이라는 근거는『만천유고』에 나오는 다른 천주교 관련 글들처럼 오직 제목 밑에 붙어 있는 부기밖에 없다. 부기에서 '기해년 12월 주어사 강학 후에 이벽이 쓴 것'이라고 되어 있는 것이다.

---

11) 「천주공경가」,『만천유고』, 8쪽 앞뒷면.

己亥年臘月 於走魚寺 李曠奄蘗 作詞
→(기해년 섣달 주어사에서 <u>광엄</u> 이벽이 지은 것이다)

하지만 이미 거짓 한문본「성교요지」와「십계명가」와「발」문까지 지어낼 수 있는 사람들이라면 이 정도의 본문 내용과 부기는 얼마든지 지어낼 수 있다. 게다가 여기에서도 중요한 것이 발견된다. 바로「천주공경가」부기에서도 한문본「성교요지」에서와 같이 이벽의 호를 한자로 "曠奄(광엄)"이라고 하였다는 사실이다. 즉 "曠菴(광암)"인데 또 다시 "曠奄(광엄)"이라고 한 것이다.

이렇듯 이벽이 쓴 글이라는 유일한 근거인 부기에서 한문본「성교요지」에서와 똑같이 이벽의 호를 "曠奄(광엄)"이라고 잘못 썼다는 사실만으로도 이미 그 부기 내용에 대한 신뢰성은 한참 떨어진다. 결국「천주공경가」를 이벽이 썼다는 근거는 어디에도 없는 것이 된다.

좌:「천주공경가」/ 우: 부기(확대)

하지만 그동안 많은 사람들은 이런 부기 내용을 근거로 1779년 강학에서 이벽이 다른 사람들에게 천주교 신앙을 열렬히 전하였다는 주장을 하였다. 그리고 1779년에 있었던 강학에서 이벽이 「천주공경가」를 지어 부르고 강학이 끝난 후에는 정약전 혹은 정약종 등이 「십계명가」를 지을 정도였다면 그 강학은 단순한 유교 연구 모임이 아니라 천주교 연구와 신앙실천 모임이었다고 주장하였다.

더 나아가 그 강학과 그 후에 「천주공경가」와 「십계명가」를 지을 정도였다면, 이벽과 정약전 혹은 정약종 등은 이미 1779년 강학 이전부터 천주교 신앙에 불타고 있었을 것이 틀림없다고 주장하였다.[12] 따라서 천주교 신앙에 불타서 천주교를 연구하고 「천주공경가」와 「십계명가」까지 지어부른 1779년은 한국천주교회의 창립연도라고 주장하였다.[13]

하지만 1779년 강학이 열린 장소에 대해서만큼은 「십계명가」에서 그랬듯이 이번에도 다른 주장을 하였다. 즉 이벽이 「천주공경가」를 지은 것은 맞지만 그 부기에서 말하듯이 1779년 강학이 열린 장소가 "주어사"는 아니라는 것이다. 부기를 쓴 사람이 착각해서 잘못 쓴 것이므로 그대로 받아들여서는 안 된다는 것이다. 그러면서 1779년 강학이 열린 장소가 원래 "천진암"이라고 하였다. 따라서 1779년 강학이 열린 장소인 천진암이야말로 한국 천주교의 발상지라고 주장하였다.[14]

한마디로 부기 내용을 인정하려면 있는 그대로 다 받아들여야 하는데 자신한테 유리한 내용만 골라서 받아들이며 자기한테 불리한 내용은 수정해서 아전인수격인 주장을 하였던 것이다.

더 나아가 『만천유고』에 나오는 「천주공경가」와 한문본 「성교요지」를 근거로 이벽을 순교자로 인정해야 하고 시성諡聖까지 해야 한다는 주

---

12) 변기영, 『한국천주교회 창립사 논증』, 156~157쪽; 이성배, 『유교와 그리스도교』, 32쪽.
13) 변기영, 앞의 책, 177~187쪽.
14) 같은 책, 156~157쪽.

장까지 하기에 이르렀다. 앞에서 일부 내용을 소개하였지만 전체 내용을 다시 소개하도록 하겠다.

이벽은 자신의 후배이자 절친한 친구인 정약용과 비교할 때 별다른 저서를 남겼다고 할 처지가 못 된다…. 그러나 우리는 「천주공경가」와 「성교요지」만 가지고서도 그의 위대한 신학 사상을 엿볼 수 있고 하느님의 은총에 따라서 살고자 애쓴 한국천주교회의 선구자적인 모습을 볼 수 있을 뿐만 아니라 오늘날 실존적인 삶을 중시하는 현대인들에게 참된 신앙의 가치를 일깨워 줄 수 있는 뛰어난 증거를 볼 수 있을 것이다. …(중략)…

이 「성교요지」안에서는 예수 그리스도의 구원 메시지를 전달하기 위하여 동양 문화를 바탕으로 하여 체계적이고 조직적으로 성경의 구세주, 인간생활, 자연 현상 등의 문제를 밝혀 나가고 있다. 따라서 이벽이 한국 사람으로서 구체적인 실생활의 논리로 전개시켜나가는 이 그리스도교의 이론은 그 자체로 한국적 신학이란 이름을 붙일만 한 것이다. …(중략)…

우리의 현실적인 삶을 구원으로 이끌어 갈 수 있는 새로운 신학은 아직도 많은 연구와 발전을 향해 나아가야 하겠지만 이미 이벽의 「천주공경가」와 「성교요지」를 통하여 태동되었다고 할 수 있다. 이러한 업적을 남긴 이벽이 충분한 근거도 없이 배교자라고 언급되는 것 자체가 우리 역사의 수치라고 할 것이다.

본대 불확실한 사실에 근거해서는 긍정적으로 해석하는 것이 원칙이다. 이벽의 죽음이 어떠한 것인지 불확실한 것이라면 우리는 그의 삶과 저서에 바탕을 두고 그의 죽음을 긍정적인 측면에서 해석하여 순교자의 죽음이라고 보는 것이 타당할 것이다…

결국 자신이 노래하는 「천주공경가」의 내용처럼 살다가 하느님의 품 안에 안긴 광암 이벽을 성인으로 공경하는 것이 모든 한국 천주교회 신자들의 바람이 아닐까?[15]

---

15) 이성배, 「광암 이벽에 대한 신학적 고찰」, 『한국 천주교회 창설주역의 천주신앙』 1, 89~98쪽.

하지만 이제『만천유고』자체가 1931년 이후에 의도적으로 다른 사람들을 기망하고 사기치기 위해 만들어진 것이라는 사실이 드러난 이상, 그리고 그 안에 들어 있는 천주교 관련 글들 5개 중에서 한문본「성교요지」,「십계명가」,「천주실의발」등 3개의 글이 거짓이고「발」문까지 거짓인 이상,「천주공경가」의 제목 밑에 붙은 부기 내용도 전혀 믿을 수 없다. 그리고「천주공경가」역시 1931년 이후에 이벽을 빙자하여 다른 사람들을 의도적으로 속이고 사기치기 위해 쓰여진 글이라고밖에 볼 수 없다. 따라서 한문본「성교요지」와「천주공경가」를 근거로 더 이상 이런 엉터리 주장들을 해서는 안 된다.

이것은「경세가」도 마찬가지다.「경세가」는 천주교와 관련이 있기는 하나 천주교를 반대하는 글이다.『만천유고』에 실려 있는 글 중에서 유일하게 천주교를 반대하는 글이다. 그 내용은 마치「천주공경가」를 반박하는 형식으로 되어 있다. 하지만 이런 글을 이가환과 김원성이 썼다는 기록이나 전승은 어디에도 없다. 오직『만천유고』에만 나오는 글이다. 하지만 그 내용 어디에도 그것이 이가환과 김원성이 쓴 글이라는 근거를 찾을 수는 없다. 그저 천주교를 반박하는 평범한 내용일 뿐이다.

> 어화세샹 스룸드라 저스룸들 거동보쇼
> 우쥬ᄆ물 세샹텬지 ᄆ드신즈 텬쥬ㄹ늬
> 음양틱극 죠물쥬를 텬쥬라고 니름짓늬
> 텬쥬를 ᄆ든것슨 뉘라머라 이르느뇨
>
> 텬쥬공경 아니ᄒ면 죄도ᄆ코 듸옥간다
> 텬ᄆ년 동방짜에 주근스룸 억됴충싱
> ᄆ드다 디옥간늬 텬쥬는 웨몰ㄹ늬
> 텬쥬잇다 누가밧늬 옛적에는 웨못밧늬
> 공경ᄒ면 텬당가고 불공경은 듸옥이ㄹ
>
> 텬쥬는 스룸마다 공경바더 무엇ᄒ노

불시석가 가르침음 되ᄌᄃᆡ비 ᄒᆞ렷거늘
텬쥬심수 얄굿도다 되옥은 무슴일고
령혼잇다 텬쥬공경 말슴마다 시비마쇼
수억만년 억됴ᄎᆞᆼ싱 령혼마다 어듸갓노
빗속게셔 주근ᄌᆞ식 령혼은 어듸갓노
우쥬ᄆᆞᆫ물 져ᄆᆞᆷ되로 ᄎᆞᆼ싱ᄒᆞ신 텬쥬가
어이ᄒᆞ야 버린갓혼 ᄉᆞ름마음 이리ᄆᆞᆫ드런노

가엽고도 가소롭다 져션비들 꼴좀보쇼
늘가므려 픠농ᄒᆞ고 병들고 죽는것시
전지 전능 텬쥬타시 아니런가
그런공경 쓸듸업다. 꼴도돗타 텬쥬학
숙덕거려 텬당갈가 져분수ᄂᆞ 직켜가세16)

이러한 「경세가」가 이가환과 김원성이 쓴 것이라는 근거는 『만천유고』
에 나오는 다른 천주교 관련 글들처럼 오직 제목 밑에 붙어 있는 부기뿐
이다. 제목 밑에 있는 부기에 다음과 같은 설명이 붙어 있는 것이다.

李錦帶家煥 金公源星 作詞寄之
→(금대 이가환과 김원성이 지어 준 것이다.)

즉, 언제, 어디에서 쓴 것이라는 설명은 없이 이가환과 김원성이 지어
서 이승훈에게 주었다고 되어 있는 것이다. 하지만 『만천유고』 자체가
1931년 이후에 의도적으로 다른 사람들을 기망하기 위해 쓰여진 것이라
는 것이 드러난 이상, 「경세가」의 제목 밑에 붙은 이 부기 내용도 전혀 믿
을 수 없다. 이것 역시 1931년 이후에 의도적으로 다른 사람들을 기망하
기 위한 목적으로 쓰여졌을 가능성이 매우 크다.

이제까지 살펴보았듯이 『만천유고』와 그 안에 들어 있는 천주교 관련

---

16) 「경세가」, 『만천유고』, 9쪽 앞면~10쪽 앞면.

글들은 모두 거짓이다. 아무리 빨라도 1931년 이후에 이승훈, 이벽, 정약
전 등 초기 천주교 신자들과 순교자들을 빙자하여 사기를 치려고 한 사람
들이 만들어 낸 사기극의 산물인 것이다.

5. 『만천유고』와 『당시초선』은 닮은 꼴 사기극

한 가지 매우 흥미로운 사실이 있다. 『만천유고』와 『당시초선』은 모두
의도적으로 다른 사람들을 사기치기 위해 만들어진 문집이다. 그런데 두
문집은 여러 가지 면에서 상당히 닮은 모습을 하고 있다. 무엇보다도 전
체 형식과 내용 면에서 두 문집은 매우 유사하다.

첫째, 앞에서 살펴보았듯이 두 문집 속에는 본문 내용이 거의 같은 한
문본 「성교요지」가 똑같이 들어 있다. 그런데 거의 같은 내용을 하고 있
는 한문본 「성교요지」를 한쪽에서는 "이벽이 모아 편집했다"고 하였고,
다른 한쪽은 "이벽이 천학초함을 읽고 썼다"고 한 것이다.

둘째, 두 문집에 들어 있는 글들은 한문본 「성교요지」를 제외하고는 모
두 대단히 짧다.

셋째, 『당시초선』에는 「수서록隨書錄」이 들어 있는데 『만천유고』에는
글자 하나만 다른 「수의록隨意錄」이 들어 있다.

넷째, 『당시초선』에는 「성씨속해」가 들어 있어서 중국의 46개 성씨에
대한 글자 풀이를 하고 있다.[17] 그런데 그 내용이 대단히 조악하고 유치하
다. 몇 가지 예만 소개하면 다음과 같다.

> 何 人可 ("何"란 성씨는 人과 可가 합쳐진 것이고)
> 張 弓長 ("張"이란 성씨는 弓과 長이 합쳐진 것이며)
> 陳 耳東⋯ ("陳"이란 성씨는 耳와 東이 합쳐진 것이다.)

---

[17] 『한국기독교박물관소장 기독교자료해제』, 384쪽.

그런데『만천유고』에는 일본과 중국까지의 거리를 계산하는 글이 들어 있다. 그저 어디에서 어디까지가 몇 리다 하는 식으로 되어 있는 글인데 단순하기 짝이 없는 내용이다. 사실 이런 조악한 글을 이승훈이 썼다고 되어 있는 것만 보아도 당연히『만천유고』에 들어 있는 다른 글들의 진위성을 신중하게 검토했어야 했다.

다섯째,『만천유고』는 마치 초기 천주교 신자 중에 한 사람인 무극관인이라는 사람이 이승훈의 글과 이승훈의 지기들의 글을 베껴 쓴 것처럼 하였다. 그런데『당시초선』에서는 마치 김대건 안드레아 신부가 베껴쓴 것처럼 되어 있다.

이런 사실들을 종합해 볼 때『만천유고』와『당시초선』은 둘 중 하나가 먼저 쓰여진 후 그것을 보고 아이디어를 얻어 나머지 다른 하나가 만들어졌을 가능성이 매우 크다. 그런데 둘 다 똑같이 의도적으로 다른 사람들을 속이고 사기치기 위해 만들어진 문집이지만 그 중에서도『만천유고』가 더 치밀하고 다양한 수법을 동원하여 만들어진 것으로 볼 때, 그리고 거기에 들어 있는 한문본「성교요지」에 더 주도면밀한 주석이 붙어 있고 부기에도 '이벽이 모아 편집한 것'이 아닌 '이벽이 지은 것'이라고 되어 있는 사실을 볼 때,『당시초선』이 쓰여진 것을 보고 거기에서 아이디어를 얻은 누군가가『만천유고』를 만들었을 가능성이 크다.

이제까지 살펴보았듯이『만천유고』는 아무리 빨라도 1931년 이후에 만들어진 사기극의 산물이라는 것이 드러났다. 따라서 더 이상『만천유고』를 근거로 거짓 역사를 만들어 내서는 안 된다. 그리고 그동안『만천유고』를 근거로 만들어진 가짜 초기 천주교 역사들을 다시 제자리로 돌려놓아야 한다.

한편 이렇게『만천유고』와 그 안에 들어 있는 한문본「성교요지」와 천주교 관련 글들이 모두 아무리 빨라도 1931년 이후에 만들어진 거짓이라는 것이 밝혀진 이상, 그리고 『당시초선』의 한문본 「성교요지」와 한글본 「성교요지」까지 모두 1930년대 이후에 만들어진 거짓인 것이 밝혀진 이상, 이제는 고 김양선 목사가 수집하고 기증한 또 하나의 초기 천주교 관련 글에 주목하지 않을 수 없다. 그것은 바로 『이벽전』이다.

3장
『이벽전』도 사기다

1. 『이벽전』은 어떤 글인가?

『이벽전』의 원原 제목은 "니벽전"이다. 속 표제에는 "여 니벽선싱몽회록"이라고 적혀 있다. 『이벽전』은 구한말 전환국典圜局에서 쓰던 종이에 한글로 쓰여져 있다.

『이벽전』을 보면 이벽이 죽은 지 60년 후인 1846년 6월 14일 밤에 나주 정丁씨인 정학술이라는 사람이 꿈에 이벽을 만나 대화한 내용을 기술한 것이라고 되어 있다. 이러한 『이벽전』의 내용을 요약하면 다음과 같다.

첫째, 이벽이 꿈에 나타나 천지창조와 인간창조, 인간이 지은 죄와 천주의 아들 예수의 구속사업, 유교와 불교와 도교의 허망함, 조상제사 문제, 신유박해 문제에 대한 자신의 소견을 말하였다는 것이다.

둘째, 이벽은 자신이 죽기 전에 장차 일어날 미래에 대해 예언한 『천주밀험기』라는 글을 지었다는 것과 그것이 "경기도 포천땅 장수리 승천 고을 널바위"에 있으니 꼭 찾아서 읽은 후 실행하라고 말하였다는 것이다.

셋째, 이벽은 자신이 지은 예언서인『천주밀험기』의 핵심요지를 알려주었다는 것이다. 그 중에서 특히 주목해야 할 예언은 1846년 이후에 세상 종말이 와서 천주교를 박해하는 죄인들은 모두 멸망하게 될 것이지만 천주교를 믿는 착한 사람들만은 살아남게 될 것이라는 것이다. 그래서 용기를 잃지 말고 끝까지 천주께 의지하면서 착하게 살아가라고 하였다는 것이다.

넷째, 이벽을 꿈속에서 만난 후 정학술은 이벽의 가문과 영웅적 생애에 대해 자세하게 기술하였다. 우선 이벽은 이미 5세부터 신동神童 소리를 들었으며 15세가 되기도 전에 이미 천학天學에 대한 책들을 모두 통달해서 당대의 많은 선비들을 굴복시켰다는 것이다.

다섯째, 이벽은 25세가 되는 1778년에 북경에 사신일행으로 다녀온 홍군사洪軍士에게서『천학전함』을 받은 후 큰 깨달음을 얻었다는 것이다. 여기에서『천학전함』은『천학초함』을 가리키는 말일 것이다. 그래서 그후 광주 원앙산사에 은거하고 있었는데 동료 선비들이 이벽을 만나기 위해 몰려갔으며 이벽이 그들에게「성교요지」를 써줬다는 것이다.

시셰 무술년 이십오 셰라… 부연사 홍군샤로써 텬학젼함을 증슈ᄒᆞ야 몰독 쥬야 ᄒᆞ시드니 스스로 심샹ᄒᆞ야 샤진이 무의ᄒᆞ고 산슈간을 쇼요 쟈방 ᄒᆞ시드라
일도 광주 원앙산샤이 은거ᄒᆞ시민 도우ᄀ 즁도ᄒᆞ니 셩교요지를 하필 ᄒᆞ시드라

→(시세 무술년[1778년] 이십오세라… 부연사[赴燕使] 홍군사로써『천학전함』을 증수[曾受]하여 몰독주야[沒讀晝夜] 하시더니 스스로 심상하여 사진[思盡]에 무의[無疑]하고 산수간[山水間]을 소요 자방[自放]하시더라.
일도 광주 원앙산사에 은거하심에 도우[道友]가 중도[衆到]하니「성교요지」를 하필[下筆]하시더라.)

여섯째, 이듬해인 1779년에는 다른 학자 동료들과 산사에 모였는데 천문, 지리, 의약은 물론 "복술卜術"과 성명지술 등에 대해 통달한 이벽이 거기에 대해 거침없이 주석을 달고 문답을 하여 그 명성이 항간에 널리 알려지게 되었다는 것이다.

일곱째, 이벽이 1784년에 이승훈에게서 한문서학서들을 전해 받은 후 이벽의 부인인 "유한당 권씨"는 그 책들을 우리말로 번역하였는데 그 문장이 수려하여 세상 사람들이 그것을 계속 베껴썼다는 것이다.

여덟째, 이벽의 아버지가 천주교를 금하며 크게 노하자 이벽은 두문불출하였으며, 그 후 득도得道하여 하늘로 승천하였다는 것이다.

> 후 동젹을 감추드니 필경 득도ᄒ야 뉴월십ᄉ일 ᄌ시에 승텬직로ᄒ시다 ᄒ나니라
> →(후 종적을 감추더니 필경 득도하여 유월 십사일 자시에 승천직로[昇天直路] 하나니라.)

좌:「이벽전」표지 / 우: 내용

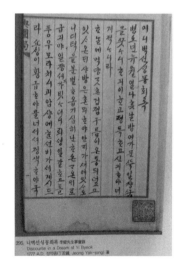

2. 『이벽전』을 근거로 한 기존의 주장들

『이벽전』은 어디까지나 몽회록夢回錄이다. 즉 꿈꾼 것을 적은 소설 같은 이야기다. 그래서 그것을 무조건 사료로 인정해서는 안 된다. 하지만 많은 천주교 측 연구자들은 『이벽전』이 이벽에 대한 또 하나의 중요한 사료라고 열광하였다. 그리고는 『이벽전』에 나오는 내용을 근거로 이벽의 삶과 초기 천주교회에 대한 다양한 주장을 펼쳤다.

첫째, 『이벽전』으로 인해 이벽이 「성교요지」를 지었다는 것이 더욱 확실해졌다는 것이다. 『만천유고』의 한문본 「성교요지」와 한글본 「성교요지」가 발견된 상황에서, 『이벽전』에서까지 이벽이 「성교요지」를 썼다고 되어 있으니 이보다 더 확실한 증거가 없다는 것이다. 그러니 이벽이 「성교요지」를 지었다는 것은 틀림없는 사실이며, 그것을 증언한 『이벽전』은 단순한 꿈 이야기가 아니라 이벽에 대한 확실한 사료라는 것이다.

둘째, 이렇듯 이벽은 1779년의 강학이 있기 1년 전인 1778년에 이미 「성교요지」를 지을 정도로 천주교에 대해 통달하고 신앙심도 대단하였기 때문에 1779년에 열린 강학에서도 다른 학자들에게 천주교를 가르쳐주고 천주교를 신앙으로 받아들일 수 있도록 이끌었다는 것이다.

셋째, 1778년에도 이벽의 동료들이 몰려와 이벽에게서 「성교요지」를 받은 것으로 보나 1779년 강학에서도 이벽으로 인해 강학에 참석한 사람들이 천주교 신앙을 받아들이게 된 것으로 볼 때, 강학은 한 번만 있었던 것이 아니고 여러 차례 있었던 것이 분명하다는 것이다. 그리고 이런 강학들은 단순한 모임이 아니라 일종의 단체였다는 것이다. 즉 이미 그때 우리나라 최초의 신앙 공동체가 결성되었다는 것이다.[1] 그리고 이런 의미에서 볼 때 이벽은 1779년에 있었던 강학을 통해 한국천주교회를 창립

---

1) 변기영, 앞의 책, 243~245쪽; 『간추린 우리나라 천주교회 창립사』, 한국천주교회창립사연구원, 2007, 36~37쪽.

한 "창립성조" 혹은 "창립교조敎祖"라는 것이다.[2]

넷째,『이벽전』에는 1779년에 있었던 강학이 열린 장소가 어디인지 구체적으로 언급되어 있지 않지만 그곳은 경기도 광주에 있는 천진암이 분명하다는 것이다.『이벽전』에서 1778년에 이벽이 은거하다가 자신을 찾아온 다른 선비들에게「성교요지」를 지어 준 곳이 바로 "광주 원앙산사"라고 되어 있기 때문이라는 것이다. 그런데 광주 원앙산사가 바로 광주 앵자산에 있는 천진암이라는 것이다. 그러므로 이벽이 1778년에「성교요지」를 지어 다른 선비들에게 준 장소인 동시에 1779년 강학이 열렸던 천진암이야말로 한국천주교회의 발상지라는 것이다.[3]

다섯째,『이벽전』의 내용으로 볼 때 이벽이 살아 있을 때부터 세상을 떠난지 60년 후 정학술이『이벽전』을 지을 때까지 천주교 신자들은 모두 이벽을 위대한 도사로, 종교 창시의 큰 스승으로 모셨다는 것이다. 즉 도포를 입으신 성현도사로 모셨다는 것이다. 그런데 프랑스 선교사들이 우리나라에 와서 한국천주교회의 기원사를 쓰고 그것을 다시 우리말로 번역하는 과정에서 그 의미가 퇴색되고 그 의미를 제대로 전달하지 못 하였다는 것이다. 그러니 한국천주교회의 창립성조인 이벽의 원래 위치를 되찾아야 한다는 것이다.[4]

여섯째,『이벽전』의 내용으로 볼 때 이벽의 부인 권씨의 호號가 "유한당"인 것이 확실하다는 것이다. 그리고 유한당이 한문서학서들을 한글로 번역하고 필사하였으며 이것을 세상사람들이 다시 필사하면서 전하였다는 내용이『이벽전』에 나오는 것으로 볼 때, 다른 초기 천주교회 주역들의 부인들도 이와 비슷한 활동을 하였을 것이 분명하다는 것이다. 그래서 신유박해 때 많은 부녀자들과 동정녀들이 순교할 수 있었던 것도 바로 유

---

2) 변기영,『한국천주교회 창립사 논증』, 158쪽.
3) 같은 책, 243~245쪽.
4) 같은 책, 150~151쪽.

한당 권씨를 비롯한 초기 천주교회 주역들의 부인들의 활약 때문이었다는 것이다.

3. 그동안 밝혀진 『이벽전』의 문제들

하지만 이런 주장들과 『이벽전』의 내용들은 근본적으로 많은 문제가 있었다. 그것을 정리하여 소개하면 다음과 같다.[5]

1) 이벽을 시한부 종말론자로 만들었다

이벽이 미래에 대해 예언하였다는 내용 중에는 시한부 종말론자들의 주장과 통하는 내용이 있다. 그 내용대로 하자면 이벽은 시한부 종말론적인 시각을 가진 사람이 된다. 그래서 실제로 이런 『이벽전』의 내용 때문에 '이벽을 비롯한 천주교 신자들이 『정감록』과 통하는 생각과 시한부 종말론적인 생각을 가지고 있었다'는 주장이 제기되기도 하였다.[6]

2) 이벽의 가문에 대한 내용들이 실제 사실과 다르다

『이벽전』에서는 이벽이 고려시대 이제현李齊賢(1287~1367)의 후손이자 조선시대 이항복李恒福(1556~1618)의 후손이라고 하였다. 하지만 이것은 사실이 아니다. 이벽은 이제현과 이항복의 후손이 아니다. 이벽은 그들과 똑같은 경주 이씨이지만, 이제현의 조부 때부터, 즉 이벽이 태어나기 500~600년 전부터 갈라져 나온 다른 계열에 속한다.[7]

---

5) 윤민구, 『한국 천주교회의 기원』, 277~288쪽 참조.
6) 백승종, 「조선후기 천주교와 『정감록』: 소문화집단의 상호작용」, 『교회사연구』 제30집, 한국교회사연구소, 2008, 9~10쪽, 23~32쪽.
7) 윤민구, 앞의 책, 550쪽 참조.

3) 국내외 어떤 문헌에서도 찾아볼 수 없는 내용들이 많다

이벽이 『천주밀험기』를 지었다는 등의 내용들은 초기 천주교회의 문헌들과 초기 순교자들의 증언 및 문초기록 어디에도 찾아볼 수 없다. 또한 1846년을 전후로 활동하였던 김대건 신부나 다블뤼 주교 등이 남긴 문헌과 자료들, 그리고 다른 순교자들과 천주교 신자들의 증언이나 전승에서도 전혀 찾아볼 수 없다. 따라서 이런 『이벽전』의 내용을 그대로 받아들일 수 없다.

4) 이벽을 예수님처럼 하늘로 승천한 사람으로 만들었다

『이벽전』에는 이벽이 득도를 한 뒤 홀연히 하늘로 사라졌다고 되어 있다. 이런 내용대로라면 이벽은 예수님처럼 하늘로 승천한 사람이 된다.

5) 『이벽전』대로라면 1779년 강학에서 천주교를 연구하지 않았다. 오히려 "복술(점술)"을 연구하였다

『이벽전』에는 1779년 강학에서 "천주교를 연구하였다"는 이야기가 전혀 없다. 오히려 천문학, 지리, 의약과 "복술(점술)" 등을 연구하였다고 되어 있다. 그리고 거기에 대해 통달한 이벽이 천상유수같이 문답을 주고받고 주석까지 달아 그 명성이 자자하게 되었다고 되어 있다.

> 긔히 시셰 니십뉵 셰시 현우 면학 위샹ᄒ야 즁집산샤ᄒ니 공이 긔학 다 박ᄒ야 텬문 디리 의약 복슐 셩명지슐이 달통치 아니ᄒ미 업스니 쥬답 ᄒ기 여류슈ᄒ고 긔문이 화ᄀ여총림라 향근의 널리 긔 명셩이 젼숑 디드라
> →(기해[己亥: 1779년] 시세 이십육세시 현우[賢友] 면학 위상하여 중집산

사[衆集山寺]하니 공이 기학다박하여 천문 지리 의약 복술 성명지술에 달통치 아니함이 없으니 주답[註答]하기 여유수[如流水]하고 기문[其文]이 화[花]가 여총림[如叢林]이라 항간에 널리 기명성[其名聲]이 전송되더라.)

따라서 『이벽전』을 근거로 1779년 강학이 천주교 모임이었다든가, 거기에서 이벽이 다른 학자들에게 천주교를 가르쳐주고 그들이 천주교 신앙을 받아들이는 데 결정적인 역할을 하였다고 주장하거나 강학이 한국 천주교회의 기원이 되었다고 주장할 수 없다.

6) 『이벽전』의 산사山寺를 천진암이라고 주장할 수 없다

『이벽전』에는 1779년에 열린 강학에서 천주교를 다루었다는 것이 전혀 언급되어 있지 않은데도, 그리고 천진암에 대한 아무런 언급이 없는데도 『이벽전』을 근거로 1779년에 강학이 열렸던 장소가 천진암이라고 주장하면서 천진암이 한국천주교회의 발상지라고 말할 수는 없다.

7) 이벽이 홍대용에게서 천주교 서적들을 얻어보았을 가능성은 매우 희박하다

『이벽전』에서는 이벽이 1778년에 "홍군사"에게서 『천학전함』을 받아 읽은 후 천주교에 대한 깊은 깨달음을 얻었다고 되어 있다. 그래서 마치 이벽이 홍대용洪大容(1731~1783)에게서 한문서학서들을 받은 것처럼 말하지만 그럴 가능성은 매우 희박하다. 홍대용은 노론쪽 인물이고 이벽과 그의 집안은 남인에 속하기 때문이다.[8]

---

8) 『한국천주교회 창설주역의 천주신앙』 I, 천주교 수원교구 시복시성위원회, 2011, 157쪽.

8) 이벽을 첫째 부인이 죽기 전에 간음죄를 지은 사람으로 만들었다

『이벽전』을 보면, 이벽이 1784년(갑진년) 3월(음력)에 이승훈에게서 천주교 서적들을 전해받자 그 부인인 유한당 권씨가 그것들을 한글로 번역하여 필사하였다고 되어 있다.

> 갑진년 시셰 삼십일 셰시 춘삼월 모일 니만텬 증우 서학범 텬쥬실 칠극 등 셔젼함슈지ᄒᆞ야 니공 ᄂᆡ쟈 권씨 류한당씨서 언역졍샤ᄒᆞ니 려문졍 치ᄒᆞ고 셰샤ᅵ 젼샤ᄃᆡ더라
> →(갑진년 시셰 삼십일셰시 춘삼월 모일 이만천 증우 서학범 천주실(의), 칠극 등 서전함 수지하여 이공 내자 권씨 유한당께서 언역 정사하니 여문 정치하고 세사에 전사되더라.)

사실 이벽의 부인의 호號가 "유한당"인지는 알 수 없다. 족보에는 이벽의 첫째 부인이 "권權씨"라고만 되어 있다. 그리고 어디에도 이벽의 첫째 부인 권씨가 "유한당"이라고 불린다는 기록이나 전승이 없다. 그런데 『이벽전』에서 이벽의 부인 권씨를 "유한당"이라고 한 것이다.

하지만 여기에서 가장 문제가 되는 것은 위의 내용대로라면 이벽은 간음죄를 저지른 것이 된다는 것이다. 족보에는 이벽이 1785년에 사망한 것으로 되어 있다. 그리고 이벽의 아들 이현모李顯謨는 이벽이 죽기 바로 전해인 1784년(갑진년)에 태어난 것으로 되어 있다. 이현모를 낳은 사람은 이벽의 첫째 부인 권씨가 아니다. 족보를 보면, 이벽의 첫째 부인 권씨는 "무육无育"으로 되어 있다. 즉 아이를 낳거나 기른 적이 없다는 뜻이다. 이런 사실을 볼 때 이현모를 낳은 사람은 이벽의 둘째 부인인 해주海州 정鄭씨가 확실하다. 그렇다면 이벽의 둘째 부인은 언제 이현모를 임신하였던 것일까?

이현모가 1784년 몇 월에 태어났는지는 정확히 알 수 없다. 최대한 늦

게 잡아 1784년 12월에 태어난 것으로 하더라도 이벽의 둘째 부인이 이 현모를 임신하게 된 것은 아무리 늦어도 1784년 3월이 된다. 그런데『이 벽전』에는 이벽의 첫째 부인인 권씨가 1784년 3월에 이승훈이 가져온 천 주교 서적들을 우리말로 번역하고 필사하였다고 되어 있다. 따라서 이 내용대로 하자면, 이벽은 첫째 부인인 권씨가 멀쩡하게 살아서 열심히 천주교 서적들을 우리말로 번역하고 있는 상황에서 자신은 둘째 부인을 취하고 아이까지 갖게 하였다는 이야기가 된다.

18세기 조선의 선비가 첫째 부인이 살아 있을 당시 둘째 부인을 얻었다는 것이 무슨 문제가 되냐고 말할 수 있을 것이다. 하지만 그것이 이벽의 경우라면 문제는 다르다.『이벽전』의 내용대로 하자면 이벽은 이미 1778년에 홍군사에게서『천학초함』을 전해받았고「성교요지」를 지을 정도로 천주교에 대한 지식과 열의가 대단한 사람이었다. 이것은 곧 1778년에 이벽이 이미『천학초함』속에 들어 있는『칠극』과『천주실의』와 같은 한문서학서들을 두루 섭렵하고 거기에 나오는 천주교의 가르침을 철저히 따랐다는 이야기다. 문제는『칠극』에서는 철저히 일부일처제를 지켜야 한다고 가르치고 있다는 사실이다.

> 천지가 처음 열렸을 때 하느님은 먼저 만물을 만든 뒤에 마침내 한 사람의 남자와 한 사람의 여자를 만들고는, 남자는 아담이라고 이름지어 주고, 여자는 하와라고 이름지어 주었습니다. 그리고 (이들을) 인류의 조상으로 삼으면서 이들에게 "너희 부부 두 사람은 하나의 몸이다"라고 하였습니다.

> 하느님이 짝지어 준 것을 사람이 나눌 수는 없습니다. …(중략)… 하느님은 다만 한 지아비가 한 지어미만을 짝하도록 하였습니다. 한 사람과 한 사람이 짝을 이루는 것이 바른 예법이라는 명확한 증거입니다. 그리고 이것은 바로 하느님이 사람을 만들어낼 때 정해놓은 바른 길입니다. 그러니 이외의 모든 것은 전부 바르지 않은 음란함입니다.[9]

그뿐만이 아니다. 『칠극』에서는 부인이 자식을 낳지 못 하는 경우라 할지라도 대代를 잇기 위해 다른 여자를 들이지 말라고 가르치고 있다.

> 어떤 사람이 …만약 본부인에게서 자식을 보지 못 한 사람이 제사를 끊는 불효를 저지르게 될까 걱정하여 후사를 낳기 위한 목적으로 다시 아내를 맞아들인다면, (이는) 도리를 거스르는 일이 아닐 듯합니다"라고 하기에 나는 다음과 같이 이야기해 주었다.

> 아닙니다. …(어떤 사람이 두 아내를 맞아들였다면 이는) 그가 바름을 지키지 못 한 때문이지, 어찌 효를 위해서 한 일이겠습니까? (그는) 다만 도덕의 힘이 부족하였기 때문에 효라는 이름을 훔쳐서, 이로써 음란한 마음을 꾸몄고, (자식이 없는 것이) 불효라는 죄를 빌려와서 이를 거리낌없이 욕망을 즐기는 죄에서 벗어날 구실로 삼았습니다. …(중략)…

> 옛말에 "자그마한 악한 일도 해서는 안된다"는 것이 있는데, (이는) 그렇게 함으로써 큰 선을 이룰 수 있기 때문일 것입니다. 그런데 자식을 얻는 자그마한 이익 때문에 음욕이라는 큰 죄를 저지를 수 있겠습니까?

> 그리고 사람이 자식을 갖지 못 하는 것이 어찌 반드시 모두 아내 때문이겠습니까? 아마 그 가운데는 남편 때문에 (자식을 갖지 못 하는 일도 있을 것입니다.) 더욱이 여인은 타고난 바탕이 남자보다 약합니다. 그래서 그들은 남자보다 훨씬 더 자식을 얻어 그들에게 보호받고 싶어합니다.

> 그런데 만약 남편에게 자식이 없기 때문에 아내가 다른 남자에게 시집가려고 한다면, (사람들은) 반드시 이상스러운 일로 여길 것입니다. 그렇다면 아내가 아이를 낳지 못 하기 때문에 남편이 마침내 다른 여인을 아내로 맞아들이는 것을 어찌 이상스러운 일로 여기지 않을 수 있겠습니까? 가령 몸은 하나인데 머리는 둘인 것이 있고, 또 머리는 하나인데 몸은 둘인 것이 있다고 합시다. 그것들이 괴물임에 무슨 다를 것이 있겠습니까?[10]

---

9) 빤또하, 박유리 역, 『칠극』, 일조각, 1998, 368쪽.

따라서 『이벽전』의 내용대로 하자면, 이벽은 일찍이 이런 내용이 나오는 『칠극』을 비롯한 천주교 서적들을 읽고 동료 선비들에게 「성교요지」까지 지어줬으면서도, 1784년 3월에 자신의 부인이 한문서학서들을 열심히 우리말로 번역하는 상황에서 또 다른 부인을 얻고 아이까지 임신하게 한 사람이 되는 것이다. 즉 겉으로는 대단한 천주교 신앙인인 척 행동하면서 실제로는 천주교에서 가장 중요하게 생각하는 죄 중에 하나인 간음죄를 충분히 알면서도 저질렀다는 이야기가 된다.

한편 황사영이 쓴 『백서』를 보면, 이벽은 북경으로 떠나는 이승훈에게 북당을 가면 서양 선교사들을 만나 천주교에 대해 자세히 알아보고 천주교 서적들을 구해오라고 부탁하였다. 그런데 우여곡절 끝에 이승훈이 북경교회에서 세례를 받고 돌아올 때 북당의 서양 선교사들은 이승훈에게 '결코 부인을 두고 다른 여자를 취하지 말라'고 신신당부하였다. 그리고 이승훈은 절대 그러지 않겠다고 굳게 약속하였다.[11]

이런 사실을 볼 때 북경에서 돌아온 이승훈은 자기를 기다리는 이벽에게 북경에서 구해온 천주교 서적들을 전해주면서 북경의 선교사들이 자신에게 당부했던 이야기를 말해주었을 것이다. 따라서 『이벽전』의 내용대로 하자면 이벽은 북경에서 돌아온 이승훈에게서 그런 이야기를 들었으면서도 실제로는 북경의 서양 선교사들이 알려준 천주교회의 지침을 어기고는 첫째 부인이 버젓이 살아 있는데도 둘째 부인을 취하고 아이까지 갖게 하였다는 이야기가 된다.

설령 이벽이 북경에서 돌아온 이승훈에게서 그런 이야기를 듣지 못 하였더라도 사정은 마찬가지다. 이승훈이 북경에서 가져온 한문서학서들 중에는 『성경직해』와 『성경광익』, 『성년광익』 등이 있다. 그런데 그런 책에서는 더욱더 강력하게 부인이 있는데 다른 여자를 얻지 말라고 말하

---

10) 빤또하, 같은 책, 374~376쪽.
11) 『달레』 상, 306쪽.

고 있다. 더욱이 달레의 『한국천주교회사』에 따르면, 이벽은 이승훈이 북경에서 가져온 그런 책들을 밤낮을 가리지 않고 읽은 후 천주교 교리에 대해 알게 되었다고 말하고 있다.

따라서 이런 기록에 따르면, 이벽은 이승훈이 북경에서 가져온 한문서학서들을 통해 더욱 확실하게 천주교에서 얼마나 축첩제도를 금하고 있는지를 인지하게 되었다는 것을 알 수 있다. 하지만 『이벽전』의 내용대로 하자면 이벽은 그런 한문서학서들을 통해 천주교에서 축첩제도를 강력하게 금한다는 사실을 충분히 인지하고 있었으면서도 불구하고 정작 자신은 정실 부인을 놔두고 둘째 부인을 얻었다는 이야기가 된다. 그것도 이승훈이 가져온 한문서학서들을 열심히 필사하며 한글로 번역하는 작업까지 하는 정실 부인을 놔두고 말이다.

더욱이 『이벽전』의 내용대로면, 이벽은 친구인 이승훈에게 북경에 있는 천주교 신부들을 찾아가서 천주교에 대해 물어보고 천주교 서적들을 가져오라고 부탁을 해놓고는 이승훈이 북경에 가 있는 사이에 자신은 본처를 버리고 다른 여자를 얻고 아이까지 갖게 하였다는 이야기가 된다.

이렇듯 『이벽전』의 내용을 있는 그대로 받아들일 경우 여러 가지 문제가 발생하게 되자, 『이벽전』을 이벽에 대한 사료라고 굳게 믿는 사람들은 또 다른 주장을 하였다. 이벽의 아들 이현모가 1784년 여름에 태어났다는 것이다.[12] 하지만 그 주장대로 하면 더 우스운 이야기가 된다.

이 주장대로라면 이벽의 둘째 부인이 임신하게 된 것은 아무리 늦어도 1783년 10월 전후가 된다. 즉 이승훈이 북경으로 떠나기 전이다. 그런데 이벽이 간음죄를 범하지 않기 위해서는 이벽의 첫째 부인 권씨는 아무리 늦어도 1783년 10월 이전에 세상을 떠난 상태가 되어야 한다. 하지만 그리되면 이미 1년 전에 세상을 떠난 첫째 부인 권씨가 1784년 3월에 이승

12) 김학렬, 앞의 글, 139~140쪽.

훈이 가져온 천주교 서적들을 우리말로 번역하고 필사하였다는 말도 안되는 이야기가 된다.

이런 모순이 드러나자 그들은 또 다른 주장을 하였다. 이벽의 부인이 『이벽전』에 나오는 대로 유한당 권씨인 것도 맞고, 유한당이 한학漢學 지식이 뛰어나 천주교 서적들을 우리말로 번역하고 베낀 것도 확실한데, 유한당이 사망한 시기는 1784년 이후가 아닌 1771년~1775년 이전이라는 것이다. 그때 유한당은 10대 후반이나 20세 정도 되었는데 자식 없이 오랜 병을 앓다가 세상을 떠났다는 것이다. 그러면서 유한당 권씨가 자식을 낳지 못 하고 일찍 죽게 된 이유에 대해 기상천외한 주장을 펼쳤다.

즉 유한당 권씨가 자식 없이 세상을 떠난 것은 이벽이 천진암이 있는 산에 입산하여 학문에 전념하느라 불교의 출가승처럼 가정을 돌보지 않았기 때문이라는 것이다. 그래서 이벽의 장인이 무척 화가 났으며, 부인인 유한당 권씨는 오매불망 남편인 이벽만을 기다리다 아기를 낳아보지도 못 하고 길러보지도 못 한 채 몸이 허약해져서 오랫동안 병을 앓다가 죽었다는 것이다.

그런데 유한당 권씨가 자식도 낳아보지 못 하고 죽게 되자 이벽의 장인인 권엄은 크게 진노하게 되고 이벽에 대한 원한을 가지게 되었다는 것이다. 자기 딸이 아기도 낳지 못 하고 죽게 된 것은 자기 딸이 불임여성이어서가 아니라 사위인 이벽이 산에만 머물면서 다른 젊은 선비들과 함께 천학에만 몰두한 채 집으로 오지 않았기 때문이라고 생각하였다는 것이다. 그래서 사위인 이벽을 심하게 원망하고 천주교에 대한 증오가 심해져서 1785년에 을사추조사건으로 박해가 났을 때 장인 권엄이 앞장서서 천주교를 박해하게 되었다는 것이다.

1771년 전후 사망 추정. 병조판서까지 한 권엄의 딸 유한당 권씨는 판서집 양반대가의 딸로서 이미 소녀시절에 한학(漢學) 지식이 충분하여, 20세 전후 사망 전에 천학서적(天學書籍)을 언역정사(諺譯淨寫)하는데 충분한 자질을 갖춘 여성이었다….

이벽 성조께서는 당시 관습에 따라 15세경에 포천 출신 병조판서 권엄의 딸과 혼인하였는데 당시 양반집의 면학하는 선비들 관습대로, 바로 천진산(天眞山)에 입산하여 학문에 전념하느라 불교의 출가승처럼 가정을 돌보지 않아, 처갓집 특히 장인의 노여움을 샀으며, 부인 안동 권씨는 무육(无育이라고 족보에 기재), 즉 아기를 낳아보지도 못 하고 길러보지도 못하고 몸이 허약해져서 일찍 10대 후반, 적어도 1775년 이전 20세경에 오랜 병으로 앓다가 광주 두미에 있던 광암공의 자택에서 세상을 떠났다.

그러나 항상 남의 말을 하기 좋아하는 세간에서는 안동 권씨를 아기 못 낳는 여자로 이야기하였고, 처갓집의 장인 장모에게 자기 딸(안동 권씨)이 아기를 낳지 못 하는 불임여성이라는 말은 큰 수치로서 장차 집안의 다른 여아(女兒)들 출가에도 남들이 꺼려하는 단점이 되는 이유로서, 자손을 보는 것이 중요한 사회였기 때문이다.

그래서 처갓집에서는 안동 권씨가 아이 못 낳는 불임여성이 아니라, 사위 광암공이 입산하여 천학도장(天學道場)에만 주로 머물면서 젊은 선비들과 함께 천학(天學)이라는 도(道)에만 푹 빠져서 거기에 몰두하느라 하산(下山) 귀가하는 날이 없이 가정을 소홀히 하였기 때문이었다고 믿고 있었으므로 사위 광암공에 대한 원망과 천주교에 대한 증오가 심하였다. 즉 자기 딸을 돌보지 않아 아기도 낳아보지 못 하게 하였고 또 일찍 죽게 한 것이 모두 천주교 때문이었고, 천주교에 심취한 사위 광암공 때문이었다고 확신하였기 때문에, 딸이 죽고나서 광암공이 재취한 후 겪는, 최초의 박해인 을사년박해(乙巳年迫害) 초기부터 장인 권엄은 박해자들의 주동인물 중 하나로 참가하여 앞장섰다.[13]

하지만 이런 주장은 결국 『이벽전』의 내용이 더욱 믿을 수 없는 것이

---

13) 김학렬, 앞의 글, 140~141쪽; 변기영, 『간추린 우리나라 천주교회 창립사』, 31~32쪽 참조.

라는 것을 스스로 증명해주는 주장에 불과하다. 이미 1771년~1775년 이전에 죽은 유한당 권씨가 그로부터 10여 년 후인 1784년 3월에 이승훈에게서 받은 천주교 서적들을 필사하고 우리말로 번역하고 있었다고 『이벽전』에서는 주장하니 말이다.

게다가 그 주장대로 하자면 천주교 때문에 수도승같이 사느라 첫째 부인인 유한당 권씨가 외로움에 지쳐 병으로 일찍 죽게 했던 이벽이, 이승훈을 북경에 보낸 후 초조하게 기다리던 너무도 중요한 시기에는 혹은 이승훈이 돌아온 후 그에게서 받은 천주교 서적들을 밤낮없이 공부하느라 정신없던 그 시기에는, 무슨 생각이 들었는지 새로운 부인을 맞아 아이를 임신까지 시킨 이상한 사람이 된다.

결국 이리저리 온갖 궤변을 늘어놓아도 이벽은 이상한 사람이 되고 마는 것이다. 한마디로 어떤 이유를 둘러대도 『이벽전』의 내용은 사실일 수가 없는 것이다. 이런 사실들만으로도 『이벽전』은 이벽에 대한 믿을 수 있는 사료가 될 수 없다. 그래서 필자를 비롯한 몇몇 연구자들이 좀 더 신중하게 『이벽전』을 검토하고 조사해야 한다고 주장하곤 하였다.

하지만 『이벽전』에 열광하였던 사람들은 그동안 전혀 귀기울이지 않은 채 『이벽전』을 근거로 새로운 역사 만들기에 바빴다. 그러나 이제는 『이벽전』을 다시 생각해야 한다. 그 이유를 지금쯤이면 이미 눈치챈 사람들이 많을 것이다.

4. 『이벽전』이 사기인 이유

이제 『이벽전』을 다시 생각해야 하는 이유는 크게 세 가지다.

첫째, 무엇보다도 그 내용 중에 '이벽이 1778년에 자신의 동료들에게 「성교요지」를 써서 나눠주었다'고 되어 있기 때문이다. 그것도 『만천유

고』의 한문본 「성교요지」와 한글본 「성교요지」처럼 '이벽이 『천학초함
(천학전함)』을 읽은 후에 썼다'고 되어 있기 때문이다.

앞에서 이미 살펴보았듯이 「성교요지」는 이벽이 쓴 글도 아니고 다른
천주교 신자가 쓴 글도 아니다. 두 개의 한문본 「성교요지」는 모두 개신
교 성서를 대충 한두 번 읽어본 사람이 의도적으로 다른 사람에게 사기치
기 위해 만든 글이다. 그래서 개신교 용어들이 상당수 등장하고 개신교
교리에 입각한 개신교식 표현들도 등장한다. 그리고 성서 내용과 맞지 않
는 내용들이 상당히 많이 나올 뿐만 아니라 가장 기본적인 천주교 교리에
도 어긋나는 내용들이 많이 나온다. 심지어 개신교 교리에도 어긋나는 내
용들도 나온다. 따라서 두 개의 한문본 「성교요지」는 모두 이벽이 지은
글도 아니며 『천학초함』이나 『천학전함』을 읽고 쓴 글도 아니다.

한글본 「성교요지」는 한문본 「성교요지」를 보고 대충 우리말로 옮겨
쓴 것인데 워낙 성서와 그리스도교에 대한 기본 지식조차 없는 사람이 쓰
다 보니 그 내용이 원래의 한문본 「성교요지」와도 안 맞고 처음부터 끝까
지 거의 코미디 수준의 엉터리 내용들로 가득 채워져 있다. 따라서 한글
본 「성교요지」 역시 이벽이 쓴 글일 수 없다.

요컨대 「성교요지」는 그것이 한문본이든 한글본이든 간에 모두 이벽
의 글일 수도 없고 『천학초함』이나 『천학전함』을 읽고 쓸 수 있는 글도
아니다. 모두 의도적으로 다른 사람들을 속이고 사기치기 위해 쓴 글이
다. 그것도 아무리 빨라도 1931년 이후에 쓰여진 글이다.

문제는 이런 「성교요지」를 『이벽전』에서는 이벽이 1778년에 『천학전
함』을 읽은 후에 지었다고 되어 있는 것이다. 다시 말해서 『만천유고』의
한문본 「성교요지」와 한글본 「성교요지」에서 말하는 것과 똑같은 이야
기를 하고 있는 것이다.

이것은 곧 『이벽전』 역시 전혀 믿을 수 없는 글이라는 뜻이다. 더 나아
가서 『이벽전』도 결국은 의도적으로 다른 사람들을 사기치기 위해 만들

어진 글이라는 이야기다. 그리고 『이벽전』을 쓴 사람은 『만천유고』의 한 문본 「성교요지」를 만든 사람이나 한글본 「성교요지」를 만든 사람과 모종의 관계가 있을 가능성이 크다는 뜻이다. 더 나아가서 아무리 빨라도 1931년대 이후에나 알 수 있는 「성교요지」의 존재를 『이벽전』에서 언급하고 있다는 것은, 『이벽전』 역시 아무리 빨라도 1931년 이후에 만들어진 글이라는 뜻이다.

둘째, 『이벽전』이 의도적으로 다른 사람들을 사기치기 위해 만들어진 글이라는 것을 보여주는 또 다른 증거가 있다. 『이벽전』을 보면, 그것을 처음 쓴 사람이 정학술이라고 하였다. 정학술이 1846년 어느 날 밤 이벽을 만나는 꿈을 꾸고 난 후 이벽이 꿈에서 들려준 이야기를 받아적은 것이라고 되어 있다. 하지만 우리나라에 개신교가 들어온 이후에 지어진 「성교요지」에 대한 이야기를 개신교가 들어오기 약 40년 전인 1846년에 이벽이 정학술의 꿈에 나타나 들려주었다는 것은 말이 안 된다. 이것 역시 의도적으로 다른 사람들을 사기치기 위해 동원된 또 하나의 장치였던 것이다.

셋째, 『이벽전』을 다시 생각해야 하는 또 한 가지 이유는 『이벽전』 말미에 다음과 같은 부기가 붙어 있기 때문이다.

> 뎡유 뎡아오스딩셔우등셔졍이라
> →(정유 정아오스딩 셔우등셔졍이라.)

즉 한글본 「성교요지」처럼 『이벽전』도 정유년에 "뎡아오스딩"이라는 사람이 필사했다고 되어 있는 것이다. 그동안 이것을 근거로 '『이벽전』을 정유년(1777년)에 정약종 아오스딩이 필사하였'고 주장한 사람도 있었다.[14] 물론 이것은 근본적으로 맞지 않는 주장이었다. 『이벽전』은 정학

---

14) 소재영, 「니벽선생몽회록 자료해제」, 『숭실어문』 제1권, 숭실대학교 국어국문학회, 1984, 216

술이라는 사람이 1846년에 기술한 것으로 되어 있는데, 그때는 이미 정약종이 순교한 지 45년이나 흐른 시기이기 때문이다. 정약용이 필사할 수도 없다. 『이벽전』에는 정약용이 세상을 떠난 1836년 이후의 사건에 대해서도 언급하고 있기 때문이다.

이제 『이벽전』이 거짓 자료라는 것이 드러난 이상 이것 역시 『이벽전』을 진짜 천주교 자료인 것처럼 보이게 하기 위한 또 하나의 위장 수법이라는 것을 알 수 있다. 그리고 이런 사실들을 볼 때 『이벽전』을 지은 사람과 필사한 사람은 결국 동일 인물이라고 봐야 한다.

그런데 『이벽전』에서도 한글본 「성교요지」처럼 "뎡아오스딩이 베껴 썼다"는 부기가 첨부된 것을 볼 때 『이벽전』을 쓴 사람과 한글본 「성교요지」를 쓴 사람은 동일 인물이거나 매우 긴밀한 관계였을 가능성이 크다는 것을 다시 한 번 확인할 수 있다. 단지 한글본 「성교요지」에서는 여기에다 "약현서실"이라는 말을 첨부함으로써 마치 정약종이 필사한 것처럼 꾸몄고, 『이벽전』에서는 정학술이 정약종이나 정약용과 같은 나주 정丁 씨라고 함으로써 꿈에서 이벽을 만나 후 이벽전을 쓴 사람이 마치 정약종이나 정약용인 것처럼 꾸몄던 것이다.

하지만 한글본 「성교요지」와 『이벽전』 모두 똑같이 "아오스딩"이라고 쓴 철자법으로 볼 때 『이벽전』 역시 한글본 「성교요지」처럼 기본적으로 1920~1930년대 이후에 만들어진 글이라는 것을 다시 한 번 확인할 수 있다. 그런데 『이벽전』의 내용을 보면 『이벽전』이 언제 만들어진 글인지를 좀 더 구체적으로 알 수 있는 또 다른 실마리가 나온다.

앞에서 보았듯이 『이벽전』에는 마치 이벽이 1778년에 북경에 갔던 홍대용에게서 『천학전함』을 받아 읽은 후 천주교에 대한 깊은 깨달음을 얻은 것처럼 되어 있다. 물론 홍대용이 동지사 일행으로서 북경을 방문하였

쪽; 김옥희, 「광암 이벽 가족과 후손의 천주 신앙」, 『한국 천주교회 창설주역의 천주신앙』 3, 72쪽.

던 것은 사실이다. 문제는 홍대용이 군관의 신분으로 동지사 일행이 되어 북경을 방문하고 서양 신부들을 만났다는 것이 학계에 널리 알려지게 된 것이 1933년 청구학회 회인인 야마구찌(山口正之)를 통해서라는 것이다. 야마구찌가 「청조淸朝에 있어서의 재지구인在支歐人과 조선사신朝鮮使臣」이란 논문에서 이런 사실을 발표한 이후 학계에 널리 알려지게 되었던 것이다.[15]

이런 사실을 볼 때 『이벽전』이 지어진 시기가 1933년 이후일 가능성이 매우 크다. 다시 말해서 1933년 이후에 야마구찌가 홍대용에 대한 논문을 발표하자 누군가 그 내용을 차용하여 『이벽전』에 '이벽이 홍군사에게서 천주교 서적들을 받아 읽었다'고 썼을 가능성이 매우 큰 것이다.

요컨대 『이벽전』은 「성교요지」를 쓴 사람들, 그 중에서도 특히 한글본 「성교요지」를 지은 사람과 긴밀한 관계가 있는 사람이 1933년 이후 의도적으로 다른 사람들을 속이고 사기치기 위해 만들어 낸 또 하나의 거짓 천주교 자료다. 따라서 이제는 더 이상 『이벽전』을 근거로 이벽이 1778년에 「성교요지」를 썼다는 주장을 한다든가, 그것을 근거로 이벽이 1779년 강학이 있기 전부터 천주교 신앙생활을 하였다느니, 이미 1778년부터 한국 최초의 신앙 공동체가 형성되었다느니 등과 같은 주장을 해서는 안 된다.

어쩌면 『이벽전』과 「성교요지」는 서로가 서로를 더욱 확실하게 증명해주고 보장해주기 위해 만들어진 글일 가능성이 크다. 즉 『이벽전』은 『만천유고』의 한문본 「성교요지」와 한글본 「성교요지」가 진짜 이벽이 쓴 글이라는 것을 더욱 확실하게 해주기 위해 만들어 낸 글이거나, 반대로 『이벽전』의 내용을 증명해 주기 위해 『만천유고』의 한문본 「성교요지」와 한글본 「성교요지」를 만들어 냈을 수도 있다는 것이다. 한마디로

---

15) 한국교회사연구소, 『한국천주교회사논문선집』 제2집, 73쪽, 251쪽; 『한국천주교회 창설 주역의 천주신앙』 I, 천주교시복시성위원회, 157쪽.

완전 범죄를 위해서 만들어 낸 사기극의 산물들인 것이다.

하지만 바로 그 점 때문에 그 세 개의 자료가 모두 가짜라는 꼬리가 잡히게 되었다. 『만천유고』의 한문본 「성교요지」와 한글본 「성교요지」가 가짜 사기극이라는 것이 확실하게 드러난 이상, 그것들과 똑같이 '이벽이 1778년에 『천학전함』을 읽고 「성교요지」를 지었다'고 말한 『이벽전』은 저절로 무너질 수밖에 없는 것이다.

문제는 이것이 『이벽전』과 「성교요지」에만 국한된 이야기가 아니라는 것이다. 고 김양선 목사가 수집하고 기증한 『유한당 언행실록』에도 해당되는 이야기인 것이다. 『유한당 언행실록』은 『이벽전』의 내용이 사실이라는 것을 증명이라도 해주듯이 등장한 또 하나의 초기 천주교 관련 자료다. 따라서 이제 여기에 대해서도 살펴보지 않을 수 없다.

4장

『유한당 언행실록』도 사기다

　　『유한당 언행실록』도 고 김양선 목사가 수집하고 기증한 초기 천주교 관련 자료다. 한글로 되어 있으며 그 내용은 다음과 같이 일반 부녀자들이 갖춰야 할 12가지 덕목에 대한 것이다.

1. 마음 가지는 법
2. 용모 가지는 법
3. 몸 가지는 법
4. 말삼 하는 법(말씀하는 법)
5. 긔거하는 법(기거하는 법)
6. 거가(居家) 하는 법
7. 처녀의 수신하는 법
8. 출가하는 법
9. 가장 섬기는 법
10. 부모와 구고(舅姑) 섬기는 법
11. 자식 교육하는 법
12. 자부 교훈하는 법

『유한당 언행실록』은 저자가 "유한당 권씨"라고 알려져 있다. 책 제목 밑에도 "류한당 권씨 져(류한당 권씨 저著)"라고 되어 있고, 권철신이 쓴 것으로 되어 있는 서문에도 "유한당 권씨"가 쓴 글이라고 명시되어 있다. 그리고 그 내용 중에 "텬쥬(천주)"라는 말이 몇 차례 나온다.

이러한 『유한당 언행실록』은 처음 그 존재가 드러날 당시부터 이벽의 부인 안동 권씨가 쓴 글이라고 알려졌다. 그러나 『유한당 언행실록』을 이벽의 부인 안동 권씨가 쓴 글이라고 보는 데는, 더 나아가 이벽의 부인이 천주교 신자라고 보는 데는 많은 문제가 있다. 이제 거기에 대해서 살펴보고자 한다.

1. 『유한당 언행실록』의 저자가 이벽의 부인 권씨라고 생각했던 이유

1) 『이벽전』에서 이벽의 부인 권씨를 "유한당"이라고 하였기 때문이다

그동안 『유한당 언행실록』의 저자를 이벽의 부인 안동 권씨라고 생각한 이유는 무엇보다도 『이벽전』 때문이었다. 『이벽전』에서 '이벽의 부인 권씨가 유한당'이라고 하였기 때문이었다. 그런데 『유한당 언행실록』에는 "텬쥬(천주)"라는 말이 몇 차례 나오기 때문에 이것을 근거로 '이벽의 부인이 천주교 신자가 확실하다'고 주장하였다.[1]

---

1) 김옥희, 『한국서학사상사연구』, 541쪽: 「광암 이벽 가족과 후손의 천주 신앙」, 『한국 천주교회 창설주역의 천주신앙』 3, 천주교 수원교구 시복시성추진위원회, 2013, 68~73쪽, 86쪽.

2) 부기에 "뎡아우스딩이 수표에서 필사했다"고 되어 있기 때문이다

『유한당 언행실록』의 저자가 이벽의 부인 권씨라고 생각한 또 다른 이유는 내용 말미에 다음과 같은 부기가 적혀있기 때문이었다.

경자납월 뎡아우스딩 서우<u>슈표</u>

즉, 경자년 음력 12월에 뎡아오스딩이 수표에서 필사하였다는 것이다. 여기에서 "뎡아우스딩"이라는 말은 "뎡아오스딩"을 잘못 쓴 것이 틀림없다. "수표"라는 말은 이벽이 살았던 수표교 근처를 연상시키는 말이다. 그리하여 마치 수표교 근처에 살던 이벽의 부인이 『유한당 언행실록』을 썼으며 그것을 이벽과 동시대를 살았던 "뎡아오스딩"이란 사람이 역시 수표교에서 『유한당 언행실록』을 베껴썼다는 것을 암시하는 듯하였다. 그래서 김옥희는 이벽과 동시대를 살았던 정약종(아오스딩)이 경자년인 1780년(경자년) 음력 12월에 『유한당 언행실록』을 필사하였다는 주장을 하였다.2)

3) 숙부인 권철신이 『유한당 언행실록』의 서문을 썼다고 되어 있기 때문이다

『유한당 언행실록』의 저자가 이벽의 부인 권씨라고 생각한 또 하나의 이유는 그 서문 때문이다. 서문을 보면, 서문을 쓴 사람이 『유한당 언행실록』을 쓴 저자에 대해 극찬하면서 『유한당 언행실록』을 책으로 엮어 펴내지 않을 수 없는 이유를 장황하게 설명하고 있다. 그러면서 서문을 쓴 장본인이 누구인지를 다음과 같이 밝히고 있다.

숙부 영가 권철신 작서

---

2) 김옥희, 『한국서학사상사연구』, 529쪽: 「광암 이벽 가족과 후손의 천주 신앙」, 72쪽.

즉 숙부인 권철신이 그 서문을 썼다는 것이다. 그래서 천주교 측 연구자들 중에는 이것을 그대로 받아들여 권철신이 이벽의 부인 안동 권씨의 숙부이며『유한당 언행실록』의 서문을 썼다고 주장하기도 하였다.[3]

이와 같은 세 가지 이유들을 근거로『유한당 언행실록』을 쓴 사람이 이벽의 부인 안동 권씨라고 결론을 지었다. 그런 다음『유한당 언행실록』의 내용으로 볼 때, 유한당은 대단한 천주교 신앙을 가진 인물로서 당시의 종속적인 남녀관계를 뛰어넘는 근대적인 의식세계를 가진 인물이었다고 주장하였다. 더 나아가서는 이러한 유한당과 그가 지은『유한당 언행실록』덕분에 신유박해(1801) 때 많은 여성 천주교 신자들과 동정녀들, 그리고 동정부부와 노비들이 신앙을 지키다 순교할 수 있었다고 주장하였다.

하지만 이제는 이 모든 주장들을 전면 재검토해야 한다. 이미『이벽전』이 다른 사람들을 속이기 위해 만들어진 글이라는 것이 드러난 이상, 과연『유한당 언행실록』이 이벽의 부인 안동 권씨가 쓴 글인지 전면 재검토를 해야 할 뿐만 아니라 그 내용에 대해서도 다시 철저하게 검토해 보아야 한다.

『유한당 언행실록』

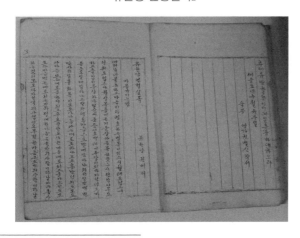

3) 김옥희, 「광암 이벽 가족과 후손의 천주 신앙」, 73쪽.

2. 『유한당 언행실록』이 사기인 이유

1) 『이벽전』처럼 "유한당 권씨"라는 말이 나왔다는 것은 곧 『유한당 언행실록』도 가짜라는 뜻이다

앞에서 살펴보았듯이 『이벽전』은 의도적으로 사기치기 위해 만들어진 글로서 아무리 빨라도 1933년 이후에 만들어진 글이다. 그런 『이벽전』에 '이벽의 부인 권씨가 유한당이며 부녀자들을 위해 천주교 서적들을 우리 말로 번역하고 알리는 데 힘썼다'고 되어 있다. 그런데 마치 그 내용이 맞다는 것을 증명이라도 해주듯이 『유한당 언행실록』에서는 그 저자가 "유한당 권씨"라고 되어 있는 것이다. 다시 말해서 『유한당 언행실록』은 마치 『이벽전』의 내용이 맞다는 것을 증명이라도 해주듯이 나타난 자료인 것이다. 반대로 『이벽전』은 마치 『유한당 언행실록』의 저자가 누구인지 답을 알려주기라도 하듯 나타난 자료였다.

이것은 마치 「성교요지」와 『이벽전』이 서로가 서로를 증명해주기 위해 나타난 것과 비슷하다. 즉 『이벽전』에서 '1778년에 천주교에 통달한 이벽이 동료 선비들에게 「성교요지」를 써서 나눠주었다'는 내용을 입증이라도 해주듯이 『만천유고』의 한문본 「성교요지」와 한글본 「성교요지」가 나타난 것처럼, 『유한당 언행실록』과 『이벽전』도 서로가 서로를 증명해 주기라도 하듯 나타난 자료인 것이다.

따라서 사기를 목적으로 만들어진 『이벽전』에서 이벽의 부인이 "유한당 권씨"라고 되어 있다고 해서 그것을 근거로 『유한당 언행실록』의 저자인 "유한당 권씨"를 이벽의 부인이라고 단정할 수는 없다. 오히려 『이벽전』에서와 똑같이 "유한당 권씨"라는 말이 나왔다는 것은 곧 『유한당 언행실록』도 기본적으로 다른 사람들을 사기치기 위해 만들어진 글일 가능성이 매우 높다는 것을 의미한다. 그리고 똑같이 "유한당 권씨"라는 말이 나오는 것을 볼 때 『유한당 언행실록』을 만든 사람과 『이벽전』을 만든 사람이 매우 긴밀한 관계일 가능성이 대단히 높다. 이렇게 볼 때 『유한당 언행실록』 역시 『이벽전』처럼 아무리 빨라도 1933년 이후에 만들어진 글일 가능성이 매우 크다.

2) "뎡아우스딩이 필사했다"는 것은 곧 『유한당 언행실록』도 사기라는 뜻이다

『유한당 언행실록』 말미에도 한글본 「성교요지」와 『이벽전』처럼 '뎡아오(우)스딩이 필사했다'고 되어 있다는 것은 곧 두말할 것도 없이 『유한당 언행실록』 역시 근본적으로 사기를 목적으로 만들어진 글이라는 뜻이다. 그리고 그 세 개의 글을 만든 사람이 동일 인물이거나 매우 긴밀한 관계일 가능성이 매우 높다. 혹은 서로가 서로의 글을 보고 "뎡아오스딩"이란 부기 형식을 차용했을 가능성도 있다. 즉 똑같이 사기를 목적으로 서로의 글을 보고 지어낸 것인데 마치 천주교 신자가 쓴 것처럼 보이게 하기 위해 똑같이 '뎡아오스딩이 썼다'는 부기 형식을 차용하였을 가능성도 있는 것이다.

세 개의 글의 부기 내용 비교

한글본 성교요지의 부기	… 임신년 뎡아오스딩 등서우약현서실이라.
이벽전의 부기	뎡유 뎡아오스딩 셔우등서경이라.
유한당 언행실록의 부기	경자납월 뎡아우스딩 셔우수표

또 한 가지 문제는 이렇게 『유한당 언행실록』의 부기에서도 '뎡아오스딩이 베껴셨다'는 내용이 등장한다는 것은 곧 『유한당 언행실록』도 사기를 목적으로 만들어 낸 글이라는 것을 의미할 뿐만 아니라 원작자와 필사

자가 결국 동일 인물일 가능성이 대단히 크다는 것을 의미한다는 것이다.

그런데 앞에서 살펴보았지만 한국천주교회에서 우리말로 "아오스딩"이라는 철자법을 쓰기 시작한 것은 아무리 빨라도 1920~1930년 이후다. 이런 사실을 보더라도『유한당 언행실록』역시 한글본「성교요지」와『이벽전』처럼 아무리 빨라도 1931~1933년 이후에 만들어진 글이다. 그런데도 마치『유한당 언행실록』이 이벽의 첫째 부인 권씨가 쓰고 이벽과 가까운 동시대의 인물이 필사한 것처럼 보이도록 하기 위해 "뎡아오스딩이 수표"에서 필사했다는 부기를 써놓은 것이다.

3) 권철신은 이벽의 부인 안동 권씨의 숙부가 아니다

『유한당 언행실록』서문에는 그 서문을 쓴 사람이 자신을 소개하면서 '유한당 권씨의 숙부 권철신'이라고 하였다. 하지만 권철신은 이벽의 부인 안동 권씨의 숙부일 수 없다. 안동 권씨 족보를 보면 권철신과 이벽의 부인 안동 권씨는 이미 13대 이전에 갈라진 집안으로서 서로 항렬도 같다. 그것을 대학자인 권철신이 모를 리가 없으며, 자신을 이벽의 부인 안동 권씨의 "숙부"라고 칭할 리도 없다.

이런 사실을 볼 때『유한당 언행실록』의 서문은 권철신이 쓴 것일 수 없다. 그리고 이런 사실을 볼 때도『유한당 언행실록』이 의도적으로 다른 사람들을 속이기 위해 쓰여진 가짜라는 것을 알 수 있다. 나중에 자세하게 살펴보겠지만 권철신이『유한당 언행실록』의 서문을 쓸 수 없는 이유가『유한당 언행실록』의 내용 곳곳에서 드러난다.『유한당 언행실록』이 다른 사람들을 속이기 위해 만들어진 거짓 자료라는 것은 그 내용들을 보면 더욱 분명해진다.

4) 내용상의 문제점들

(1) 다른 종교 신자들도 할 수 있는 이야기를 "천주"의 말씀이라고 하다

『유한당 언행실록』에는 "천주"라는 용어가 등장한다. 그런데 그 앞뒤 내용은 천주교 신자가 아닌 사람들도 할 수 있는 내용이다. 예를 들면 서문에 나오는 다음 내용은 개신교 배경을 가진 사람도 할 수 있는 이야기다.

> 텬쥬가 텬디를 만드시고…[4]
> →(천주가 천지를 만드시고…)

『유한당 언행실록』에는 '말을 많이 하게 되면 실수를 하게 되니 말을 많이 하지 말고 조심하라'는 내용이 나온다. 그런데 이런 내용은 다른 내훈서에도 나온다.[5] 그런데도 『유한당 언행실록』에서는 그런 이야기를 "천주"가 했다고 하였다.

> 텬쥬쎄서 갈아사대 말을 만히 말나 말이 수다하면 패함이 만타하시니 이 말삼은 물논 남녀로소하고 항상 잇지 말고 생각하면 시비가 업고 랑패가 업고 평생에 유익하나니라 흉한 말은 옴기지 말고 조흔 말만 견주하며 어두운 밤에는 사귀와 도적과 죽이는 일을 이약이하지 아니하며 비와 바람을 탓하지 말며 일월성신을 원망치 말며 의건을 정뎨하고 텬쥬를 공경할지니라[6]
> →(천주께서 갈아사대 말을 많이 말라. 말이 수다하면 패함이 많다 하시니 이 말씀은 물론 남녀노소하고 항상 잊지 말고 생각하면 시비가 없고 낭

---

4) 1쪽. 『유한당 언행실록』에는 원래 쪽수가 표시되어 있지 않다. 상단 좌우에 아라비아 숫자가 표시되어 있지만 이것은 나중에 다른 사람이 가필한 것으로 보인다. 따라서 여기에서는 편의상 쪽수를 앞뒤 면 구별없이 순서대로 임의로 붙였다.

5) 해오름한글서회 편역, 「인효문왕후 내훈(仁孝文皇后 內訓)」, 『녀ᄉ서(女四書)』, 도서출판 다운샘, 2004, 26쪽.

6) 12~13쪽.

패가 없고 평생에 유익하나니라. 흉한 말은 옮기지 말고 좋은 말만 전주하며 어두운 밤에는 사귀와 도적과 죽이는 일을 이야기하지 아니하며 비와 바람을 탓하지 말며 일월성신을 원망하지 말며 의건[衣巾]을 정대하고 <u>천주를 공경할지니라.</u>)

따라서 이런 내용을 근거로 『유한당 언행실록』을 천주교 신자가 쓴 글이라고 말할 수도 없고, 유한당이 천주교 신자였다고 주장할 수도 없다.

(2) 결혼한 후 3일 동안 며느리를 지켜보다 마음에 안 들면 이혼하라고 하다

더 문제가 되는 것은 『유한당 언행실록』에서는 "천주"와 "천주의 법"을 운운하면서도 천주교 신자라면 결코 할 수 없는 이야기를 하고 있다는 사실이다. 우선, 『유한당 언행실록』 본문 중 "출가하는 법"에서는 "천주"를 운운하면서 다음과 같이 말하고 있다.

> 신부 온 지 삼 삭만에 비로소 현사당[7] 한다 하니 이는 다름이 아니라 석 달을 두고 보아서 불민함이 업서야 비로소 내 며느리 노릇할지라. <u>사당에 뵈압고 그러치 아니하면 제 집으로 도로 보내게 하더니 **텬쥬께셔** 모든 법을 셜하신 후부터는 삼 일만에 현사당 하기로 곳치시니라[8]</u>
> →(신부 온 지 삼 삭 만에 비로소 현사당 한다 하니, 이는 다름이 아니라 석 달을 두고 보아서 불민함이 없어야 비로소 내 며느리 노릇할지라. <u>사당에 뵈옵고, 그렇지 아니하면 제 집으로 도로 보내게 하더니, 천주께서 모든 법을 설(說)하신 후부터는 삼 일 만에 현사당 하기로 고치시니라.</u>

"사당"은 조상의 위패를 모신 곳이다. 따라서 위 내용은 결국 당시 조선시대 법에는 결혼식을 올린 후에도 시댁에서 신부의 행동거지를 3개월

---

7) 현사당(見祠堂): 신부가 처음으로 시집의 사당에 절하는 일.
8) 21~22쪽.

동안 지켜본 후에 며느리로서 합당하다 생각하면 조상님의 위패를 모신 사당에 참배를 하게 하고 진짜 며느리로서 받아들이지만 시댁의 눈에 들지 못 하면 도로 친정으로 내친다는 것이다. 그런데 이러한 풍습이 천주교가 들어온 후에는 그 기간을 줄여 3일 동안만 신부가 며느리로서 합당한지 지켜본 후에 합당하다 생각되면 조상님의 위패가 모셔진 사당에 참배하게 하고 정식 며느리로 받아들이지만 시부모 눈에 들지 못 하면 신부를 도로 친정으로 돌려보내는 것으로 개선되었다는 이야기다. 하지만 이러한 내용은 여러 가지 면에서 많은 문제를 안고 있다.

첫째, 무엇보다도 이 내용이 천주교의 가르침과 정면 배치된다는 것이다. 다시 말해서 "천주"와 "천주의 법"을 운운하지만 실상은 그 내용이 천주교의 가르침에 정면으로 위배된다.

천주교에서는 결혼 문제에 대해 아주 엄격하다. 천주교회에서는 결혼은 하느님께서 맺어주신 것이라고 생각한다. 그래서 결혼은 어떤 경우에도 깰 수 없으며 어떤 경우에도 일부일처제를 지켜야 한다고 강조한다. 이것은 천주교 교리 중에서도 가장 중요하게 생각하는 핵심 교리 중에 하나다. 그리고 앞에서 『이벽전』을 다룰 때 살펴보았듯이, 결혼에 대한 이러한 천주교의 엄격한 가르침은 한문서학서인 『칠극』과 『성세추요』등을 통해 일찌감치 조선의 지식인들에게 알려졌다. 그래서 초기 천주교 신자들은 그 가르침을 대단히 중요하게 생각하였다.

『유한당 언행실록』에서 '천주교가 들어온 후에는 결혼식을 치룬 후 며느리를 지켜보는 기간이 3개월에서 3일로 줄었다'고 한 내용은 언뜻 보면 천주교가 들어온 후 매우 개선된 것처럼 보인다. 하지만 결국은 3일 동안 며느리를 지켜보다 마음에 들면 사당에 참배하게 하고 정식으로 며느리로 받아들이지만 며느리가 마음에 안 들면 3일 후에 친정으로 돌려보낸다는 이야기다. 즉 결혼 후 3일 후에 이혼해도 된다는 이야기다. 하지만 천주교에서는 3일은 물론 단 하루라도 그런 유예기간을 둘 수 없다. 일단 결혼을 하면 그것으로 결혼이 성립되는 것이지 그 어떤 유예기간도 없는 것이다.

따라서 『유한당 언행실록』에 나오는 이러한 내용은 천주교 신자라면 결코 할 수 없는 이야기다. 이것은 결국 『유한당 언행실록』을 쓴 사람이 결코 천주교 신자가 아니라는 증거다. 그리고 정말 『유한당 언행실록』을 이벽의 부인 안동 권씨가 쓴 것이라면 이벽의 부인은 천주교 신자일 수가 없다는 뜻이다.

한편 이러한 『유한당 언행실록』의 내용은 『이벽전』의 내용들과도 정면 충돌한다. 만일 『이벽전』에 나오듯이 이벽이 1778년에 홍대용에게서 『천학초함』을 받고 천주교의 가르침을 다 깨닫고 「성교요지」를 지어 다른 지인들에게 나눠주기까지 하였다면, 당연히 이벽은 그때 이미 결혼에 대한 천주교의 가르침을 알고 있었을 것이다. 그리고 당연히 자기 부인에게도 천주교의 가장 핵심적인 교리인 결혼에 대한 가르침에 대해 알려주었을 것이다. 그런데도 이벽의 부인이 이런 글을 썼다는 것은 앞뒤가 맞지 않는다.

설령 이벽이 자기 부인에게 그런 가르침을 알려주지 않았다 하더라도 사정은 마찬가지다. 이벽의 부인 권씨가 『이벽전』에 나오듯이 정말 『칠극』을 비롯한 한문서학서들을 번역하고 필사하였다면 결혼에 대한 천주교의 가르침이 얼마나 엄격한지 잘 알고 있었을 것이다. 즉 이벽의 부인 안동 권씨가 세상을 떠난 시기가 1784년 이후이건 혹은 그보다 훨씬 전이건간에 『이벽전』의 내용대로 이벽의 부인이 정말 『칠극』을 비롯한 한문서학서들을 번역하고 필사하였다면, 이벽의 부인 역시 결혼에 대한 천주교의 가르침에 대해 잘 알고 있었을 것이라는 이야기다.

따라서 『이벽전』의 내용대로라면 결혼에 대한 천주교의 가르침과 정면 배치되는 내용이 들어 있는 『유한당 언행실록』을 이벽의 부인이 쓸 수가 없는 것이다. 한마디로 『이벽전』과 『유한당 언행실록』이 서로 상충되는 이야기를 하고 있는 것이다. 그런데도 이런 내용이 들어 있는『유한당 언행실록』의 저자가 정말 이벽의 부인이라면, 이벽이 이미 1778년에 천주교에 대해 통달하고「성교요지」까지 지었다는『이벽전』의 내용과 이벽의 부인이『칠극』을 비롯한 한문서학서들을 번역하고 필사하며 다른 사람들에게 나눠줬다는『이벽전』의 내용들이 더욱더 거짓이 된다.

더 나아가서 정말로『유한당 언행실록』이 이벽의 부인 권씨가 쓴 것이라면 이벽과 그의 부인의 신앙에 대해서도 재평가해야 한다. 이 내용대로라면, 그들은 천주교의 가장 기본적인 가르침조차 제대로 몰랐다는 이야기가 된다. 그리고 "천주"와 "천주의 법"을 운운하면서도 실제로는 천주교의 가르침과 배치되는 생활을 하였다는 이야기가 된다. 게다가 자신들의 그릇된 생각을 이렇게 글로 써서 다른 사람들에게도 오염시키려고 하였다는 이야기가 된다.

둘째, 이러한 내용이 들어 있는『유한당 언행실록』의 서문을 정말로 권철신이 썼다면 권철신에 대해서도 재평가해야 한다. 왜냐하면 권철신이 썼다고 되어 있는 그 서문에서 유한당 권씨를 다음과 같이 칭송하고 있기 때문이다.

> 류한당 권삐가 견문박학하고 규범 내측이 슈범이든니…[9]
> →(류한당 권씨가 견문박학하고 규범 내측이 수범이더니…)

그러면서『유한당 언행실록』을 펴내는 이유와 목적을 다음과 같이 말하고 있다.

> 범부녀자 이대로 행하면 부덕이 적당하고 숙녀 철부가 되야 남에 문호를 창대하야 주고 나의 이름이 텬추에 류방할 것이니 뎨일 유공하다 하노라[10]

---

9) 1쪽.

→(범부녀자 이대로 행하면 부덕이 적당하고 숙녀 철부[哲夫]가 되어 남의
문호를 창대하게 해주고 나의 이름이 천추에 유방할 것이니 제일 유공
하다 하노라.)

즉 일반 부녀자들이 이 내용대로 하게 되면 아내로서 덕과 지혜를 갖추
게 되어 남의 가문을 빛나게 해주고 자신의 이름도 길이 남게 될 것이라
는 것이다. 이것은 곧 『유한당 언행실록』을 책으로 펴낸 이유가 다른 일
반 부녀자들에게 이 가르침을 널리 알리기 위해서라는 뜻이다.

문제는 그 서문을 권철신이 "을묘년 뉴월 유두일(을묘년 6월 15일)"에
썼다고 되어 있는 것이다. 1736년~1801년까지 살았던 권철신의 생애 중
을묘년은 1795년뿐이다. 따라서 이 내용대로라면 권철신은 『유한당 언행
실록』을 읽고 몹시 흡족하고 감동한 나머지 그 내용이 널리 알려지기를
바라는 마음에서 1795년 6월 15일(음)에 서문을 썼다는 이야기가 된다.

그런데 1795년은 한국천주교회가 탄생한지(1784년) 11년이나 지난 시
기다. 그리고 주문모 신부가 우리나라에 들어온 지 6개월이 되던 시점이
다. 그런 시기에 권철신이 '결혼식까지 치룬 신부를 3일 동안 두고 본 다
음에 며느리로서 마음에 들면 사당에 참배하게 한다'는 내용이 들어 있는
『유한당 언행실록』에 깊이 동의하며 그런 내용이 널리 알려지기 바라는
서문을 썼다고 되어 있는 것이다.

따라서 만일 그 서문을 정말 권철신이 쓴 것이라면 권철신은 그 서문을
쓰던 1795년 6월 15일(음)까지도 천주교의 가장 핵심적인 가르침을 모르
고 있었다는 이야기가 된다. 아니면 그런 가르침을 알면서도 천주교의 가
르침을 받아들이지 않았거나 천주교 신앙을 버렸다는 이야기가 된다. 더
나아가서 천주교의 가르침에 정면 위배되는 내용이 들어 있는 『유한당 언
행실록』을 널리 알리고자 노력하였다는 이야기가 된다.

---

10) 1~2쪽.

이렇듯『유한당 언행실록』에서 "천주"와 "천주의 법"을 운운하면서도 천주교의 가장 핵심적인 교리에 정면으로 위배되는 이야기를 하고 있는 것을 볼 때『유한당 언행실록』은 결코 천주교 신자가 쓴 글이 아니다. 이 것은 "천주"를 사칭함으로써 그것이 마치 천주교 신자가 쓴 것처럼 보이 게 하려고 한 위장 수법이다.

『유한당 언행실록』이 천주교 신자가 쓴 글일 수가 없는 이유는 또 다 른 내용에서도 드러난다.『유한당 언행실록』에서 더 강력한 어조로 천주 교의 가르침에 위배되는 이야기를 하고 있는 것이다.

(3) 칠거지악七去之惡을 근거로 아내를 버리라고 하다

김옥희는『유한당 언행실록』이 이벽의 부인이 쓴 글이라고 주장하면 서 조선시대의 '칠거지악'이나 '여필종부' 및 '남존여비'의 종속적인 남녀 관계 관념을 뛰어넘어 매우 근대적인 의식에서 쓰여진 글이라고 주장하 였다. 그러면서 그 글의 저자인 이벽의 부인은 천주교 신앙을 근거로 한 매우 근대적인 의식세계를 가진 여성이라고 주장하였다.

> 일반 내훈서나 계녀가의 내용과는 달리 유한당 권씨의「언행실록」은 대개
> 같은 시대의 여성의 서술임에도 불구하고−소혜왕후(昭惠王后)의 '내훈(內
> 訓)'과 동시대(同時代)임−대단히 다른 의식에서 쓰여졌다고 보이는 바, 조
> <u>선조 시대의 남녀의 관계에 있어서 '칠거지악'이나 '여필종부' 및 '남존여비'</u>
> <u>의 종속적이 관계가 아니라 더 나아가 매우 근대적인 의식에서 서술되어졌</u>
> <u>다고 보이는 것이다.</u> …(중략)…
>
> 이상과 같은 유한당의 의식세계는 동시대의 여성들이 가지고 있었던 인식
> (認識)에서 문화사상적으로 한 차원 높은 발전단계에 있었다는 것과 이러
> 한 의식구조(意識構造)는 분명히 그녀가 받아들였던 새로운 신앙에서 근본
> 했음을「언행실록」의 내용을 분석함으로써 살펴보았다.11)

하지만『유한당 언행실록』본문 중 "가장 섬기는 법"에는 다음과 같은
내용이 나온다.

소학에 갈오대 부유칠거지악이라 하니 불순부모 거하며 음 거하며 투
거하며 무자 거하며 유악질 거하며 다언 거하며 절도 거하며(라고 하였
으니) 부모의게 불순하면 바리고 음란하면 바리고 투기하면 바리고 자
식 업스면 바리고 악한 병이 잇스면 바리고 말이 수다하면 바리고 도적
질하면 바리고라고 하얏나니라 명심할지어다[12]
→(소학[小學]에 가로되 '부유칠거지악[婦有七去之惡]이라' 하니, 불순부
모[不順父母] 거(去)하며, 음[淫] 거하며, 투[妬] 거하며, 무자[無子] 거
하며, 유악질[有惡疾] 거하며, 다언[多言] 거하며, 절도[竊盜] 거하며, 부
모에게 불순하면 버리고, 음란하면 버리고, 투기하면 버리고, 자식 없으
면 버리고, 악한 병이 있으면 버리고, 말이 수다하면 버리고, 도적질하면
버리고라고 하였나니라. 명심할지어다.)

즉 소학에서는 부녀자의 칠거지악에 대해 가르치고 있는데, 아내가 부
모에게 순종하지 않으면 아내를 버리고, 음란해도 버리고, 질투해도 버리
고, 자식이 없어도 버리고, 나쁜 병이 있어도 버리고, 말을 많이 해도 버리
고, 도둑질해도 버리라고 하였으니 명심하라는 것이다.

한마디로 김옥희의 주장과는 완전히 반대로 조선시대의 '칠거지악'이
나 '여필종부' 및 '남존여비'의 종속적인 남녀관계 관념에 철저하게 따르
라고 강조하고 있는 것이다.

더 큰 문제는 이러한『유한당 언행실록』의 내용은 결혼에 대한 천주교
의 엄격한 가르침에 더욱 강력하게 위배된다는 것이다. 앞에서도 이미 보
았듯이『칠극』과『성세추요』에서는 자식이 없다하여 새로 첩을 들이는
것도 안 된다고 말하고 있다. 그런데 "천주"와 "천주의 법"을 운운하고 '천

---

11) 김옥희,『한국서학사상사연구』, 555~556쪽:「광암 이벽 가족과 후손의 천주 신앙」, 100~
   105쪽.
12) 22쪽.

주를 공경해야 한다'고 말하는 『유한당 언행실록』에서 칠거지악을 근거로 자식을 못 낳아도 버리고, 말이 많아도 버리고, 질투를 해도 버려야 한다고 하면서 이를 명심하라고까지 한 것이다.

이러한 내용이야말로 『유한당 언행실록』을 쓴 사람이 천주교 신자가 아닌 것은 물론 천주교의 가장 기본적인 가르침도 모르는 사람이라는 것을 보여주는 가장 강력한 증거다. 그런데도 "천주"의 이름을 운운하며 "천주의 법"과 "천주 공경"을 말하고 있으니 이것만 보더라도 『유한당 언행실록』은 의도적으로 다른 사람들을 속이기 위해 쓰여진 거짓 천주교 자료라는 것을 확실히 알 수 있다. 그리고 이런 글을 쓴 "유한당"이 이벽의 부인 권씨라고 말하고 있는 『이벽전』도 거짓 천주교 자료라는 것을 더욱 분명하게 알 수 있다.

(4) 사마천이 한 이야기를 천주의 말씀이라고 거짓말하다

『유한당 언행실록』에서는 "천주"를 운운하면서 거짓말도 하고 있다. 『유한당 언행실록』 본문 중 "거가하는 법"에는 다음과 같은 내용이 나온다.

> <u>텬쥬 말삼에 일으시되 한 집 계교는 화순한대 잇고 일생 계교는 부즈런</u>
> <u>한대 잇고 일 년 계교는 봄에 잇고 하로 계교는 새벽에 잇다 하셧나니라</u>
> 매양 사람이 조히 지내여도 늦도록 자고 남이 와서 소래를 하야도 아니
> 쎄면 넉넉한 재산이라도 무단히 저절로 패하나니…[13]
> →(천주 말씀에 이르시되, 한집 계교[計較: 서로 견주어 살펴봄]는 화순[和
> 順]한 데 있고, 일생 계교는 부지런한 데 있고, 일 년 계교는 봄에 있고,
> 하루 계교는 새벽에 있다 하셨나니라. 매양 사람이 좋게 지내어도 늦도
> 록 자고 남이 와서 소리를 하여도 아니 깨면, 넉넉한 재산이라도 무단히
> 저절로 패[敗]하나니…)

---

13) 16~17쪽.

하지만 '부지런해야 한다'고 가르치는 것은 비단 천주교에서만 하는 것이 아니다. 따라서 여기에서 "천주"를 운운하였다고 하여 이것을 근거로 천주교 신자가 쓴 글이라고 주장할 수는 없다. 더 큰 문제는 그 뒤에 나오는 다음과 같은 내용이다.

> 또 텬쥬쎄서 말삼하시기를 십 년의 계교는 나무를 심으고 일 년의 계교는 곡식을 심으라 하셧스니 무논 남녀노소하고 이 말을 잇지 말고 명심하야 행하면 평생에 유익할 쑨 아니라 세계에 명예 잇스리라[14]
> →(또 천주께서 말씀하시기를, 십 년의 계교는 나무를 심고 일 년의 계교는 곡식을 심으라 하셨으니, 무논[勿論] 남녀노소하고 이 말을 잇지 말고 명심하여 행하면 평생에 유익할 뿐 아니라 세계에 명예 있으리라.)

여기에서 천주께서 말씀하셨다고 되어 있는 내용, 즉 밑줄 친 내용은 하느님이 하신 말씀이 아니다. 사마천司馬遷(BC 145?~BC 85?)이 한 이야기이다. 사마천이 쓴 『사기史記』의 「화식열전貨殖列傳」에 나오는 다음과 같은 유명한 이야기에서 따온 말이다.

> 居之一歲 種之以穀 十歲樹之以木 百歲來之以德[15]
> →(1년을 내다보면 곡식을 심고, 10년을 내다보면 나무를 심고, 100년을 내다보면 덕을 베풀어야 한다.)

한마디로 『유한당 언행실록』에서는 사마천이 한 말을 천주님이 하신 말씀이라고 둔갑시켜놓은 것이다. 즉 천주의 말씀을 따르라고 하면서 실제로는 남이 한 이야기를 훔쳐다가 천주의 말씀이라고 거짓말을 한 것이다. 그런데 『유한당 언행실록』의 저자가 이벽의 부인이라고 주장하는 측

---

14) 17쪽.
15) 사마천(司馬遷), 「화식열전(貨殖列傳)」 제69, 『사기(史記)』 권129, 13쪽 앞뒷면(『二十五史』 2, 예문인서관영인본, 1,342쪽).

에서는 여기에 대해 다음과 같이 역설한다.

> 저자가 사마천의 말을 끌어다가 천주의 말씀이라고 한 것을 보면, 저자는 고전에 나오는 명언이 거의 다 '천주의 말씀'이라고 하여 그 말의 출처를 정확히 지적하지 않았던 것은 사실 귀로만 들은 명언들을 출처는 정확히 모르면서 좋은 것은 다 '천주의 말씀'이라는 것과 결부시킨 신앙심을 엿볼 수 있는 것이다.[16]

이 말에 따르면 『유한당 언행실록』의 저자는 그것이 사마천이 한 명언인 줄 정확히 몰랐다는 것이다. 그런데 그것을 '천주의 말씀'이라고 한 것은 모두 저자의 깊은 신앙심 때문이었다는 것이다. 하지만 이러한 주장은 천주교 신자로서 해서는 안 될 이야기다. 다른 사람이 한 이야기를 천주가 한 이야기라고 둔갑시키고 거짓말하는 것을 어찌 신앙심 때문이라고 정당화할 수 있는가.

더 큰 문제는 이런 내용과 주장이 『유한당 언행실록』의 서문 내용과도 안 맞는다는 것이다. 앞에서 보았듯이 권철신이 썼다고 되어 있는 『유한당 언행실록』 서문에는 유한당 권씨가 "견문박학"하다고 되어 있다. 그런데 견문박식하다고 한 류한당 권씨가 그런 말을 사마천이 했다는 것을 몰라서 천주의 말씀이라고 하였다는 것은 앞뒤가 안 맞는다.

더욱이 『유한당 언행실록』 서문에서는 그것을 책으로 펴내는 이유와 목적이 다른 일반 부녀자들에게 널리 이 가르침을 알리기 위해서라고 하였다. 그런데 그런 글에서 사마천이 한 말을 천주의 말씀이라고 한다면 어찌되겠는가.

당시는 웬만큼 학식을 가진 사람들이라면 사마천의 『사기』를 잘 알텐데, 그런 거짓말을 한다는 것은 유한당 권씨 자신은 물론 서문을 쓴 대학

---

16) 김옥희, 「광암 이벽 가족과 후손의 천주 신앙」, 88쪽.

자 권철신까지도 욕되게 하는 일이다. 더 나아가 천주교에서는 '거짓말을 하지 마라'고 가르치고 있는데 유한당 권씨가 그렇게 대놓고 거짓말을 하고 있으니 천주교를 정면으로 욕되게 하는 일이다. 게다가 유한당 권씨가 정말로 이벽의 부인이라면, 이벽의 부인이 그런 거짓말을 한 것이 되니 남편인 이벽을 욕되게 하는 일이 된다.

이런 사실을 보더라도 『유한당 언행실록』을 쓴 사람은 결코 천주교 신자일 수도 없고 이벽의 부인일 수도 없다. 더 나아가서 대학자 권철신이 사마천의 말을 천주의 말씀이라고 둔갑시킨 이런 글을 읽고 깊이 감동을 받아 '널리 다른 부녀자들에게 알려야겠다'고 서문을 썼을 리가 없다.

(5) 조상의 신주를 모신 사당에 참배하라고 하다

앞에서 보았듯이 『유한당 언행실록』에는 '예전에는 결혼 후 3개월 동안 시댁에서 며느리를 지켜본 후 마음에 들면 3개월 후에 사당을 참배하게 한 후 며느리를 가족으로 받아들였으나, 천주의 법이 들어온 후에는 3개월 동안 유예기간을 두던 것을 3일로 줄여서 유예기간을 두고 며느리를 지켜본 후 며느리가 마음에 들면 사당에 참배하게 한 후 며느리를 받아들이게 되었다'는 내용이 나온다.

문제는 이러한 내용이 결혼에 대한 천주교의 가르침에 정면 배치될 뿐만 아니라 이벽이 썼다고 되어 있는 한문본 「성교요지」와 한글본 「성교요지」는 물론 『이벽전』의 내용과도 정면 충돌한다는 것이다. 『만천유고』와 『당시초선』의 한문본 「성교요지」에는 목석, 즉 나무와 돌을 놓고 우상숭배를 하지말라는 내용이 나온다.[17] 이것은 한글본 「성교요지」에도 마찬가지다.[18] 그리고 『이벽전』에서는 이런 「성교요지」를 이미 1778년

---

17) 『만천유고』, 14쪽 뒷면; 『당시초선』, 4쪽; 『유교와 그리스도교』, 87~88쪽; 『하성래 역』, 70~72쪽.
18) 「성교요지」, 9쪽 앞면.

에 이벽이 썼다고 되어 있다.

따라서 『유한당 언행실록』을 정말 이벽의 부인 권씨가 쓴 것이라면, 남편인 이벽은 1778년에 이미 '목석을 놓고 우상숭배하지 말라'는 글을 써서 동료들에게 나눠주고 있는데 그 부인은 '천주의 법이 들어온 후에는 결혼 3일 후에 신부가 나무로 만든 조상의 신주를 모셔둔 사당에 가서 참배하게 한다'는 글을 썼다는 이야기가 된다. 그것도 다른 부녀자들에게 알려주기 위해서 말이다. 참으로 코미디 같은 일이 아닐 수 없다.

이러한 『유한당 언행실록』의 내용은 교회사적으로도 문제가 된다. 북경교회로부터 조선 천주교 신자들에게 조상제사와 신주 모시는 것을 강력하게 금지하는 교회법이 전달된 것은 1790년 초 윤유일尹有一, 바오로(1760~1795)을 통해서다. 그리고 이듬해인 1791년 윤지충尹持忠, 바오로(1759~1791)과 권상연權尙然, 야고보(?~1791)은 그와 같은 천주교회의 법을 지키다 순교하였다. 그 후 주문모 신부는 조선에 들어온 후 신자들이 조상제사와 신주 모시는 것을 금지하는 교회법을 철저히 지키도록 독려하였다.

그런데 권철신이 『유한당 언행실록』의 서문을 썼다고 되어 있는 1795년 6월 15일(음)은 조상제사와 신주 모시는 것을 금지하는 교회법이 우리나라 천주교 신자들에게 전달된 지 5년이나 지난 시점이었다. 그리고 그 교회법을 지키다 윤지충과 권상연이 순교한 지 4년이나 지난 때였다. 또한 그 일로 인해 권철신의 동생 권일신權日身, 프란치스코 하비에르(1742~1792)이 세상을 떠난 지 3년이 되는 때였다. 그리고 주문모 신부가 조선에 들어온 지 6개월이 지난 시점이었다.

바로 그런 시기에 권철신이 『유한당 언행실록』을 읽고 깊이 감동하여 그것을 널리 알리기 위해 서문도 쓰고 책으로도 펴내려고 하였다는 것은 권철신이 그때까지도 '조상의 신주를 모신 사당에 참배하는 것'을 당연시할 뿐만 아니라 장려하기까지 하였다는 이야기가 된다. 따라서 이 내용대로 하자면 권철신은 1795년 6월(음)까지도 천주교 신자가 아니었거나 그

때 이미 천주교를 버렸다는 이야기가 된다.

더욱이 권철신이 그 서문을 썼다고 하는 시점은 주문모 신부가 조선에 들어온 것이 탄로나 윤유일과 지황池璜, 사바(1767~1795), 최인길崔仁吉, 마티아(1764~1795) 등이 주문모 신부 대신 체포되어 1795년 5월 30일(음)에 순교한 지 보름밖에 안 된 시기였다. 따라서 그토록 천주교회 전체가 난리가 나고 총체적인 위기에 빠진 그 시기에 정말로 권철신이 『유한당 언행실록』을 읽고 매우 흡족하여 그것을 널리 알리기 위해 서문까지 썼다면, 권철신은 자신이 천주교와 상관이 없거나 천주교를 버렸다는 것을 스스로 자기 입으로 공언한 것이 된다.

(6) 제사 지내는 법을 철저히 익히라고 하다

『유한당 언행실록』의 저자가 이벽의 부인 권씨라고 주장하는 김옥희는 '『유한당 언행실록』에서 제사에 대한 언급이 단 한마디도 없는 것으로 볼 때 이벽의 부인 유한당의 뚜렷한 서학의식과 천주 신앙의 깊이를 알 수 있다'고 역설하였다.

> 특히 봉제사에 대해 「언행실록」에서는 다른 내훈서에서 그렇게 많은 설명과 교훈을 강조했던 것과는 반대로 제사 문제에 대해서는 일언의 언급도 없는 것이 특이하다. 이와 같은 서술에서도 우리는 유한당의 뚜렷한 서학적인 의식과 천주신앙(天主信仰)의 심도(深度)를 엿볼 수 있다.[19]

하지만 『유한당 언행실록』 본문 중 "처녀의 수신하는 법"에는 다음과 같은 내용이 나온다.

> …녀자가 십 세 되면 지계문 밧게 나지 못하게 하며…제물 숙설하는 법

---

19) 김옥희, 앞의 글, 102쪽.

과 진설 배읍하는 절차를 눈에 익히고 마음에 색이여 두고 념념불망하
야 랑패 업시하며 대객하는 등절도 극히 배화 술 한 잔을 채려 내일지라
도 부정함이 업게 할지니라[20]

→(…여자가 십 세 되면 지게문 밖에 나지 못하게 하며… 제물[祭物] 숙설
[熟設: 제사나 잔치 음식 만드는 것]하는 법과 진설[陳設: 제사나 잔치
때, 음식을 법식에 따라 상 위에 차려 놓는 것], 배읍[拜揖: 공손하게 두
손을 맞잡고 허리를 굽혔다 펴면서 인사하는 것]하는 절차를 눈에 익히
고 마음에 새겨 두고 염념불망[念念不忘: 자꾸 생각하여 잊지 않음]하여
낭패 없이 하며, 대객[待客]하는 등절[等節: 손님을 접대하는 모든 예절과
절차]도 극히 배워 술 한 잔을 차려낼지라도 부정함이 없게 할지니라.)

그러니까 여자가 10세가 되면서부터는 바깥 출입을 함부로 하지 않게
하는 것은 물론 제사 때 쓸 음식을 만드는 법과 제사상에 음식을 격식에
맞게 차리는 법과 절하는 법 등을 눈에 거듭 거듭 익혀서 낭패보는 일이
없도록 해야 한다는 것이다. 그리고 손님을 접대하는 법도 역시 최대한
잘 익혀서 술 한 잔을 내올 때라도 부정타지 않도록 해야 한다는 것이다.

한마디로 『유한당 언행실록』에서는 김옥희의 주장과는 전혀 다르게
여자가 결혼도 하기 전 10세 때부터 제사 준비하는 모든 법과 절차를 절
대 잊게 않게 숙지하고 또 숙지하라고 강조하였던 것이다. 그 정도로 제
사를 중요하게 생각하라고 가르치고 있는 것이다.

이런 내용이 버젓이 있는데도 '제사 문제에 대해서는 일언의 언급도 없
다'고 하며 그 모든 것이 유한당의 '대단한 천주 신앙 때문이었다'고 한 김
옥희의 주장은 분명 독자들을 우롱하는 것이다. 김옥희는 『유한당 언행
실록』을 일반 사람들은 읽지 않을 것이라고 생각해서 이렇게 눈 가리고
아웅식의 주장을 했는지 모르겠다. 더 큰 문제는 김옥희의 이런 주장이
그동안 거의 비판을 받지 않았다는 것이다.

김옥희는 심지어 '다른 여교훈서에는 이와 같은 처녀수신법이 없는데

20) 18~19쪽.

『유한당 언행실록』에 들어 있는 것으로 볼 때 이것은 이벽의 부인이 천주교의 영향을 받았기 때문'이라고 주장하기까지 하였다.

> 이와 같이 '처녀 수신하는 법'은 다른 여교훈서에서는 별도로 언급되지 않고 …(중략)… 이 「언행실록」에서는 '처녀 수신법'을 따로 서술하고 있어서 이 장이 얼마나 중요했는가를 볼 수 있다. 역시 이 장의 강조는 서학적인 영향에서 말미암은 것이 아닌가 한다.[21]

하지만 천주교에서는 제2차 바티칸 공의회(1962~1965) 전까지 조상제사와 신주 모시는 것을 금지하였다. 공의회 이후에는 조상제사를 부분적으로 허용하였지만 신주 모시는 것은 지금까지도 허용하지 않는다.

천주교에서 조상제사와 신주 모시는 것을 금지한다는 것은 초기 조선 천주교 신자들과 조선의 지식인들도 한문서학서인 『성세추요』 등을 통해서 알고 있었다.[22] 그래서 1790년 초에 윤유일이 북경에 갔을 때 북경교회의 구베아Alexander de Gouvea, 湯士選(1751~1808) 주교에게 그 문제에 대해 물어보았던 것이고 북경주교는 교회에서 조상제사와 신주 모시는 것을 강력하게 금지한다는 것을 전하였던 것이다. 그리고 그런 교회법이 조선 천주교 신자들에게 전달되자 교회 내외적으로 많은 갈등을 불러일으켰던 것이다.

이런 사실을 볼 때 결혼하기 전 10세부터 제사 차리는 법을 철저하게 익히라고 가르치고 있는 '처녀 수신법'을 『유한당 언행실록』에 포함시킨 이유가 이벽의 부인이 천주교의 영향을 받아서라고 하는 것은 전혀 근거 없는 주장이다. 다시 말해서 그 내용이 전혀 천주교적인 내용이 아닌데도 단지 그 항목이 '처녀 수신법'이라는 이름이 붙여졌다고 해서 그것이 곧 천

---

21) 김옥희, 앞의 글, 87쪽.
22) 『성세추요』 4권, 3쪽 앞면.

주교의 영향을 받은 것이라고 주장하는 것은 도무지 말이 안 되는 것이다.

더욱이 제사에 대한 이런 역사적 사실을 보더라도 이와 같은 내용이 들어 있는 『유한당 언행실록』은 천주교 신자가 쓴 글이 아니라는 것을 다시한 번 알 수 있다. 또한 이런 내용이 들어 있는 『유한당 언행실록』의 서문을 정말 권철신이 썼다고 하면 권철신의 신앙에 대해서도 더더욱 재평가해야 한다.

한편, 『유한당 언행실록』의 이러한 내용 역시 이벽이 썼다고 되어 있는 『만천유고』의 한문본 「성교요지」와 한글본 「성교요지」는 물론 『이벽전』의 내용과도 정면 충돌한다. 앞에서도 말하였듯이 『만천유고』의 한문본 「성교요지」와 한글본 「성교요지」에서는 목석을 놓고 우상숭배하는 것을 비판하였다. 그리고 『이벽전』에서는 그런 「성교요지」를 이미 1778년에 지어서 동료들에게 나눠줬다고 되어 있다.

따라서 『유한당 언행실록』의 내용대로 하자면 이벽은 나무를 놓고 우상숭배하지 말라고 역설하고 있는데, 다른 한편에서 그 부인은 '처녀가 결혼하기 전에 10세 때부터 나무로 된 조상의 신주를 모셔놓고 조상제사를 지내는 법과 절을 하는 법도 등을 철저하게 익히라고 목청을 높이고 있는 꼴이 되니 도무지 앞뒤가 안 맞게 된다. 『유한당 언행실록』의 내용대로 하자면 『만천유고』의 한문본 「성교요지」와 한글본 「성교요지」, 『이벽전』은 더더욱 거짓이 될 수밖에 없다.

(7) 한 번도 자식을 낳아보지 않고 일찍 죽은 이벽의 부인 권씨가 "자식 교육법"과 "며느리 교육법"을 일갈한 격이 되다

『유한당 언행실록』에는 "자식 교육하는 법"에 대한 가르침이 있다. 거기에서는 연령대별로 어떻게 가르쳐야 할지를 아주 상세하게 가르치고 있다.

오륙 세 되거든 단지 집안 어른게만 절하고 수인사를 가라칠 쓴이 아니라 동리 어른과 손님 대접함을 가라치고 화려한 의복을 입히지 말고 검소하게 입혀서 사치로운 마음을 어제(역주: 御制)하며 칠팔 세 되거든 어른 엽혜서 진퇴주선(역주: 進退周旋: 몸가짐) 하는 것과 명령 복종함을 가라치고 아침 이면 이불과 자리를 개여 치우고 방과 마루를 쓰러 정결이 하야 쇄소(역주: 刷掃: 쓸고 닦아서 깨끗이 함)하는 법을 가라치며 져녁이면 방을 치우고 금 침을 펴서 잘 자리를 보살히게 하야 부모 섬기는 도리를 가라치고 밧게 나 아가 못된 작란과 상쓰러운 말이며 잡된 욕설을 듯고 옴기지 말게 하고 슬 하에 다리고 안저서 뎡대(역주: 正大)한 말이며 자미시러운 말을 시시로 하 면 자식은 부모를 사랑하고 공경하는 마음이 자연 감동하야 생기고 부모는 자식을 귀중이 녀기고 총애하는 마음이 일층 더할지라 부자유친(역주: 父 子有親)의 목적이니라[23]

『유한당 언행실록』에는 "자부 교육하는 법", 즉 며느리 교육하는 법에 대한 가르침도 있다.

…현철한 며나리는 례법과 대의를 알아서 구고(역주: 舅姑: 시부모)를 잘 봉 양하나니 더 교훈할게 업스나 용우(역주: 庸愚)한 며나리는 교훈을 하여야 할 터이나 교훈하기 극히 어려우니 한번 일너 청종(역주: 聽從)치 못한 고 로 지재지삼(역주: 至再至三) 수다한 디경에 일은즉 제 칠칠치 못한 생각은 아니하고 싀모가 져를 믜워 그리하는 줄로 인증(역주: 認定)하야 은정(역 주: 恩情)이 소원(역주: 疏遠)하기 쉬우니 그러한 위인은 다심(역주: 多心: 자질구레한 일에까지 지나치게 걱정이 많음)하게 일너 가라칠 생각을 말고 혹 잘못하는 일이 잇드라도 남을 대하야 말을 하면 흉보는 것과 갓고 또 졔 마음도 불온이 녀길 것이니 부대 말고 잘한 일이 잇거든 보난 대로 칭찬하 고 남을 대하야서라도 싀부모 잘 봉양하고 싀집사리 잘하는 양으로 자랑하 면 제 마음이 화열(역주: 火熱: 불에서 나온 더운 기운)하야 범어사(역주: 凡 於事: 모든 갓가지 일)에 일층 더 잘하랴 하며 집안이 화목(和睦)하나니라[24]

---

23) 37~38쪽.
24) 41~42쪽.

그런데 이러한 가르침을 말하려면 상식적으로 자식도 여럿 낳아서 키워보고 며느리도 오랜 시간 동안 가르쳐 본 나이 지긋한 사람이라야 할 것이다. 그런데 이벽 집안의 족보를 보면, 이벽의 부인 권씨는 자식을 낳은 적도 길러본 적도 없이 세상을 떠났다. 그리고 며느리를 맞이한 적도 없다.

따라서 이런 내용이 든 『유한당 언행실록』을 정말로 이벽의 부인이 지은 것이라면 자식을 한 번도 낳아 길러보지도 않고 며느리도 맞아 본 적이 없는 아직 젊은 여성이 다른 부녀자들에게 '자식 기르는 법'과 '며느리를 가르치는 법'에 대한 훈수들을 두며 일갈하였다는 이야기가 된다.

더욱이 변기영과 김학렬의 주장처럼 이벽의 부인이 1771년 전후에 20세 전후의 젊은 나이로 세상을 떠난 것이 사실이라면 이것은 더 말이 안 되는 이야기다. 이런 사실을 볼 때도 『유한당 언행실록』을 쓴 사람은 이벽의 부인일 수가 없다.

요컨대 『유한당 언행실록』에서는 "천주", "천주의 법", "천주 공경" 등과 같은 용어들과 "권철신", "뎡아오스딩", "수표" 등과 같은 말을 등장시킴으로써 마치 그 글이 초기 천주교 신자가 쓴 글인 것처럼 위장하였다. 더 나아가 "유한당 권씨"라는 말까지 언급함으로써 그것이 마치 이벽의 부인 안동 권씨가 쓴 것처럼 위장하였다. 하지만 『유한당 언행실록』은 천주교의 가장 기본적이고도 핵심적인 가르침에 정면 위배될 뿐만 아니라 초기 한국천주교회 상황과도 맞지 않는 내용들이 들어 있는 거짓 천주교 자료로서 의도적으로 다른 사람들을 기망하기 위해 쓰여진 글이다. 그런데도 김옥희는 『유한당 언행실록』과 『이벽전』을 근거로 다음과 같이 주장하면서 왜곡된 초기 한국천주교회사를 만들어 내는 데 크게 일조하였다.

유한당 권씨는 조선천주교회 창립기에 그녀의 부군인 광암을 합당하게 보필했음을 알 수 있으며, 한국천주교회사 안에서 여성들의 중대한 역할의 실상이나, 기록이 없는 내조의 공덕을 인정할 수 있다고 하겠다.

한편 이상과 같은 내용으로 한국천주교회의 창립기에 있어서 전체 부녀자들의 활동 양상도 감안해 볼 수 있는 것이다. 즉 서학에 몰두했던 남인파 학자들이 천진암, 주어사 등지에서 학문 토론회 등의 활약을 전개할 때 이들의 부녀자들은 벌써 천주교 신앙을 받아들였음은 물론 한문으로 된 서학서 등을 읽고 신앙생활이나 교리연구뿐만 아니라 같은 부녀자나 일반 서민대중을 위해『천주실의』,『칠극』등을 번역하였고 정서해서 부녀자들끼리 신앙을 전파하였던 것이다. 또한 자녀들을 열심히 교육하였으며 한 집안의 수많은 노비들을 가르쳐 입교시켰다는 사실은 후에 신유교난이 발발했을 때 놀라운 신앙 증거자들이나 동정부부 같은 특별한 덕행을 지닌 소유자들의 출현과 부녀들이나 동정녀들뿐만 아니라 노비, 신앙자 및 순교자들의 출현이 결코 우연한 일이 아님을 알 수 있게 한다.

이와 같은 사족가 부녀자들의 문화적인 활약은 더욱더 서학파 학자들의 조선교회 창립을 촉진시켰음은 물론 이로써 그 종교 전파에 지대한 공헌을 했음을 미루어 짐작할 수 있을 것이다. 뿐만 아니라 그러한 사실은 조선시대 여성사에서 결코 그냥 간과할 수 없는 대사건이기도 한 것이다.[25]

즉 이벽이 조선천주교회를 창립할 때 천주교의 영향을 받은 이벽의 부인이 남편을 열심히 내조하였으며, 다른 남인 학자들의 부인들도 남편들이 주어사와 천진암에서 강학을 할 때 이벽의 부인처럼 이미 천주교 신앙을 받아들였을 뿐만 아니라 한문서학서들을 읽고 신앙생활을 하는 것은 물론 우리말로 번역하여 다른 부녀자들과 대중들에게 전파하고 자녀들과 노비들도 가르쳤다는 것이다. 그리고 이벽의 부인을 비롯한 남인 학자들 부인들의 이런 활약 덕분에 신유박해(1801) 때 수많은 부녀자들과 동정녀들과 동정부부와 노비들이 신앙을 증거하고 순교할 수 있었다는 것이다. 한마디로 소설 같은 역사를 만들어 낸 것이다.

---

25) 김옥희, 앞의 글, 73~74쪽.

이제까지 살펴보았듯이 고 김양선 목사가 수집하고 기증한 초기 천주교 관련 자료들인 『만천유고』와, 그 안에 들어 있는 한문본 「성교요지」, 「십계명가」, 「천주공경가」는 모두 사기를 목적으로 아무리 빨라도 1931년 이후에 만들어진 글이다. 그리고 한글본 「성교요지」와 『이벽전』과 『유한당 언행실록』도 거의 비슷한 시기에 의도적으로 다른 사람들을 속이기 위해 만들어진 거짓 천주교 자료다.

이런 자료들은 1930년대를 전후하여 한국천주교회의 역사와 천주교 순교자들에 대한 관심이 증폭된 교회 안팎의 상황을 교묘히 이용하여 동일 인물이나 동일 집단에서 집중적으로 만들어 내거나 그들과 긴밀한 관계에 있는 사람들이나 또 다른 사람들이 또 다른 사기를 치기 위해 계속해서 만들어 낸 것으로 보인다.

이런 자료들은 마치 서로를 증명해주기라도 하듯이 등장하거나 서로를 근거로 또 다른 사기를 치기 위해 등장하였다. 하지만 결국 서로가 서로의 거짓을 증명해주는 증거가 되고 말았다.

그동안 이런 거짓 자료들을 아무런 비판없이 받아들이고 그것들을 근거로 끝없이 부풀려왔던 허황된 거짓 초기 한국천주교회의 역사를 다시 바로잡아야 한다. 고 김양선 목사가 수집하고 기증한 초기 천주교 관련 자료들 중 많은 것들이 사기를 목적으로 만들어진 것이라는 증거는 또 다른 데서도 찾을 수 있다. 그 실상을 알면 『만천유고』와 그 안에 있는 초기 천주교 관련 자료들과 『이벽전』, 『유한당 언행실록』, 한글본 「성교요지」 등의 실체를 이해하는 데 큰 도움이 되리라 생각한다. 그래서 거기에 대해서도 살펴보고자 한다.

5장

또 다른 가짜 초기 천주교 관련 자료들

    고 김양선 목사가 발견하여 숭실대학교 한국기독교박물관에 기증한 초기 천주교 관련 자료들은 이제까지 살펴본 것들만 있는 것이 아니다. 『영세명부領洗名簿』, 「영세명장領洗名狀」, 「경신회 규범庚申會 規範」, 「경신회 서庚申會 序」 등과 같이 한국천주교회사에서 이제껏 알려진 적이 없는 대단히 낯선 이름의 자료들도 있다. 이런 자료들 역시 현재 한국기독교박물관에 전시되어 있다. 그리고 한국기독교박물관에서 펴낸 『한국기독교박물관소장 기독교자료해제』와 『숭실대학교 한국기독교박물관』에도 거기에 대한 사진과 설명들이 들어 있다.

    『영세명부』에는 초기 한국천주교회의 중요 인물들의 신상기록이 기재되어 있으며, 「영세명장」은 정약종과 그의 부인이 세례를 받았을 때 발부되었다고 하는 영세증명서다. 「경신회 규범」과 「경신회 서」는 초기 천주교 신자들이 결성했다고 하는 "경신회"의 규범과 그 서문을 적은 것이다. 한마디로 그 이름만으로 보자면 천주교회사적으로 매우 중요한 자료들이다.

하지만 어찌된 일인지 그동안 천주교 측 연구자들은 여기에 대해서 연구한 적이 없다. 처음 그 존재가 알려졌던 초기에 주재용 신부가 잠시 언급하였을 뿐이다. 하지만 그 후 어느 누구도 거기에 대해서 언급하거나 비판한 적이 없다. 특히『만천유고』와『이벽전』등과 같은 자료들이 정말 신뢰할 수 있는 자료라고 하면서 그것들을 근거로 온갖 소설 같은 초기 한국천주교회 역사를 창조해내었던 사람들은 여기에 대해 일체 언급을 하지 않고 있다. 하지만 그런 자료들의 진위 여부를 가리고 그 실체를 제대로 이해하기 위해서는 마땅히 고 김양선 목사가 발견하고 기증한 또 다른 초기 천주교 자료들의 실체가 어떠한지에 대해서도 조사하고 검토해 보아야 한다.

1.『영세명부領洗名簿』

『한국기독교박물관소장 기독교자료해제』에서는 고 김양선 목사가 발견하고 기증한 이『영세명부』를 다음과 같이 소개하고 있다.

> 김범우, 강완숙, 정약전, 정약종, 황사영, 정혜인, 홍낙민, 최필공 등 200명의 천주교 영세자 성명이 기록된 자료이다. 명단의 기재 형식은 한 면에 2인씩 모두 200인이 수록되어 있으며 세례자 본인의 성명, 세례일자는 물론 그의 부, 모, 처(또는 남편) 등 가족의 성명(여성의 경우는 성씨만 기록)과 세례일자도 기록되어 있다…
>
> 세례일자는 … 연도가 표시되지 않고 기록 순서도 날짜별로 되어 있지 않아 세례가 모두 같은 해에 주어진 것인지 아니면 여러 해에 걸쳐 주어진 것인지 알 수 없지만 1795년에서 1800년 사이의 것으로 추정된다.[1]

---

1)『한국기독교박물관소장 기독교자료해제』, 372~373쪽.

즉 초기 천주교회의 중요한 인물들의 신상명세가 기재되어 있다는 것이다. 하지만 필자가 직접 확인한 결과 이『영세명부』는 사실상 천주교 신자들의 영세명부가 아닐 뿐만 아니라 그 내용도 거짓이었다. 그 이유는 다음과 같다.

1) 초기 교회에서『영세명부』를 만들었다는 기록도 없고 만들어야 할 이유도 없다

한국천주교회는 1784년 탄생하자마자 곧 박해를 당하기 시작하였다. 박해자들은 천주교 신자들을 찾아내기 위해 혈안이 되었고 천주교 신자라는 것이 알려지면 곧 죽음이나 다름없었다. 그래서 신자들은 서로가 서로를 숨겨주기 위해 노력하였다. 그런데도 초기 천주교회 신자들이 이런『영세명부』를 만들었다면 그것은 스스로 죽음의 덫을 놓는 것이나 다름없다. 발각되는 날엔 일시에 모든 사람들이 잡혀서 죽게 될 테니 말이다.

더욱이 초기 천주교회 신자들이 이런『영세명부』를 만들었다는 기록은 어디에도 없으며 전승도 없다. 신자들 입에서는 물론 배교자들의 입에서도 이런『영세명부』가 있다는 이야기가 발설된 적이 없다. 이것은 나중에 주문모 신부가 우리나라에 들어온 후에도 마찬가지다. 더욱이 그보다 훨씬 뒤에 우리나라에 들어온 서양 선교사들도 박해가 끝나기 전까지 이런『영세명부』를 만들었다는 기록은 어디에도 없다. 그저 '그 해 세례받은 신자들이 총 몇 명이다' 하는 정도의 보고만 본국이나 교회 장상들에게 하였을 뿐이다.

그런데 갑자기 고 김양선 목사가 이런『영세명부』를 발견하여 기증하였던 것이다. 그것도 초기 천주교회에서 대단히 중요한 인물들의 이름과 신상명세가 기재된『영세명부』라는 것이다. 따라서 이런 사실만으로도 이『영세명부』가 과연 믿을 수 있는 자료인지에 대해 대단히 회의적이지 않을 수 없는 것이다.

더욱이 이『영세명부』에는 "정약전"과 "홍낙민" 같은 정치적으로도 대단히 중요한 인물들의 이름과 신상명세들이 기재되어 있다. 그러니 더욱 의심스러울 수밖에 없다. 이미 말했듯이 신유박해(1801) 때 박해자들은 정약전을 죽이기 위해 온갖 수단방법을 가리지 않았다. 따라서 만일 이런 『영세명부』가 있었다면 박해자들은 배교자들을 통해서 얼마든지 정약전을 옭아맬 수 있었을 것이다. 하지만 그들은 끝내 정약전이 천주교 세례를 받은 인물이라는 것을 밝혀내지 못 하였다. 홍낙민 역시 스스로 자백할 때까지 박해자들은 그가 천주교 신자라는 증거를 내놓지 못 하였다. 이런 사실만 보더라도 이『영세명부』는 기본적으로 믿을 수 없는 자료인 것이다.

2)『영세명부』에 영세명(세례명)이 하나도 없다

사실 "영세명부領洗名簿"라는 제목 자체가 천주교식 표현이 아니다. 천주교회에서는 전통적으로 "영세대장領洗臺帳"이라고 하였지, "영세명부"라는 말을 쓴 적이 없다. 따라서 이것 역시 매우 의심스럽지 않을 수 없다. 그런데 필자가 직접 한국기독교박물관에 가서 확인해보니 그것은 사실상 『영세명부』가 아니었다.

우선, 그 자료의 표지 제목부터『영세명부』가 아니다. 표지 제목이 "망장忘葬"이라고 되어 있다. "망장忘葬"이 무엇을 뜻하는지 정확하게 알 수는 없다. 하지만 "잊을 망忘"과 "장사지낼 장葬"을 쓴 것으로 볼 때 이미 순교하거나 죽은 천주교 신자들의 명단을 작성한 것이라는 뜻으로 볼 수 있다.

한 가지 확실한 것은 원래 표지의 제목으로 볼 때 그것은 적어도 "영세자들의 이름을 적은 명부"라는 뜻은 아니라는 것이다. 더욱이 그 내용을 보면 "영세명부"라는 이름과는 전혀 맞지 않게 그 안에 영세명領洗名, 즉 세례명이 하나도 기재되어 있지 않다. 그것이 정말로 천주교의 영세대장이라면 당연히 천주교식 세례명이 기재되어 있어야 한다.

천주교에서는 세례를 받을 때 세례명을 받는다. 그리고 영세대장에는 항상 원래 이름뿐만 아니라 세례명도 함께 기입하도록 되어 있다. 그리고 세례를 받은 후 교회 내에서는 혹은 신자들끼리는 통상적으로 이 세례명으로 부른다. 그래서 천주교 신자들이 쓴 글이나 편지 혹은 보고서에는 항상 이름과 함께 세례명이 언급되어 있다. 하지만 이『영세명부』에는 그 이름만 있을 뿐 세례명이 전혀 기재되어 있지 않다. 이런 사실만 보아도 이『영세명부』는 사실상 영세명부라고 볼 수 없다.

그렇다고 이것을 순교한 사람들의 명단이라고도 볼 수 없다. 왜냐하면 잘 알다시피 정약전은 순교한 인물이 아니기 때문이다. 또한 그밖에도 순교자가 아닌 사람들의 이름이『영세명부』에 수록되어 있기 때문이다.

『망장』

3) 세례날짜이건 순교날짜이건 역사적 사실과 안 맞는다

이 『영세명부』에는 각 사람 이름 밑에 날짜가 기재되어 있다. 그런데 이 날짜를 그 사람의 출생일이라고 보기는 어렵다. 왜냐하면 같은 날짜가 기재된 사람들이 많기 때문이다. 그것도 같은 가족의 이름 밑에 같은 날짜가 기재되어 있기 때문이다. 그렇다면 그것이 세례날짜일까?

하지만 이 『영세명부』가 사실상 영세명부로 볼 수 없기 때문에 각 사람 밑에 기재되어 있는 날짜 역시 세례날짜라고 볼 수 없다. 더욱이 그 표지 제목이 "망장"이라고 되어 있는 것으로 볼 때, 그 날짜가 세례를 받은 날짜를 기재한 것이라고 보기는 매우 어렵다. 천주교에서는 전통적으로 세례날짜보다는 세상을 떠난 날짜를 더 중요하게 생각한다. 이 세상을 떠난 날은 곧 하늘나라에서 탄생한 날을 의미하기 때문이다. 그 사람이 순교자일 경우는 더욱 그러하다. 따라서 이 자료가 정말로 천주교 자료라면 그 날짜는 세례를 받은 날짜일 가능성이 거의 희박하다.

그뿐만이 아니다. 나중에 더 자세히 살펴보겠지만, 그것이 정말 세례날짜라면 당시 상황과 더더욱 안 맞는다. 이 『영세명부』에 나오는 날짜 중에는 같은 날짜들이 많이 나온다. 그렇다면 같은 날 그렇게 많은 사람들이 세례를 받았다는 이야기가 된다. 하지만 각 인물들의 면모나 당시 교회 내 상황을 보면 그렇게 많은 사람들이 같은 날 세례를 받았을 가능성은 매우 희박하다. 박해시기에 많은 사람들이 한데 모여 세례식을 거행한다는 것은 대단히 위험한 일이기 때문이다.

물론 연도가 없으니 각기 다른 해에 날짜만 같은 날에 세례를 받았다고 볼 수도 있다. 하지만 매해 같은 날에 세례를 베풀었다는 것은, 그것도 한 가족이 매해 같은 날짜에 세례를 받았다는 것은 참으로 이상한 일이 아닐 수 없다. 물론 그 날짜가 교회 안에서 대단히 큰 의미가 있는 날이라면 그럴 수도 있을 것이다. 하지만 기재된 날짜 중에 그토록 큰 의미를 가진 날

짜는 없다. 이런 사실을 볼 때도 이『영세명부』에 나온 날짜는 세례날짜
일 수 없다.

물론 그것이 순교하거나 끝까지 천주교 신자로서 죽은 날짜를 적은 것
이라고 하더라도 안 맞기는 마찬가지다. 순교한 사람들의 실제 순교일과
『영세명부』에 기재된 날짜가 전혀 안 맞기 때문이다. 정약전은 순교한 사
람이 아니다. 그런데 정약전 이름 밑에도 날짜가 기재되었다는 것은 그
날짜가 순교일이 아니라는 뜻이다.

또한 앞에서 이야기한 대로 같은 날짜가 기재된 사람들이 많다. 그것도
같은 가족의 이름 밑에 같은 날짜가 기재되어 있는 경우가 많다. 그런데
가족이 함께 순교한 것이 아니라면 같은 날 함께 죽는다는 것도 쉽지 않
다. 그러니까 기재된 날짜는 죽은 날짜가 아닌 것이다.

결국『영세명부』에 기재된 날짜가 출생일이건 세례날짜나 순교한 날
짜이건 죽은 날짜이건 하나도 맞는 것이 없는 것이다. 이런 사실을 보더
라도 이 자료는 이미 신뢰성이 떨어지는 자료라는 것을 알 수 있다.

4) 라틴어로 되어 있지 않고 사제의 서명署名도 없다

이『영세명부』가 공식적인 영세명부라면 아마도 라틴어로 작성되어
있어야 할 것이다. 천주교회에서는 1950년대 초반까지 영세대장을 쓰는
것은 담당 신부의 임무였다. 신부가 라틴어로 영세대장을 작성하도록 되
어 있었다. 아주 부득이한 사정으로 신부가 쓸 수 없을 경우 평신도가 대
신 쓰더라도 반드시 책임 신부가 한 사람 한 사람에 대한 내용을 확인한
후 서명을 하도록 되어 있었다.

따라서 이것이 초기 천주교회 때 주문모 신부가 들어온 이후에 작성된
것이라면 더욱더 라틴어로 기재되어 있어야 한다. 주문모 신부는 북경주
교에 보고할 때도 라틴어로 편지를 써서 보고하였다.[2] 설령『영세명부』

를 다른 신자가 기록한 것이라 하더라도 주문모 신부의 서명이 들어 있어야 한다. 하지만 이 『영세명부』는 라틴어가 아닌 한문으로 기재되어 있고 주문모 신부의 서명도 없다.

물론 주문모 신부가 우리나라에 들어오기 전에 작성한 것이라서 라틴어가 없는 것이 아니겠냐고 주장할 수도 있을 것이다. 하지만 주문모 신부가 우리나라에 들어오기 전에 작성한 것이라면 무슨 목적으로 이런 『영세명부』를 만들었는지 더욱 의구심이 들지 않을 수 없다. 사제가 들어오기 전에도 이미 천주교회는 끊임없이 박해를 받아 많은 사람들이 귀양가거나 죽음을 당하고 있었다. 따라서 세례받은 사람들의 신상명세가 기재된 명부가 발각되는 날에는 여기에 기재된 사람들은 모두 한꺼번에 죽음을 당할 것이라는 것이 자명하기 때문이다.

이 『영세명부』를 주문모 신부가 순교한 이후에 만든 것이라면 이것은 당연히 이미 순교하거나 죽은 신자들의 명단과 신상명세를 기재한 것이라 할 수 있다. 여기에 기재된 사람들은 대부분 주문모 신부가 순교하기 이전에 순교한 인물들이기 때문이다. 하지만 그렇더라도 문제는 크게 달라지지 않는다.

앞에서도 말했듯이 천주교에서는 순교자들을 대단히 중요하게 생각한다. 따라서 이것이 정말로 순교한 사람들에 대한 기록을 남기기 위해 작성한 것이라면 당연히 그 사람의 이름뿐만 아니라 세례명까지 기재되어 있어야 한다. 그리고 순교한 날짜는 물론 순교한 연도도 기록해야 한다. 하지만 이 장부에는 각 사람의 아버지, 어머니, 처나 남편의 이름까지 기재되어 있으면서도 세례명은 들어 있지 않다. 그리고 순교한 연도도 기재되어 있지 않다. 게다가 실제 순교한 날짜와 여기에 적힌 날짜도 맞지 않는다.

---

2) 「북경의 구배아 주교가 사천 대리 감목 디디에르 주교에게 보낸 편지」, 『교황청 자료집』, 148쪽.

결국 이 모든 것을 종합해 볼 때 이『영세명부』는 사실상 천주교 신자들의 영세명부도 아니고 순교한 사람들의 신상명세를 기록한 자료도 아니다. 이런 사실을 보더라도 이것 역시 또 하나의 믿을 수 없는 자료라는 것을 알 수 있다.

5) 편찬자가 자신의 아버지 이름도 틀리게 썼다

이『영세명부』에는 누가 언제 무슨 목적으로 이것을 작성하였는지 알 수 있는 정보가 어디에도 없다. 그런데『한국기독교박물관소장 기독교자료해제』에는 이학규李學逵(1770~1835)가 펴낸 것(編)으로 되어 있다.[3] 무슨 근거로 그런 설명을 했는지 모르겠지만 이 명부를 이학규가 만든 것이라 보기는 어렵다. 그것은 무엇보다도 이 자료에 기재된 이학규의 부친 이름이 틀렸기 때문이다.

이학규는 이승훈의 9촌 조카로서 "낙하洛下"라는 호로 유명하다. 천주교 때문에 자신의 인생이 "낙하落下"되었다는 뜻으로 지었다고 한다. 이학규가 천주교 신자였다는 기록은 발견되지 않는다. 그런데도 신유박해(1801) 때 천주교 신자로 몰려 24년 동안 유배생활을 하였다. 1824년 아들의 청으로 풀려났으나 영남을 두루 다니다가 충주 근처에서 불우한 생애를 마쳤다. 유배기간 중 오직 문필에만 전념했고 유배지 백성들의 생활양상과 감정을 나타낸 작품을 발표하였다. 이학규의 부친은 이응훈李應薰이고 모친은 이씨李氏다. 그런데 이『영세명부』에는 이학규의 부친 이름이 "정훈正薰"이라고 되어 있다. 그러니 이상할 수밖에 없는 것이다.

『영세명부』를 쓰거나 엮은 사람이 정말 이학규라면 어찌 자기 아버지의 이름을 틀리게 쓸 수 있겠는가. 그리고 천주교 신자도 아닌 사람이『영세명부』나 천주교 신자들의『망장』을 만들었다는 것도 이치에 맞지 않

---

3)『한국기독교박물관소장 기독교자료해제』, 372쪽.

다. 이런 사실을 볼 때 이 『영세명부』는 이학규가 펴낸 것이 아니다.

6) 가족의 이름과 신상명세가 대부분 잘못 기재되어 있다

무엇보다도 이 『영세명부』에는 각 사람들의 신상명세가 잘못되어 있는 것이 너무도 많다. 즉 각 사람의 아버지, 어머니, 처(또는 남편)의 이름들이 실제와 다르게 기재된 경우가 너무도 많다. 한국기독교박물관에서는 『영세명부』의 원본은 전시해 놓고 열람을 신청한 사람들에게는 복사본을 보여준다. 그런데 복사본에서 많은 인물들의 기록 위에 다른 종이를 덧붙여 놓았다. 하지만 필자는 자료를 조사하면서 그 종이들을 들춰보고 그 내용의 일부를 확인할 수 있었다. 이제부터 그런 경우까지 포함한 잘못된 사례 몇 가지를 소개하도록 하겠다.

(1) 홍필주洪弼周의 사례

현재 한국기독교박물관에 전시된 『영세명부』는 홍필주洪弼周(1774~1801)에 대한 기록을 전면으로 내세워 전시되고 있다. 그리고 『한국기독교박물관소장 기독교자료해제』에서도 『영세명부』를 소개하면서 홍필주에 대한 기록을 사진으로 소개하고 있다. 따라서 이것은 직접 박물관에 가지 않아도 『한국기독교박물관소장 기독교자료해제』에 소개된 사진만 보아도 확인할 수 있다.

이 『영세명부』에는 홍필주의 아버지(父)가 "형모衡謨"로 되어 있다. 즉 "홍형모"로 되어 있는 것이다. 어머니(母)는 강씨완숙姜氏完淑으로 되어 있고, 처妻는 "이씨李氏"라고 되어 있다.

하지만 실제 홍필주의 부친은 "홍지영洪芝榮"이다. 그리고 원래 홍필주의 부인은 홍익만洪翼萬의 딸로 "홍씨"다. 어떻게 홍씨끼리 결혼을 하느냐고 물을 수 있겠지만 홍필주는 풍산 홍씨이고 홍익만은 남양 홍씨다. 그래서 홍필주의 부인은 남양 "홍씨"다. 그런데 이『영세명부』에는 처妻가 "이씨李氏"라고 되어 있다. 이런 사실만으로도 이『영세명부』는 신뢰할 수 없는 자료라는 것을 한눈에 알 수 있다.

홍필주의 어머니에 대한 기록도 잘못되어 있다. 강완숙은 홍필주의 계모繼母다. 즉 생모生母가 아니다. 홍필주의 생모가 누구인지는 모르지만 확실한 것은 강완숙은 홍필주의 계모라는 것이다. 그런데 이『영세명부』에는 홍필주의 어머니(母)가 강완숙이라고 기재되어 있다. 물론 계모도 어머니이니까 생모와 계모를 구분하지 않은 것 아닌가 하고 생각할 수도 있을 것이다. 하지만 이『영세명부』에 들어 있는 다른 사례를 보면 생모를 철저하게 밝혀서 기재하였다.

예를 들면 이『영세명부』에 나오는 김범우金範禹(1751~1787)의 경우를 보면, 모친을 "남씨"라고 기재해 놓았다. 하지만 김범우의 서제庶弟인 김현우金顯禹(?~1801)의 경우는 모친이 "조씨"라고 되어 있다. 즉 김범우와 김현우의 생모를 각각 확실하게 구별해서 기재하였던 것이다. 그렇다면 홍필주의 경우도 모친의 이름을 생모의 성姓으로 기재해야 하는데 계모의 이름인 강완숙을 써놓았던 것이다. 그러니 이것 또한 실제 사실과 맞는 것이라고 할 수 없다. 아마도 강완숙이란 인물이 워낙 유명하다 보니 무조건 홍필주의 어머니라고 써 넣은 것 같다.

홍필주의 사례

	영세명부	실제 사실
본인	홍필주	홍필주(풍산 홍씨)
아버지(父)	홍형모(洪衡謨)	홍지영(洪芝榮)
어머니(母)	강완숙(姜氏完淑)	생모-모름/ 강완숙은 계모
처(妻)	이씨(李氏)	홍씨(洪氏)-남양 홍씨(홍익만의 딸)

『영세명부』

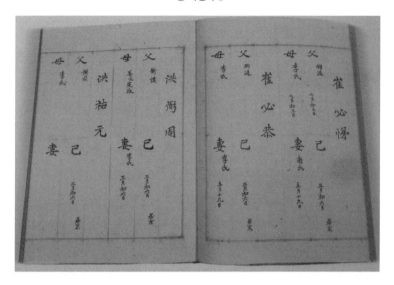

(2) 홍우원洪祐元의 사례

이 『영세명부』에는 홍필주의 기록 바로 옆에 "홍우원洪祐元"이라는 인물에 대한 기록이 나온다. 그런데 홍우원의 아버지(父)가 "필주"라고 되어 있다. 즉 홍우원의 아버지가 "홍필주"라는 것이다. 그런가하면 홍우원의 어머니(母)는 "이씨"라고 되어 있다.

이런 사실을 볼 때 이것을 기재한 사람은 홍우원이 홍필주의 아들이라고 생각한 것 같다. 물론 홍필주에게 아들이 있을 수도 있다. 그러나 실제 홍필주의 아들 이름이 무엇인지는 알 수 없다. 하지만 정말 홍우원이 홍필주의 아들이라면 당연히 그 가족사항도 잘못된 것이다. 실제 홍필주의 부인은 남양 "홍씨"인데 홍우원의 어머니를 여기서도 또 다시 "이씨"라고 했으니 말이다.

	영세명부	실제 사실
본인	홍우원	실존 인물인지 알 수 없슴.
아버지(父)	홍필주	(실존 인물이라면) 홍필주-풍산 홍씨
어머니(母)	이씨(李氏)	(실존 인물이라면) 홍씨(洪氏)-남양 홍씨

여기에서 한 가지 짚고 갈 것이 있다. 홍필주와 그의 처, 그리고 홍우원의 이름 밑에는 모두 "3월 초6일"이라는 날짜가 기재되어 있다. 그리고 '서울에 산다'는 의미의 "거경居京"이라는 말도 등장한다. 이런 사실을 볼 때 "3월 초6일"이라는 날짜는 당연히 출생일이 될 수 없다.

만일 그것이 세례날짜라면 홍필주는 결혼한 후에 아들을 낳을 때까지 기다렸다가 같은 날 세례를 받았다는 이야기가 된다. 물론 각기 다른 해 3월 초6일에 세례를 받은 것을 표시한 것이라고 해석할 수도 있을 것이다. 하지만 박해시기에 주문모 신부를 한 번 만나기도 어려운 상황에서 매해 3월 초6일마다 주문모 신부를 만나서 세례를 받았을 가능성은 지극히 희박하다. 그런데 이『영세명부』에는 신자가 아닌 이학규의 이름 밑에도 "3월 초6일"이라는 날짜가 기재되어 있다. 따라서 "3월 초6일"을 세례날짜로 볼 수 없다. 그리고 이것이 정말 세례날짜라면 당연히 세례명도 기재되어 있어야 한다. 하지만 처와 아들 홍우원의 세례명은 물론 심지어 홍필주의 세례명까지 기재되어 있지 않다. 홍필주의 세례명은 "필립보"다.

그렇다고 그것을 순교날짜로 볼 수도 없다. 그리되면 홍필주와 그의 처, 그의 아들 홍우원이 모두 같은 날 순교한 것이 된다. 하지만 그것은 순교날짜일 수 없다. 왜냐하면 실제 홍필주가 순교한 날짜와 전혀 안 맞기 때문이다. 홍필주의 순교일은 8월 27일(음)이다. 그리고 홍필주의 처와 그 아들까지 같은 날 순교했다는 기록은 어디에도 없다. 홍필주의 처와 그 아들이 순교했다는 기록 자체가 어디에도 없다.

결국 홍필주와 홍우원의 경우는 어느 것 하나 제대로 맞는 것이 없다. 모두 허위 사실만 기재되어 있다. 따라서 이런 사실만으로도 이『영세명부』는 천주교 자료가 아닌 것은 물론 이것 또한 누군가 의도적으로 다른 사람들을 속이고 사기치기 위해 만든 거짓 자료라는 것을 알 수 있다.

홍필주와 홍우원 가족의 세례일 혹은 순교일

	영세명부	실제 사실
홍필주	3월 초6일	세례일−모름 / 순교일−8월 27일(음)
처(妻)	3월 초6일	세례일−모름 / 순교 여부 모름.
아들−홍우원	3월 초6일	(실존 인물이라 하더라도) 세례받았는지 여부 모름 / 순교 여부 모름.

(3) 최필공崔必恭과 최필제崔必悌의 사례

이『영세명부』에는 홍필주 옆에 최필공崔必恭(1745~1801)과 최필제崔必悌(1769~1801)에 대한 기록도 나온다. 그런데 최필공과 최필제는 친형제가 아니다. 사촌지간이다. 따라서 아버지가 서로 다르다. 하지만 이『영세명부』에는 두 사람의 아버지(父)가 똑같이 "상수相洙"라고 되어 있다. 즉 두 사람의 아버지가 똑같은 사람이라고 되어 있는 것이다. 이것은 곧 최필공과 최필제가 친형제라는 뜻이다. 그러니 이것도 허위 사실인 것이다.

그뿐만이 아니다. 최필공과 최필제 이름 밑에도 똑같이 "3월 초6일"이라는 날짜가 기재되어 있다. 즉 홍필주와 그의 처, 그 아들인 홍우원의 경우와 똑같은 날짜가 나오는 것이다. 게다가 최필공과 최필제의 세례명도 모두 기재되어 있지 않다. 최필공의 세례명은 "토마스"고, 최필제의 세례명은 "베드로"다. 이런 사실을 볼 때도 그것이 세례날짜일 가능성은 더더욱 없다.

그렇다고 "3월 초6일"이라는 날짜를 순교날짜로 볼 수도 없다. 최필공의 순교일은 2월 26일(음)이고 최필제의 순교일은 4월 2일(음)이기 때문이다. 한마디로 최필공과 최필제의 경우에도 모두 허위 사실을 기재해 놓은 것이다.

최필공과 최필제의 사례

	영세명부	실제 사실
최필공의 아버지(부)	최상수(崔相洙)	최필공과 최필제는 서로 사촌간이므로 아버지가 서로 다름.
최필제의 아버지(부)	최상수(崔相洙)	
최필공의 세례일 (혹은 순교일)	3월 초6일 (홍필주 가족과 같은 날짜)	세례일-모름 / 순교일-2월 26일(음)
최필제의 세례일 (혹은 순교일)	3월 초6일 (홍필주 가족과 같은 날짜)	세례일-모름 / 순교일-4월 2일(음)

(4) 정철상丁哲祥의 사례

이 『영세명부』에서 정철상丁哲祥(?~1801)의 경우는 그 신상명세가 다른 종이로 가려져 있다. 그런데 필자가 그 종이를 살짝 들어보니 원래 거기에는 정철상의 처妻가 "남씨南氏"로 기재되어 있었다. 하지만 이것은 실제 사실과 다르다. 정철상의 부인은 홍교만洪敎萬(1738~1801)의 딸로 당연히 "홍씨洪氏"이지 남씨가 아니기 때문이다.

한편 정철상은 그 어머니(母)가 "유柳씨"라고 기재되어 있다. 하지만 정철상의 생모는 이수정李秀廷의 딸이다. 그러니 정철상의 생모는 당연히 "이씨"다. 이씨 부인은 정철상을 낳고 일찍 세상을 떠났다. 정철상의 부친 정약종丁若鍾은 유항명柳恒命의 딸 유柳세실리아와 결혼하여 정하상丁夏祥과 두 남매를 낳았다. 그런데 앞에서 말했듯이 이 『영세명부』에 있는 김범우와 김현우의 사례를 보면 각각의 생모를 구별하여 기재하였다. 따라

서 정철상의 경우 그 모친을 "유씨"라고 해서는 안 된다. "이씨"라고 해야
한다.

한마디로 정철상의 경우도 그 부인과 모친의 신상명세가 모두 실제 사
실과 다르게 되어 있는 것이다. 한국기독교박물관 측에서 정철상의 신상
명세를 다른 종이로 가려놓은 이유도 바로 이런 이유 때문인 것 같다.

정철상의 사례

	영세명부	실제 사실
처(妻)	남씨(南氏)	홍씨(洪氏)-홍교만의 딸
어머니(母)	유씨(柳氏)	이씨(李氏)-이수정의 딸 / 유씨(柳氏)는 계모

(5) 홍인洪鏚의 사례

이 『영세명부』에는 홍인洪鏚(1758~1802)에 대해서도 나온다. 그런데 홍
인의 아버지(父)가 "계창啓昌"이라고 되어 있다. 즉 "홍계창"이라는 것이
다. 하지만 홍인의 아버지는 "홍교만"이다. 그리고 이 명부에서는 홍인의
어머니(母)가 "남씨南氏"라고 되어 있다. 하지만 홍인의 어머니는 유주갑
柳周甲의 딸이다. 그러니 홍인의 어머니는 당연히 "유씨柳氏"다. 결국 홍인
의 경우도 아버지와 어머니의 신상 명세가 실제 사실과 모두 다르게 되어
있는 것이다.

홍인의 사례

	영세명부	실제 사실
아버지(父)	홍계창(洪啓昌)	홍교만(洪敎萬)
어머니(母)	남씨(南氏)	유씨(柳氏)-유주갑(柳周甲)의 딸

(6) 권상학權相學의 사례

이『영세명부』에서는 권상학의 아버지(父)가 "광욱光郁"이라고 되어 있다. 즉 "권광욱"이라는 것이다. 하지만 권상학의 아버지는 "권일신"이다. 또한 이 명부에서는 권상학의 어머니가 "윤씨尹氏"라고 되어 있다. 하지만 권상학의 어머니는 안정복의 딸이다. 그러니 당연히 "안씨安氏"다. 이『영세명부』에서는 권상학의 처가 "김씨金氏"라고 되어 있다. 하지만 권상학의 처는 "홍씨洪氏"다.

한마디로 권상학의 경우도 아버지, 어머니, 처의 신상명세가 도무지 하나도 맞는 게 없다. 권상학처럼 천주교 안에서 제법 유명한 집안의 신상명세가 이처럼 모두 잘못 기재되어 있다는 사실만 보더라도 이『영세명부』는 가짜가 틀림없다.

권상학의 사례

	영세명부	실제 사실
아버지(父)	권광욱(權光郁)	권일신(權日身)
어머니(母)	윤씨(尹氏)	안씨(安氏)—안정복의 딸
처(妻)	김씨(金氏)	홍씨(洪氏)

(7) 권상문權相聞의 사례

이『영세명부』에는 "권상문權相聞"이라는 인물이 나온다. 그런데 그의 아버지가 권상학과 똑같이 "광욱光郁"으로 되어 있고, 어머니도 권상학과 똑같이 "윤씨"라고 되어 있다. 즉 권상문과 권상학과 친형제로 되어 있는 것이다. 이런 사실을 볼 때 이 명부에 나오는 권상문은 권상학과 형제인 "순교자 권상문(1769~1802)"을 가리키는 것이 틀림없다.

그렇다면 이 명부에 나오는 "권상문"의 신상명세 역시 크게 잘못되어 있다. 우선 한자 이름이 잘못 기재되었다. 순교자 권상문은 한자로 "權相聞"이 아니다. 족보에는 "權相文(권상문)"으로 되어 있고 『사학징의』에는 "權相問"이라 되어 있다.[4] 그리고 권상학의 경우처럼 아버지와 어머니의 신상명세도 모두 잘못 되어 있다.

실제 권상학과 권상문은 형제이기 때문에 권상문의 아버지도 권상학의 경우처럼 "권광욱"이 아닌 "권일신"이다. 권상문은 큰 아버지인 권철신에게 양자로 갔었지만 친부는 권일신이기 때문이다. 이런 사실을 볼 때, 이 『영세명부』에 적힌 권상문의 아버지 "권광욱"은 권상문의 친아버지도 아니고 양아버지도 아닌 엉뚱한 인물이다.

한편 권상문의 어머니도 권상학의 경우처럼 "윤씨"가 아니라 안정복의 딸 "안씨安氏"다. 이 『영세명부』에는 권상문의 처妻가 "민씨閔氏"로 되어 있다. 하지만 권상문의 부인은 "오씨吳氏"다.

요컨대 권상문의 경우는 권상문 본인의 이름부터 시작해서 그 가족의 이름까지 모두 잘못 기재되어 있는 것이다. 권상문 역시 초기 천주교회에서 대단히 유명한 인물이다. 그런데 이런 유명한 인물의 신상명세가 이름부터 시작해서 모두 잘못 기재되어 있다는 것은 이 『영세명부』가 가짜라는 증거이며 천주교 신자가 쓴 자료도 아니라는 증거다.

권상문의 사례

	영세명부	실제 사실
본인	權相聞(권상문)	權相文(問)(권상문)−한자가 틀림.
아버지(父)	권광욱(權光郁)	권일신(權日身)−양부 권철신(權哲身)
어머니(母)	윤씨(尹氏)	안씨(安氏)−안정복의 딸
처(妻)	민씨(閔氏)	오씨(吳氏)

4) 한국교회사연구소 편, 『사학징의』, 1977, 152쪽.

(8) 최창현崔昌顯과 최창주崔昌周의 사례

이『영세명부』에는 최창현崔昌顯(1754~1801)과 최창주崔昌周(1749~1801)의 이름도 등장한다. 그런데 그 두 사람의 아버지가 모두 "해영(海永)"으로 되어 있다. 즉 두 사람의 아버지가 모두 "최해영"이라는 것이다. 이것은 곧 그 두 사람이 친형제라는 뜻이다. 하지만 두 사람은 친형제가 아니다. 그리고 최창현의 아버지는 "최해영"이 아니라 "최용운崔龍雲"이다.

최창현과 최창주의 사례

	영세명부	실제 사실
최창현의 아버지(父)	최해영(崔海永)	최용운(崔龍雲)
최창주의 아버지(父)	최해영(崔海永)	모름. 하지만 최창현과 최창주는 친형제가 아니므로 아버지가 다름.

(9) 이기양李基讓의 사례

이기양李基讓(1744~1802)이 천주교 신자라는 기록은 어디에도 없다. 그런데 이『영세명부』에 이기양이 나오는 것이다. 게다가 이기양에 대한 신상명세 역시 모두 엉터리로 기재되어 있다.

우선 이 명부에는 이기양의 어머니가 "박씨朴氏"라고 되어 있다. 하지만 이기양의 모친은 정현서鄭玄瑞의 딸이기 때문에 당연히 "정씨鄭氏"다. 또한 이기양의 부인이 "김씨金氏"라고 되어 있는데, 이기양의 부인은 허경許檠의 딸로서 "허씨許氏"다.

요컨대 이『영세명부』에는 순교자도 아닐 뿐만 아니라 천주교 신자인지도 알 수 없는 이기양을 기재해 놓았는데, 그 신상명세마저 모두 잘못 기재해 놓았던 것이다.

이기양의 사례

	영세명부	실제 사실
어머니(母)	박씨(朴氏)	정씨(鄭氏)-정현서의 딸
처(妻)	김씨(金氏)	허씨(許氏)-허경의 딸

(10) 이총억李寵億의 사례

이 『영세명부』에는 이총억李寵億에 대해서도 나온다. 이총억은 이기양의 아들이다. 그런데 여기에서는 이총억의 어머니가 "김씨"라고 되어 있다. 하지만 이총억의 어머니는 결국 이기양의 부인이므로 당연히 "허씨"다.

이총억의 사례

	영세명부	실제 사실
어머니(母)	김씨(金氏)	허씨(許氏)-허경의 딸

(11) 이총덕李寵德의 사례

이 『영세명부』에는 이총억 바로 옆에 이총덕李寵德이라는 인물이 등장한다. 하지만 이총덕이라는 이름과 "5월 19일"이라는 날짜만 기재되어 있을 뿐 가족 사항은 일체 기재되어 있지 않다. 그래서 사실상 이총덕이라는 인물이 실존 인물인지는 전혀 알 수 없다. 이런 인물이 천주교 순교자라는 기록도 없고 천주교 신자라는 기록도 없다.

하지만 이 명부에서는 이총덕을 이총억 바로 옆에 써놓은 것으로 볼 때, 이총덕이 이총억의 형제라는 의미에서 써놓은 것 같다. 그렇다면 이것 역시 문제가 된다. 왜냐하면 이총억의 형제는 "총寵"자 돌림이 아니고 "억億"자 돌림이기 때문이다. 그래서 이총억의 동생은 이방억李寵億이다.

이총덕의 사례

	영세명부	실제 사실
본인	이총덕(李寵德)	실존 인물인지 알 수 없음.
형제	이총억(李寵億)의 형제인 것처럼 보이게 함.	이총억과 형제일 수 없음. 이총억의 형제는 "총(寵)"자 돌림이 아니라 "억(億)"자 돌림임(예: 이총억의 동생은 이방억(李龐億).

(12) 이학규李學逵의 사례

앞에서도 말했지만 『한국기독교박물관소장 기독교자료해제』에서는 이 『영세명부』를 이학규가 펴낸 것이라고 하였다. 하지만 이것은 사실일 수가 없다. 이『영세명부』에는 이학규의 신상명세도 나와 있는데 그 내용이 엉터리이기 때문이다.

이학규의 신상명세도 다른 종이로 가려져 있다. 하지만 필자가 살짝 들춰보니 이학규의 아버지가 "정훈正薰"이라고 되어 있다. 즉 "이정훈"이라는 것이다. 하지만 이학규의 아버지는 "이응훈李應薰"이다. 또한 이 명부에는 이학규 밑에 홍필주와 그 가족, 그리고 최필공과 최필제처럼 "3월 초6일"이라는 날짜가 적혀있다. 그렇다면 이것은 이학규가 이 날 그들과 함께 세례를 받았거나 혹은 그 날 순교하였다는 의미로 적은 것일 것이다. 하지만 당시 상황으로 볼 때 이학규가 그들과 함께 같은 날 세례를 받았을 가능성은 매우 희박하다. 이학규가 그 날 순교했을 가능성도 전혀 없다. 이학규는 신유박해 때 유배를 가서 24년을 살았기 때문이다.

한국기독교박물관 측에서 이학규에 대한 신상명세를 다른 종이로 덮어 가려놓은 것도 이학규의 신상명세들이 실제와 다르게 기재되어 있기 때문일 것이다.

(13) 황사영, 이존창, 강이천姜彜天, 옥천희玉千禧, 이우집李宇集 등의 사례

이 『영세명부』에는 황사영, 이존창, 강이천, 옥천희 등의 이름도 나온다. 하지만 한국기독교박물관 측에서는 이들의 이름을 제외한 신상명세 내용을 모두 다른 종이로 가려놓았다. 이 『영세명부』에는 "유씨柳氏"라는 이름도 나온다. 아마도 정약종의 부인인 "유조이柳召史(1761~1839)를 말하는 것 같은데 이 경우에도 신상명세 내용이 다른 종이로 가려져 있다.

『영세명부』를 보면서 이 가려진 종이들을 들춰서 이들의 신상명세 내용을 모두 보고 싶었지만 어떤 것들은 워낙 단단하게 붙여져 있어서 볼 수 없었다. 또 어떤 것들은 들춰보아도 거기에 아무 내용도 없었다. 원래부터 아무 내용이 없었던 것인지 아니면 누군가 완전히 삭제해 버렸는지 그것은 알 수 없다.

그렇다면 이 『영세명부』에는 왜 이리도 많은 사람들의 신상명세 내용이 다른 종이로 가려져 있는 것일까? 그것도 초기 교회의 중요한 역할을 했던 인물들의 신상명세를 왜 가려놓은 것일까? 정철상과 이학규 등의 경우를 볼 때, 거기에 적혀있는 신상명세 내용들이 실제 사실과 다르게 적혀있기 때문일 것이다. 그렇지 않다면 그것을 가려놓을 이유가 없을 것이다.

물론 사람이 쓴 것이기 때문에 한두 가지 잘못된 점은 있을 수 있다. 하지만 이토록 많은 내용들이 실제 사실과 다르게 기재되어 있다는 것은 단순한 실수가 아니라는 증거다. 게다가 많은 사람들의 신상명세가 아예 볼 수 없도록 가려져 있다는 것은 그만큼 공개할 수 없을 정도로 내용이 잘못되었다는 뜻일 것이다.

결국 이 모든 사실을 종합해 보면, 고 김양선 목사가 수집하고 기증한 소위 천주교 신자들의 『영세명부』라는 자료는 천주교 신자들의 영세명부가 아니다. 이것 역시 누군가 의도적으로 다른 사람들을 속이고 사기치기 위해 만들어 낸 거짓 천주교 자료다.

2. 「영세명장領洗名狀」

고 김양선 목사가 기증한 천주교 신자들의 「영세명장」은 모두 두 가지 종류다. 현재 숭실대학교 한국기독교박물관에 전시되어 있으며 『숭실대학교 한국기독교박물관』이라는 책에도 소개되어 있다.[5] 그 중 하나가 소위 정약종의 「영세명장」이다.

1) 정약종의 「영세명장」

소위 정약종의 「영세명장」에는 다음과 같이 내용이 적혀있다.

> 령세명장
> 뎡약종 즈 긔묘싱하령세 겸증셩명 위오사뎡
> 텬쥬강싱후 일쳔칠빅구십년경술뉴월망일
> 됴션셩교도셩셩비회
> 리백돌 증

정약종의 「영세명장」

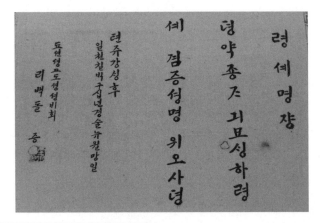

---

5) 숭실대학교, 『숭실대학교 한국기독교박물관』, 2004, 227쪽.

한국기독교박물관에서는 이 「영세명장」에 대해 다음과 같은 해제를 붙여 놓았다.

1790년 한국 최초의 신부 이승훈(李承薰 세례명 베드로 白氈)이 정약종(丁若鍾)에게 수여한 영세명장이다. 영세자 이름, 생년, 세례명(위오사뎡)을 적었으며 좌측 하단에 '이승훈'의 낙관이 찍혀있다.[6]

다시 말해서 정약종이 이승훈에게서 세례를 받고 나서 받은 "영세증명서"라는 것이다. 그런데 한국기독교박물관 측의 이러한 설명에는 기본적으로 치명적인 문제가 있다. 우선, 이승훈은 한국 최초의 신부가 아니라 "한국천주교회 처음으로 북경에서 세례를 받고 돌아온 사람"이다.

물론 이승훈 이전에 임진왜란(1592~1598) 중에 일본에 포로로 잡혀갔다 거기에서 서양 선교사들을 만나 세례를 받은 사람들도 있었다. 하지만 현재 한국천주교회로 이어지는 뿌리라는 맥락에서 볼 때 이승훈은 한국천주교회 최초로 북경에서 정식으로 세례를 받고 온 사람이다. 그리고 그것이 계기가 되어 그 후 한국천주교회가 탄생하게 된 것이다.[7]

한국 최초의 신부는 김대건이다. 따라서 소위 정약종의 「영세명장」에 대한 해제 자체가 기본적으로 잘못되어 있다. 하지만 더 중요한 것은 이 「영세명장」들이 진짜 천주교 자료일 수가 없다는 것이다. 그 이유는 다음과 같다.

(1) 천주교에서 「영세명장」을 만들었다는 기록은 어디에도 없고, 만들 이유도 없다

오랫동안 신앙생활을 해온 천주교 신자라면 이런 「영세명장」을 보고

---

6) 같은 책, 227쪽.
7) 윤민구,『한국 천주교회의 기원』, 348쪽 이하 참조.

놀라지 않을 수 없을 것이다. 천주교에서 이런 「영세명장」을 만들었다는 것은 도무지 금시초문이기 때문이다.

오늘날에도 천주교에서는 「영세명장」을 발부하지 않는다. 세례를 받으면 교회 측의 세례대장에는 기록을 해두지만 신자들에게 일반적으로 영세증명서를 발부하지 않는다. 꼭 필요한 경우에만 발부한다. 예를 들면 결혼을 하거나 장례를 치를 때 천주교 신자라는 것을 증명하기 위해 영세증명서를 발부한다. 그 이외에는 특별한 목적 없이 영세증명서를 발부하는 경우는 없다.

하물며 박해시기의 천주교회에서 「영세명장」을 만들 이유가 없다. 그것은 곧 그 사람이 천주교 신자라는 것을 공개적으로 인정하는 영세증명서인데 그런 무모한 짓을 교회에서 할 리가 없다. 이런 「영세명장」이 있다면 박해자들이 얼마든지 손쉽게 천주교 신자들을 잡아들일 수 있기 때문이다. 하지만 박해자들이 이런 「영세명장」에 대해서 언급한 적이 전혀 없다. 또한 수많은 배교자들도 있었고 심지어 그들 중에는 다른 천주교 신자들을 잡아들이는 데 앞장섰던 사람들도 있었지만 그들의 입에서도 「영세명장」이나 그와 비슷한 존재에 대한 이야기가 나온 적이 없다. 그리고 천주교회에서 이런 「영세명장」을 만들었다는 기록이나 전승도 전혀 없다. 그런데 갑자기 고 김양선 목사가 이런 「영세명장」들을 입수하여 한국기독교박물관에 기증하였던 것이다.

이런 사실만으로도 이 「영세명장」들을 정말 신중하게 살펴보고 그 진위를 판단해야 했다. 하지만 지금까지 어느 누구도 여기에 대한 제대로 된 검증이나 검토를 하지 않은 것이다.

(2) 천주교에서는 베드로를 한자로든 한글로든 "백돌"이라고 한 적
이 없다

소위 정약종의 「영세명장」을 보면 "리백돌 증"이라는 말이 나온다. 이
것을 보고 이승훈(베드로)이 정약종에게 수여한 「영세명장」이라고 한 것
이다. 위의 해제에서도 "이승훈(李承薰 세례명 베드로 白乭)이 정약종丁若
鍾에게 수여한 영세명장이다"라고 되어 있다. 여기에서 "白乭"은 "백돌"
을 한자로 쓴 것이다.

하지만 천주교에서는 베드로를 한글로 "백돌"이라고 한 적이 없다. 그리
고 한자로 베드로를 "白乭(백돌)"이라고 한 적도 없다. 한문서학서인 『성
경직해』와 『성경광익』에는 베드로가 수없이 많이 나온다. 그런데 거기에
서는 모두 한자로 "伯鐸羅(백탁라)"라고 하였다. 중국식 발음은 [baiduoluo]
이다. 『성년광익』에서는 "伯多祿(백다록)"이라고 하였다. 중국식 발음은
[baiduolu]다.

이런 한문서학서들을 통해 천주교를 받아들인 우리나라 신자들은 베
드로를 한자로 쓸 때 대부분 『성년광익』에 나오는 "伯多祿(백다록)"을 택
해서 썼다. 「신미년(1811)에 북경주교에게 보낸 편지」나 황사영이 쓴 『백
서』, 그리고 심문기록들을 보면 모두 "伯多祿(백다록)"이라고 되어 있다.

초기 천주교회는 물론 1977년에 개신교와 공동번역한 『성서』가 나올
때까지 천주교회에서는 한글로 쓰거나 말할 때 "베드루"라고 하였다. 극
히 드물게 "베드로"란 말을 쓰기도 하였지만 "베드로"는 1977년에 개신
교와 공동번역 한 『성서』가 나온 이후에 본격적으로 쓰기 시작한 용어다.
어떻든 이렇게 한국천주교회에서는 한 번도 베드로를 한자나 한글로 "白
乭" 혹은 "백돌"이라고 한 적이 없었던 것이다. 이것을 정리하면 다음과
같다.

영세명장		백돌(白乭)
성경직해	1636년	伯鐸羅(백탁라)
교요서론	1677년	伯多祿(백다록)
성년광익	1738년	伯多祿(백다록)
성경광익	1740년	伯鐸羅(백탁라)
교요서론	1801년 이전	베드루
셩경직히광익	1801년	베드루
황사영 백서	1801년	伯多祿(백다록)
신미년 편지	1801년	伯多祿(백다록)
성교감략	1883년	베드루
치명일긔	1895년	베드루
셩경직히	1897년	베드루
셩년광익	미상	베드루 / 베드로8)
긔히일긔	1905년	베드루
사사성경	1910년	베드루
사사성경	1922년	베드루
성교감략	1931년	베드루
사사성경	1939년	베드루
신약성서 상편	1948년	베드루
사사성경	1956년	베드루
가톨릭 성가집	1957년판	베드루
복음성서	1971년	베드루
공동번역 성서	1977년	베드로
200주년 성서	1991년	베드로
성경	2005년	베드로

한국 개신교에서도 베드로를 한글로 "백돌"이라고 한 적이 없으며 한 자로 "白乭(백돌)"이라고 한 적도 없다. 한국 개신교에서 그 초기부터 베 드로를 어떻게 표현하였는지 정리해서 소개하면 다음과 같다.

---

8)『셩년광익』하계, 데오편, 121쪽 뒷면.

한국 개신교와 「영세명장」의 용어 비교

영세명장		백돌(白乭)	

예수성교 누가복음젼서	1882년	로스	피들
예수성교셩셔 요안닉복음	1882년	로스	피들
예수셩교셩셔 누가복음데자힝젹	1883년	로스	피들
예수성교셩셔 요안닉복음	1883년	로스	피들
예수셩교셩셔 맛딕복음	1884년	로스	피들
신약성서 마태전(현토성서)	1884년	이수정	彼得(피득)
신약성서 마가전(현토성서)	1884년	이수정	彼得
신약성서 로가전(현토성서)	1884년	이수정	彼得
신약성서 약한전(현토성서)	1884년	이수정	彼得
신약성서 사도행전(현토성서)	1884년		彼得
신약마가전복음셔언히	1884년	이수정	彼得 / 베투로쓰
예수셩교셩셔 요안닉복음이비쇼셔신	1885년	심양 문광셔원	피들
예수셩교셩셔 맛딕복음	1886년	심양 문광셔원	피들
예수성교젼셔	1887년	경셩 문광셔원	피들
마가의 젼흔 복음셔언히	1887년	아펜젤러 / 언더우드	베드로
누가복음젼	1890년		피들
요한복음젼	1891년	펜윅	彼得
마태복음젼	1892년	아펜젤러	베드로
예수성교셩셔 맛딕복음	1892년	심양 문광셔원	피들
약한의 긔록흔 딕로복음	1893년	펜윅	피득
누가복음젼	1893년		피들
마태복음	1895년		피득
누가복음	1895년		베드로
마태복음	1896년		피득
요한복음	1896년		피득
마태복음	1898년		베드로
마가복음	1898년		베드로
누가복음	1898년		베드로
신약전서	1900년		베드로
신약전서	1906년		베드로
국한문 신약전서	1906년		베드로
마태복음	1906년		베드로
요한복음	1906년		베드로

국한문 신약전서	1922년	조선경성 대영성서공회	베드로
부표관주 신약전서	1922년		베드로
기일신역 신구약전서	1925년		베드로
선한문 신약전서	1926년	조선경성 대영성서공회 (연세대학교 소장)	베드로
선한문 관주 신약전서	1926년		베드로
관쥬 신약젼셔	1930년	죠션경성 대영셩셔공회	베드로
간이 선한문 신약	1935년	조선경성 대영성서공회	베드로
신약성서 요한복음	1936년	조선경성 대영성서공회	베드로
개역 신약	1939년	셩서공회	베드로
간이 선한문 신약 (개역)	1940년	조선성서공회	베드로
영한대조 신약전서	1947년	서울 뉴라이프 프레스	베드로
영한대조 신약전서	1956년	대한성서공회	베드로
간이 국한문 신약전서(개역)	1956년	대한성서공회	베드로

결국 이런 사실들을 종합해 보면 고 김양선 목사가 기증한 소위 정약종의 「영세명장」이라는 것은 천주교 자료가 아닌 거짓 자료로서 이것 역시 의도적으로 다른 사람들을 사기치기 위해 만든 것이 분명하다. 그리고 이것을 만든 사람은 천주교 신자가 아닌 것은 물론 개신교 신자도 아니다.

(3) 천주교에서는 "아오스딩"을 한글로 "오사뎡"이라고 쓴 적이 없다

한국기독교박물관에서 붙인 위의 해제에서는 정약종의 세례명이 "위오사뎡"이라고 하였다. 하지만 정약종의 세례명은 "아오스딩"이다. 그런데 소위 정약종의 「영세명장」에서는 "오사뎡"이라고 써놓았다. 하지만 한국천주교회에서는 한 번도 "아오스딩"을 한글로 쓰거나 말할 때 "오사뎡"이라고 한 적이 없다.

한국천주교회에서 "아오스딩"을 어떻게 한자나 한글로 표현해왔는지는 이미 앞에서 한글본 「성교요지」를 다룰 때 자세히 살펴보았다. "오샤뎡"은 한자 "奧斯定(오사정)"을 그대로 우리식으로 음독한 가차문자다. 하지만 한국천주교회에서는 "오샤뎡"이란 가차문자를 쓴 적이 없는 것이

다. 1930년대 초까지 한국천주교회에서 아오스딩을 어떻게 우리말로 표현했는지 다시 한 번 정리해서 소개하면 다음과 같다.

천주교와 「영세명장」의 용어 비교

영세명장		오사명
성경직해	1636년	奧斯定(오사정)
성년광익	1738년	奧斯定
성경광익	1740년	奧斯定
성경직히광익	1801년	아스딩
치명일긔	1895년	아스딩
성경직히	1897년	아스딩
긔히일긔	1905년	아스딩
회쟝직분	1923년	아스딩 / 아오스딩
회쟝피정	1931년	아스딩

이런 사실을 보아도 소위 정약종의 「영세명장」은 진짜 천주교 자료가 아닌 것이다.

(4) 정약종의 출생 연도가 틀리게 되어 있다

소위 정약종의 「영세명장」에서는 정약종을 기묘생이라고 하였다. 정약종의 생애와 가장 가까운 기묘년은 1759년이다. 하지만 실제 정약종의 출생 연도는 1760년이다. 이러한 사실은 정약종이 순교한 신유박해(1801) 때 그의 나이가 우리나라 나이로 42세였다는 것을 보아 알 수 있다.[9]

---

9) 「신미년(1811)에 조선 천주교 신자들이 북경 주교에게 보낸 편지」, 『교황청 자료 모음집』, 246쪽.

(5) "됴선셩교도셩셩비회(조선성교도성성배회)"는 정체불명의 단체다

소위 정약종의 「영세명장」에는 그것을 발부한 단체가 "됴선셩교도셩셩비회(조선성교도성성배회)"라고 되어 있다. 하지만 초기 한국천주교회에 그런 단체가 있었다는 기록이나 전승은 전혀 없다.

(6) 정약종이 1790년에 세례받았다는 근거가 없다

정약종이 언제 세례를 받았는지는 아직 정확히 알 수 없다. 그런데도 소위 정약종의 「영세명장」에는 정약종이 1790년 경술년 음력 6월 15일에 세례를 받았다고 되어 있다. 하지만 그 근거가 무엇인지 대단히 의심스럽다. 그런데 소위 정약종의 「영세명장」에 기재된 다른 사항들이 모두 허위 사실인 것으로 볼 때 이것 역시 거짓이 틀림없다.

이렇듯 소위 정약종의 「영세명장」에 기재된 내용들은 처음부터 끝까지 허위 사실이다. 따라서 이것은 진짜 정약종의 영세증명서가 아니고 다른 천주교 신자들의 영세증명서도 아니다. 이것 역시 거짓 천주교 자료로서 천주교 신자도 아니고 개신교 신자도 아닌 누군가 사기를 목적으로 만들어 낸 거짓 자료다. 따라서 더 이상 이것을 정약종의 「영세명장」이라고 해서는 안 된다.

2) 류사의 「영세명장」

고 김양선 목사가 기증한 또 다른 「영세명장」에는 다음과 같은 내용이 기재되어 있다.

령셰명쟝
류션님씨 갑술싱하령셰 겸 증셩명 <u>위류사</u>
텬쥬강싱후 일쳔칠빅구십년경술뉴월망일
됴션셩교도셩비회
리뵉돌 증

류사의 「영세명장」

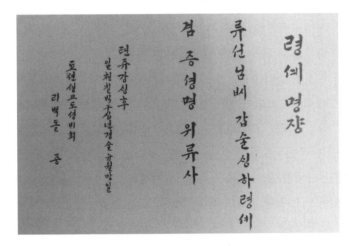

『숭실대학교 한국기독교박물관』에서는 이것이 누구의 「영세명장」인지
아무런 설명을 하지 않고 있다. 그런데 1967년 8월 27일자『가톨릭시보』
(제582호) 기사를 보면 김양선 목사가 한국기독교박물관에 기증한 자료
중에는 "정약종과 처 유씨 영세명장領洗名狀"이 포함되어 있다고 말하고
있다.

이런 사실을 볼 때 고 김양선 목사는 이「영세명장」을 정약종의 부인인
유체칠리아가 세례를 받은 후 발부받은 영세증명서라고 생각하여 수집
한 것 같다. 실제로 이「영세명장」은 정약종 부인의 성姓인 "류(유)"씨에
게 수여한 것으로 되어 있다. 하지만 그 내용을 보면 이것은 정약종 부인

의 「영장명장」이 아닐 뿐만 아니라 다른 천주교 신자들의 「영장명장」도 아니라는 것을 알 수 있다. 그 이유는 다음과 같다.

(1) 정약종의 「영세명장」에 나온 것과 똑같은 단체에서, 리백돌이 발부한 것으로 되어 있다

류사의 「영세명장」에는 그것을 발행한 사람이 "됴션셩교도셩비회(조선셩교도셩배회)"의 "리백돌"이라고 되어 있다. 즉 소위 정약종의 「영세명장」에 등장하는 똑같은 단체의 똑같은 리백돌이 발부한 것으로 되어 있다. 단지 소위 정약종의 「영세명장」에는 "됴션셩교도셩셩비회(조선셩교도셩셩배회)"라고 되어 있는 반면, 류사의 「영세명장」에는 "셩"자가 하나 빠진 "됴션셩교도셩비회(조선셩교도셩배회)"라고 되어 있을 뿐이다.

하지만 한국천주교회에서는 한 번도 베드로를 "백돌"이라고 한 적이 없을 뿐만 아니라 초기 천주교회에 "됴션셩교도셩비회(조선셩교도셩배회)"란 단체도 없었다. 이런 사실만 보더라도 이 「영세명장」 역시 가짜라는 것을 알 수 있다.

(2) 정약종 부인의 세례명이 아니다. 천주교회에서는 "류사" 혹은 "사"라는 세례명을 쓴 적이 없다

소위 정약종 부인의 「영세명장」을 보면, 맨 앞에 "류선님씨"라고 되어 있다. 소위 정약종의 「영세명장」에는 이 부분이 "뎡약종"이라고 되어 있는 것으로 볼 때, 여기에 나오는 "류선님씨"란 이 영세명장을 받을 사람이 "류선님"이라는 뜻으로 보인다. 그런데 이제까지 정약종 부인이 "유씨"라고 알려지긴 했어도 이름이 "류선님"이라는 기록이나 전승은 어디에도 없다.

더 문제가 되는 것은 그 다음에 나오는 "위류사"라는 내용이다. 소위 정

약종의 「영세명장」에서는 "위오사뎡"이라고 하였다. 이것은 '세례명을 오사뎡이라고 한다'는 뜻으로 보인다. 그런데 여기에서는 "위류사"라고 한 것으로 볼 때 "류선님"의 세례명을 "류사" 혹은 "사"라고 한다는 뜻이다.

하지만 세례명이 "류사"일 경우는 너무나 이상하게 된다. 성이 "류(유)" 씨인데 세례명이 "류사"라면 "류류사"가 되기 때문이다. 그리고 천주교회에서는 한글이든 한자이든 "류사"라는 세례명을 쓴 적이 없기 때문이다. 그렇다고 세례명이 "사"라고 볼 수도 없다. 천주교회에서는 한글이든 한자이든 "사"라는 세례명을 쓴 적도 없기 때문이다. 한마디로 세례명이 "류사"이든 "사"이든 모두 천주교의 세례명이 아닌 정체불명의 이름인 것이다.

정약종의 부인 유씨의 세례명은 체칠리아다. 성인들의 행적에 대해 소개한 한문서학서 『성년광익』에서는 체칠리아를 한자로 "則濟里亞(칙제리아)"라고 하였다.[10] 중국식 발음은 [zejiliya]이다. 그런데 그것을 우리말로 옮길 때는 "세시리아"라고 하였다. 그래서 『긔히일긔』에서는 정약종의 부인을 "유세시리아"라고 하고 있다.[11] 『회쟝직분』에서도 성녀 체칠리아 축일을 소개하면서 "세시리아"라고 하였다.[12] 그러다 최근에 이르러서 한국천주교회에서는 "체칠리아"라고 하였다.

이런 사실을 보더라도 이것은 정약종 부인의 영세증명서일 수도 없고 다른 천주교 신자들의 영세증명서일 수도 없다. 이것 역시 천주교 자료가 아닌 것이다.

(3) 탄생 연도가 다르다

이 「영세명장」이 정약종 부인인 유체칠리아의 영세증명서일 수 없는

---

10) 『성년광익』 동계, 제11편, 55쪽 뒷면.
11) 『긔히일긔』, 112쪽 앞면.
12) 최루수, 『회쟝직분』, 1923, 부록 20쪽.

또 다른 이유는 출생 연도가 실제와 다르게 되어 있기 때문이다. 여기에 서는 류선님이라는 사람이 "갑술생甲戌生"이라고 되어 있다. 갑술년이면 1754년을 가리킬 것이다. 하지만 유체칠리아는 1761년에 태어났기 때문에 갑술생이 아니다.

(4) 세례받은 연도가 다르다

정약종의 부인 유체칠리아가 언제 세례받았는지는 정확히 알 수 없다. 그런데 이「영세명장」을 보면 "류사"란 인물이 세례받은 날짜가 "텬쥬강 싱후 일천칠빅구십년경술뉴월망일(1790년 경술년 음력 6월 15일)"이라고 되어 있다. 즉 소위 정약종의 「영세명장」에 기재된 날짜와 같다. 하지만 이것을 정약종의 부인이 세례받은 날짜로 볼 수는 없다. 그리고 소위 류사의 「영세명장」에 기재된 사항들이 모두 허위 사실인 것으로 볼 때 이 것 역시 허위로 기재한 것이 틀림없다.

한마디로, 소위 류사의 「영세명장」은 정약종의 부인인 류체칠리아의 영세증명서가 아닐 뿐만 아니라 다른 천주교 신자들의 영세증명서도 아니다. 이것은 천주교회나 천주교 신자들과는 아무 상관이 없는 가짜 「영세명장」이고 가짜 천주교 자료다. 이것 역시 의도적으로 다른 사람들을 속이고 사기치기 위해 만들어진 거짓 천주교 자료인 것이다.

3. 이벽과 그 부인의 영세명패領洗名牌

이왕에 『영세명부』와 「영세명장」에 대해 거론하였으니 한 가지 더 언급하지 않을 수 없는 것이 있다. 그것은 바로 영세명패다. 현재 한국기독교박물관에는 전시되어 있지 않고 한국기독교박물관 도록에도 나와있지 않지만 1967년 8월 27일자 『가톨릭시보』(제582호) 기사를 보면 고 김양선 목사가 한국기독교박물관에 기증한 자료 중에는 "이벽과 처 권씨의 영세領洗 명패名牌"가 들어 있다고 되어 있다. 그리고 거기에 대한 사진도 크게 실려 있다. 그 사진을 보면 소위 "이벽의 영세명패"라는 것은 나무로 만들어져 있는데, 이벽의 세례명이 한자로 "若望(약망)"이라고 되어 있다.

이벽의 영세명패

이러한 『가톨릭시보』의 기사와 사진을 보고 주재용 신부는 『한국 가톨릭사의 옹위』에 다음과 같이 말하였다.[13]

> 그 실물을 보지 못하여 자세히 비판할 수는 없으나, 우선 이벽의 교명을 '약망(若望)'이라 한 것부터 매우 의심이 간다. 왜냐하면 이벽의 교명은 그가

---

13) 주재용, 앞의 책, 51쪽.

우리나라 교회의 선구자라고 해서 세자(洗者) '요한'(若翰)으로 했던 것이 분명한데, 그를 사도(使徒) '요왕'(若望)이라 했으니, 당시 교회 용어로는 '약한(若翰)'을 '약망(若望)'이라 했을 리 만무하기 때문이다.

천주교회에서는 "세례자 요한"을 한자로 "若翰(약한)"이라고 쓰고, 사도 요한은 "若望(약망)"이라고 쓴다. 그런데 이벽의 세례명은 세례자 요한이다. 따라서 그것이 정말 "이벽의 영세명패"라면 당연히 "若翰(약한)"이라고 적혀 있어야 한다. 하지만 거기에는 이벽의 세례명이 "若望(약망)"이라고 되어 있었던 것이다.

결국 고 김양선 목사가 수집하고 기증하였던 소위 "이벽의 영세명패"라는 것도 다른 사람들을 속이기 위해 만든 거짓 유물이었던 것이다. 이런 사실을 볼 때 "이벽의 부인 권씨의 영세명패"라는 것도 당연히 거짓이었을 것이다. 주재용 신부는 이것을 즉시 알아보고 경고하였던 것이다. 현재 한국기독교박물관에서 "이벽의 영세명패"와 "이벽의 부인 권씨의 영세명패"에 대해 일체 거론하거나 전시하고 있지 않은 이유도 그것이 거짓 천주교 자료라는 것을 알기 때문일 것이다.

사실 초기 천주교회에서 그런 영세명패를 만들었다는 기록이나 전승은 전혀 없다. 그런 것을 만들어야 할 이유도 없다. 천주교 신자라는 것이 드러나면 잡혀서 죽게 되는 상황인데 무모하게 영세명패를 만들 이유가 없는 것이다.

이처럼 고 김양선 목사가 발견하고 기증한 초기 천주교 관련 자료들은 거의 대부분 거짓 천주교 자료다. 어떻게 이토록 다양한 방법으로 초기 천주교 신자들을 빙자하여 다양한 거짓 자료들을 만들어 냈는지 참으로 놀라울 따름이다.

4. 「경신회 규범庚申會 規範」과 「경신회 서庚申會 序」

고 김양선 목사가 기증한 「경신회 규범」은 경신회라는 단체의 규범이다. 그리고 「경신회 서」는 그 단체의 설립취지를 적은 글이다.[14] 『한국기독교박물관소장 기독교자료해제』에는 두 문건 역시 이학규가 펴낸 것으로 되어 있다.[15] 즉 이미 거짓 자료로 드러난 『영세명부』의 편찬자와 동일 인물이 펴낸 것이라고 되어 있다.

「경신회 규범」 뒤에는 32명의 회원 명단이 있다. 회원 명단 뒤에는 맨 끝에 "천주강림후 삼십경신 춘 정월 망일天主降臨後 三十庚申 春 正月 望日"이라 쓰여 있다. "삼십경신"이라는 것은 '경신년이 30번 있었다'는 뜻으로 보인다. 그러니까 「경신회 규범」은 예수 탄생 후 30번째 경신년인 1800년 1월 15일(음)에 작성되었다는 뜻인 것 같다. 하지만 "삼십경신"이란 표현은 무척 부자연스러운 표현이다.

그런데 『한국기독교박물관소장 기독교자료해제』에서는 다음과 같이 아무런 근거도 제시하지 않은 채 "경신회"가 곧 "명도회明道會"라고 말하고 있다. 그러면서 「경신회 규범」이 바로 「명도회 규범」이며 「경신회 서」가 곧 「명도회 서」라고 주장하고 있다.

「경신회 규범」

경신년(庚申年, 1800년) 주문모(周文謨) 신부 주도하에 정약종, 김건순 등을 중심으로 한 천주교 신도들이 서울에서 조직한 전도회의 규범이다. 경신회는 교리연구와 전교운동에 주력한 종교단체로 '명회'(明會), '명도회'(明道會)라고도 한다. 1801년 신유박해시 주문모 정약종 등이 순교하면서 이 회의 활동이 중지되었다. 이 규범에는 교회 확장과 동회의 규범 및 회원 30명 명단이 수록되어 있다. 주요 내용으로 천주(天主)를 지성으로 신봉하고 성

---

14) 『한국기독교박물관소장 기독교자료해제』, 367쪽.
15) 앞의 책, 367쪽.

서를 익혀 외울 것, 매달 회집하여 강론 학구(學究)할 것, 천주의 박애 구세의 뜻을 전심전력하여 전할 것과 관아에서 탐문시 죽더라도 함구할 것 등 9가지 규범이 제시되어 있다.[16]

하지만 이것은 전혀 근거없는 주장이다. 그 이유는 다음과 같다.

1) 경신회는 명도회가 아니다

명도회는 주문모 신부가 입국한 후 구성된 단체로 교리 연구와 전교를 하는 단체였다. 하부 조직으로 3~4명 또는 5~6명으로 구성되는 모임會이 있었다. 서울의 6회六會는 명도회의 하부 조직으로 너무나 유명하다. 명도회에는 "명도회규明道會規"라는 규약이 있었으며, 회원들은 자신이 활동한 것을 보고하게 되어 있었다.[17]

하지만 "경신회"라는 단체가 초기 천주교회 때 존재하였다는 기록이나 전승은 어디에도 없다. 또한 "명도회를 경신회라고도 한다"는 기록이나 전승도 전혀 없다. 따라서 '경신회는 곧 명도회를 말한다'는 한국기독교박물관 측의 주장은 전혀 근거없는 이야기다. 이런 사실만 보더라도 고 김양선 목사가 기증한 「경신회 규범」과 「경신회 서」 역시 대단히 신빙성 없는 자료라는 것을 알 수 있다.

2) 명도회와 경신회의 회장 이름이 다르다

명도회 초대 회장은 정약종이다. 그런데 「경신회 규범」에는 김건순金建淳을 "주간主幹"이라고 하면서 대표로 내세우고 있다. 그리고 경신회에서는 정철상이 "경독經讀"이라는 직책으로 간부가 되어 있다. 하지만 경신회

---

16) 『숭실대학교 한국기독교박물관』, 230쪽.
17) 방상근, 「명도회」, 『한국가톨릭대사전』 4, 한국교회사연구소, 1997, 2,631~2,633쪽.

가 정말 명도회라면 아버지가 회장으로 있는데 그 아들까지 간부로 되어 있는 상황이 된다. 따라서 이것 자체로 그 자료의 신빙성을 더욱 떨어뜨린다.

3) 초기 천주교회에서는 "성서"가 아닌 "성경"을 암송하였다

『숭실대학교 한국기독교박물관』에서는 「경신회 규범」의 9개조 중 일부를 사진과 함께 소개하고 있다. 그런데 그 첫 번째 조항이 다음과 같이 되어 있다.

一 天主至誠信奉聖書習誦之事[18]
→(천주를 지성으로 신봉하고 성서를 익힐 것.)

여기에 나오는 한문에서 "습송習誦"이라는 것은 "외우고(誦) 익힌다(習)"는 뜻이다. 따라서 이 첫 번째 조항을 우리말로 더 정확하게 번역하면 "천주를 지성으로 신봉하고 성서를 외우고 익힐 것"이라는 뜻이다. 하지만 이미 앞에서 보았듯이, 당시 한국천주교회에는 성서가 없었다. 그리고 "성서聖書"라는 말도 쓰지 않았다.

한문서학서인 『교요서론』과 『성경직해』를 보면 "성경聖經"이라는 말이 나온다. 그리고 『성경직해』, 『성경광익』, 『성경직히광익』이란 책 제목에서도 드러나듯이 초기 천주교회에서는 "성서"라는 말을 쓰지 않고 "성경"이라고 하였다. 따라서 이 「경신회 규범」이 정말 초기 천주교 자료라면 "성서"라는 용어가 등장할 수 없다.

박해가 끝난 다음에도 한국천주교회에서는 "성서"라는 말을 쓰지 않았다. 『사사성경』이라는 말에서 나타나듯이 그때도 계속 "성경"이라고 하였다. 그러다 1948년 이후에 『신약성서 상편』, 『복음성서』 등과 같은 말이 등장하면서 "성서"라는 말을 쓰기 시작한 것이다.

---

18) 『숭실대학교 한국기독교박물관』, 230쪽.

한마디로 「경신회 규범」에서는 "천주"를 운운하지만 1948년 이전의
천주교 신자들은 사용하지 않았던 "성서聖書"라는 말이 등장하는 것으로
볼 때 「경신회 규범」은 「명도회 규범」이 아닐 뿐만 아니라 천주교 자료
도 아닌 것이다.

한편 개신교에서는 처음부터 "성서"라는 말을 썼다. 1882년에 선교사
로스가 한국인들과 함께 우리말로 번역해 펴낸 『예수셩교셩서 요안닉 복
음』 등과 이수정이 1884년에 펴낸 현토성서들인 『신약성서 마태전』, 『신
약성서 마가전』, 『신약성서 로가전』, 『신약성서 약한전』 등에서 알 수 있
듯이, 개신교에서는 처음부터 "성서"라는 말을 썼다.

이런 사실을 볼 때 고 김양선 목사가 기증한 「경신회 규범」은 천주교
자료가 아닐 뿐만 아니라 두 종류의 한문본 「성교요지」와 『만천유고』의
「십계명가」처럼 개신교 배경을 가진 사람이 초기 천주교 신자들을 빙자
하여 만든 거짓 자료가 분명하다.

「경신회 규범」

4) 천주교회에서는 "천주강림"이라는 말을 쓰지 않는다

앞에서 말했듯이 「경신회 규범」 맨 마지막에는 "천주강림후 삼십경신 춘 정월 망일天主降臨後 三十庚申 春 正月 望日"이란 말이 나온다. 그런데 천주교회에서는 "성신강림聖神降臨"이라는 말은 썼어도 "천주강림天主降臨"이라는 말은 쓰지 않았다. 그런 말은 지금도 쓰지 않는다. 천주강생天主降生이라는 말은 썼다. 이런 사실을 보더라도 이것은 천주교 신자가 작성한 자료가 아니다.

5) 경신회원 명단에 천주교 신자가 아닌 사람도 포함되어 있다

「경신회 규범」에는 회원 명단이 나온다. 그런데 그 중에는 천주교 신자가 아닌 사람들도 포함되어 있다. 그 대표적인 인물이 바로 「경신회 규범」과 「경신회 서」를 펴냈다는 이학규다. 더구나 이학규는 회원 명단에 간부인 "사서司書"로 등재되어 있기까지 하다.

그 외에도 매우 낯선 인물들이 명단에 포함되어 있다. 그 대표적인 예가 바로 "洪志永(홍지영)"이다. 명단에 홍필주 바로 앞에 적혀있고 홍필주 다음으로는 강완숙이 적혀있는 것으로 보아 홍필주의 아버지를 말하는 것 같다. 하지만 홍필주의 아버지는 "洪芝榮(홍지영)"으로 한자가 완전히 다르다. 게다가 천주교 신자가 아닐 뿐만 아니라 오히려 천주교를 박해한 인물이다. 그리고 적극적으로 활동한 초기 천주교회 신자들 중에서도 홍지영이라는 인물은 없었다. 그러니까 회원 명단에 기재된 洪志永(홍지영)이 홍필주의 아버지든 아니든 명도회에 들어갈 만한 인물은 아니라는 이야기다.

경신회 회원 명단에 "사재司財"라는 직책의 간부로 등재되어 있는 김정국金鼎國과 김신국金信國도 실제로 천주교 신자였는지 알 수 없다. 「경신회

서」를 보면 그 두 사람이 경신회를 위해 사재를 희사했다고 기록되어 있다.[19] 그것은 곧 그 정도로 그 두 사람이 열심한 신자였다는 이야기인데 천주교 안에 두 사람에 대한 기록이나 전승이 전혀 없다.

결국 이 모든 사실들을 종합해 볼 때 고 김양선 목사가 기증한 「경신회 규범」와 「경신회 서」는 명도회와는 아무 상관이 없는 자료일 뿐만 아니라 천주교 자료도 아니다. 이것 역시 초기 천주교 신자들의 이름을 빙자하여 다른 사람들에게 사기를 치기 위해 만든 거짓 천주교 자료다. 그리고 "성서"라는 말을 쓰는 것으로 볼 때 이런 거짓 자료를 만든 사람은 개신교와 직간접으로 관련이 있는 사람일 가능성이 매우 크다.

6) 명도회에서 천주교를 전교한 이유가 불합리한 조선사회의 구조적 문제를 해결하기 위해서였다?

『숭실대학교 한국기독교박물관』에는 「경신회 서」를 다음과 같이 소개하고 있다.

> 천주교를 받아들였던 초기 천주교인들의 종교관이 잘 드러나 있는 자료로, 무(巫), 유(儒), 불(佛)에 대한 비판, 특히 유교의 폐해에 관한 철저한 비판 위에서 천주교 신봉의 의미를 역설하였다. 불합리한 조선 사회의 구조적 문제 해결을 위한 방편으로 천주교 신봉을 제시하고 경신회의 결성 동기, 과정 등을 설명하였다.[20]

이 내용대로라면, 경신회에서 천주교를 전교한 이유가 불합리한 조선 사회의 구조적 문제 해결을 위해서라는 이야기가 된다. 즉 그것이 명도회 회원들이 천주교를 믿는 이유이며 사람들에게 천주교를 전하는 것도 그런 이유에서라는 것이다. 하지만 그것은 명도회가 결성된 이유가 아니다.

---

19) 「경신회 서」, 10~11쪽.
20) 『숭실대학교 한국기독교박물관』, 230쪽.

앞에서 말했듯이 명도회는 주문모 신부가 조선에 들어와서 세운 단체다. 그 목적은 무엇보다도 당시 신자들이 아직 천주교의 교리를 잘 알지 못 하였기 때문에 제대로 천주교 교리를 알 수 있게 공부하고 기도하기 위해서였다. 그리고 매월 주보 성인전을 받아 보면서 성인들을 본받아 기도하고 공로를 세우기 위해서였다. 그런 다음 다른 신자들에게 천주교 교리를 가르쳐주기도 하고 외교인들에게 전교를 하기 위해서였다. 이것은 신유박해(1810) 10년 후인 1811년(신미년)에 조선 천주교 신자들이 북경 주교에게 보낸 편지에 잘 드러나 있다.[21]

이런 사실을 볼 때도 경신회가 곧 명도회라는 주장은 전혀 근거가 없다. 그리고 '불합리한 조선 사회의 구조적 문제 해결을 위한 방편으로 천주교 신봉을 제시'한 「경신회 서」는 결코 천주교 자료일 수 없다.

「경신회 서」

---

21) 『교황청 자료 모음집』, 222~223쪽.

이제까지 살펴보았듯이 고 김양선 목사가 기증한 또 다른 초기 천주교 자료들, 즉 이른바 천주교 신자들의 『영세명부』와 정약종과 그 부인의 「영세명장」, 그리고 이벽과 그 부인의 영세명패 및 「경신회 규범」과 「경신회 서」는 모두 천주교 자료가 아니다. 그것들 역시 모두 초기 천주교 신자들을 빙자하여 사기를 목적으로 만들어 낸 거짓 천주교 자료들이다. 그 중 「경신회 규범」은 개신교와 직간접으로 연결된 사람이 만들어 낸 것일 가능성이 매우 농후하다.

이런 사실을 보면 1930년대를 전후하여 한창 고조된 한국천주교회사와 천주교 순교자에 대한 관심을 이용하여 얼마나 많은 거짓 천주교 자료들이 만들어지고 유통되었는지 잘 알 수 있다. 앞에서 살펴보았던 고 김양선 목사의 기증 자료들, 즉 『만천유고』와 그 안에 들어 있는 한문본 「성교요지」, 「십계명가」, 「천주공경가」, 그리고 그와 별도로 존재하는 한글본 「성교요지」, 『이벽전』, 『유한당 언행실록』, 『당시초선』과 그 안에 들어 있는 또 다른 한문본 「성교요지」 등도 바로 이런 상황에서 만들어진 대표적인 거짓 천주교 자료였던 것이다.

따라서 더 이상 이런 거짓 자료들을 근거로 소설 같은 초기 한국천주교회 역사를 만들어 내서는 안 된다. 그리고 그동안 이런 거짓 자료들을 근거로 끝없이 부풀려졌던 초기 한국천주교회 역사도 모든 거품을 빼고 제자리로 돌려놓아야 한다.

책을 마치며

원칙과 기본을 지키지 않음으로 해서 그동안 한국사회가 얼마나 불행한 대형사고와 힘든 일들을 겪었는지 우리 모두 잘 알 것이다. 이 책에서 다룬 "초기 한국천주교회의 쟁점"도 그와 똑같은 문제였다. 기본과 원칙을 지키지 않음으로써 생겨난 문제였다.

사실 그것은 "초기 한국천주교회의 쟁점"이라고 볼 수도 없는 문제였다. 조금만 눈여겨보기만 했어도, 매일 참여하는 미사의 성서 말씀과 성가 가사를 조금만 음미해서 생각해보았더라도, 그리고 매일 드리는 기도 내용을 조금만 생각해보았더라도 애초에 일어나지도 않았을 문제였다.

고 김양선 목사가 1967년에 「성교요지」를 비롯한 초기 천주교회 관련 자료들을 기증하였을 당시는 물론, 그 뒤로도 10년 동안이나 천주교에서는 매일 미사 때마다 「성교요지」에 나오는 것과는 전혀 다른 성서 용어와 성가 가사를 사용하였다. 당시 천주교회에서 사용하던 성서 용어와 성가 가사들 중에는 초기 한국천주교회부터 사용했던 천주교 고유의 성서 용어와 성가 가사의 맥을 잇는 것들이 많았다. 따라서 그 당시 미사 때마다 읽었던 천주교 성서 용어와 성가 가사들을 「성교요지」에 나오는 성서 용어들과 조금만 비교 분석했어도 초반에 충분히 해결되었을 수 있는 문제였다. 하지만 전혀 그런 기본 원칙을 지키지 않은 채 흥분과 열광만 하였던 것이다.

그러다 1977년에 개신교와 공동으로 번역한 『성서』가 나온 이후 많은 성서 용어들이 개신교식으로 바뀌어 시간이 지날수록 사람들은 1977년 이전까지 썼던 전통적인 천주교 고유의 용어들을 점차 잊어갔다. 그리고 1985년에 성가책마저 완전히 개정되면서 망각의 속도는 더욱 빨라졌다. 그러는 사이 지난 50년 가까이 엄청나게 문제를 키웠던 것이다. 그 결과 호미로 막을 수 있었던 것을 이른바 "골든타임"을 놓쳐 가래를 들고 막아야 하는 문제가 되어 버리고 말았다.

「성교요지」에 나오는 성서 용어들은 전통적인 천주교 고유의 성서 용어가 아닐 뿐만 아니라 개신교에서 쓰는 개신교 용어였다. 이벽이 죽은 지 거의 70~100여 년이나 지난 다음에야 우리나라에 들어온 개신교에서 쓰기 시작한 성서 용어였다. 그런데도 천주교회 일각에서는 그것을 이벽이 지은 글이라고 열광하였다. 고 김양선 목사가 기증한 「십계명가」도 천주교식 십계명을 노래한 것이 아니라 개신교식 십계명을 노래한 것이었다. 그런데도 그것을 정약전이나 정약종 등이 1779년 강학 때 지은 것이라고 감격해 했다.

심지어 「성교요지」, 「십계명가」, 「천주공경가」는 물론 그것들이 들어 있는 『만천유고』와 『이벽전』, 『유한당 언행실록』 등 고 김양선 목사가 수집하고 기증한 초기 천주교 자료들은 1930년대 이후에 사기를 목적으로 만들어진 글들이다.

그런데도 가장 기본적인 사료비판과 검증도 하지 않은 채 즉시 그런 자료들을 근거로 1779년에 한국천주교회가 시작되었다고 주장하며 새로운 역사를 만들어가기 시작하였다. 그리고 1779년에 강학이 있던 장소가 천진암이라고 하면서 천진암을 한국천주교회의 발상지라고 대대적으로 선전하였다.

또한 1779년 강학을 전후하여 「성교요지」, 「십계명가」, 「천주공경가」를 지어부를 정도로 이벽과 정약전, 정약종 등은 천주교를 열렬히 받아들였으며, 그 강학을 계기로 신앙 공동체를 결성하여 열렬히 신앙생활을 하였고, 마침내 이승훈을 북경에 파견해서 1784년에 영세를 받도록 하였다고 주장하였다.

더 나아가 초기 한국천주교회의 자발성이란 바로 이것을 말하는 것이라고 주장하면서 이와 같은 그들의 주장을 부정하면 마치 초기 한국천주교회의 자발성 역시 사라지거나 부정되는 것이라고 몰아갔다.

아울러 「성교요지」와 「천주공경가」를 지은 이벽은 한국천주교회의 "창립 성조" 혹은 "창립 교조"라고 불러야 한다고 주장하였다. 그리고 이벽은 그런 글들을 지을 정도의 대단한 신앙심을 가졌으므로 이벽이 어떤 과정을 거쳐 죽음에 이르렀건 간에 무조건 순교한 것으로 보아야 하며 이벽을 마땅히 시복시성해야 한다고 주장하였다.

하지만 이제 고 김양선 목사가 수집하고 기증한 그와 같은 자료들이 1930년대 이후 사기를 목적으로 만들어 낸 글이라는 것이 명백하게 밝혀졌으니 더 이상 그런 주장을 해서는 안 된다. 그리고 그동안 소설처럼 부풀려진 허황된 역사들을 바로잡아야 한다.

한국천주교회가 처음 시작될 때부터 면면히 이어져 내려오는 전통과 전승은 "1784년에 이승훈이 북경에서 세례를 받고 돌아온 이후 우리나라에 천주교회가 시작되었다"는 것이다.

17세기 중엽부터 중국에서 활동하던 예수회 선교사들이 지은 한문서학서들이 중국을 오가는 조선 사신들을 통해 우리나라에 전해지면서 성호 이익을 비롯한 조선 지식인들 사이에서 천주교에 대한 관심이 증폭되고 호감을 갖는 측과 반감이 가지는 측들이 생기게 되었다. 하지만 호감을 갖는 사람들도 그들이 가지고 있는 책만으로는 천주교를 구체적으로 알 수도 없었고 확신도 가질 수 없었다.

그러다 1784년에 이승훈이 북경에서 세례를 받고 서양 선교사들에게서 복음해설서와 여러 가지 기도서, 그리고 천주교에 대해 보다 깊이 있게 가르쳐주는 책들을 얻어오게 되었다. 그 책들을 이승훈과 이벽과 그 동료들이 읽고 비로소 천주교에 대해 구체적으로 알게 되고 확신을 얻게 되었으며, 마침내 전례력에 따른 신앙생활과 기도생활을 하면서 본격적으로 다른 사람들에게 복음을 전하게 되었던 것이다. 그리하여 많은 사람들이 천주교를 받아들이고 그들과 함께 신앙생활을 함으로써 마침내 천주교회가 시작되었던 것이다. 우리나라 천주교 신자들은 그 후로도 1794년에 주문모 신부가 우리나라에 들어와 미사와 칠성사를 집행하기 전까지 무려 10년 동안이나 이렇게 평신도들 스스로 자발적으로 천주교회를 발전시키고 성장시켜 나갔다.

1811년(신미년)에 교황에게 편지를 썼던 조선천주교회 신자들이 세계에서 유례가 없는 일이라고 스스로 대단히 자랑스러워했던 것도 바로 이렇게 사제가 없는 가운데서도 1784년에 책을 통해 천주교회를 시작하고, 그 후에도 무려 10년 동안이나 사제가 없는 가운데서도 오로지 책을 통해 기도하고 신앙생활을 하면서 교회를 지키고 발전시킨 조선천주교회 신자들의 놀라운 자발성과 자율성이었다. 그리고 이것은 황사영을 비롯하여 김대건 신부를 거쳐 다블뤼 주교에 이르기까지 전해졌던 한국천주교회의 전통이자 전승이었다. 그래서 거기에 근거하여 한국천주교회는 100주년 행사도 했고, 150주년 행사도 했던 것이다. 1984년에 여의도에서 교황 요한 바로오 2세를 모시고 200주년 행사를 한 것도 바로 여기에 근거한 것이었다.

그런데도 그동안 이런 놀라운 한국천주교회의 자발성은 철저히 무시한 채 거짓된 자료들을 근거로 1779년 강학에 참여한 사람들이 「성교요지」, 「십계명가」, 「천주공경가」를 지어 부르며 열렬히 신앙생활을 함으로써 우리나라에 천주교회가 시작되었다고 주장하였던 것이다. 즉 있지도 않은 역사를 만들어 그것이 한국천주교회의 자발성이라고 주장하였던 것이다.

1779년 강학에 대해 말한 것은 정약용과 다블뤼 주교와 달레뿐이다. 하지만 정약용은 1779년 강학에서 천주교를 다루었다는 이야기를 하지 않았다. 그리고 다블뤼 주교와 달레는 1779년 강학에서 천주교를 연구하였다고 말하였지만, 그들 모두 우리나라에 천주교회가 시작된 것은 1784년에 이승훈이 북경에서 세례를 받고 돌아온 이후라고 말하였다. 더 나아가 이벽과 이승훈 등이 천주교에 대해 어느 정도라도 구체적으로 알게 된 것은 바로 이승훈이 북경에서 세례를 받고 돌아오면서 가져온 책들을 읽고나서였다고 말하였다.

한마디로 고 김양선 목사가 초기 천주교 관련 자료들을 기증하기 전까지 어디에서도 한국천주교회가 1779년에 시작되었다는 전통이나 전승이 없었던 것이다. 더욱이 이제 고 김양선 목사가 수집하고 기증한 초기 천주교 관련 자료들까지 모두 거짓이고 사기라는 것이 밝혀졌으니 더 이상 1779년에 한국천주교회가 창립되었다는 등의 주장은 하지 말아야 한다. 그런 주장을 계속하며 허황된 역사를 만들어가는 것은 사기를 목적으로 거짓 초기 천주교 관련 자료들을 만들어 낸 사람들에게 동조하는 것이나 다름없는 일이다. 더 나아가 또 다른 사기를 치는 것이다.

이 책이 고 김양선 목사의 열정과 헌신에 흠을 내는 것이라고는 생각하지 않는다. 김양선 목사와 그 가족들이 개신교 자료뿐만 아니라 천주교 자료와 우리나라 역사 전반에 걸친 방대한 자료들을 수집하고 지키기 위해 혼신의 힘을 다하였던 그 열정과 희생에 저절로 머리가 숙여질 정도다.

고 김양선 목사는 우리나라 초기 개신교 신자였던 백홍준白鴻俊(1848~1893) 장로의 외손자다. 백홍준 장로는 스코틀랜드 선교사 로스와 함께 1887년 신약성서 전체의 번역을 완성하여 『예수성교젼서』라는 이름으로 최초의 개신교 한글 신약전서를 출간하였다. 또한 김양선 목사의 아버지 김관근金灌根(1867~1913)도 장로교 목사였다.

이러한 배경을 가진 김양선 목사는 일제강점기 때 양주동梁柱東(1903~1977)의 영향으로 역사자료 수집에 관심을 갖게 되었다고 한다. 김양선 목사의 자료수집 과정은 매우 감동적이다. 그는 가진 것을 모두 쏟아 부으며 자료를 모았고 그 자료들을 일본 경찰로부터 지키기 위해 갖은 고생을 하였다. 해방 후 한국전쟁이 터지자 김양선 목사 가족은 남북을 세 차례나 오고가며 고향인 평양에 있던 자료들을 서울로 반입하기 위해 노력하였다. 그 과정에서 아내 한필례韓弼禮와 차녀 김경숙金景淑을 1948년 4월 1일에 해주 앞바다에서 잃었다. 이렇게 김양선 목사가 많은 희생을 무릅쓰고 모으고 지킨 자료들을 토대로 숭실대학교 한국기독교박물관이 빛을 보게 되었던 것이다.

하지만 안타깝게도 김양선 목사가 수집한 자료 중에 초기 천주교회와 관련된 자료들은 대부분이 가짜였다. 누군가 의도적으로 김양선 목사를 비롯한 다른 사람들을 속이기 위해 만들어 낸 가짜 천주교 자료였던 것이다.

이런 천주교 자료 사기극이 등장하게 된 데에는 1930년대 전후 천주교회 상황도 큰 몫을 하였다. 1925년에 7월 5일 기해박해(1839)와 병오박해(1846) 때 순교한 79위 천주교 순교자들에 대한 시복식이 있었던 것이다. 한국천주교회 역사상 최초의 경사였던 이 시복식으로 말미암아 한국천주교회사와 순교자들에 대한 관심이 고조되었다. 그리고 거기에 대한 기사와 연구들이 쏟아져 나오기 시작하였다. 그러자 악의 세력이 슬그머니 그 틈새를 비집고 들어왔다. 초기 천주교 신자들의 이름을 빙자하여 가짜 천주교 자료들을 만들어 내기 시작한 것이다.

그들은 이렇게 만들어 낸 가짜 자료들을 가지고 주재용 신부를 찾아가 '남종삼 순교자가 옥중에서 마지막으로 쓴 편지'라고 하며 사기치려고 하였다. 하지만 실패하자 수정·보완하여 옛 보성전문학교를 상대로 사기를 치는 데 성공하였다. 그들이 사기치는 데 성공한 또 한 사람이 바로 김양선 목사였다.

개신교 자료뿐만 아니라 우리나라 역사 자료 전반에 대해 무한한 애정과 관심을 가지고 있던 김양선 목사는 초기 천주교회 관련 자료들을 보자마자 한 치의 의심이나 망설임 없이 자신의 주머니를 털어 그 가짜 자료들을 손에 넣었다.

사실 김양선 목사는 사라져가는 우리나라 역사 자료들을 보며 안타까운 마음에 무척 서둘렀던 것 같다. 본인 스스로 수집상들에게 선금까지 주거나 웃돈까지 줘가며 자료를 모았다고 술회하기도 하였다. 그런데 그것은 김양선 목사만의 문제가 아니었던 것 같다. 1930년 이후 일제의 어용연구 단체인 청구학회 설립을 계기로 거기에 소속된 일본인 학자들과 한국 학자들의 천주교회사에 대한 관심도 크게 고조되어 자료 모은 데 혈안이 되었다. 김양선 목사 역시 그들에게 지지 않으려고 눈에 불을 켜고 자료 수집에 열중하였다. 김양선 목사는 당시 상황에 대해 이렇게 말하였다.

> 가톨릭 관계의 사료는 서울이 중심이 되어 있었는데 그것들은 주로 고서점상(古書店商)이나 중개인을 통하여 구입하였다. 돈만 있으면 매우 자유롭고 편리하게 구입할 수 있었다. 그대신 경쟁자가 많았다. 경성제대(京城帝大) 교수들을 위시하여 사학(史學)을 전공하는 일인(日人) 학자와 한국인 학자들이 서로 경쟁해 가면서 사료수집에 열중하고 있었기 때문이었다. 야마구찌(山口正之), 오다(少田省吾), 이인영(李仁榮), 김태준(金泰俊), 이병도(李丙燾), 이의돈(李義敦), 최남선(崔南善)과 같은 사학가들은 거의 나의 호적수(好敵手)가 되어 있었다.
>
> 천주교 관계 실학 관계의 서적들은 주로 군서당(群書堂) 최○기(崔○基)씨가 취급했는데 평양에서 한 달에 한 번 정도 서울에 올 수 있었던 나로서는 도저히 저들을 당해낼 수가 없었다. 그래서 나는 부득이 군서당 주인에게 엇값을 내야만 되게 되었다. 다른 사람이 일백 원을 내면 나는 일백 오십 원 혹은 이백 원을 내야만 그는 어떤 특수자료(特殊資料)를 보름 혹은 한 달 동

안 기다려 주었다…

한적(韓籍) 수만 권을 가지고 있던 낙원동 김노인에게서 다량의 초기 천주
교회 간행물들과 사료를 얻었고, 송신용(宋信用), 한남서림, 성문당(聖文
堂), 김항당(金港堂—지금의 통문관)에서 다량의 천주교 관계 사료들을 입
수하였다.[1]

하지만 호사다마好事多魔라 했다. 그리고 수요는 공급을 낳는 법이다.
서로 경쟁하듯 자료수집에 열을 올리자 이런 열정적 움직임들을 간파한
일단의 무리들이 재빠르게 움직이기 시작하였다. 초기 천주교 신자들이
나 순교자들의 이름을 빙자하여 온갖 종류의 가짜 천주교 자료들을 만들
어 내기 시작한 것이다. 그들에게 김양선 목사는 너무나 속이기 쉬운 순진
한 개신교 성직자였다. 게다가 천주교 용어에 대해서는 잘 모르기 때문에
사기치기에 더욱 안성맞춤이었다. 하지만 김양선 목사는 그런 희귀한 초
기 천주교 자료들을 손에 넣었다는 사실에 너무나 뿌듯하고 행복하였다.

하지만 어떤 자료가 있을 때 그것을 엄중히 비판하여 그것이 사료로서
가치가 있는지를 먼저 신중히 검토해야 한다. 그런 다음에 비로소 그것을
토대로 어떤 주장을 할 수 있는 것이다. 이것은 기본 원칙이다. 따라서 교
회사를 다루는 자료에도 예외가 있을 수 없다.

그러나 안타깝게도 김양선 목사는 이런 사료비판 과정을 건너뛴 것 같
다. 김양선 목사는 자료를 수집하고 보존하는 일 자체에 너무도 큰 열정
과 노력을 쏟아부은 나머지 그 자료들을 면밀히 검토하기에는 너무나 역
부족이었던 것 같다. 그리고 관심도 별로 없었던 것 같다.

만일 김양선 목사가 사료를 검토하고 비판하는 일에 조금이라도 관심
이 있었다면 똑같은 본문 내용을 가지고 『당시초선』과 『만천유고』에서
서로 다른 이야기를 하는 것을 보고 그냥 지나쳤을 리가 없기 때문이다.

---

[1] 김양선, 「수난과 영광의 유물을 찾아서—기독교박물관을 마련하기까지—」, 『신동아』, 1968, 313쪽.

당연히 그 두 개 문집의 진위여부를 따졌을 것이다. 하지만 김양선 목사는 『당시초선』과 『만천유고』는 물론 다른 초기 천주교 관련 자료에 대해서도 사료비판을 하지 않은 채 1967년 숭실대학교 한국기독교박물관에 모든 자료를 기증하였다. 그리고 그 일을 계기로 김양선 목사가 수집한 초기 천주교 관련 자료들의 존재가 세상에 알려지게 되었다.

하지만 불행하게도 많은 천주교 측 연구자들도 사료비판이라는 과정을 무시하기는 마찬가지였다. 그들은 사료비판의 필요성이나 당위성을 말하면서도 대부분 제대로 된 사료비판도 하지 않은 채 무조건 이 자료들을 믿고 싶어했다. 그리고 서둘러 이 자료들을 근거로 소설 같은 초기 한국천주교회 역사 만들기에 바빴다. 신중해야 한다는 목소리가 있었지만 자랑스런 초기 천주교회 역사와 초기 순교자들을 폄훼하는 것이라고 치부하였다.

이렇게 된 데에는 그즈음 한국천주교회의 분위기도 한 몫을 한 것 같다. 김양선 목사가 숭실대학교 한국기독교박물관에 초기 천주교 관련 자료들을 기증한 바로 다음 해인 1968년에 한국천주교회에는 또 한 번의 큰 경사가 있었다. 병인박해(1866) 때 순교한 24위의 시복식이 로마에서 거행되었던 것이다.

이 시복식을 계기로 한국천주교회 안에서는 24위 복자福者뿐만 아니라 초기 순교자에 대한 관심이 다시 고조되기 시작하였다. 이러한 관심은 1970년대에 접어들면서 점점 거세졌다. 바로 그런 시점에 고 김양선 목사가 기증한 초기 천주교 관련 자료는 또 하나의 불쏘시개가 되기에 충분하였다. 참으로 절묘한 타이밍이 아닐 수 없었다.

많은 천주교 측 연구자들은 앞뒤 안 가리고 그 자료들에 열광하였고 그 자료들을 근거로 새로운 초기 천주교회의 역사를 창조하기 시작하였다. 그리고 특히 이벽을 거의 우상과 같은 존재로 만들어 놓았다.

초기 천주교회사와 순교자들에 대한 관심은 1984년 교황 요한 바오로

2세의 첫 한국 방문과 103위 순교자의 시성식을 전후로 거의 광풍 수준이 되어 버렸다. 이러한 천주교회 내의 상황들로 말미암아 고 김양선 목사가 기증한 초기 천주교 관련 자료에 대해 비판하는 것은 마치 무슨 이단설을 주장하는 것처럼 매도되는 분위기가 연출되었다.

그것이 이벽과 초기 한국천주교회 신자들의 얼굴에 먹칠을 하는 것이라는 생각은 하지 못 한 채 두 눈과 두 귀를 막으려고만 하였다. 열심과 열정이라는 이름하에, 그리고 순교자 현양이라는 미명 아래 마치 최면에 걸린 듯 자기도취에 빠져 과욕의 질주를 하였던 것이다.

이렇듯 한국천주교회 초유의 경사였던 두 번의 시복식과 한 번의 시성식은 한편으로는 한국천주교회의 역사와 순교자들에 대한 관심을 증폭시키고 한국 사회에서 한국천주교회의 위상을 높이는 데 큰 기여를 하였지만 다른 한편으로는 그런 교회 안팎의 관심을 교묘히 이용하여 온갖 종류의 가짜 천주교 사료들을 만들어 내고 그것이 진짜인 것처럼 자리굳히는 데 적지 않은 영향을 미쳤다. 참으로 아이러니한 일이 아닐 수 없다.

이제 2014년 8월에 프란치스코 교황이 우리나라를 방문하게 되고 124위 순교자 시복식이 거행된다. 그런데 이 시복식을 빙자하여 또 다시 이런 어처구니없는 일이 되풀이 되어서는 안 될 것이다. 오히려 이번 시복식을 계기로 이제까지의 실수를 바로잡아야 한다. 이 중요한 시기를 들뜬 마음으로 어수선하게 보내 시복식이 또다시 가짜 천주교 사료들이 득세하는 통로가 되게 해서는 안 될 것이다. 이런 의미에서 볼 때 이 책의 제목이 "초기 한국천주교회사의 쟁점 연구"지만 이것은 동시에 현재의 문제이고 현재의 역사다.

자료조사를 하면서 개인적으로 얻은 것이 너무도 많았다. 무엇보다도 개신교와 천주교의 용어 비교를 하면서 초기 천주교 신자들과 박해시기 천주교 신자들이 사용하던 성서 용어들이 어떻게 다른지 확실하게 알게 되었다. 그리고 어렸을 때 사순시기마다 목청 높여 불렀던 "오리와 동산에~~" 성가 가사의 뿌리를 찾을 수 있었다. 또한 왜 "오리와 동산"이 어느날 갑자기 "올리브 동산"으로 바뀌게 되었는지 알게 되어 너무나 기뻤다. 어릴 적 수녀님에게서 "노에의 홍수와 궤 이야기"라고 들었던 것을 왜 나와 함께 놀던 개신교 친구는 "노아의 홍수와 방주"라고 했는지 그 이유도 알게 되었다. 내 신앙의 또 다른 뿌리를 발견하게 된 것 같아 너무나 감사하고 행복하였다. 그리고 신앙의 선조들의 또 다른 측면을 볼 수 있었다는 생각에 더없이 감사하였다.

그런 점에서 몇 해 전 돌아가신 아버지와 지금 치매로 거의 모든 것을 잊어버렸어도 매일 아침저녁 기도하는 것과 묵주기도 하는 것만은 잊지 않고 하시는 90세의 어머님께 새삼 감사드리게 되었다. 그리고 어릴 적 본당 수녀님과 신부님들께도 감사드리게 되었다. 어릴 적 하루도 빠짐없이 함께 아침저녁으로 기도하였던 부모님이 아니었다면, 그리고 매일 나에게 사랑을 듬뿍 주시며 성서 이야기와 성가들을 가르쳐주신 본당 수녀님과 신부님들이 아니었다면, 이 문제의 실마리를 풀 수 없었을 것이다. 그때 그분들과 함께 매일 기도했던 기도문과 성서 이야기와 성가 가사들이 몸에 배어 있어서 이 문제에 대한 의문들이 계속 내 머릿속을 떠나지 않았던 것이다.

아마도 나와 비슷한 연배나 그 이상 되는 연세의 구교우들과 성직자, 수도자들도 이 책을 읽으며 "맞아! 그때는 그랬지" 하며 옛 기억들을 길어 올릴 수 있으리라 믿는다. 그러면서 "왜 이렇게 많은 용어들이 개신교식으로 바뀌게 된 거지?" 하며 많은 의문과 아쉬움을 가졌을 수도 있다. 사실 용어를 바꿈으로 해서 때로는 그 용어와 함께 했던 역사와 정신이 지워질 수도 있다. 개신교와의 일치를 위해서건, 또 다른 목적을 위해서건 바꾸는 이유와 기대되는 효과는 있겠지만 그래도 교회의 용어 변경은 더 신중했어야 했다. 이제부터라도 더욱더 신중해야 할 것이다. 그리고 다시 살릴 수 있는 용어는 다시 사용하여 한국천주교회 고유의 역사와 정신을 이어갈 수 있기를 소망한다.

이 작업을 하면서 많은 묵상을 하게 되었다. 우리가 다 알아듣지 못 하는 것이 많지만 그래도 하느님은 뜻이 있어 어떤 일을 하신다. 모세는 하느님의 뜻대로 이스라엘 백성을 이집트에서 구해 이끌고 가나안을 향해 나아갔지만 약속된 땅을 바라볼 수만 있었지 그곳에 들어갈 수는 없었다 (신명기 34, 1~4). 모세에 대한 성서 말씀을 읽을 때마다 하느님의 뜻이 무엇이었을까 묵상하게 된다. 이벽을 비롯하여 초기 우리나라 천주교회를 이끌던 인물들 중에는 마지막에 별로 영광스럽지 못 하게 죽음을 맞이한 분들이 있다. 그럴 때마다 하느님의 뜻은 무엇이었을까 묵상하게 된다. 다 알아듣지는 못해도 하느님의 어떤 뜻이 있었을 것이라 생각한다.

역사학은 사람이 살아온 흔적을 사료를 근거로 연구하는 것이지 연구자의 의도나 바램을 투영하고자 제대로 된 사료비판도 하지 않은 기록들을 근거로 마구잡이로 소설을 써내려 가는 것이 아니다. 교회사도 역사의 일부이니까 역사 연구방법론을 따라야 하는 것은 물론 그 안에서 신앙을 갖고 하느님의 뜻을 찾아야 할 것이다. 따라서 교회사를 왜곡하는 것은 역사 연구라는 측면에서도 받아들일 수 없지만 신앙의 측면에서도 용납할 수 없다. 신앙인이라면 겸손되이 역사를 통해 들려주시는 하느님의 말씀에 귀를 기울여야 하는 것이다.

뜻이 있어 이스라엘의 영도자 모세에게 약속된 땅으로 가는 것을 허락하지 않으신 하느님께서는 뜻이 있어 이벽처럼 초기 우리나라 천주교회를 이끌었던 인물들을 순교의 길로 인도하지 않으신 것이 분명하다. 그것이 우리의 바램과 같지 않다 하더라도 신앙인은 그 안에서 하느님의 참된 뜻을 찾아야 하는 것이다. 그것은 교회사 연구자에게도 예외가 아니다.

어떤 이들은 교회사는 일반 역사와 다르므로 소위 "사목적인 접근"이 필요하다고 주장한다. 그래서 심지어 "역사는 역사학자들의 몫이고 교회는 어디까지나 사목적 판단에서 필요하다고 생각하면 얼마든지 역사적 결론과 다른 사목적 결론을 내릴 수 있다"는 주장을 서슴없이 한다. 하지만 이것은 참된 신앙인의 자세가 아니라고 생각한다. 그리스도교의 하느님은 인간 역사에 개입하셔서 인간의 역사를 구원의 역사(구세사)로 만드시는 분이시다. 그래서 인간은 하느님과 함께 하는 역사에서 하느님께 배워야 하는 것이다. 이것은 사목자도 마찬가지다.

하느님은 인간에게 이성적 능력을 주셨다. 이 능력은 창조주이신 하느님께서 인간에게 나누어주신 것으로서 바로 이 점 때문에 인간은 하느님을 닮은 존재라고 한다. 그리고 인간은 하느님께 받은 이성적 능력으로 진리를 찾고 진리를 통해 하느님께 나아간다. 하느님은 교회에도 진리의 말씀을 주셨다. 그리고 교회의 사목자에게는 진리를 보존하도록 하셨다. 그런데 같은 하느님께로부터 온 것이 서로 다를 수는 없다. 인간이 하느님께 받은 이성적 능력으로 이룬 학문적 결론과 사목자가 교회의 권위로 전하는 내용은 모두 하느님께로부터 오는 것이기 때문에 달라서는 안 된다.

따라서 사목적 판단이라는 미명 아래 역사적 사실을 부정하거나 역사적 사실과는 다른 소설을 쓰는 것은 하느님을 믿는 신앙인의 기본 자세가 아니다. 그것은 하느님을 두려워하지 않는 것이며, 역사 안에서 하느님이 들려주시고자 하는 목소리를 거부하고 등을 돌리는 것이다. 그리고 하느님 대신 자기가 하느님이 되어 역사를 마음대로 만들어가려고 하는 행위다. 그러므로 교회사에 "사목적인 접근"과 "사목적 판단"이 필요하다는 주장을 함부로 해서는 안 된다. 잘못하면 진리를 논해야 하는 교회가 거짓의 유혹에 빠질 수 있기 때문이다.

하느님께서 사울 왕의 후임을 선택하실 때 사무엘 예언자는 하느님의 말씀에 따라 이사이의 집으로 갔는데 맏아들 엘리압을 보고 그가 하느님의 선택을 받았으려니 생각하였다. 그래서 그에게 기름을 부으려 하였으나 하느님은 이렇게 말씀하셨다. "겉모습이나 키 큰 것만 보아서는 안 된다. … 나는 사람들처럼 보지 않는다. 사람들은 눈에 들어오는 대로 보지만 주님은 마음을 본다"(사무엘 상 16, 7). 그리고 하느님은 다윗을 선택하셨다. 사목자들은 이 점을 잊지 말아야 할 것이다.

고 김양선 목사가 수집하고 기증한 초기 천주교 관련 자료들이 거의 대부분 사기를 치기 위한 가짜 문건들이라는 것이 드러나고 보니, 또한 그런 자료들이 어떤 과정을 거쳐 발견되었는지를 알게 되고 보니 한 가지 걱정이 든다. 고 김양선 목사가 자료수집을 하던 시기 전후에 또 다른 한국천주교회 관련 자료들과 일반 역사 자료들에는 이와 같은 문제가 없는지 의문을 가지지 않을 수 없게 된 것이다. 전반적인 재검토가 필요하리라 믿는다. 이 책이 그 작은 계기가 될 수 있다면 더없이 감사하겠다.